KB151617

아우슈비츠의 여자들

아우슈비츠의 여자들

캐롤라인 무어헤드 지음 | 한우리 옮김

현실문화

A Train in Winter

차례

일러두기

1. 본문 속 각주는 대부분 옮긴이가 독자의 이해를 돕기 위해 추가한 것이며, 저자의 주석일 경우 주석 내용 뒤에 (원주)라고 표시했다.

2. 잡지나 신문은 〈 〉, 책은 『 』, 단행본으로 묶이지 않은 글은 「 」, 노래는 〈 〉를 사용해 표시했다.

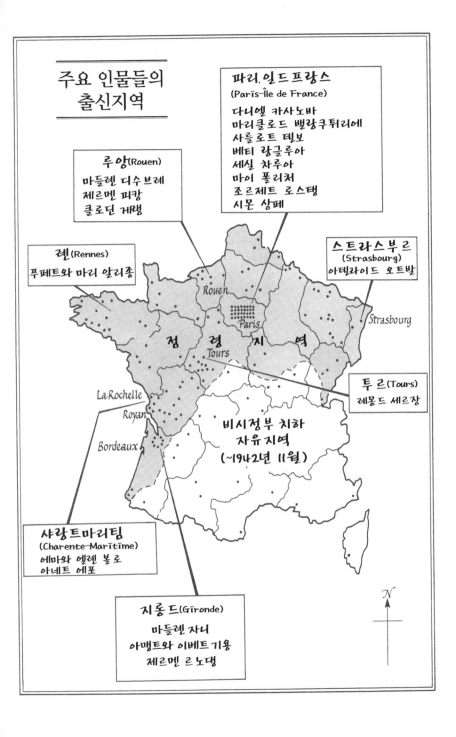

주요 인물들의
출신지역

파리, 일드프랑스
(Paris-île de France)

다니엘 카사노바
마리클로드 뱅랑쿠튀리에
샤를로트 델보
베티 랑글루아
세실 차루아
마이 폴리처
조르제트 로스탱
시몬 상페

루 앙(Rouen)

마들렌 디수브레
제르멘 피캉
클로딘 게랭

렌 (Rennes)

푸페트와 마리 알리종

스트라스부르
(Strasbourg)
아델라이드 오트발

Rouen

Paris

점 령 지 역

Tours

Strasbourg

투 르 (Tours)
레몽드 세르장

La Rochelle
Royan

Bordeaux

**비시정부 치하
자유지역**
(~1942년 11월)

샤랑트마리팀
(Charente-Maritime)
에마와 엘렌 볼로
아네트 에포

지롱드(Gironde)

마들렌 자니
아맹트와 이베트 기용
제르멘 르노댕

N

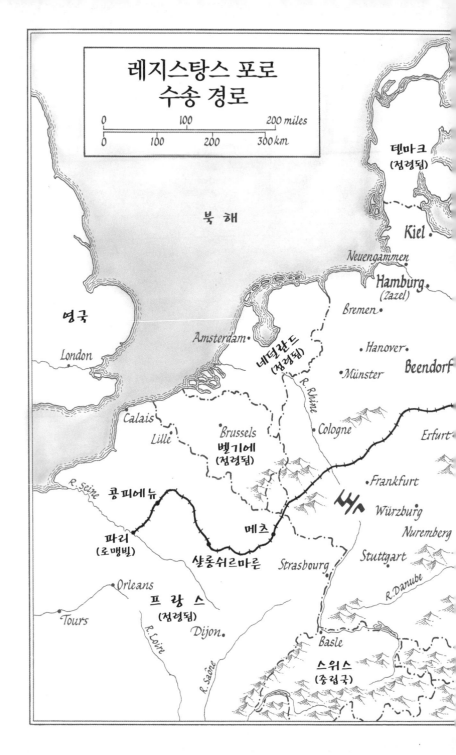

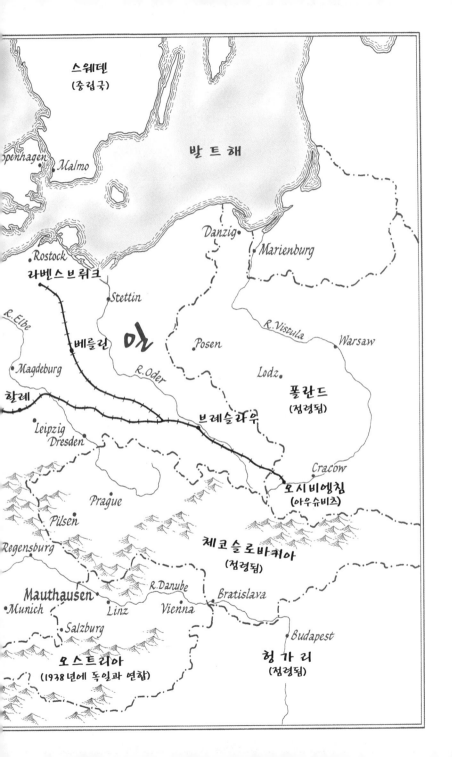

프롤로그

1942년 1월 5일, 파리 10구역을 관할하는 프랑스인 롱도 경감은 프랑스 레지스탕스 멤버로 보이는 한 남자를 발견했다. 앙드레 피캉이라는 이름의 이 남자는 교사였고, 레지스탕스 민족전선(National Front) 센앵페리외르 지부의 주동자였다. 독일로 전쟁 물자를 실어나르던 기차를 탈선시킨 혐의로 3만 프랑의 현상금이 그에게 걸려 있었다.

롱도의 상관이자 광신적 반공산주의자이며 적극적으로 게슈타포를 돕던 뤼시앵 로테는 피캉이 레지스탕스의 다른 구성원들까지 잡을 수 있게 해줄 것이라 믿고 있었다. 열한 명의 경찰에게 체포는 하지 말고 그를 뒤쫓으라는 명령이 내려졌다.

경찰은 2주간 파리의 거리를 샅샅이 뒤졌으나 허탕만 쳤다. 그러던 1월 21일, 오를레앙 문 역 근처의 카페 뒤 롱을 감시하던 경찰이 피캉과 인상착의가 비슷한 남자 하나를 포착했다. 경찰은 남자의 뒤를 밟기 시작했다. 그러다 그가 각진 얼굴에 긴 콧수염을 기르고 30대쯤 되어 보이는 덩치 좋은 한 남자와 잠시 서서 이야기하는 것을 보았다. 로테가 찾고 있는 남자가 가까이에 있는 듯했다. 2월 11일에는 상점의 진열창 바깥에 선 피캉의 모습이 목격되었다. 서른 살쯤 되어 보이는 그는 3시 50분쯤 키 170센티미터에 호리호리한 갈색 웨이브 머리 여자와 함께 가게에 들어갔다. 여자는 '짙은 푸른색 코트에 검정색 벨트를 매고 조금 우아함이 떨어지는 울로 된 밝은 회색 스타킹을 신은' 차림이었다. 여자의 신원을 알지 못했던 경찰은 근처에 있는 지하철역 이름을 따 그녀를 '뷔송 생루이의 여자'라고 이름 붙였다. 피캉과 여자는 팔레 데 글라스 극장에서 영화를 한 편 본 후, 헤어지기 전에 생모르 가에서 비스킷과 굴을 샀다.

다음날 피캉은 '모트피케', '포르트 술로', '발라르 1번가의 여자'를 만났다. 이들의 신원을 파악하지 못한 경찰은 그들이 처음 목격된 장소의 이름을 따 용의자명을 붙여두었다.

2월 12일, '뷔송의 여자'가 카페 오 발콩에 들어서는 것이 목격되었다. 카페에서 그녀는 155센티미터쯤 되어 보이는 작은 키에, 고동빛 머리에 그물을 쓰고 검정색 코트를 입고 빨간 벨트를 맸으며 세련된 황갈색 가죽가방을 든 30대 중반으로 보이는 '메릴몽탕'이라고 이름 붙인 한 여자로부터 작은 가방을 건네받았다. 이제 피캉은 '브뤼네 생라자르의 여자'(서른넷, 160센티미터에 까무잡잡하며 코가 뾰족하고 베이지색 코트에 빨강, 노랑, 초록이 섞인 줄무늬 후드 티를 입음)와 '클로드 티예의 여자'(165센티미터, 까무잡잡하고 다소 통통하며 풍성한 카디건을 입고 울 양말을 신음)를 만나 꾸러미를 교환했다. '뱅센의 여자'(서른둘, 160센티미터, 세련된 머리 모양에 안경을 쓰고 갈색의 양털 코트와 베이지색 울 스타킹을 신음)가 '제나의 여자'와 '도리앙의 여자'와 함께 이야기를 나누고 있는 것도 목격되었다. 데프레 경감은 자신이 쫓고 있던 여성들에 관해 꼼꼼하게 묘사했다. 저녁마다 모든 경찰들이 기록하기로 되어 있는 누런빛의 직사각형 기록카드에는 '레퓌블리크의 여자'의 오른쪽 콧망울에 작은 빨간 점이 있으며 그녀가 입은 회색 옷은 앙고라 울로 만들어졌다는 것까지 기록되어 있었다.

2월 중순이 되자 피캉과 접선하는 사람들은 자신이 미행당하고 있는 것은 아닌지 연신 뒤를 돌아보며 눈에 띄게 초조해했다. 그들이 도주할까 봐 뤼시앵 로테는 불안해졌다. 1942년 봄의 파리 곳곳에 붙어 있던 레지스탕스 벽보로 경찰들도 뒤숭숭한 분위기였다. 프랑스 경찰이라고 독일 게슈타포보다 나을 것이 하나도 없으며, 그러므로 프랑스를 지키려거든 경찰부터 죄다 총살해야 한다고 벽보마다 쓰여 있었다. 2월 14일, 피캉과 '브뤼네 생라자르의 여자'가 몽파르나스 역에서 다음 날 아침 르망으로 떠나는 기차표를 구입하고는 커다란 여행용 짐 가방 세 개를 차에 싣는 모습이 목격되었다. 로테는 행동을 개시할 때가 왔다고 결정했다. 1942년 2월 15일 새벽 3시, 파리 전역에서 경찰 60명이 집결해 레지스탕스 체포에 나섰다.

이후 48시간 동안, 경찰들은 문을 박살내고 집과 가게, 사무실과 창고로 들어와 천장과 다락을 비롯해 돼지우리, 헛간, 정원, 식료품 저장고와 찬장까지 수색했다. 경찰들은 수십 권의 노트와 주소, 가짜 신분증 무더기, 폭발물, 권총 몇 자루, 전단지, 교묘하게 위조된 배급통장과 출생증명서, 타자기, 기차를 공격하기 위한 설계도, 찢어진 엽서 무더기, 열차 시간표와 노트에 적혀 있는 이름들을 짜맞췄을 때 해독의 열쇠가 되어줄 반쪽짜리 승차권 무더기를 압수했다. 피캉은 체포되자 이름이 적힌 명단을 삼키려 했다. 그의 구두 속에서는 여러 개의 주소록과 독일에 저항하자는 내용이 담긴 전단지, 그리고 5000프랑이 나왔다. 경찰과 맞닥뜨린 이들은 주변에 도움을 요청하고 경찰과 몸싸움을 벌였으며, 도주를 시도했다. 여자 둘은 경찰을 물어뜯기도 했다.

사람들이 줄줄이 연행되었다. 경찰은 저널리스트, 대학 강사, 농부, 점원, 수위, 전기기술자, 약사, 우편배달부, 교사, 비서 들을 체포했다. 파리를 기점으로 뻗어나간 그들의 조직망은 셰르부르, 투르, 낭트, 에브뢰, 생트, 푸아티에, 뤼페크, 앙굴렘을 망라하고 있었다. 로테의 지휘에 따라 경찰들은 피캉의 아내 제르맨도 연행했다. 교사이자 어린 두 딸을 둔 어머니였던 그녀는 루앙 지역 공산당의 접선책이었다. 경찰은 소르본에서 학생들을 가르치는 저명한 헝가리인 철학자인 조르주 폴리처와 그의 아내인 마이, 일명 '뱅센의 여자'도 체포했다. 눈에 띄게 예뻤던 마이는 조산원으로 일하는 동시에 지하조직에서 타이핑과 배포를 담당하고 있었기 때문에 금발머리를 검정색으로 염색해 변장한 상태였다. 얼마 지나지 않아 유명한 극단주이자 배우인 루이 주베의 조수 샤를로트 델보도 체포 명단에 올랐다.

체포된 이들 가운데 마리클로드 벨랑쿠튀리에, 일명 '트리카네의 여자'와 다니엘 카사노바, 일명 '발라르 1번가의 여자'가 있었다. 마리클로드는 《뤼마니테》지하판의 기고자이자 '코끼리 바바' 이야기를 쓴 작가의 조카였다. 다니엘은 코르시카에서 온 활달하고 단호한 성격에 숱이 많은 검은 눈썹과 강한 턱을 가진 30대의 치과의사였다. 마이와 마리클로드, 그리고 다니엘은 오랜 친구 사이였다.

파리의 중앙경찰청으로 끌려가 심문받게 된 이들은 말하기를 거부했고 저항했으며 경멸하는 어조로 경찰을 비웃기도 했다. 이들은 심문하는 경찰에게 자신들은 정치에 관심이 없고 레지스탕스에 대해 아는 것이 하나도 없으며 전혀 모르는 사람들로부터 꾸러미를 받았다고 주장했다. 남편들은 부인이 하루 종일 무얼 하는지 전혀 몰랐다고 진술했고, 어머니들은 지난 몇 달간 아들을 보지 못했다고 주장했다.

날마다 로테와 수하들은 죄수들을 한두 명씩 데려와 심문했고 보고서를 썼으며 관련자들을 체포했다. 경찰이 보고서에 적지 않은 것은 그들이 어렵사리 알아낸 정보쪼가리가 그들이 가한 고문과 구타, 주먹질, 발길질, 그리고 가족, 특히 어린아이들을 위협한 결과라는 점이었다. 보고서 귀퉁이에는 구금된 이들이 '정중한 대접을 받았다'고 적혀 있었고, 그 말 끝에는 여러 개의 느낌표가 달려 있다. 고문은 그저 장난이 되어 있었던 것이다.

3월이 저물어갈 즈음, 이제는 '피캉 사건'으로 알려진 작전이 종결되었고, 로테는 프랑스 경찰이 레지스탕스에 '결정적인' 타격을 주었다고 발표했다. 그들은 300만 장에 달하는 반독일·반비시정부 전단지, 3톤의 종이, 타자기 두 대, 등사기 여덟 대, 1000개의 스텐실, 100킬로그램의 잉크와 30만 프랑이라는 수확을 올렸다. 구금된 130명 중 서른다섯 명이 여성이었다. 그중 나이가 가장 어린 열여섯의 여학생 로자 플로크는 학교 벽에 "영국 만세"라고 쓰던 중에 체포되었다. 가장 나이가 많은 여성은 농부의 아내인 마흔넷의 마들렌 노르망이었다. 체포 당시 그녀는 핸드백에 들어 있던 3만 9500프랑이 최근에 말을 팔고 받은 돈이라고 주장했다.

이들 30여 명은 9개월 뒤인 1943년 1월 24일 눈 내리는 아침, 점령된 프랑스 각지에서 체포된 200여 명의 다른 여성들과 함께 31000번이라고 적힌 기차에 오른다. 그것이 독일이 점령한 4년간 프랑스 레지스탕스의 여성들을 나치의 죽음의 수용소로 데려간 바로 그 기차다.

†

그 기차에 올랐던 여성 중 한 명인 샤를로트 델보는 1960년대 초무렵 책상 앞에 앉아 희곡을 쓰고 있다. 그녀는 스스로가 자신과 함께했던 동료들의 이야기를 전달할 메신저라고 생각했다.

모두 똑같은 줄무늬 옷을 입은 여성 스물세 명이 나치 수용소에서의 삶에 대해 이야기하고 있다. 그들은 거의 구별이 불가능할 정도로 서로를 닮았다. 모두 똑같이 낡아빠지고 형체를 알아볼 수 없는 회색옷을 입고 머리 모양이나 몸매가 모두 똑같아 보여 아무리 주의 깊게 살펴보아도 누가 누구인지 기억하기 어려울 정도였다. '얼굴들은 중요치 않다'고 델보는 무대 지문에 적었다. 중요한 것은 그들이 나눴던 공통의 경험이다. 마치 그리스 비극에서처럼 폭력은 전해지되 보이지는 않는다.

누군가 말한다. "우리 중에 반드시 살아 돌아갈 사람이 있을 거야. 그것이 당신이든 다른 사람이든 그건 중요치 않아. 살아남기 위해서는 싸워야 해. 우리는 투사니까. 살아 돌아가는 사람이 이기는 거야." 다른 이가 말한다. "뒤에 남겨진 사람들은 어떻게 하지?" 세 번째 사람이 대답한다. "우리는 그들을 남겨두고 떠나지 않아. 함께 데려갈 거야."

그러자 또 다른 이가 묻는다. "왜 유령들의 이야기를 믿어야 하죠? 돌아오기는 했지만 어떻게 돌아왔는지 설명하지는 못하는 그들의 이야기를?"

2008년, 나 캐롤라인 무어헤드는 65년 전 얼어붙을 듯 추운 1월의 새벽에 파리를 떠났던 여성들을 찾아 나서기로 결심했다. 그녀들이 아직 살아 있다면 무엇이 그녀들을 레지스탕스로 이끌었는지, 어떻게 해서 로테와 그의 수하들에게 붙잡혔는지, 그리고 그들이 살아남기 위해 펼친 투쟁은 어떤 것이었는지, 살아남은 후에 어떻게 지내왔는지 그녀들의 입으로 듣고 싶었다.

먼저는 샤를로트 델보가 1996년 암으로 사망했다는 사실을 알게 되었다. 그러나 돌아온 그녀들 가운데 여섯 명은 생존해 있었다. 나는 화분과 마호가니 가구로 가득 찬 파리 중심부의 어둠침침한 한 아파트에서 베티 랑글루아를 찾아냈다. 아흔다섯인 그녀는 쇠약하지만 무한한 매력과 강인함을 품은 채 젊은 시절의 사진과 꼭 같은 모습의 날카롭게 빛나는 갈색 눈으로 장난기 어린 시선을 보내왔다. 그녀는 내게 색색의 마카롱을 권하고 박제된 별갑으로 만든 작은 고양이 장난감을 갈색 골판지 상자에 선물로 담아주었다. 마치 살아 움직이는 듯 보이는 고양이 장식품들을 그녀는 친구들에게 선물하곤 했다.

베티는 내게 브르타뉴의 갱강에 살고 있던 세실 차루아를 소개해주었다. 세실은 외국인인 내가 격식 차린 프랑스어를 구사하는 점을 놀리며 저속한 은어들을 많이 알려주었다. 아흔셋의 세실은 건강하고 유머러스하며 불평불만이 없는 성격이었다. 나는 이들을 여러 번 방문했고 그때마다 그녀들은 반백년 전에 일어났음에도 여전히 마음속에 생생하게 살아 있는 장면들과 일화들에 대해 이야기하고 또 이야기해 주었다. 그러는 동안에도 둘은 정작 자신에게 무슨 일이 있었는지에 대해서는 거의 아무 말도 하지 않았다. 세실은 마들렌 디수브레에 관해 들려주었다. 아흔한 살의 은퇴한 수학 교사인 마들렌은 파리의 끝자락에 위치한 작은 아파트에서 책에 파묻혀 살고 있었다. 나중에 나는 매년 1월 24일에 열리는 생존자 모임에서 그녀가 마른 몸을 꼿꼿이 세워 청중을 향해 분명하고 또렷한 목소리로 생존의 의미에 관해 설명하는 것을 들을 수 있었다. 마들렌은 잘 웃지 않았고 침착했다.

여섯 명 가운데 가장 만나기 어려웠던 이는 푸페트 알리종이었다. 그녀는 다른 여성 생존자들과 연락하지 않고 지냈으며 딸들과도 소원하게 지냈다. 그러나 운 좋게도 나는 렌에 위치한 푸페트의 집으로 찾아갈 수 있었다. 그림으로 가득한 그곳은 조용하고 우아하며 설비가 잘되어 있는 아파트였고, 인적 없는 공원과 몇몇 정원이 내려다보이는 위치에 있었다. 여든세 살로 다른 여성들보다는 나이가 적었던 푸페트는 입고 있던 길고 느슨한 라일락 빛깔의 코트만큼이나 우아한 그녀의 집과는 달리 시련을 겪고 있었고 다소 공격적으로 보였다. 푸페트 또한 내게 많은 이야기를 하고 또 해주었다. 그녀는 삶이 그다지 잘 풀리지 않았던 것 같았으며, 외로워했다.

룰루 테브냉과 주느비에브 파쿨라는 둘 다 2008년까지 생존해 있었다. 그러나 아쉽게도 나는 그녀들을 만나보지 못했다. 방문객을 맞아들이기에는 그들은 지나치게 쇠약했다. 그 대신에 나는 룰루의 아들 폴과 여동생 크리스틴을 만날 수 있었다.

베티는 내가 세 번째로 방문하고 얼마 지나지 않아 숨을 거뒀다. 2009년 여름의 일이었다. 그녀는 7년간 췌장암으로 투병 중이었는데, 누구도 췌장암으로 그만큼 오래 산 이가 없다고 했다. 마지막으로 만났을 때, 그녀는 쾌활한 목소리로 자신이 의사들을 모두 당황하게 만들었다고 의기양양해했다. 살아남는 것이야말로 그녀에게 가장 자신 있는 일이라고.

네 명의 여성과 많은 시간을 보내면서 나는 나치 수용소에서 돌아오지 못했거나 돌아왔지만 이제는 세상을 떠난 이들의 가족들을 찾아봐야겠다고 마음먹었다. 나는 마게리트 자니의 아들 피에르를 메츠 근처에서 만났다. 제르맨 르노댕의 아들 토니는 보르도에서 멀지 않은 테르메 다르마냐의 편안하고 아름다운 집에서 살고 있었다. 아네트 에포의 아들 클로드는 수술을 받고 샤랑트의 요양원에 머물고 있었다. 레몽드 세르장의 딸 지젤은 어머니가 자랐던 투르 근처 생마르탱르보에 살고 있었다. 아맹트 기용의 손자는 파리의 한 카페에서 만났다. 이들은 모두 나에게 자신의 가족들에 관해 이야기해주었고, 계속해서 내게 다른 가족들을 소개해주었다. 나는 프랑스 전역을 종횡무진하며 주요 도시들과 외곽을 거쳐 외딴 곳에 떨어진 농가와 양로원, 아파트 밀집 지역, 마을 들을 여행했다. 생존자의 자녀 몇몇은 이제 70대에 들어서 있었고, 자신의 가족에 관한 편지나 일기, 사진 등을 보여주었다. 그들은 약간의 당혹감을 내비치며 자신들의 어머니를 향한 존경심을 담아, 그녀들이 얼마나 용감했고 또 얼마나 자신이 성취한 일에 자만하지 않았는지 이야기해주었다. 어머니에 관해 이야기하는 것은 이제는 나이 든 아들딸들로 하여금 돌아가신 분을 더욱 그리워하게 만드는 듯했다. 옛일을 이야기하면서 그들은 때때로 눈물을 글썽였다.

이것은 여성들 사이의 우정에 관한 이야기이자, 친밀감과 서로를 돌보는 일이 삶에 얼마나 중요한지에 관한 이야기다. 그토록 엄혹하고 위험한 상황에서 서로에게 의존한다는 것은 생사를 가를 만한 차이를 만들어냈다. 이 여성들의 이야기는 삶이 인간에게 건넬 수 있는 최악의 상황에서도 지지 않는 용기와 인간의 존엄성에 관한 이야기이자 꺾이지도 부서지지도 않는 결단력에 관한 이야기이다. 그녀들은 1945년에 프랑스로 돌아왔다. 수용소에서 살아남는다는 것은 대체로 우연의 손에 달려 있었다. 하지만 계급, 나이, 종교, 거주지, 정치적 견해와 교육 수준 등 모든 면에서 달랐음에도 그녀들은 끈질기게 서로를 위하고 함께 참아냄으로써 살아 돌아올 수 있었다. 물론 그녀들이 서로를 모두 똑같이 좋아했던 것은 아니다. 몇몇은 다른 여성들보다 서로 더 가까이 지내기도 했다. 그러나 그들은 모두 똑같은 관심과 염려를 품고 다른 이를 바라보았으며, 모든 이의 죽음에 똑같이 비통해했다. 매 순간 그녀들이 겪었던 일들은 모두 인간이 인내할 수 있는 한계를 넘어서는 것이었다.

이 책은 세실, 베티, 푸페트, 마들렌을 포함해 '31000번 기차'에 함께 오른 230명의 여성들에 관한 이야기다.

제1부

1장

프랑스라는 커다란 장난감

1940년 6월 14일, 이른 시간인데도 파리 시민들은 파리를 점령한 독일군을 보기 위해 샹젤리제를 따라 무리지어 섰다. 그리고 점령군을 보자마자 군인들이 어찌나 어리고 건강해 보이는지 확인하고는 깜짝 놀랐다. 군악대의 반주에 맞추어 개선문으로 행진하던 군인들은 훤칠하게 키가 크고 깨끗하게 면도를 한 청년들로, 하나같이 고급스러운 옷감으로 만든 군복을 입고 진짜 가죽으로 만든 반짝이는 군화를 신고 있었다. 재갈을 문 말들은 하나같이 털에 윤기가 흘렀다. 이 행렬을 보고 있자니 침략이 마치 스펙터클한 구경거리처럼 여겨질 정도였다. 파리의 도심은 조용했고 거의 아무 소리도 들리지 않았다. 보병대와 기마부대가 이끄는 대로 더디게 움직이는 탱크들을 제외하면 움직이는 것을 찾을 수 없었다. 13일에는 많은 비가 쏟아졌지만 금세 6월 초답지 않게 때 이른 더위가 찾아왔다.

　파리 시민들은 독일군 구경을 그만두고 각자 집으로 돌아가 앞으로 무슨 일이 벌어질지 기다렸다. 아무것도 하지 않고 가만히 그저 바라만 보는 '관망주의'의 기운이 도시 전체에 내려앉았다.

독일군의 승전 속도는 충격적이었다. 5월 10일 룩셈부르크를 침공한 독일군의 탱크부대가 네덜란드군을 전멸시키고 5월 13일 뫼즈 강을 건너는 동안, 프랑스의 육군과 공군은 변변찮은 구식병기도 제대로 갖추지 못한 오합지졸에 불과했다. 영국에서 보낸 원정군은 됭케르크에서 후퇴해야 했으며, 6월 3일에는 파리 시내에 폭탄이 투하되었다. 프랑스인들은 제1차 세계대전 당시 베르됭 전투에서 군기의 본보기를 보여줬다고, 절대 뚫리지 않는 철통방어의 마지노선을 가졌다고 자랑하던 고국이 고작 6주 만에 항복하는 신세로 전락했다는 사실을 받아들이지 못했다. 앞으로 무슨 일이 벌어질지 예측하기란 불가능했다. 그러나 패배의 결과는 오래지 않아 찾아왔다.

14일 오후, 독일군 사령관 폰 스투르니츠 장군이 파리 콩코드 광장의 크리용 호텔에 군 본부를 세웠다. 파리는 국제법상 보호받는 비무장 도시로 지정되어 파괴를 면했다는 공표가 들려왔다. 독일 국기가 개선문에 게양되었고, 나치 깃발(卐)이 시청, 상원과 하원, 정부청사 건물 전면에서 휘날렸다. 젊은 마르크스주의자이자 역사가이며 소설가였던 이디스 토마스는 독일군을 '피에 굶주린 거대한 거미들'로 묘사했다. 대궁전은 독일군의 화물차를 세워두는 차고로, 파리 이공대학은 병영으로 변했다. 독일 공군은 오페라 광장에 있던 그랜드 호텔을 차지했다. 프랑스어로 적힌 표지판이 거둬지고, 독일어 표지판이 세워졌다. 베를린과 시차를 없애기 위해 프랑스의 기준 시간도 한 시간 앞당겨졌다. 점령군이 도착하고 몇 시간도 채 되지 않았을 때, 열여섯 명

파리 시내의 독일군.

의 프랑스인이 자살을 기도했다. 그 가운데 가장 잘 알려진 사람이 갈리폴리 전투에 참전한 바 있고 프랑스의 신경외과 수술을 발명한 티에리 드 마르텔이었다.

독일군이 가장 먼저 취한 조치는 사람들을 안심시키는 것이었다. 법과 질서를 위해 독일군이 요구하는 대로 따르기만 한다면, 모든 사유재산은 보호받을 것이다. 독일군은 전화국과 철도를 접수했다. 그러나 아직 수도·전기·가스의 운영권은 프랑스에 남아 있었다. 독일군의 점령에 따라 프랑스의 기록보관소와 외무부의 서류들을 소각하려는 시도가 있었지만 실패로 돌아가 많은 서류가 그대로 남겨졌다. 독일군 총사령관인 폰 브라우히치 장군은 군인들에게 '철저히 공정할 것'을 명령했다. 파리 시민들이 폭동을 일으킬 기미가 보이지 않는다는 것이 명백해질 무렵, 애초에 48시간으로 계획되었던 통금이 해제되었다. 폴란드 침공 당시 독일군의 야만성을 떠올리며 두려워하던 프랑스인들은 안심했다. 그들은 가지고 있던 무기를 순순히 내놓았고, 총기 대신 사냥개나 담비를 풀어 토끼를 사냥해야 한다는 지침을 받아들였으며, 우편부로 이용하던 비둘기를 명부에 등록했다. 독일군들은 그들 나름대로, 순순히 응하는 프랑스인들을 보고 놀라워했다.

며칠이 지나고 몇 주가 지나자 자동차와 자전거, 화물차, 이삿짐 트럭, 아이스크림 트럭, 영구차와 말이 끄는 짐마차를 타고 인산인해를 이루며 남쪽으로 피난을 떠났던 많은 프랑스인이 되돌아왔다. 유모차와 외바퀴 손수레를 타고 가축 떼를 끌고 다니던 피난민 행렬은 부모를 잃은 아이들과 버려져 나뒹구는 탈것들을 길가에 남겼다. 돌아온 이들은 마치 교양인처럼 구는 점령군을 보고 놀라워했다. 이 요란한 무리는 프랑스혁명 당시 집을 버리고 떠나야 했던 '거대한 공포'(grand peur)를 상기시켰고, 프랑스인들은 자신들이 그토록 공포 반응을 보인 데 대해 조금 겸연쩍어하기까지 했다. 1940년은 그때만큼 끔찍하지는 않았던 것이다. 그들은 점령에 점점 익숙해졌다. 사실 프랑스인들은 나폴레옹이 폐위된 제1제정 끝에도, 보불전쟁 때도, 1차대전의 혼란과 약탈도 견뎌냈었다. 이제 파리 시민들은 다시 문을 연 갤러리 라파예트 백화점에서 양심적으로 돈을 내고 스타킹, 구두, 향수를 사는 독일군, 노트르담을 관광하고 지하철에서 할머니에게 자리를 양보하며 꼬마아이들에게 초콜릿을 나눠주는 독일군의 모습을 볼 수 있었다.

파리 곳곳에서 독일군이 운영하는 무료급식소가 문을 열었다. 튈르리 정원의 급식소는 군악대의 연주와 함께 꽃이 흐드러진 밤나무 아래에서 음식을 배급했다. 파리는 기이할 정도로 침묵에 잠겨 있었다. 특히 센 강 어귀에 버려진 엄청난 양의 휘발유가 폭발하는 사고 이후로 더욱더 조용했다. 이 사고로 도시 전체는 기름진 검은 구름으로 뒤덮였고, 새의 개체수가 급격하게 줄어들었다. 6월 28일, 파리를 방문한 히틀러가 에펠 탑 아래에서 무릎을 치며 즐거워하는 모습이 사진에 찍혔다. 화가이자 사진작가인 자크 앙리 라르티그는 독일 점령군이 마치 신기한 새 장난감, '프랑스라는 이름이 붙은 커다란 장난감'을 선물받은 듯이 행동했다고 회상했다.

6월 16일, 프랑스 정부가 파리를 버리고 투르, 그리고 보르도로 대피하도록 주도한 수상 폴 레이노가 사임한 후, 베르됭의 영웅으로 존경받던 마샬 페탱이 수상의 자리에 올랐다. 17일, 12시 30분에 페탱은 '냉혹한 두뇌' 아서 쾨슬러를 상기시키는 예의 가늘고 갈라지는 목소리로 라디오를 통해 자신이 프랑스 새 정부의 수장이 되는 데 동의했으며, 독일에 휴전협정을 제의했음을 알렸다. 그는 프랑스인들이 싸움을 멈추고 독일에 협력해야 한다고 말했다. 곧 벽마다 '독일군을 신뢰하자!'라고 쓰인 벽보가 나붙었다.

22년 전 제1차 세계대전 종전 후 패배를 시인하는 독일의 서명이 이루어졌던 콩피에뉴 숲에서 다시 한 번 협정이 이루어졌다. 르퉁드에서 프랑스군이 참패한 후 스물일곱 시간의 협상 끝에 서명된 협정의 내용은 잔인했다. 프랑스의 국경은 다시 그려졌다. 프랑스 본토의 행정구역 여든두 곳 가운데 47퍼센트, 즉 전국의 5분의 3이 독일의 손에 넘어갔다. 알자스와 로렌은 합병되었다. 독일이 대서양과 해협의 해안을 비롯해 주요 중공업단지의 대부분을 점령했고, 막대한 양의 프랑스 원자재를 통제했다. 프랑스를 절반으로 나눠 동쪽으로는 제네바에 가까이, 서쪽으로는 투르에 가까이, 남쪽으로는 스페인의 국경에 가까이 갈라놓은 군사분계선은 1200킬로미터에 달했으며, 엄중히 감시되었다. 이 분계선으로 북쪽의 '점령지역'과 남쪽의 '자유지역'이 분리되었다. 브뤼셀에 위치한 독일군 고위 지휘부는 프랑스의 동쪽과 북쪽을 '금지구역'으로 구분해 통치했다. 점령에 사용되는 비용을 충당하기 위해 막대한 금액이 프랑스에 청구되었다. 이탈리아 국경을 따라 세워진 비무장지대의 관할권은 이탈리아로 넘어갔다. 전리품을 놓치고 싶지 않았던 이탈리아는 6월 10일, 프랑스를 상대로 전쟁을 선포했다.

이런 상황에서 프랑스 정부는 마치 휴식이라도 취하려는 듯 비시 — 오베르뉴 지방에 흐르는 알리에 강의 오른편에 위치한 최신식 온천 시설을 갖춘 휴양 도시 — 로 향했다. 무엇이든 독일에 양보하는 데 선수였던 페탱과 국무장관 피에르 라발은 그곳에서 새 프랑스 정부를 세울 예정이었다. 적어도 서류상으로는, 비시정부는 독일의 애완견이 아니라 외교권을 가진 적법한 주권국가였다. 독일군이 재빠르게 진격할 동안, 10만 명가량의 프랑스군이 죽어나갔고, 20만 명이 부상을 당했으며, 180만 명이 오스트리아와 독일의 전쟁포로 수용소에 수감되었다. 하지만 새로운 프랑스는 옛 프랑스의 잿더미 속에서 일어서야 했다. 페탱은 자신을 따르라고 선언하며 "프랑스는 영원하다고 굳게 믿으라"고 당부했다. 페탱은 여든넷의 늙은이였다. 그를 믿지 않기로 작정한 이들은 재빨리 몸을 피해 국경을 넘어 스페인과 스위스로 가거나 해협을 건넜고, 아프리카 식민지에서 온 프랑스 국민들과 함께 '자유프랑스(Free French)'라는 이름으로 모여 독일과의 협상과 항복에 반대의 목소리를 높이기 시작했다.

페탱과 그를 따르던 가톨릭 신자와 보수주의자, 각료, 반유대주의 지지자 들은 숙청과 정화를 통해 프랑스혁명 이전의 신화적인 황금기로 돌아가야 한다고 주장했다. 그들에게 프랑스혁명은 평등에 관한 위험한 생각을 퍼트렸을 뿐이었다. 이 '새로운 프랑스'에서는 윗사람과 그들의 규칙이 존중되어야 하고 열심히 노동하고 국가를 위해 희생해야 하며, 유대인, 프리메이슨, 노조, 이민자, 집시와 공산주의자를 비롯해 국가의 패전에 기여한 퇴폐적인 개인주의자들은 사라져야 마땅했다.

10월 24일 몽투아르에서 히틀러를 만난 뒤 페탱은 선언했다. "통일된 프랑스를 위해, 오늘 저는 명예롭게 협력의 길에 나섭니다." 알제리의 메르스엘케비르 항구에 닻을 내리고 도주하는 프랑스인들에게 폭탄을 투하한 영국에 혐오감을 느꼈던 터라 우선 그들은 싸우지 않아도 된다는 사실에 안심했고, 영웅적인 아버지 같은 지도자의 주장에 고무된 프랑스인들 대부분은 페탱의 의견에 만족스레 동의했다. 그러나 곧 밝혀지듯이, 모두가 그랬던 것은 아니다.

✝

파리에 도착하기 오래전부터 독일군은 프랑스 점령을 준비했다. 새롭게 합병된 알자스-로렌처럼 나치 독일의 지방장관이 주재하는 것은 아니었지만 매우 관료주의적이고 상세한 군법이 마련되었다. 언론 검열에서부터 우편까지 모든 것이 독일군의 빡빡한 통제 아래에 들어갔다. 프랑스의 기차 운영을 감독하기 위해 독일 철도공무원 1000명이 도착했다. 프랑스는 이제 연합군으로부터 원조가 모두 끊겨 독일에 의존해야 하는 열등하고 허약한 적으로 간주되었다. 나치 독일의 점령과 그에 대한 프랑스의 협력이라는 역사적 배경에서 레지스탕스 운동이 모습을 갖추기 시작했다.

전 소년단 단장이자 독일 공군 루프트바페의 재편성을 담당한, 외알 안경을 낀 채 규율에 엄격했던 프러시아인 오토 폰 슈튈프나겔이 프랑스-독일 휴전협정 위원장으로 지명되었다. 마제스틱 호텔로 이동한 그는 베를린에서 급파된 독일 공무원의 도움을 받아 점령지 프랑스의 행정부를 조직하는 데 착수했다. 폰 슈튈프나겔의 영향력은 독일군의 신병 확보와 권한 설정을 비롯해 프랑스 경제의 방향을 제시하는 데까지 미쳤다. 크리용 호텔과 리볼리 거리에서 폰 스투르니츠 장군은 매일같이 수도를 감시하는 데 열을 올렸다. 곧 프랑스 곳곳에서 징발된 호텔과 마을 여관에 묵으며 젊은 독일 여비서들과 함께 일하는 반짝이는 부츠를 신은 남자들에게 '작은 회색 쥐'라는 이름이 붙었다.

하지만 점령은 그리 간단하지도 합리적이지도 않았다. 여기에는 폰 슈튈프나겔과 그의 군인들이 좋아하는 엄격한 독일의 군명에서 벗어나는 또 다른 면이 존재했다. 그것은 군대와 경찰의 권한을 넘나드는 독립된 부서를 가진 비밀정보부의 존재였다.

폴란드에서 보인 게슈타포의 만행을 두고 여러 장군이 반발하자, 히틀러는 프랑스 점령에 SS 친위대를 동원하지 않겠다고 동의했다. 그 대신 경찰권은 군 사령부가 관할할 것이다. 하지만 근시안에 얇은 입술을 가진 마흔 살의 독일 경찰청장이자 친위대 수장이며, 우월한 종족 노르만-아리안인의 번성을 오랫동안 꿈꿔왔던 하인리히 히믈러는 검은색 제복을 차려입은 자신의 심복들이 배제되는 것을 원치 않았다. 그는 나중에라도 SS를 보낼 수 있도록 교두보를 파리에 급파하기로 했다. 히믈러는 자신의 대리인으로 그가 직접 테러의 도구로 키운 게슈타포의 냉혹한 수장 라인하르트 하이드리히로 하여금 스무 명가량의 대원을 뽑아 독일 국방군의 첩보기관 아프베어(Abwehr)의 비밀 군사경찰 제복을 입히고 군 번호판을 단 차량을 몰고 다닐 수 있도록 했다.

철학 박사학위를 지닌 서른 살 저널리스트 헬무트 크노헨이 이들을 이끌었다. 크노헨은 유대인 박해의 전문가였고 프랑스어를 할 줄 알았다. 전문적으로 반테러리즘과 유대인 사건을 다루는 그의 팀이 포슈 거리에 비밀결사 지부를 세운 뒤, 크노헨은 파리 경찰청에 전화를 걸어 모든 독일 이주민과 유대인 및 반나치주의자로 알려진 사람들에 관한 서류 일체를 그의 팀에 넘길 것을 요구했다. 무슨 일에 쓰려는 건지 군 측에서 질문하자, 그는 반체제 인사에 관한 연구를 하고 있다고 답했다.

크노헨과 그의 팀원들은 정보원을 모집하고 심문하는 일에 제 기량을 발휘했다. 곧 독일 비밀정보부는 크노헨의 지휘 아래 나치 체제의 모든 구석구석을 꿰고 있는, 프랑스 내에서 가장 무서운 독일 조직이 되었다.

그러나 크노헨 외에도 프랑스를 자신의 손아귀에 넣기 위해 안달이 난 이들이 또 있었다. 베를린에 복귀한 해군 제독 카나리스가 속한 아프베어의 반테러리스트팀, 그리고 프리메이슨의 집회소와 비밀결사대를 찾아내 중요 예술품을 약탈해 독일에 있는 괴벨스 휘하 프로파간다 전문가들에게 보내는 임무를 맡은 팀인 아인사츠슈타브 로젠베르크 등이 있었다. 베를린의 외무부 장관인 폰 리벤트로프 또한 히틀러를 설득해 자신의 부하 오토 아베츠를 파리로 보냈다. 아베츠는 프랑스와 독일이 협력하던 1930년대에 프랑스를 옹호한 친프랑스파였다. 통통하고 상냥한 서른일곱의 아베츠는 한때 예술전문가로 일한 경력이 있으며 프랑스를 사랑했고 프랑스에 매혹되어 있었다. 그러나 다소 애매하게 명령을 내리는 탓에 그는 프랑스 점령지에서든 비점령지에서든 정치적 질문에 직면했고, 프랑스와 독일 양국에서 의심받았다. 릴거리에 있는 호화로운 대사관에서 아베츠는 '가볍게' 협력에 관여하기 시작했다. 그에게 파리는 다시금 '빛의 도시'이자 독일 점령군에게 기쁨과 즐거움을 줄 수 있는 완벽한 공간이 되어야 했다. 파리를 방문하고 얼마 뒤, 히틀러는 독일의 모든 군인이 이 도시에 체류할 권한이 있다고 선언했다.

이론상으로는 독일의 모든 분리된 병력은 군 지휘부에 복종하는 것이 원칙이었으나, 실제로 그들은 모두 독립적으로 운영되고 있었다. 독일에 저항하는 레지스탕스 운동이 시작되었을 때, 군 지휘부는 기꺼이 비공식적인 단체들에게 그와 같은 반항의 싹을 자르는 역할을 맡겼다. 파리에는 프랑스를 지배하고 통치하며 착취하고 감시한다는 하나의 공통된 목표를 소유한 서로 다른 집단들, 즉 독일 내에 존재하는 다양한 경쟁 조직이 전부 모여들었다. 파리는 작은 베를린이 되었다.

1940년 여름, 프랑스 전역에서 근무하던 10만 명가량의 프랑스 경찰은 소지하고 있던 무기를 반납하고 퇴직하라는 명령을 받았다. 그러나 경찰병력이 절대적으로 부족해질 것을 예상한 독일군은 대부분에게 무기를 되돌려주었다. 파리에서 근무하던 경찰 1만 5000명은 직위가 해제된 뒤, 독일 육군사령부로 소속을 바꿔 복직했다. 몇몇은 사직했으나 대부분은 생각해볼 것도 없이 명령에 따르는 수밖에 없었다. 소수는 시국을 발판 삼아 오히려 재빠르게 승진하기도 했다.

군이 통제하지 못하는 유일한 독일 경찰병력은 아이히만이 파견한 테오 다네커 휘하의 반유대주의 군대였다. 다네커는 스물일곱의 훤칠하고 마른 남자로 바이에른 출신이었다. 9월 말 포슈 거리에서 다네커는 훗날 유대인문제연구소(Institut d'Étude des Questions Juives)로 불릴 단체의 모체를 세울 계획을 수립했다. 페탱과 비시정부가 그의 소원을 들어주려 안달이 나 있다는 게 명백해지자 일은 대단히 쉬워졌다. 비록 페탱이 단호하게 저지하기는 했지만, 이 무렵의 독일군은 프랑스의 점령지역에 있는 유대인을 체포하는 것보다 유대인을 자유지역으로 보내 제거하는 방식에 더 흥미를 느낄 정도였다. 새로 실시된 인구조사에 따르면, 1940년에 프랑스에 거주하고 있던 유대인 33만 명 가운데 절반이 프랑스 국민이었고, 나머지는 유럽 전역에 퍼진 박해의 물결에 떠밀려 이주해 온 사람들이었다.

1789년 혁명의 시절에 프랑스는 유대인을 자국의 시민으로 받아들이고 해방시킨 최초의 나라였다. 1920년대와 1930년대를 거치며, 프랑스는 한 번도 종교나 인종을 문제삼아 자국의 시민을 구분하지 않았다. 그러나 독일 침공이 있은 후 몇 주 지나지 않아 파리 시민들은 '우리의 적은 유대인'이라고 쓰인 벽보가 나붙은 광경을 보아야 했다. 독일군은 그것이 비시정부가 내린 명령의 결과든 아니면 프랑스 내부에서 자생적으로 자라났든 간에 사람들에게 반유대주의와 그 정책에 대해 환상을 심어주는 것이 아주 중요하다고 여겼다. 따라서 다네커는 '자발적인' 반유대인 시위가 많이 벌어지도록 그저 감정을 고취시키는 일부터 시작했다. 유대인 가게 앞에 서서 손님들에게 겁을 주고 쫓아버릴 목적으로 젊은 보안요원들이 비밀리에 고용되었다. 8월 초에 몇몇 유대인 상점이 약탈당했고, 20일경에는 '대대적인 조치'가 내려져 샹젤리제의 유대인 상점들의 유리창은 돌팔매질을 피할 수 없었다. 헤르만 괴링의 약탈품들은 계속해서 늘어나고 있었다. 로칠드 대저택의 한 곳이 예술품을 도난당했고, 그 결과 마티스 여섯 점, 르누아르 다섯 점, 브라크 스무 점, 들라크루아 두 점과 피카소 스물한 점이 괴링의 손에 들어갔다.

하지만 폰 슈튈프나겔과 그의 부하들의 관심을 끈 것은 유대인만이 아니었다. 프랑스는 그동안 내전과 정치적 억압 또는 극심한 빈곤에서 벗어나고자 계속해서 찾아오는 피난민들을 따뜻하게 맞아들였던 자신의 역사를 자랑스럽게 여겨왔다. 특히 18세기 이래로 폴란드인들은 계속해서 프랑스로 이주해오고 있었다. 1920년대에는 1차대전으로 프랑스가 입은 엄청난 손실과 부족한 인력을 대체하기 위해 수천 명이 이주해 왔다. 그중 많은 수가 광산의 광부가 되었고 북부와 동부에 정착했다. 여기에는 나치의 엄중한 단속과 진압을 피해 이주해 온 독일인 피난민도 있었다. 1938년 독일에 의한 합병으로부터 도망친 오스트리아인들, 뮌헨협약을 피해 이주한 체코인들, 무솔리니의 억압에서 빠져나와 이주한 이탈리아인들의 숫자는 1933년에만 3만 5000명에 달했다. 계속된 내전과 프랑코 장군으로부터 벗어나려는 스페인 공화국민들도 있었다. 그중 10만 명은 계속해서 프랑스에 머물렀지만, 많은 수가 스페인 국경 근처에 세워진 수용소 가시철망 뒤에 머물며 끔찍한 고난을 겪어야 했다.

이들 피난민에 대한 프랑스의 대우는 적어도 실업률이 치솟았던 1930년 경제침체기 전까지는 관대했다. 그러나 이제 달라디에 수상은 실업자의 수를 줄일 조치를 모색했고 계속해서 스파이와 선동가들의 근황을 확인하는 한편, '원치 않는 외국인'을 억류해둘 수용소를 세우고 있었다. 달라디에 치하의 프랑스는 서구 민주주의 사회에서 유일하게 '수정의 밤'*을 비난하지 않은 국가였다. 극우파 악시옹 프랑세즈의

---

* 1938년 11월 7일 폴란드계 유대인 학생 헤어셀 그린츠판이 독일인 외교관 에른스트 폼 라트를 파리에서 저격한 것이 구실이 되어 11월 9일과 10일에 나치 독일이 유대인과 그들의 재산에 폭력을 휘두른 사건. 깨진 유리조각이 흩어져 있었던 데서 '수정의 밤'(크리슈탈 나흐트)이라고 불린다.

리더인 샤를 모라는 '정치적, 사회적, 도덕적으로 병든 미생물들'에 관해 떠들어댔다. 전쟁이 일어나자마자 피난길에 오른 이들을 태운 열차가 프랑스를 떠나는 모습을 바라보며, 작가 생텍쥐페리는 "덜떨어진 인간들이 오직 경제적 이익만을 좇아 유럽의 한쪽 끝에서 다른 쪽 끝으로 방향을 바꿔 달려나간다"고 적었다. 외국인 혐오의 분위기가 급격히 고조됐지만 많은 외국인이 프랑스에 남아 있었다. 그러나 국적이 없는 이들은 보호받지 못했고 극도로 취약한 상태로 불확실하고 적대적인 분위기에 놓여 있었다. 1940년 9월 말, 프랑스에 거주하는 많은 수의 외국인이 포로수용소로 향했다. 특히 그들 가운데 독일인 피난민들은 얼마 전까지만 해도 망명을 허용한 바로 그 프랑스인들에 의해 '독일의 적'이라고 낙인찍히고, 포로수용소로 넘겨졌다.

정치적 망명자를 처리하는 문제는 거의 아무런 항의도 받지 않았다. 프랑스인들의 마음속은 다른 것들로 가득했다. 독일 점령군의 예의바름으로 느꼈던 초기의 안도감은 금세 끝날 기미가 보이지 않는 전쟁과 불확실한 경제를 두고 어떻게 생존할 것인가 하는 불안으로 바뀌었다. 프랑스를 통치하기 위해 독일인이 더 많이 넘어오면서, 프랑스 내에서는 더 많은 집과 호텔, 학교, 심지어 거리 전체가 징발되었다. 독일인들은 가구와 자동차, 타이어, 침대보, 유리, 휘발유를 요구했고, 그들을 위해 사적인 용도로 남긴 것을 제외하고는 식당과 극장들을 폐쇄했으며, 병동 전체를 몰수해 독일인 환자만 받는 병원으로 사용했다.

독일군은 즉각 사용하지 않을 물품을 독일로 보냈다. 곧 약탈품을 비롯해 원자재와 전쟁에 유용한 것이라면 무엇이든 싣고 포장을 덮은 짐마차들이 파리의 동부 역을 출발했다. 괴링은 프랑스의 군 사령부에 '철저한 약탈을 꿈꾸고 있다'고 적어 보냈다. 한때 나폴레옹이 독일의 예술품을 약탈해갔듯 이제 독일은 점령군의 환상을 채워줄 모든 것을 약탈해 배를 불리고 있었다. 곧 파리의 재봉사들은 작업할 옷감이 남지 않아 문을 닫아야 했다. 더 이상 가죽을 구할 수 없었던 구두 수선공들도 일손을 놓았다. 금고와 은행계좌는 철저하게 조사받았고, 유대인의 계좌와 금고는 그대로 강탈당했다. 프랑스의 공장들은 재빨리 독일을 위해 비행기, 부속품, 탄약, 자동차, 트랙터, 라디오 등을 생산하기 시작했다.

1940년 9월, 프랑스에서 배급통장이 발행되었고 식당들은 전채요리 한 접시와 메인요리 한 접시, 야채 한 접시와 치즈 한 조각 외에는 더 이상 음식을 낼 수 없다는 통보를 받았다. 나이와 개인의 필요에 따라 양이 계산된 빵과 수프, 학용품과 고기를 받기 위해서는 배급표가 필요했다. 파리의 사람들은 하수구에서 출몰하는 굶주린 쥐들, '몸집이 엄청나게 크고, 긴 수염과 검은 털에 빨간 눈을 가진 쥐들'을 먹어서는 안 된다는 이야기를 들었다. 그러나 고양이의 털가죽, 특히 검은색과 흰색, 적갈색 털가죽은 겨울옷의 안감으로 인기를 끌었다. 석탄은 바닥났고, 집들은 대부분 난방이 되지 않았기 때문이다. 11월부터 레알 지역에서는 음식, 편지지, 전선, 단추와 담배를 판매하는 암시장이 활개를 쳤다.

프랑스인들은 임기응변을 발휘하기 시작했다. 모든 사람들이 생필품을 만들어내고 수선했으며 개량했다. '대용품'이라는 단어가 파리의 일상어가 되었다. 주부들은 그나마도 줄어들고 있는 배급품을 받기 위해 끝없이 늘어선 줄에 서서 어떻게 하면 나무와 석탄 없이 연료를 만들어낼 수 있는지, 포도씨를 어떻게 으깨면 기름을 얻을 수 있는지, 그리고 담배를 말아 피우려면 돼지감자, 해바라기, 옥수수에 적은 양의 담배 잎을 어떻게 혼합해야 하는지에 관한 팁과 레시피를 교환했다. 식민지에서 프랑스로 실려 오던 원자재의 운송이 중단되자 리넨, 면, 울, 실크의 공급이 바닥났고, 여성들은 요오드로 바지를 염색하거나 발목양말을 신었으며 천으로 핸드백을 만들어 들고 다녔다. 곧 파리는 걸어다니는 사람들의 나무 굽 소리와 마차를 끄는 말이 딸깍거리는 소리로 가득 차게 되었다. 사람들은 튈르리 정원이나 창문 밖에 상자를 두고 야채를 기르기 시작했다. 첫 번째 저항의 바람이 불어왔다. 12월 15일 파리의 앵발리드 기념관에 안장될 예정이었던 나폴레옹의 아들 래글롱(L'Aiglon)의 유해가 비엔나의 유배지에서 돌아왔을 때, 수많은 군인이 도열해 우레와 같은 팡파르를 울려댔다. 그러자 다음과 같은 벽보들이 나붙었다. "네놈들의 새끼 독수리는 도로 가져가고, 우리들의 돼지를 돌려줘."*

　　프랑스 바깥의 소식을 알아내는 일도 쉽지 않았다. 1월 25일 짧은 신문을 주 2회 발행하는 신문사가 하나 생겼고, 《르 마탱》과 《파리 수아르》처럼 재발행을 허가받았다. 이론적으로는 독일인들이 '주제'를 잡고, 저널리스트들이 내용을 채우기로 되어 있었다. 그러나 실제로 편집자들은 '앵글로-아메리칸'과 '알자스-로렌'을 비롯해 피해야 할 주제와 단어들이 적힌 길고 긴 금지어 목록과 대조해가며 신문을 발행해

---

*　'aiglon'은 프랑스어로 '새끼 독수리'를 의미한다. 유용한 물자를 모두 약탈해가는 대신 나폴레옹 2세 래글롱(L'Aiglon)의 유해 반환이라는 겉치레식 행사를 치르는 독일군을 비꼬고 있다.

야 했다. 오스트리아나 폴란드, 유고슬라비아, 체코슬로바키아와 같은 단어들은 '그런 나라들은 더 이상 존재하지 않으므로' 아예 사용해서는 안 되었다. 아베츠는 에프딩 박사에게 '독일 문화를 전파하라'고 지시했다. 그러는 동안, '더 건강한 태도'를 길러내기 위해 금지되어야 할 서적 목록인 '오토 리스트'가 출판업자들에게 전달되었다. 이 금서 목록은 유대인과 공산주의자, 앵글로색슨 작가나 프리메이슨이 쓴 것이면 무슨 책이든지 금지했다. 말로, 모루아, 아라공의 책들이 서점에서 사라졌고, 하이네와 프로이트, 아인슈타인과 H. G. 웰스의 책도 추방되었다. 이 당시 2242톤의 책이 폐기되었다. 반대로 줄리우스 슈트라이허가 펴내는 나치 타블로이드 신문인 《슈튀르머》를 모델로 한 폭력적인 반유대인 신문 《오 필로리》는 도시 전역에서 찾아볼 수 있었다.

프랑스인들에게 점령이란 비참한 사건임이 시시각각 드러나고 있었다.

2장

저항의 불꽃

당시로서는 비교적 덜 알려져 있던 프랑스의 장군 샤를 드골이 군대를 모집한다는 고무적인 소식이 파리가 함락되고 나흘 뒤인 1월 18일 영국 BBC 라디오를 통해 프랑스인들에게 알려졌다. 소식을 들은 사람들이 북부에 두고 온 집으로 다시 돌아가기 시작했지만 800만 명가량의 프랑스인들은 여전히 남부를 향한 피난길에 있었다. BBC는 '자유프랑스'에게 매일 밤 5분간 프랑스어로 방송할 기회를 주었다. 처음으로 프랑스어 방송이 나간 뒤, 드골은 19일과 22일, 24일, 26일, 28일 라디오를 통해 프랑스인들에게 연설했다. 횟수를 거듭할수록 그의 근엄하고 침착한 목소리에 권위가 실렸다. 메시지는 단순했다. "점령지 프랑스에 살고 있는 모든 프랑스 남성과 여성에게 고하니, 점령군에 굴복하는 것은 범죄요 저항하는 것은 명예"라는 것이었다. 특히 한 문장이 청취자들의 마음을 뒤흔들었다. "어디선가는 반드시 프랑스의 저항의 불꽃이 밝게 빛나며 타오르고 있습니다."

독일인에게 굴복하지 않는다는 게 실제로 가능하다는 생각이 이내 메아리처럼 전파되고, 반복해서 지하조직의 선언문과 전단지로 적혀 인쇄되고 전달되었다.

드골은 프랑스가 패배한 이유에 대해서는 말하지 않았고, 그에 따르면 프랑스는 패배한 것이 아니라 살아남아 새로운 시대를 맞이할 것이었다. 저녁이 되면 사람들은 닫아놓은 덧문 뒤 어둠 속에서 독일군의 명령을 어기고 라디오 곁으로 모여들어 베토벤의 5번 교향곡 도입부 ─ 이 곡은 세 번의 짧은 두드림으로 표기되는 '승리'의 철자 'V'의 모스부호와 도입부의 리듬이 일치하기에 선택되었다 ─ 와 이후에 흘러나온 "여기는 런던입니다. 프랑스인이 프랑스인에게 말합니다"라는 멘트를 듣곤 했다. 이 문장은 삽시간에 유명해졌다. 라디오 방송은 청취자들 사이에 연결고리를 만드는 효과가 있었다. 음식배급을 받으려 늘어선 길디긴 줄에서 주부들은 각자 들은 새로운 소식을 서로 나누었다. 독일군이 무적불패처럼 보였던 바로 그때, 평범한 남자들, 평범한 여자들의 마음속에는 압제자를 상대로 투쟁해 비록 머나먼 미래일지라도 승리의 순간을 맞아들이겠다는 생각이 싹텄다. 런던에 있는 자유프랑스와 군대에 합류할 지원병을 모집하는 것 말고 드골이 또 무엇을 염두에 두고 있었는지는 알 수 없었지만 프랑스인들은 그를 미래의 구원자이자 지도자로 바라보기 시작했다.

도지사이자 이후 레지스탕스 지도자로 활약하는 장 물랭은 '레지스탕스 프랑스'가 가능할지 여부를 알아보려고 11월에 파리를 방문했지만 이곳에서 많은 일이 일어나고 있지는 않다고 결론지었다. 하지만 그 판단은 틀린 것이었다.

최초의 저항은 반항심과 수치심을 느낀 개인들로부터 자발적으로 일어났으며, 규모가 작았고 조직적이지 못했다. 잔 다르크의 상징이자 자유프랑스의 상징인 로렌의 십자가(╬)와 승리의 '빅토리'를 의미하는 'V'가 크레용, 립스틱, 페인트로 벽과 독일군의 자동차, 지하철, 버스 정류장, 그리고 보도가 통제된 신문 위에 휘갈겨 쓰였다. 독일군이 이 'V' 는 고대 독일어인 빅토리아(Victoria)를 의미한다는 담론을 유포하자 프랑스인들은 '명예'(honor)를 의미하는 'H'를 쓰기 시작했다. 로자 플로크는 다른 여학생들과 함께 학교 벽에 "영국 만세"라고 적었다. 독일군이 징발한 레스토랑은 돌멩이 세례를 면치 못했다. 영화관에서는 독일군의 뉴스가 상영되는 동안 사람들이 야유하는 소리가 들려왔고, 이에 상영 중에도 불을 켜두라는 명령이 내려왔다. 그러자 관객들은 책을 읽고 기침을 하는 것으로 저항을 계속했다. 에티엔 아샤반이라는 청년은 독일군의 전화선을 끊어놓기도 했다.

10월 초, 악보 출판업자인 레몽 데스는 BBC 방송국의 일일 편성표를 담은 두 장짜리 종이를 인쇄한 작은 신문《팡타그뤼엘》을 배포했다. 저널리스트와 대학생 들은 팜플렛과 벽보, 전단지를 만들고 인쇄했다. 이들은 1789년 루이 14세에게 빵을 요구하며 베르사유로 행진했던 파리의 여자 생선장수들을 떠올리며, 여성들에게 배급에 저항하라고 촉구했다. 인류학자와 민속지학자 한 무리는 인류학 박물관의 등사기로 반비시정부·반나치 신문을 찍어내며 저항에 합류했다.

레지스탕스 운동 초기에는 프랑스의 모든 계급으로부터, 그리고 정치적 성향에 관계없이 팜플렛과 전단지가 쏟아져 나왔다. 전단지에 실린 글들은 프랑스가 인간의 자유를 대변하는 반면, 독일군은 악랄한 정복자라는 관점에서 쓰였으며 애국심과 휴머니즘이 뒤섞여 있었다. 어떤 글은 가톨릭교와 도덕주의를 찬미했고, 어떤 글은 마르크스주의를 옹호했으며, 몇몇은 토머스 페인의 『인간의 권리』를 인용했다. 아무것도 하지 않는 것은 죄라는 신념을 모두가 공유하고 있었다.

이 같은 저항의 분출에 독일군은 재빠르고 단호하게 움직였다. 독일군은 작가들과 출판업자들을 체포해 감옥으로 보냈다. 순진했던 최초의 레지스탕스는 오랫동안 독일에서 거친 진압과 전쟁을 수행해온 나치와 상대가 되지 않았다. 독일군도 벽보를 붙여 저항의 결과가 무엇인지 경고하고, 밀고에 따른 보상을 광고하기 시작했다. 어린 소년들은 독일군의 뒤를 따라다니면서 그들의 벽보가 채 마르기도 전에 찢어버렸다. 혹은 벽보에 "드골을 위해 줄을 긋자" 같은 말을 적어두어서, 독일군이 붙여둔 벽보에는 금세 작은 줄이 수없이 그어졌다.

✝

프랑스에는 생존에 능하고 비밀활동에 익숙한 정치 그룹이 하나 있었다. PCF라고도 불리던 프랑스 공산당은 1차대전의 여파로 등장해 1920년 투르의 좌익 진영에서 분파한 단체로, 프랑스 내전의 소용돌이에서 이리저리 흔들리며 1920년대와 1930년대를 보냈다. 1936년에 공산당은 레옹 블룸이 꾸린 급진주의자, 사회주의자, 그리고 공산주의자의 연합 속에서 잠시 권력을 잡았다. 그 후 1938년에는 "빵과 평화와 자유"라는 구호와 함께 노동자를 위한 더 나은 생활조건을 공약으로 내걸고 인민전선(Front Populaire)이라는 이름으로 다시 어깨를 폈다.

중공업과 항구가 모인 북쪽의 광산 마을에서 공산당원은 급격히 증가했다.

프랑스 공산당은 노동자 혁명을 옹호하며 사회주의자와 함께 초기 투쟁에서 전문가 노릇을 하던 스탈린주의자부터 좀 더 평등한 프랑스라는 공산당의 비전에 영감을 받은 어린 세대의 이상주의자까지 광범위하게 당원들을 끌어모으고 있었다. 대다수가 공통적으로 1936년 7월, 쿠데타를 일으켜 스페인 좌파 인민전선(Frente Popular) 정부를 찬탈한 프랑코 장군에 대항해 스페인 공화국 정부를 지지했고, 스페인 내전에 개입하지 않겠다는 조약에 서명한 프랑스의 결정에 대한 혐오감을 공유했다. 청년 공산당원 중에는 프랑코에 대항하는 의용군인 국제여단에 자원해 스페인으로 떠난 이들이 많았고, 프랑스에 남은 그 가족들은 스페인 공화국의 여성들과 아이들을 돕기 위해 돈을 모금했다. 프랑코의 군대를 피해 도망 온 난민들이 피레네 산맥을 넘어 프랑스로 왔을 때, 제일 먼저 발 벗고 나서 빈곤한 스페인 가족들을 맞아들이고 원조 캠페인을 벌인 것도 프랑스 공산당원들이었다. 1930년대 프랑스에서 젊고 활동적이라는 것은 정치에 열정적으로 관여한다는 것을 의미했다.

그런 젊은 이상주의자 가운데 세실 차루아가 있었다. 그녀는 굳센 마음과 강건한 신체를 가진 여성으로 파리 외곽의 공산당 자치구역인 '적색 띠'(Ceinture rouge) 지역에서 태어났다. 프랑스인으로 자란다는 것은 그녀에게 공산당원이 된다는 것을 의미했다. 그리고 불평등과 외국인 혐오에 맞서 싸우지 않는다면, 그 삶은 무가치한 것이었다. 어렸을 때 세실의 부모는 이혼했다. 어머니는 화가와 재혼했지만, 그는 가족을 위해 돈을 벌기보다 아나키즘에 대한 신념에 더 몰두하는 사람이었다. 세실보다 훨씬 나이가 많았던 언니, 오빠 여덟은 이미 오래전에 독립해 살고 있었다. 세실의 어머니는 생라자르 역에 내다 팔 수레국화를 따러 초여름의 몇 달간 이른 새벽부터 일어나 들판에 나가느라 바빴고, 세실은 모피 가공업을 했으나 돈은 별로 벌지 못했다.

세실은 열세 살에 모피 가공업자에게 견습공으로 보내졌다. 그녀는 모피로 여러 가지 모직물에 안감을 대는 그 일이 마음에 들었다. 모피의 색감과 털을 쓸어내릴 때 생기는 무늬를 좋아했다. 특히 중앙아시아에서 온 최고급 아스트라칸 양모가 가장 좋았다. 세실은 스스로 거침이 없고 능력 있으며 맵시 있게 서로 다른 모피를 짝 맞추는 솜씨가 있다고 여겼다. 그러나 세심한 바느질은 그녀와 잘 맞지 않았다. 세실도 다른 모든 모피산업 노동자들과 마찬가지로 자기 돈으로 모피코트를 사 입을 형편은 되지 못했다. 또한 12월 말 모피 공급이 중단되자 다른 노동자들과 함께 그녀 역시 해고되었다. 세실은 돈이 생기면 국립극장에 가거나 루이 주베의 공연 티켓을 사는 데 써버리곤 했다. 어느 날엔가는 예술가인 새아버지 덕분에 피카소를 만난 적도 있었다.

열여섯 번째 생일이 지나고 얼마 지나지 않아, 세실은 어머니의 엄격함과 새아버지의 게으름이 지긋지긋해졌다. 좀 더 배부르게 먹고 좀 더 자유롭게 살고 싶었던 세실은 우체국에서 일하던 열성적인 남성 노동조합원과 결혼했다. 아홉 살 위였던 남편은 그녀를 정치 모임에 데려갔다. 그곳에서 그녀는 반파시스트들을 만날 수 있었고, 스페인 공화국민들에게 무슨 일이 벌어지고 있는지 알게 되었다. 그녀는 곧장 스페인 빌바오에 살고 있는 아기들을 먹일 우유를 살 돈을 모금하는 데

앞장섰다. 딸이 하나 있었던 그녀는 주말이면 포대기로 아기를 들쳐 업고는 친구들과 함께 파리 주변의 숲으로 캠핑을 나가곤 했다.

1935년에 세실은 공산당원이 되었다. 무엇보다 모두에게 충분한 양의 빵이 돌아가야 한다는 공산당원의 주장이 마음에 들었던 것이다. 어린 시절 내내 배를 곯았던 터라 세실은 그 말이 옳다고 생각했다.

1939년 8월 24일, 독일 외무장관 폰 리벤트로프와 소련 인민위원장 몰로토프가 서명한 나치와 소비에트 간 불가침조약은 프랑스 공산당을 비롯해 모두에게 충격을 안겼다. 하룻밤 사이 새로운 프랑스 중도정부와 에두아르 달라디에 수상은 공산당원들이 그들의 숙적 독일군의 편에 선 것으로 간주했다. 공산당 기관지 《뤼마니테》가 이 조약을 찬미하는 긴 사설을 싣자* 달라디에는 《뤼마니테》와 자매지인 《르 수아르》를 폐간시켰다. 이제 지하언론이 된 《뤼마니테》는 노동자를 위한 투쟁을 계속하는 한편 프랑스와 영국 정부를 제국주의자라 공격하며 반격을 가했다. 곧 '중요한 국가적 숙청'이라는 명목으로 경찰이 공산당 당사를 급습했고 이름난 지도자들을 체포했으며 공산당 국회의원들을 정직시켰다. 의회에 앉아 있던 서른다섯 명의 국회의원이 체포되었고 코민테른 편에서 활동했다는 이유로 징역 5년형을 선고받았다. 1939년 가을, 철창에 갇힌 공산당원은 수천 명에 달했다.

공산당은 쓰라린 분열을 겪어야 했다. 독-소 불가침조약을 지지했

* 친독은 아니지만 '반독에 반대한다'는 것을 공식 노선으로 삼았던 프랑스 공산당은 1940년 프랑스 패전 이후 수립된 비시정부에 대해서는 처음부터 적대적인 태도를 보였지만, 독일 점령당국에 대해서는 여전히 모호한 입장이었다. 공산당 기관지는 나치 독일을 찬미하지는 않았지만 나치즘보다는 영국 제국주의를 공격했고, 드골을 영국 제국주의에 봉사하는 반동이라 비난했다.

던 공산당의 초기 입장에 분노하고 스탈린에게 배신감을 느낀 많은 당원들이 당을 떠났다. 그러나 여전히 많은 이들이 자신들로서는 받아들일 수도, 이해할 수도 없었던 당의 행보를 무시하려고 애쓰며 당에 남아 있었다. 이들은 동료들이 체포되고 수용소에 끌려가는 것을 지켜보았다. 하지만 그럴수록 그들 사이의 연대감은 커졌다.

1940년 6월, 독일이 프랑스를 점령하자 더 큰 혼란이 일었다. 세실은 독일군이 파리 시내를 행진하는 것을 보며 말 그대로 몸이 아파옴을 느꼈다. 그녀는 팡테옹 부근에 서서 생각했다. '도대체 얼마나 끔찍해질까.' 여전히 널리 배포되고 읽혔던 지하판 《뤼마니테》가 독일군은 우정으로 대해야 할 프랑스의 노동자들과 마찬가지로 또 하나의 노동자들에 불과하다고 설파하는 기사를 싣자, 공산당원들은 어쩌면 자신들이 점령군에 의해 다시 양지로 나설 수 있을지 모른다는 낙관적인 생각을 품게 되었고 실제로 저명한 공산당원 다수가 은둔생활을 청산했다. 하지만 그런 결정은 오히려 그들의 체포를 도왔다. 페탱과 프랑스 경찰이 게슈타포에게 '독일의 적'인 프리메이슨 단원, 외국인, 유대인과 마찬가지로 전투적인 공산당원들도 잡아넣어야 한다고 요청했기 때문이다. 단순히 페탱의 요청을 수락하는 수준을 넘어서, 독일군은 파리 경찰서장과 프랑스 경찰이 가진 열정을 칭찬하며 다음과 같이 선언했다. 이제부터 수감 중인 공산당원들을 '독일군의 신변을 보장하는 인질'로 여길 것이다. 페탱의 감옥은 재빠르게 레지스탕스와 유대인을 잡아 가두는 곳으로 변하고 있었다.

1940년 9월, 전쟁포로가 되거나 독일의 수용소에 수감된 인원을 제외하고 파리에 남아 있는 공산당원은 이제 고작해야 180~200명에 지나지 않았다. 그러나 그중에는 여전히 세실처럼 이제 '반파시스트, 반비시정부, 반점령군'이라는 그들의 새로운 목표가 국가적 열망과 부합한다고 여기는 이들이 많았다. 그들은 재빨리 조직 재정비에 착수했다. 모스크바로 망명한 공산당의 당수 모리스 토레즈도 프랑스인들을 향해 호소하며 박차를 가했다. "이토록 위대한 나라가 노예국이 되는 일은 결코 없다."

이제 세실에게는 진짜로 해야 할 일이 생겼다. 그녀는 모피 가공 일을 하면서 알고 지내던 한 남성 당원과 접촉했다. 그리고 자신이 할 수 있는 일이 있느냐고 물었다. 그녀는 레몽 로스랑이라는 남자가 파리에서 공산당원으로 구성된 레지스탕스의 병력 부문을 담당하고 있다는 것을 알게 되었다. 체포될까 두려워하며 지하에서 활동하던 그는 턱수염을 덥수룩하게 기르고 챙이 넓은 모자를 쓰고 다녔다. 로스랑은 세실에게 한 달에 1500프랑을 경비로 지급하겠다는 말과 함께 찢어진 반쪽짜리 승차권을 내밀었다. 그리고 접선하려는 사람들이 나머지 승차권 반쪽을 보여주는 경우에만 믿어야 한다고 일러주었다. 서로 다른 이름을 사용해 때로는 세실로, 때로는 앙드레로 불리면서 그녀는 당의 접선책 역할을 시작했다. 그녀는 인쇄공과 은밀히 접선해 자금을 건네고 반독일 전단지와 팸플릿을 받아와 각지에 배포하는 일을 맡았다. 때때로 전단지가 든 보따리는 너무 무거워서 들기도 힘들었지만, 그녀는 도와주겠다는 낯선 이의 호의 섞인 친절도 두려워했다. 반쪽짜리 승차권을 가지고 주로 세실과 접선했던 활동가는 《뤼마니테》의 인쇄공으로 일하던 모리스 그랑쿠아였다. 후에 세실은 자신은 그 모든 일을 용감히 해내면서도 당시엔 언제나 겁에 질려 있었다고 회상했다.

"누군들 그런 일을 하면서 겁나지 않을 수 있겠어요?"

남편과 이혼한 후에 어린 딸을 11구역에 살고 있던 어머니에게 맡기고 공산당 활동에 투신하던 세실은 무능력한 새아버지와 자주 다퉜고, 집으로 들어오는 적은 음식이나마 딸에게 제대로 돌아가지 않을까 봐 염려했다. 그러다 도시 외곽에 살고 있는 어느 가족에게 수양딸로 보내고 세실 자신은 공산당이 파리 중심부에 얻어준 작은 아파트로 이사했다. "어떻게 아이도 있는 네가 그런 일을 할 수가 있니?" 어머니가 묻자 세실은 이렇게 대답했다. "아이가 있기 때문에 제가 이런 일을 하는 거예요. 제 아이를 이런 세상에서 키우고 싶지 않으니까요."

☦

세실이 바쁘게 파리의 네트워크 설립을 돕고 있을 때, 세실의 친구이자 '베티'로 잘 알려진 뤼시엔 랑글루아는 공산당 레지스탕스의 새로운 멤버를 모집하느라 프랑스 전역을 바삐 오가고 있었다. 26세의 베티는 파리 토박이이자 헌신적인 사회주의자 집안의 외동딸이었다. 상인이었던 아버지는 프랑스의 1차대전 참전에 반대했다는 죄목으로 수감된 전력이 있었다. 어릴 때부터 정치에 굉장한 관심을 보인 딸에게 아버지는 '꼬마 공산당원'이라는 별명을 붙여주기도 했다. 큰 회사의 비서로 일하던 그녀는 세실처럼 스페인 공화국의 운명을 계기로 공산당에 가입했고, 전쟁이 선포되자마자 곧장 직장을 그만둔 뒤 레지스탕스 활동에 뛰어들었다.

붉은 매니큐어로 손톱을 바르고 몸에 잘 맞는 정장을 차려입은, 늘

'붉은 손톱' 베티 랑글루아와
뤼시앵 도를랑.

'앙기앵의 백조' 세실 차루아.

씬하고 겁이 없으며 우아한 그녀야말로 스스로 자주 말했듯 '그림자 같은 삶'을 살기에 가장 완벽한 인물이었다. 베티는 종종 남부로 향하는 기차에 올라 일부러 독일인의 옆자리에 앉기도 했다. 그들이 검문소에서 용감하게 그녀를 보호해줄 거라고 자신했기 때문이었다. 그러나 가방 바닥에 돈을 숨기고 핸드백 안감에 비밀서류를 찔러 넣고 다니는 여행은 두려운 일이었다. 계단이 열리고 경찰들이 서서 오가는 승객들을 검문하던 마르세유 역을 지날 때는 특히 두려웠다. 그녀 역시 이따금 경찰들의 검문에 걸려 몸수색을 당하기도 했다.

1940년 가을 내내 베티는 여행 중이었다. 군사분계선 너머의 농부들에게 조력을 요청하기 위해 포도가 담긴 바구니에 무기를 숨겨 들고는 하이힐을 또각거리며 몇 마일을 걸어다녔던 것이다. 그러는 동안, 베티는 그녀의 동반자였던 뤼시앵 도를랑의 소식을 이따금씩 들을 수 있었다. 파리의 작은 아파트에서 그녀와 함께 살았던 도를랑은 자유지역에서 청년조직을 만드느라 바빴다. 여행 중 베티는 가명을 여러 개 사용해 때에 따라 마들렌, 오데트 또는 제르베즈라고 불렸다. 뤼시앵은 공산당의 고위직을 맡고 있었다. 베티는 그와 오래 떨어져 지내는 생활이 고통스러웠지만, 세실과 마찬가지로 그녀에게는 달리 선택의 여지가 없었다.

1940년 10월 파리의 공산당은 1000명을 웃도는 적극적인 당원으로 꾸려진 조직으로 성장했다. 남성들의 부재로 당원 중 많은 수가 여성이었다. 베티와 세실처럼 여성 당원들은 지하언론의 반독선전물을 인쇄하고 배포하며 접선하는 역할을 훌륭하게 수행했다. 《전투 프랑스 회보》는 수녀원에 숨어 지내던 두 여성의 손으로 제작되었고, 여든넷의 쿠맹 부인은 세탁실에 인쇄기를 숨겨두고 작업했다.

체포의 물결이 지나간 후, 11월에 공산당 당원의 수는 300명 아래로 떨어졌다. 그러나 한 달 후에는 다시 1000명을 웃돌았다. 연대감과 동료애를 공유하던 공산당원들은 회복력이 빨랐고 에너지가 넘쳤으며 자신을 희생할 준비가 되어 있었다. 계속해서 새로운 인력이 충원되는 점도 저항을 계속해나갈 용기를 잃지 않게 해주었다. "이 전쟁에 책임을 져야 할 사람들은 벌써 도망쳤다"고 공산당은 선언했다. "저들이 폐허와 죽음의 씨앗을 퍼트렸으니, 이제 우리가 사람들을 모아 프랑스를 구할 차례다." 하이드리히의 보고처럼 공산당은 '정치적 대의를 걸고 사람들을 모집하는' 유일한 조직이었다.

혹시 있을지 모를 손실을 최소화하기 위해 공산당은 세 명으로 이루어진 견고한 점조직으로 운영되었기 때문에 모든 당원은 한 번에 두 명 이상의 이름을 알지 못했다. 가짜 전쟁이 지속되던 긴 시간이 암울하고 혼란스러웠던 탓에 독일군의 점령은 세실과 베티에게 활기를 불어넣기까지 했다. 공허한 시간들을 뒤로하고 이제는 진정한 임무를 수행할 때였다.

그러나 시간이 갈수록 임무는 점점 더 위험해졌다. 그들은 점점 더 자신의 임무가 가족까지 위험에 빠뜨릴 수 있음을 인식하게 되었다. 증가하는 밀고자의 수에 걸맞게 게슈타포의 수법 또한 갈수록 정교해지고 있었다. 활동가들은 집을 떠나 다른 구역에서 또 다른 가명으로 활동하기 위해 사라져갔다. 당시를 떠올리며 많은 이들이 자신이 얼마나 외로웠는지 토로했다. 항상 지부를 바꿔가며 활동해야 했고 언제나 누구와도 이야기를 채 몇 분 나눌 수 없었다.

✢

전쟁이 발발하기 전, 프랑스의 명망 높은 고등사범학교를 졸업한 학생들과 교수들 다수가 공산당 당원이었다. 점령군에 대항한 레지스탕스 운동 중에서도 연합으로 이루어진 중대하고 지적인 최초의 활동은 이들로부터 시작되었다.

몇몇을 제외하고는 대부분 프랑스인으로 이루어진 1930년대 프랑스 지식인 사회는 파리의 왼쪽 강변에 거주하며 교류하던 작은 집단을 벗어나 유럽이라는 무대의 중심에 서게 되었다. 그들은 생제르맹 거리의 카페에서, 또는 시청 지하에 있는 아르데코식 객석에 모여 《누벨 르뷔 프랑세즈》를 읽거나 글을 기고했다. 그들 모두가 정치적으로 좌파였던 것은 아니었지만 분위기는 대체로 급진적이었고, 사회주의자들이 모임을 주도했다. 그들은 무솔리니와 프랑코가 가하는 위협과 평화의 필요성을 비롯해 프랑스의 빈곤한 노동계급의 조건을 향상시키는 일의 중요성에 관해 이야기를 나누곤 했다. 그중에서도 다수가 특히 스페인 공화주의자들의 대의를 열정적으로 지지했다. 앙드레 지드, 말로, 앙리 바르뷔스, 로맹 롤랑, 루이 아라공 등은 《정신》《전투》《새로운 질서》와 같은, 더 나은 시대를 기원하는 염원이 담긴 표제의 잡지들에 자주 기고하며 목소리를 높였다. 다른 시각으로 사회를 보고자 1929년에 《아날》지를 창간했던 마르크 블로크와 뤼시앵 페브르는 정치인과 지배계급의 행동 양식보다 평범한 사람들의 생활 조건에 더 많은 관심을 쏟았다. 당시의 분위기는 그랬던 것이다.

1933년부터 1940년까지 파리는 히틀러, 무솔리니, 프랑코의 독재를 피하려는 망명 지식인을 맞아들이는 유일하게 안전한 곳이었다. 수많은 지식인이 카페에 앉아 논쟁을 벌였던 주제 중 하나는 지식인에게 알맞은 역할이 소설가이자 철학자인 쥘리앵 방다의 주장처럼 진리를 추구하는 것인가, 아니면 반대로 궂은 일을 마다하지 않는 '참여문학가'가 되는 것인가 하는 문제였다. 이런저런 정치적 대의와 부역이 번성하던 시기, 프랑스의 외교, 군사, 경제 정책은 방향을 잃고 갈팡질팡하고 있었고, 공산주의에 어떤 태도를 보이는지에 따라 정체성이 좌우되던 프랑스 지식인들에게도 명쾌한 해답이 별로 없었다. 실제로 교조적인 경직성을 날카롭게 비판하던 몇몇마저 네오파시스트 무리에 합류해버렸다.

1940년 여름, 독일군의 파리 점령은 지식인들에게도 대비하지 못한 일이었다. 몇몇 지식인이 해외로 도주했고, 몇몇은 남쪽으로 향하는 피난 행렬에 합류했다. 남쪽으로 향한 무리 가운데 루이 아라공, 엘자 트리올레, 장 콕토도 있었다. 그들은 자유지역에 머무르기로 했고 나머지는 점령된 파리로 되돌아왔다. 우파에 속했던 이들은 나치와 부역자들로부터 새롭게 얻은 인기에 만족했다. 반면 좌파에 속했던 이들은 점령에 어떻게 대응할 것인가 하는 문제에 부딪혔다. 사르트르, 시몬 드 보부아르와 프랑수아 모리아크는 적과 공존하기로, 그래서 비록 자신의 글이 친독일인과 반유대인들이 쓴 글과 파시스트를 옹호하고 두둔하는 글과 나란히 함께 출간되더라도, 그래서 그런 글들에 적법성을 부여해주는 결과를 낳더라도 계속해서 글을 출판하기로 결정했다. (레옹 블룸 밑에서 교육부장관을 지낸 장 제는 이런 말을 남겼다. "슬프도다! 프랑스 문학계에 얼마나 많은 굴종과 부정이 일어날 것인가!") 아라공의 지적처럼, 지식인의 역할은 계속해서 말하고 쓰는 데 있었다. 그것이야 말로 그들이 가장 잘할 수 있는 것이기 때문이다. 지식인들은 계속해서 말하고 쓰되, 단어를 비틀고 그것에 숨은 의미들을 새로이 불어넣어야 했다.

다른 작가들은 그것을 수치로 여겼다. 페탱이 '불명예스러운 유혹'에 너무나도 쉽게 넘어간 데 아연실색한 장 게에노에게는 '쥐새끼들의 침입'이라 할 만한 이런 행태가 역겨웠기에, 앞으로 무엇을 해야 할지 결정하는 데 별다른 어려움을 느끼지 못했다. 몇 년간 수감생활을 한 적이 있으니 그는 앞으로도 수감자처럼 지낼 수 있었다. 자신이 쓰고 싶은 것을 쓸 수 없다면 그는 아무것도 쓰지 않기로 결정했다. 완전히 침묵에 잠기기 전, 전쟁을 상기할 수 있도록 그는 마지막 작품에 이렇게 썼다. "깊은 사고와 도덕성 안으로 물러나 있음을 자랑스러워하라." 다른 무엇을 하든 "저능아와 같은 노예 상태로 퇴화하는 것만은 삼가라." 장 텍시라 불리던 사회주의자 노동조합원이 쓴 글은 후일 '존엄성을 지키기 위한 매뉴얼'이라 불리게 되는데, 그것은 서른세 가지 항목으로 이루어진 '점령당한 이들을 위한 몇 가지 조언'이었다. 필요하다면 자신의 분노와 벗하라고 그는 조언한다. 만약 독일인이 길을 물어오더라도 바른 길을 가르쳐줄 필요는 없다고. 그들은 당신과 함께 걷는 동반자가 아니라고. 관광객이 아닌 그들에게 무엇보다 환상을 품지 말라고. 그의 팸플릿은 인쇄되고 또 인쇄되었으며, 손에서 손으로 필사되어 널리 읽혔다. 곧 텍시에는 점차 거세지고 있던 레지스탕스 활동을 상징하는 영웅이 되었으며, 그의 쾌활한 반항의 정신이 베티와 세실에게도 전해졌다.

게에노는 작가인 동시에 고등사범학교 교사이기도 했다. 소르본의 대학생들과 마찬가지로 고등사범학교에서도 1940년 초가을이 되어서야 교실로 돌아온 학생들은 나치 점령군을 어디까지 받아들여야 하는지 교수에게 그리고 서로에게 질문하기 시작했다. 유대인 교사들이 '지적으로 무능'하며 '바람직하지 않다'고 적힌 반유대인 포고문에 학생들은 분노했다. 이윽고 독일군 장교들이 교실에 드나들기 시작하자 학생들은 교실을 박차고 나갔다. 학생들은 로렌의 십자가 깃발을 두르고 다니거나 낚싯대*를 들고 다니기도 했다.

10월의 끝자락에, '문학부'로 불리던 학생모임의 창립자이자 회장이었던 모레는 친구들과 벽보 캠페인을 모의했다. 생미셸 5구역은 수많은 학생조직의 산실이었다. 모레는 방과 후 친구들과 이곳에 모여 반비시정부와 반독일 전단지를 만들어, 다음날 다른 학생들과 함께 파리 전역에 있는 대학교와 고등학교에 뿌리곤 했다. 적대감과 조롱의 분위기가 한껏 고조되면 이들은 유명한 농담을 꺼내곤 했다. "독일군에 협력해볼까?" "볼테르를 생각해봐. 진정한 아리안은 히틀러처럼 금발이어야지. 괴링처럼 날씬해야 하고, 괴벨스처럼 키가 커야 하고, 페탱처럼 어려야지. 그리고 라발처럼 정직해야 하고." 또 다른 농담이 이어진다. "무슨 일이 일어났는지 알아? 9시 20분에 유대인이 독일군 하나를 죽이고 가슴을 갈라 심장을 꺼내 먹었다지. 하지만 불가능해! 첫째, 독일인에겐 심장이 없고, 둘째, 유대인은 돼지고기를 먹지 않으며, 셋째, 9시 20분에는 모두가 BBC를 듣는단 말이지." 학생 지도자들이

---

* 낚싯대를 의미하는 'gaule'과 지금의 프랑스에 해당하는 지역을 가리키는 '골' 또는 '갈리아'라는 단어는 철자가 같다.

하나둘 체포되어도 그들의 동료애는 더욱 굳건해져갔다.

10월 30일에 60대 후반의 저명한 과학자 폴 랑주뱅이 물리학 및 산업화학과 교수실에서 체포되었다. 랑주뱅은 30대에 반파시스트 운동에 참여한 경력이 있었고, 학생들의 존경을 받고 있었다. 교수들과 학생들은 모두 이 체포가 프랑스 지식인에 대한 나치의 공격을 의미한다고 보았다. 즉시 '랑주뱅을 석방하라'고 외치는 벽보가 나붙었다. 교수의 수업이 열리기로 되어 있던 11월 8일 금요일, 랑주뱅의 연구실이 있던 콜레주 드 프랑스 앞에서 대중 집회가 열렸다.

독일군과 프랑스 경찰이 현장에 출동했지만 시위는 조용히 지나갔다. 그러나 이제 학생들은 전쟁의 한복판에 서 있었다. 그동안 BBC 방송은 런던에 거주 중인 프랑스인들이 휴전 기념일을 기리기 위해 11일, 개선문에 화환을 걸어둘 것을 제안했음을 알렸다. 독일군은 어떤 모임도 금지한다는 명령을 내렸으나 학생들의 결정은 달랐다. 11일 오후 3시, 젊은이들의 무리가 샹젤리제 거리로 모여들었고, 프랑스 국가를 부르며 무리지어 개선문이 있는 에투알을 향해 걷기 시작했다. 학생들 한 무리는 '드골 장군'이라고 쓰인 1미터 길이의 현수막을 들고 있었다.

오후가 되자 대략 1만 명이 운집했다. 날씨는 맑았다. 거의 축제에 가까웠던 분위기는 그러나 오래가지 않았다. 독일군이 발포하기 시작한 것이다. 수많은 학생이 심하게 다쳤지만 사망자는 없었다. 이미 군인들은 다리만 사격하라는 명령을 받은 터였다. 150명이 그 자리에서 체포되었다. 며칠간 더 많은 사람들이 끌려가 몇 날 며칠을 감옥에서 보내야 했다. 대학은 폐쇄되었다. 37일간 구류되어 있던 폴 랑주뱅은 그 시간 동안 감옥 벽에서 찾아낸 다 쓴 성냥토막을 활용해 연구를 계속했다. 얼마 뒤, 그는 가택에 구금되었다.

랑주뱅 교수에게는 스물한 살 된 딸이 있었다. 진지한 표정에 짙은 색 머리칼을 가진 엘렌이었다. 엘렌의 남편이자 우주선과 양자물리학을 연구하는 학자인 자크 솔로몽은 군의관으로서 복무를 마치고 이제 막 집으로 돌아온 터였다. 파리 근교의 숲에서 자전거를 타며 휴일을 보내던 그들은 독일 점령군에 맞서 자신들이 무엇을 해야 할지 논의했다. 자크가 말했다. "우리는 자신을 속여서는 안 돼. 이제 무엇을 하든 그건 우리가 스스로 사자 굴에 들어가는 거야."

숲에서 그들은 친구로 지내던 헝가리인 마르크스주의 철학자 조르주 폴리처와 그의 아내 마이를 만났다. 스물다섯 살 마이는 스페인 궁정에서 주방장을 지낸 유명한 요리사의 외동딸이었다. 비아리츠에 위치한 수녀원에서 교육받은 마이는 조산원으로 일하고 있었고, 남편을 통해 마르크스주의를 접했다. 금발머리의 마이는 눈에 띄게 아름다웠고, 이들 부부에게는 미셸이라는 일곱 살 난 아들이 하나 있었다. 함께 자전거를 타는 동안 이들은 《자유 대학》(L'Université Libre)이라는 이름으로 함께 신문을 발행하기로 의견을 모았다. 이 신문의 목표는 정치적 성향을 막론하고 지식인들의 저항을 끌어모으는 것이었다. 그것이야말로 '모든 프랑스 작가들의 민족전선'이라는 데 그들은 동의했다.

독일군 두 명이 조르주 폴리처를 찾아 집에 들이닥쳤을 때, 엘렌은 어머니와 함께 막 점심을 들려던 참이었다. 그녀는 재빠르게 아버지가 체포되었다는 소식을 퍼트렸다. 폴리처 부부와 솔로몽 부부는 이 소식을 《자유 대학》 창간호에 싣기로 했다. 등사 인쇄된 네 쪽짜리 신문 1000부가 11일 시위에 맞춰 발행되었다. 이제 그들은 드쿠르라고 불리는 독일어 선생이자 학자였던 자크 드쿠르와 함께 일하기 시작했다. 드쿠르는 키가 크고 마른 체형에 운동을 좋아하는 젊은 남자로, 전쟁 전에는 다양한 좌익 출판물에 기고한 경력이 있었다. 그들이 만드는《자유 대학》의 메시지는 분명했다. 말은 그 자체로 행동이다. 행동은 우리를 북돋는다. 우리는 점령군에게 안 된다고 말해야 한다. 신문 창립자들 사이의 관계는 드쿠르와 마이가 연인 관계라는 점 때문에 다소 복잡해지기도 했다.

곧 게슈타포에게 쫓기는 신세가 된 자크 솔로몽은 페늘롱 고등학교에서 선생으로 일하는 동지의 집에 몸을 숨겨야 했다. 그곳에서 솔로몽은 신문 발행을 계속해나갔다. 그가 반복해서 말한 것은 "프랑스인들은 반드시 프랑스 내에서 프랑스어로 자유롭게 읽고 생각할 수 있어야 한다"는 것이었다. 저녁이 되면 엘렌은《자유 대학》을 전달하기 위해 외출했다. 그녀는 클리시 광장의 카페를 만남의 장소로 활용하거나 다른 이들이 신문을 나눠줄 수 있도록 지하철 역사의 보관함 안에 신문이 든 가방을 놓고 오기도 했다. 마이는 공산당 내부에 인맥이 있었기 때문에 당원들과 연락하는 일을 맡았다. 그동안 또 다른 친구이자 이탈리아 사회주의 당수인 피에트로 네니의 딸 비바는 신문 일부를 남편과 함께 경영하는 신문사에서 인쇄해주며 도왔다. 스물다섯 살 비바는 무솔리니의 비밀경찰로부터 경고와 함께 유배당한 뒤 피난처를 찾던 아버지와 함께 파리로 왔고 프랑스에서 공부를 마쳤다. 짙고 풍성한 곱슬머리를 가진 비바 또한 눈에 띄게 아름다웠다. 롤랭 고등학교에서 학생들을 가르치던 드쿠르는 자전거를 타고 파리 시내를 돌며 이렇게 외쳤다. "데카르트의 나라에서 이성은 승리할 것이다." 적어도 1940년 겨울까지는 점령군에게 저항하는 데 크게 걱정하지 않아도 되었다. 젊은 레지스탕스들은 자신들의 투쟁을 뜻깊은 일로 느끼고 있었고 의기양양해했다.

몇 주간 《자유 대학》은 점령군이 자행하는 체포 사건들과 전세의 변화, 전황, 나치가 내리는 모든 포고문과 금지령에 대해 논평했다. 신문은 곧 큰 반향을 불러일으켰고 다른 신문, 잡지의 창간을 이끌었다. 이들은 프랑스 문화가 가진 가장 좋고 중요한 것들을 칭송함으로써 드골이 말한 저항의 불꽃을 키워내고자 했다.

그리고 다른 젊은 지식인들이 하나씩 합류하기 시작했다. 그중 한 명이 센에우아즈에서 조선소를 운영하는 금속노동자의 딸인 스물일곱 살 샤를로트 델보였다. 샤를로트는 키가 크고 명민한 젊은 여성으로 길고 갸름한 얼굴에 매력적인 녹회색 눈을 가지고 있었다. 그녀는 민첩하고 유쾌하며 예리했다. 그녀의 부모, 특히 어머니는 1차대전 이전의 이탈리아 노동자계급으로서 가톨릭교도인 가족들과 함께 프랑스로 건너온 무신론자였다. 넷 가운데 맏이였던 샤를로트는 부모의 영향으로 반파시스트로서의 강한 신념을 갖게 되었다. 집안에서는 그녀를 대학까지 보낼 돈이 없었기에 샤를로트는 바칼로레아를 마치고 학교를 떠나 비서 교육을 받았다.

공산당이 세를 확장하고 새로운 당원을 모집하던 1932년에 샤를로트는 청년공산당에 가입했다. 이곳에서 그녀는 밤마다 폴리처 부부의 친구인 마르크스주의 철학자 앙리 르페브르 밑에서 공부할 수 있었다. 다음 해에 샤를로트는 낮에는 비서로 일하고 밤에는 젊은 공산주의자 모임 '프랑스의 딸들'에서 발행하는 신문에 기고하기 시작했다. 샤를로트는 극장에 매료되어 있었는데, 하루는 극장 지배인과 최근 아테네 극장을 인수한 배우 루이 주베를 인터뷰할 기회가 있었다. 루이 주베는 샤를로트가 던지는 질문의 지적인 깊이와 깔끔하고 빠른 속기로 자신의 말을 받아 적는 모습이 마음에 들었다. 이틀 후, 주베는 샤를로트에게 대학에서 하는 자신의 강의를 받아 적는 조수로 일해달라고 제안했다.

샤를로트의 남편 조르주 뒤다크는 항공회사에서 일하는 금속노동자의 아들로, 열두 살에 동종업계에 견습공으로 보내졌다. 그러나 똑똑하고 근면하다는 평판이 날 즈음 그는 직장을 떠나 노동조합을 만들었고 밤에는 법을 공부하기 시작했다. 아버지의 반대를 무릅쓰고 조르주는 1933년 공산당에 가입했고, 샤를로트와 결혼할 무렵 그는 당의 기관지 중 하나인 《아방가르드》를 만들고 있었다.

1939년 여름, 샤를로트와 루이 주베는 함께 교외를 산책했다. 산책하면서 꺾은 미모사 한 다발과 함께 집으로 돌아온 샤를로트는 즉시 자리에 앉아 그들이 나눈 대화를 기억나는 대로 일기장에 적었다. 당시 그녀는 이것이 나중에 어떻게 쓰일지 전혀 알지 못했다. 주베가 세세한 일들에 보이는 관심과 영화 제작의 모든 면에 관해 분석하는 그의 말들은 매혹적이었다. 샤를로트 또한 놀라운 기억력을 가지고 있었다.

샤를로트는 영어와 스페인어를 비롯해 이탈리아어와 독일어까지도 어느 정도 말할 수 있었고 주베는 독일군과 만나는 것을 못 견뎌했기 때문에 아테네 극장에서 독일군을 상대하는 거래는 대부분 샤를로트가 맡게 되었다. 어느 날 그녀는 내무부 건물이 위치한 소세 거리로 불려가 극장의 모든 직원이 '순수한지' 아닌지 군에 보고하라는 명령을 받았다. 그녀는 분개했고, 스파이냐는 질문에 모멸감을 느꼈다. 몇 주가 지나고 독일군이 천천히 파리에 있는 모든 극장을 관할하기 시작했을 때, 그녀는 직장과 일터에서 쫓겨나는 유대인이 늘어가는 모습을 공포에 찬 시선으로 바라보았다. 샤를로트 자신은 유대인이 아니었지만, 그녀의 마음 한가운데에는 반항심과 독립심 그리고 박애가 깊이 자리 잡고 있었다. 그녀는 나치의 관료제와 괴롭힘이 싫었다.

✞

1940년의 겨울은 이례적으로 추웠다. 기상관측소의 기록이 시작된 이래로 가장 춥고도 긴 겨울이었다. 툴루즈는 기온이 영하 13도까지 떨어졌다. 그르노블에는 눈이 1미터나 쌓였다. 파리에는 66일간 얼어붙을 듯한 추위가 계속되었다. 춥고 배고프고 화가 난 여성들, 터무니없이 비싼 암시장의 물품을 살 여유가 없던 여성들은 배급을 받기 위해 끝없이 긴 줄에 서서 몇 시간씩 기다려야 했지만, 배급량은 그마저도 나날이 줄고 있었다. 나치의 전시경제 덕분에 프랑스의 실업률은 극적으로 줄었지만, 생필품을 비롯해 모든 것이 계속해서 부족했다. 이제 프랑스인들은 모두 매일같이 라인 강을 출발해 독일로 향하는 원자재와 음식, 옷 등의 막대한 강탈에 그 원인이 있음을 잘 알고 있었다. 파리 시민들은 음식과 온기에 필사적으로 매달려, 옷 안에 신문지로 안감을 대고, 양말 안에 겨자를 넣고 토끼가죽과 고양이가죽으로 손 토시를 만들었다. 극한의 추위는 반체제적인 젊은이들로 하여금 기이한 옷차림을 하고 다니게 만들었다. 소년들은 오버코트 위에 조끼를 덧입고, 머리에 기름을 발라 반들반들하게 넘겼다. 소녀들은 모피코트 속에 아주 짧은 스커트를 입었다. 스스로를 '자주'(zazous)라고 부르는 그들은 파리의 거리를 다채롭게 물들였다. 그들은 1795년 총재정부 기간 동안 이국적인 매력을 뽐냈던 '멋쟁이들'을 상기시켰다.

정부도 없고 미국 외교관을 제외하고는 대사관도 없는, 그래서 더 이상 프랑스의 수도가 아닌 파리는 군복을 입은 적군이 순찰하는 조용하고 고요하며 불안한 도시가 되었다. 자유 언론은 지하로 들어갔고 노동조합은 해산되었으며, 다섯 명 이상 모이는 것조차 금지되었다. 반대로 파리 내의 독일인 구역은 나날이 번성했다. 그들의 식당과 카바레는 항상 만원이었고, 그들의 옷차림은 찬탄을 불러일으켰으며, 전시회는 독일인으로 가득 찼다. 한 양장점은 전철 노선을 테마로 한 재치 있는 겨울옷 컬렉션을 선보였다. 솔페리노 노선에서 착안한 옷은 맞춤식 붉은 코트였고, 아우스터를리츠 노선을 딴 옷은 노란 재킷이었다.

은밀하게든 대놓고서든 파리는 부역자들의 도시가 되었다. 반유대인, 반프리메이슨, 변절한 공산당원과 우익 가톨릭, 블룸의 대중전선을 증오하고 독일문화가 보여주는 젊은이다운 용감함과 질서정연함, 그리고 영웅주의를 은밀하게 숭상하는 이들로 가득 찬 도시. 대부분은 돈벌이를 염두에 둔 남성이었다. 그러나 그들은 점령군과 위험한 관계에 얽혀 있거나 겉으로는 예의 바르지만 속으로는 가차 없는 독일인 친구들의 포로에 불과했다. 물론 여성 부역자도 있었다.《뤼마니테》지에서 일했던 가브리엘 페트리는 그런 부역자들을 '나치 흉내를 내는 놈들'이자 독일군의 하인이라 불렀다. 점령군조차 유대인, 집시, 암거

래상, 마당에 돼지를 먹여 키우는 이웃을 고발하는 밀고자의 수가 수백 명에 달하는 것을 두고 놀랄 정도였다. 후에 점령기간 동안 접수된 300만 건의 밀고 가운데 절반 이상이 보상금을 받기 위한 것이었음이 밝혀졌다. 40퍼센트는 정치적 이유였고, 10퍼센트는 복수심에 차 이웃을 밀고한 경우였다.

벽보전쟁이 시작되었다. 독일군의 벽보를 덮고 파리의 벽에 붙어 있는 모든 레지스탕스 벽보와 '숨어 있는 유대인'을 비롯해 '외국 군대로부터 돈을 받고 일하는 스파이'에 관해 제보하는 사람에게 후한 포상금이 걸렸다. 1940년 12월 24일, 붉은색과 검은색의 굵은 글씨로 적은 벽보가 파리의 사람들에게 스물여덟 살 엔지니어 봉세르장이 길거리에서 독일군 장교의 총에 맞아 사망했다는 소식을 프랑스어와 독일어로 알렸다. 벽보는 곧 찢겼지만, 이제 그 아래에 작은 꽃다발들이 쌓이기 시작했다. 이제 독일군에게 대놓고 저항하는 일은 점점 더 어려워졌다.

이 언어의 전투 속에서, 아베츠의 지원과 장려를 등에 업은 프랑스 우익은 세를 확장했다. 지난 30년간 프랑스 문학계의 중심에서 명망을 이어온《누벨 르뷔 프랑세즈》의 편집인 장 폴랑이 지하언론을 돕기 위해 떠난 후 폴랑의 자리는 잡지가 지닌 '유대인스럽고 호전적인' 분위기에 종지부를 찍겠다고 선언한 친독일인인 드리외 라 로셸에게 돌아갔다. 비시정부를 지지한 철학자이자 정치인 마르셀 데아가《뢰브르》를 담당했고, 파시스트를 지지하는 로베르 브라지야크가《주 쉬 파르투》의 편집을 맡았다. 두 신문 모두 유대인과 프리메이슨의 퇴폐상을 주제로 다뤘으며, 나치의 남성미와 모험심을 찬양하는 데 열을 올렸다. 이처럼 반동적인 몇 년 동안, 자크 도리오의 적의에 찬 반공산당원 지《프랑스 인민당》과 콜로넬 프랑수아 드 라 로크 장군의《크루아 드 푀》가 히틀러를 좋아하던 젊은 왕정주의자와 가톨릭교도 사이에서 인기를 끌었다.

이들에 대항해 레지스탕스들 또한 독자적으로 신문을 발행하고 있었다. 상대적으로 평온했던 몇 달간 공산당은 조직을 재정비했고 지하언론은 번성했다. 조르주 폴리처는 점령지 프랑스에서 모든 작가는 '적법한 문학' 아니면 '배반의 문학' 둘 중 하나에 속한다고 단언했다. 그는 알프레드 로젠버그가 인종과 핏줄을 주제로 파리에서 했던, 특별히 증오스러운 연설에 대한 답변을 쓰는 데 열중했다.《자유 대학》은 폴리처 부부와 엘렌, 자크 솔로몽, 샤를로트, 그리고 그녀의 남편에 의해 계속 발행되고 있었다.

인류학박물관 사람들은《레지스탕스》의 첫 호를 발행했다. 이 신문의 에너지 넘치는 젊은 편집인인 극지방 민족지학자 보리스 빌데는 이렇게 적었다. "저항한다는 것은 이미 한 사람의 심장과 뇌를 지키는 것이다. 하지만 무엇보다도 저항은 행동하는 것이어야 한다. 구체적인 어떤 일을 하는 것, 이성적이고 유용한 행동들을 수행하는 것이 저항이다." 그에 따르면, 여기엔 오로지 하나의 목표만이 존재한다. 서로 다른 정치적 신념을 가지고 있음에도 모든 레지스탕스가 공유하는 하나의 목표는 '순수하고 자유로운 프랑스를 부활시키는 것'이었다.

얼어붙은 겨울의 기세가 누그러질 즈음, 기차를 사보타주하고 독일군 창고를 폭파시키는 레지스탕스 무장운동이 최초로 시도되었다. 점령군이 가장 두려워하던 일이 이제 막 벌어지고 있었다. 고립되어 있고 산발적이었던 저항의 몸짓이 적개심에 찬 협동의 몸짓으로 변화하기 시작한 것이다. 나이를 불문하고 프랑스 전역에서 베티, 세실, 샤를로트, 엘렌, 마이와 같은 여성들은 함께 또는 따로 행동하는 이 저항의 움직임에서 매우 중요한 역할을 맡기 시작했다.

파리와는 달리, 프랑스 전반은 서서히 독일식 경찰국가가 되고 있었다. 다시 말해 프랑스는 사르트, 멘에루아르, 피레네-아틀랑티크, 샤랑트, 루아레, 두 등의 지역에 세워진 작은 수용소들의 나라이자 더럽고 난방이 되지 않는 곳에서 겨울이 유난히 추운 나라, 사람들이 죽어가는 나라가 되었다. 서서히 프랑스인들은 점령이란 진정 무엇인지 깨닫기 시작했다. 프랑스에서 가장 아름다운 포슈 거리는 게슈타포가 자행하는 고문의 중심지가 되었다. 공산주의자 비평가이자 소설가인 장 리샤르 블로크의 표현대로, 독일군과 프랑스인 사이에 고조된 긴장감은 바이올린의 현처럼 팽팽해졌다.

3장

계몽의 딸들

1940년, 페탱은 프랑스가 패배 원인의 하나로 심각하게 부족한 아동 인구를 꼽았다. 그는 요즘 프랑스의 젊은 여성들이 미국영화를 너무 많이 보고 있으며, 여자도 공부해서 남자처럼 의사나 변호사가 되지 말란 법이 없다고 주장한 인민전선의 말에 오만해졌다고 불평했다. 1938년 법은 프랑스 소녀들에게 대학 입학을 허가했고, 그들의 명의로 은행 계좌를 여는 것, 수표에 서명하고 받는 것, 자신의 여권을 갖는 것을 허가했다. 물론, 보수적인 프랑스인들에게 위협이 된다는 이유로 투표는 허용되지 않았지만 말이다.

페탱은 이 자유라는 놈의 콧대를 꺾어놓기로 했다. 프랑스 도덕의 토대를 강화하고 바로 세우겠다며, 페탱은 아무런 의회의 방해 없이 일련의 조치와 포고령을 내렸다. 피임도 1차대전에서 입은 엄청난 손실이 강조되면서 불법이 된 상태였다. 하지만 이제 낙태, 특히 낙태를 집도하는 의사에게 가해지는 처벌은 강화되어 단두대 처형까지도 가능해졌다. 한 살 이상의 아기에게 모유를 수유하는 여성에게는 배급 시 우선순위가 부여되었다(단, 아이가 적출이고 프랑스인일 경우에만). 다섯 아이의 어머니에게는 동메달이 수여되었고, 여덟 명을 낳으면 은메달이, 열 명을 낳으면 금메달이 주어졌다. 비시정부에서 태어난 수많은 아이들은 페탱을 대부로 얻었다. 가족은 '애국적'인 것으로 선언되었다. 독신으로 남아 있는 것은 퇴폐적인 것으로 취급되었다.

1930년대에 인민전선은 대중문화와 스포츠, 보이스카우트, 유급휴일, 유스호스텔 등에 돈을 쏟아부었다. 프랑스 지식인들이 모더니즘과 사회주의 그리고 평화에 관해 숙고하는 동안, 젊은이들은 프랑스의 구석구석을 발견하도록 여행할 것과 휴일에 자전거를 탈 것을 권유받았다. 스포츠는 '어린 소녀가 건강한 아름다움을 갖고 성품이 잘 여물게' 하는 데 특히 유익했다. 도덕적 방종은 유혹적인 옷차림과 불가분의 관계였다. 자동차가 사라지고 어디에서나 자전거를 타고 다닐 수 있게 되자 디자이너들은 새로운 치마바지를 재단하라는, 특히 치마와 바지가 나뉘는 부분이 잘 눈에 띄지 않도록 하라는 촉구를 받았다. 페탱의 새로운 프랑스에서 소녀들은 요부가 아닌, 솔직하고 신선한 얼굴에 인공미가 가해지지 않은 진지한 젊은 여성이어야 했다.

일단 스포츠와 야외활동, 독립심을 향한 움직임이 일자 이것은 곧장 1930년대의 프랑스 젊은 여성들에게 대단히 어필했다. 부모들은 처음으로 딸에게 집을 떠나 친구와 함께 밤을 보내도 된다고 허락했다. 프랑스의 젊은 여성들은 무리를 지어 인근 교외로 나가 자전거를 타고 새로 문을 연 수백 개의 호스텔에서 숙박했고, 밤늦게까지 불을 쬐고 앉아 그날의 토론거리를 나누는 데 익숙해졌다. 이런 활동들은 젊은 여성들이 더 쉽게 레지스탕스에 가입할 수 있는 조건을 만들었다. 어린 딸을 동반한 세실에게 젊은 남녀 열댓 명과 함께 교외로 나간다는 것은 말할 시간, 특히 정치에 대해 말할 시간을 갖는다는 것을 뜻했다. 모임의 일원이 된다는 것, 그래서 평등과 정의에 관해 이야기를 나누는 것은 그녀에게 무엇보다 기쁜 일이었다.

1936년, 공산당이 인민전선을 통해 세력을 확장하고 있을 때, 젊은 치과의사인 다니엘 카사노바는 청년공산당의 자매조직이자 젊은 여성들을 위한 단체인 프랑스 여성청년단의 운영을 요청받았다. 당시 스물일곱 살이었던 다니엘은 코르시카 출신으로 단호하고 진취적이며 고집 있는 여성으로, 의사수련을 마치고 생제르맹 거리를 막 떠나와 남편 로랑과 함께 살고 있었다. 그녀는 키가 크고 다소 통통했으며 가무잡잡한 피부, 짙은 눈썹, 들창코에 반짝이는 검은 눈동자를 가지고 있었고 농담을 즐겨 했다.

다니엘 카사노바는 치의학을 공부하러 파리로 가서 다양한 학생 활동에 적극적으로 참여했다. 아이가 없었던 카사노바 부부는 둘 다 열렬한 공산당원이었다. 모스크바에 머문 적이 있는 다니엘은 빈곤한 프랑스 노동자들을 위해 공산당원들이 무엇을 해야 하는가에 관해 그곳에서 더 이상 들을 것이 없다 싶었을 때 귀국했다. 저녁이나 주말이면 그녀는 젊은 여성들에게 자리를 박차고 나와 오늘의 위대한 정치 논쟁에 참여할 것을 촉구하는 열정적인 기사들을 썼다. 그녀는 남녀가 절대적으로 평등하다고 믿지 않는 사람들을 위해서는 시간을 할애하지 않았다. 후에 세실이 말하듯, 그녀는 사람이 할 수 있는 한 가장 올곧고 정직하게 행동했다.

프랑스 여성청년단은 인민전선이 권장하는 건강한 야외활동을 정확하게 따르고 있었다. 시간이 나면 다니엘은 친구인 마이 폴리처를 카페에서 만났다. 두 젊은 여성은 얼마나 많은 프랑스 노동자들이 빈곤하고 불결한 환경에서 비참하게 살고 있는지에 관해 이야기를 나눴다. 때때로 그들의 대화에는 잘생긴 얼굴에 기골 있는 젊은 여성 마리클로드가 함께했다. 마리클로드의 남편은 《뤼마니테》의 편집인 폴 벨랑쿠튀리에였고, 아버지는 잘 알려진 신문사의 편집장이자 출판인이었으며, 어머니는 종종 패션과 요리에 관한 글을 썼다. 마리클로드 역시 기자 겸 보도사진가로 일하고 있었고, 1930년대에는 《뷔》지에 히틀러가 세운 최초의 포로수용소가 있는 뮌헨 근처의 다하우를 촬영한 그녀의 사진이 실리기도 했다. 그녀보다 나이가 훨씬 더 많았던 남편 폴은 그녀를 만나 전처와 헤어졌다. 폴은 1937년에 사망했다.

다니엘이 여성들에게 스페인 전쟁고아를 위해 우유와 옷을 기부할 것을 촉구하는 신문을 만들던 파리 오페라 근처의 여성청년단 사무실에는 종종 비슷한 생각을 가진 한 무리의 젊은 여성들이 모여 이야기를 나누곤 했다. 여성들 가운데 몇몇은 러시아식 이브닝드레스를 입고 있었다. 비록 오가는 이야기는 진지했어도 그들은 유머와 넉넉한 웃음을 마다하지 않았고, 다니엘은 언제나 사람들을 웃길 준비가 되어 있었다. 그들이 준비했던 기금 마련 무도회는 매우 인기를 끌었다. 전쟁이 발발하기 전, 프랑스 여성청년단의 회원은 2만 명을 넘어섰다.

총성 없는 전쟁이 계속 되던 9개월 동안, 개학을 맞아 바빠진 학생들로 운동의 열기가 식어갈 때쯤 다니엘과 그녀의 동료들은 길거리와 벽에 언론의 자유와 노동자의 권리에 관한 메시지를 적고 다녔다. 이런 종류의 비밀스러운 일을 하는 데는 정전이 특히 도움이 되었다. 매달 그녀가 편집한 여성청년단의 잡지가 나오면, 그녀는 학생들과 어린이들에게 나눠주며 주위에 뿌려달라고 부탁했다. 다니엘은 타고난 조직가였다.

그런 다니엘에게 독일군의 입성은 더욱 노력하도록 박차를 가했을 뿐이어서, 그녀의 마음은 점령에 대한 저항감으로 끓어올랐다. 몇 시간 안에 그녀는 사무실에 있던 유죄를 입증할 만한 서류들을 신중하게 골라 모두 치웠다. 유난히 길고도 뜨거웠던 1940년의 여름에, 다니엘과 여성청년단 단원들은 파리 근교의 숲으로 자전거 여행을 자주 갔다. 그들은 배구를 한 게임 한 뒤 풀밭에 둘러앉아 어떻게 하면 독일군의 삶을 더 고되게 만들 수 있을지에 관해 이야기를 나누었다. 함께 온 소년들 몇몇은 좀 더 나이 들어 보이려고 턱수염을 길렀고, 소녀들은 짙은 색 안경을 썼다. 누군가가 어떤 지역의 수영장에서 '흑인과 유대인, 개 출입금지'라는 팻말이 붙은 것을 보았다고 말하자 모두 분개했다.

가을에 고등학교와 대학이 다시 문을 열자 여성청년단의 단원들은 자원해서 지하판 《뤼마니테》의 배포를 맡겠다고 나섰다. 여기저기서 딸이 침실에 몰래 숨겨둔 선전물 뭉치를 발견한 부모들이 화를 내는 광경이 펼쳐졌다. 오페라 옆 사무실에서 일을 도왔던 열네 살 소녀 마루시아 나이첸코는 후일 당시를 회상하며 젊은이들이 때때로 '경찰과 도둑' 놀이를 하고 있는 것처럼 보였다고 회고했다.

여성은 이념적으로나 정치적으로 열등한 존재라는 페탱의 견해는

프랑스 여성청년단, 전쟁 발발 직전에 찍은 사진.

마리클로드 밸랑쿠튀리에,
일명 '트리카네의 여자'.

오히려 다니엘의 신입 단원 모집에 불을 붙였다. 곧 수백 명의 신입 단원들이 전단지를 넣은 배낭을 메고 기꺼이 거리 행진에 나왔다. 프랑스의 경찰과 게슈타포도 이렇게 활기차고 건강한 소녀들이 레지스탕스와 연관이 있으리라는 생각을 못 했고, 적어도 얼마간은 이들의 행진을 막지 않았다. 다니엘이 말한 것처럼 독일군에게 약간의 추파를 던지는 전략은 훌륭한 성과를 거두었다. 그녀는 다른 사람들로 하여금 돕지 않고는 배길 수 없다고 느끼게 만드는 데에, 그리고 다른 이들에게 영감을 불어넣는 일에 매우 뛰어났다.

배급이 가족들의 삶을 좀먹어가자 중년 여성들은 프랑스부인회라는 새로운 조직을 꾸려 활동하기 시작했다. 식료품점 바깥까지 길게 뻗어 나온 배급 줄이 점점 더 길어지는 것을 지켜보던 다니엘은 여성들이 느끼는 불만이 대의를 위한 효과적인 동력이 될 수 있을 것이라고 생각했다. 배고픈 어린이들에게 느끼는 여성들의 동정심을 날카로운 통찰력으로 꿰뚫어 본 다니엘은 그들 중 몇몇에게 다가가 그녀가 비밀리에 내고 있는 신문 《여성의 목소리》뿐 아니라 아직 독일군에 의해 출판이 금지되지 않은 다른 여성잡지들에 기고하라고 설득했다.

이전에는 집 바깥에서 이루어지는 어떤 활동에도 참여해본 적 없는 여성들이 이제는 음식 부족과 독일군의 징발에 대해 분노에 찬 기사들을 쏟아내기 시작했다. 그들은 짧고 간결한 웅변조의 문장으로 기사를 써내려갔다. 비시정부가 헌신과 겸손과 자제를 설교하는 동안, 다니엘은 행동할 것과 반항할 것을 요청했다. 독일인들은 '독일놈들'이자 '짐승 같은 나치'가 되었다. 1789년 바스티유 감옥을 급습했던 여성들과 라파시오나리아, 잔 다르크가 자주 언급되었다. 다니엘의 지역위원회가 조직해 최초로 여성들이 벌인 가두시위는 독일군이 최상품만을 골라 예약해두는 식료품점을 점령하기까지 했다. 시위는 평화롭게 마무리되었지만 여성들은 점점 더 화가 났고, 무기를 들기 시작했다.

처음부터 여성청년단은 자연스레 지하언론의 세계에 다가갔다. 대개 비서나 사무직원이었던 그들은 스텐실과 로네오 등사기에 관해서라면 이미 모든 것을 알고 있었다. 그들이 일하던 사무실에서 부족한 종이와 잉크를 훔쳐 올 수도 있었다. 다니엘의 동료 몇몇은 저널리스트였고 대중을 깨우치는 전단지와 벽보를 만드는 데 기꺼이 참여했다. 소르본의 도서관 지하에 놓인 박스와 책들 틈에서 젊은 대학 강사들은 비밀스러운 소식을 담은 신문을 찍어냈고, 덜 마른 페이지들을 선반 위에 올려두었다. 학생들은 장바구니와 작은 배낭으로 신문을 운반했다. 매일같이 우편배달부가 다녀가는 사무실 건물과 아파트 단지의 수위실은 금세 밀서 교환소가 되었고, 배급을 기다리며 선 줄은 지령과 메시지를 전달할 수 있는 완벽한 장소였으며, 유모차는 전단지를 숨기기에, 나중에는 무기를 숨겨두기에 안성맞춤이었다.

그동안 다니엘은 살을 빼고 옷을 좀 더 세련되게 차려입으려고 노력했다. 그녀는 친구들에게 독일군은 예쁘고 잘 차려입은 여성들을 훨씬 가볍게 검문한다고 웃으며 말했다. 그녀의 남편 로랑은 전쟁포로로 독일에 수감되어 있었다. 다니엘은 자신의 행적을 숨기기 위해 끊임없이 도시 주변으로 이사했으며 결코 같은 장소에서 두 번 잠드는 법이 없었다. 마이 폴리처와 마리클로드 벨랑쿠튀리에에게는 타고난 우아함이 흘렀기에, 이들 셋이 모여 생제르맹 거리의 세련된 카페에 앉아 전략을 짜고 정보를 나누고 있노라면, 그들의 모습은 마치 활기찬

1930년대 파리에서 열린 학생 시위. 왼쪽에서 네 번째가 다니엘 카사노바.

다니엘 카사노바.

여성들의 즐거운 친목모임처럼 보였다. 갤러리 라파예트에서 차 한 잔을 앞에 두고, 다니엘은 수도에 있는 다른 지역의 여성청년단 지부를 이끌어갈 사람들을 모집했다. 이제 그녀는 공산당와 그녀를 연결해주는 베티, 유능한 운반책 세실과 함께 일하고 있었다. 1940년이 저물어갈 무렵, 프랑스 여성청년단 전국지부 운영위원회 여성 서른 명 가운데 스물다섯 명이 적극적인 레지스탕스 당원이었다.

파리 근교에 위치한 공산당원들의 코뮌이자 산업노동자들 대다수의 고향이었던 '적색 띠' 지역이 새로운 멤버 확충을 위한 훌륭한 텃밭이라는 사실은 어쩌면 당연했다. 파리 북쪽 교외인 이브리에서 다니엘은 '마도'라 불리던 마들렌 두아레를 만났다. 마도의 아버지는 전에는 마부였으나 지금은 작은 석회시멘트 공장을 경영하고 있었다. 다섯 가운데 맏이인 마도는 공부를 계속하거나 바칼로레아 시험을 보는 대신 속기와 타이핑을 배웠다. 전쟁이 선포되고 남자 교사들이 대거 이동하자 마도는 욘 지방에서 임시직 교사로 일하게 되었다. 그녀는 세실이나 베티와 마찬가지로 스페인 내전을 계기로 정치에 입문했다. 그녀는 1940년 5월에 남부로 향했던 대규모의 피난 무리에 섞여 잠시 파리를 떠났다가 곧 이브리로 돌아와 청년공산당에 합류했다.

마도가 가진 사무 능력을 반기며 당원들은 그녀에게 등사와 타이핑을 맡겼다. 낮에 마도가 글을 타이핑해두면, 밤에 그녀의 아버지가 집 안 창고에 숨겨둔 전기 등사기로 비밀리에 전단지를 인쇄하곤 했다. 부녀는 파리에 단 한 대밖에 없는 자신들의 전기 등사기가 자랑스러웠다. 저녁이 되면, 마도는 남동생 로저와 함께 전단지 뭉치를 배낭에 넣어 다른 레지스탕스 단원들이 집어갈 수 있도록 이브리의 여러 구역에 떨어뜨려두었다.

1941년 초반, 다니엘은 마도에게 지하조직에서 전일제로 일할 것을 제안했고, 제안을 받아들인 마도는 이브리에 있는 부모의 집을 나와 15구역에 있는 작은 아파트로 이사해 가명으로 활동하기 시작했다. 그녀는 가령 게슈타포에 의해 처형된 이의 글이 사후에 발간되었다는 식의 글을 써 노동자들에게 비시정부와 점령군에 대항하는 레지스탕스 활동에 참여할 것을 촉구했다. 그 무렵 마도의 나이는 겨우 스물이었다. 레지스탕스로 일한다는 것은 그녀가 가족과 친구들로부터 떨어져 지내야 한다는 것을 뜻했다. 하루 종일 누구와도 이야기하지 못했던 낮이 지나고 밤을 홀로 맞이할 때마다 마도는 침대에 누워 시시때때로 밀려드는 외로움에 눈물을 흘리기도 했다.

전쟁이 계속되던 이 시기에 레지스탕스 운동이 무엇을 성취했는가를 정확하게 말하기는 어려웠지만, 비시정부와 독일군에 저항하는 일에 희생을 무릅쓸 만한 가치가 있다고 믿었던 이가 마도 혼자만은 아니었다. 1940년 겨울에, 레지스탕스로서 상근하고 있던 몇몇 여성들은 좀 더 안전하게 아이를 키우고 보다 자유롭게 활동하기 위해 자녀들을 조부모나 수양가족의 품으로 보냈다. 비밀스러운 생활로 끊임없이 불안에 떨어야 했던 마이와 조르주 폴리처 부부는 아들 미셸을 파리에서 멀리 떨어진 곳의 조부모에게 보낸 지 오래였다.

마도의 친구 조르제트 로스탱은 이브리에서 그리 멀지 않은 곳에 살고 있었다. 전쟁 전에 교통경찰로 근무하던 그녀는 열여덟 살 된 남동생 피에르와 함께 청년공산당과 여성청년단에서 단원 모집을 맡고 있었다. 조르제트 또한 스페인 내전을 계기로 레지스탕스에 발을 들여

놓았다. 그녀는 싱글맘이었는데, 그것은 페탱 치하의 파리에서 살고 있는 젊은 여성에게는 쉽지 않은 선택이었다.

어느 날, 젊은 공산당원으로 수배 중이던 피에르가 경찰에 붙잡히자 조르제트는 겨우 아홉 살인 딸 피에레트를 망설임 없이 어머니의 손에 맡기고는 남동생이 하던 일을 맡았다. 그녀는 비밀 선전물의 운반책이자 접선책 역할을 자청했으며 나중에는 폭발물과 기폭장치의 설치를 담당했다. 조르제트는 명랑한 기질과 관대한 마음의 소유자였다. 다니엘처럼 다소 통통했던 그녀는 짙은 빛깔의 풍성한 머리에 앞머리를 내고, 높은 구두굽을 또각이며 이브리의 거리를 걸어다녔다.

피에레트는 아주 어렸지만 여성청년단 회의에 동행해 다니엘과 동료들이 독일군에 대항할 레지스탕스 작전을 논의하는 것을 듣곤 했다. 피에레트는 집 안에 레지스탕스 멤버들이 와 있을 때면 결코 방 밖으로 나가지 않았다. 그녀에게 처음으로 시계 보는 법을 가르쳐준 이도 어느 레지스탕스 멤버였다. 조르제트의 말처럼 '우리는 모두 한 가족'이었다. 본능적으로 피에레트는 자신이 보고 들은 것을 발설해서는 안 된다는 것을 알았다. 피에레트의 삼촌 피에르는 작은 새들을 그린 편지를 수용소에서 보내왔다. 집에 돌아온 삼촌은 그녀에게 자신은 유리공예가가 될 거라고 말하곤 했다. 조르제트는 노래 부르기를 좋아했다. 어느 날 그녀는 딸을 데리고 에디트 피아프의 공연을 보러 가서 쾌활한 소리로 목청껏 부르는, 그녀가 가슴으로 느낄 수 있었던 노래를 함께 들었다. 혈기왕성한 어른들과 비밀이 함께하는 세상에 산다는 것이 어린 소녀에게는 아주 신나는 일이었다.

세르 자매도 레지스탕스로 일하기 위해 어린 자녀를 남의 손에 맡

노래를 즐겨 부르던 조르제트 로스탱.

조르제트의 딸 피에레트.

기기로 했다. 1917년에 태어난 언니 뤼시엔은 룰루로 불렸고, 동생인 1919년생 잔은 카르멘으로 통했다. 밑으로는 장과 크리스티안이 있었다. 이들의 어머니는 카탈로니아인 남편을 떠나 자식 넷을 데리고 마르세유 부두에서 파리로 건너온 강인한 알제리 여성이었다. 콘서트홀에서 청소부로 일하면서 가족을 먹여 살렸던 세르 부인은 일곱 살에 학교를 떠나 들판에서 일을 해야 했기 때문에 읽고 쓸 줄 몰랐다. 그 대신 그녀는 5개 국어를 유창하게 말할 줄 알았다. 멋지고 헌신적인 세르 부인은 음악과 노래도 좋아해서, 저녁이면 위세트 거리에 위치한 그들의 작은 집은 로시니의 아리아에 맞춰 플라멩코 춤판이 열리곤 했다. 그녀는 모두를 위해 으깬 밀에 야채와 고기를 섞어 만든 쿠스쿠스와 계란 흰자에 설탕을 넣어 만든 일플로탕트를 요리하곤 했다.

룰루는 비서 일자리를 구했고 잔과 루이스는 금속 공장에서 일하기 시작했다. 열한 살로 가장 어렸던 막내 크리스티안은 계속 학교에 다녔다. 그녀의 어머니는 어린 크리스티안이 아직 읽을 수 없지만 언젠가는 이해할 수 있기를 바라며 어려운 역사서와 정치서적들을 주며 딸이 계속해서 열심히 공부할 수 있도록 지원했다. 학교가 끝나면, 세르 부인은 크리스티안에게 큰 소리로 책을 읽어달라고 부탁하곤 했다. 어린 딸이 책을 읽으면 그녀는 그 의미를 딸에게 설명해주었다.

세르 부인은 파리에 자리를 잡고 국제여단 소속으로 스페인 내전에 참전했던 퇴역군인들을 하숙인으로 받아들였다. 이러한 환경에서 룰루와 잔이 여성청년단에, 루이스가 청년공산당에 가입하는 것은 지극히 자연스럽고도 올바른 일이었다. 이들은 정말로 다른 일을 한다는 것은 상상조차 하지 못했다. 세르 부인이 말하듯, 레지스탕스는 '우리의 할 일'이었다. 그들이 제 할 일을 다하는 한 그들이 어느 조직에 가입되어 있는지는 중요하지 않았다.

룰루는 전쟁포로로 억류된 적이 있는 젊은 공산당원 조르주 테브냉과 결혼해 폴이라는 아기를 낳았다. 그러나 음식과 우유가 너무도 부족한 탓에 아기는 잘 자라지 못했다. 룰루는 폴을 교외에 있는 수양가족에게 보냈다. 이 결정으로 그녀는 저녁시간에 좀 더 다니엘을 위해 일할 수 있었다. 잔은 비바 네니의 인쇄회사의 접선책이 되었고, 경찰이 포위망을 좁혀올 때마다 인쇄기와 잉크, 종이가 가득 쌓인 손수레를 끌고 더 나은 은신처를 찾느라 파리의 거리를 헤매곤 했다. 세르 부인을 체포할 때 경찰들은 아파트에서 비밀 전단지를 몇 박스 발견했고, 게슈타포는 그녀를 세르슈미디에 있는 감옥으로 보냈다. 룰루와 잔은 묵묵히 어머니가 레지스탕스를 위해 하던 일을 자신의 일로 받아들였다.

게슈타포는 결국 혐의를 입증할 증거 부족으로 세르 부인을 석방시키기로 했다. 석방되고 나서 그녀는 두 어린 자식을 데리고 마르세유로 가기로 결정했다. 그녀는 '국경안내인'에게 말린 바나나 1킬로그램과 30프랑을 쥐여주고 군사분계선을 넘었다. 마르세유에서 식료품 잡화상으로 일하는 동안 심한 녹내장으로 거의 실명할 위기에 처해서도 세르 부인은 부두 노동자들에게 《뤼마니테》 지하판을 나눠주기 위해 말을 타고 손수레를 끌고 다녔다. 세르 가족에게 레지스탕스란 활동이라기보다는 마음가짐이었다. 정치적 신념과 의무감에 둘러싸여 자라온 피에레트 로스탱이 그랬듯, 세르 가의 네 자매는 기개가 꺾이지 않는 그들의 어머니를 존경하고 사랑했다.

1940년 겨울의 지독한 추위가 잦아들고 1941년 이른 봄이 다가오자 점점 더 많은 여성들이 나이를 불문하고 레지스탕스 운동에 가담하기 시작했다. 초기에 체포된 남성들이 대규모로 학살되면서 상대적으로 여성 단원의 수가 늘어났고, 남성을 대신해 비밀임무를 맡게 된 여성들은 얼마 지나지 않아 자신들이 그 임무에 잘 맞는다는 사실을 깨달았다. 그러나 아직까지 이들의 활동에는 명확한 목표가 없었다. 여성들은 단지 프랑스에 머무는 독일군이 계속해서 불편을 느끼고 경계하길 바랐고, 그들을 지속적으로 괴롭히는 데 만족했다. 품위 있는 사람이라면 부역이라는 역겨운 일을 받아들일 수 없다고 여긴 그들은 후에 프랑스가 승리하고 회복되면 가혹한 처벌이 있으리라는 메시지를 비시정부에게 전하고자 했다.

이 여학생, 어머니, 할머니, 주부와 전문직 여성 들은 이미 레지스탕스에서 활동하고 있는 그들의 아버지나 남자형제 때문에 레지스탕스에 가담했다. 몇몇의 경우, 할아버지가 드레퓌스와 베르됭에 관해 이야기하는 것을 들었거나 스페인 내전의 전쟁고아들이 피레네에서 굶주리는 모습을 직접 보았기 때문이기도 했다. 세실처럼 자신의 자식들을 나치가 통치하는 세계에서 키우고 싶지 않기 때문에 레지스탕스에 합류한 여성들도 있었다. 때로는 단지 권위와 도그마에 대항하는 반항아이자 진정한 프랑스 계몽주의의 딸로서 '프롱드 당원'* 기질이 있었기 때문에 레지스탕스에 합류하기도 했다. 어쨌거나 세르 가의 여성들

---

* 프롱드의 난(1648~1653)은 루이 14세의 왕권 확장을 견제하기 위해 귀족층이 벌인 내란으로, 이 시도가 실패한 후 오히려 루이 14세의 절대주의의 기반을 굳히는 결과를 맞았다. 그러나 '프롱드 당원'은 여전히 권위에 저항하는 정신을 지칭하는 말로 사용되었다.

에게 다른 선택은 존재하지 않았다.

아직까지는 여성들이 레지스탕스에서 적극적인 역할을 하고 있다고 인식되지 않는 분위기 속에서 마을과 시내를 바쁘게 돌아다니며 메시지를 전달하고 전단지를 나르던 그녀들은 기묘한 안도감을 느꼈다. 그러나 이 모든 것이 죽음으로 다가가는 치명적인 길이 될 줄은 그녀들 중 누구도 알지 못했다.

✝

1941년 늦은 봄은 프랑스 내 독일군 점령지역에서 일어났던 산발적인 사보타주와 지속적인 벽보전쟁, 그리고 '독일의 적'을 체포하고 구속하는 일들로 얼룩졌다. 수많은 지하단체의 선전물이 발각되었고, 주동자는 즉결심판 후 감옥으로 보내졌다. 5월에는 전통적으로 유대인 거주지였던 파리의 한 구역으로 파견된 프랑스 경찰 수백 명이 '거주민들의 신분을 검사'할 수 있도록 나와달라고 주민들을 '초대'했다. 이에 따라 3710명의 외국계 유대인들이 프랑스의 법이 자신들을 보호해주지 못한다는 사실에 얼이 빠져 혼란스러운 얼굴로 억류되었다. 무장 공산당원 체포에 결정적인 정보를 제공하는 이에게 상금 1000프랑을 주겠다고 내건 벽보가 수도를 뒤덮었다. 6월이 되자 프랑스 전역에서 체포된 공산당원 2325명이 감옥이나 포로수용소로 보내졌다. 수천 명의 학생들이 잔 다르크 축일에 모여 애국의 뜻을 담은 노래를 부르며 외쳤다. "잔 다르크여, 야만인에게서 우리를 구원해주소서."

공산당원들뿐 아니라 가톨릭과 유대인 및 드골파 역시 프랑스 전역에서 저항하고 있다는 사실이 분명해진 5월 초에 이들은 저항세력을 규합하기로 했다. 15일에 점령지역과 자유지역을 불문하고 레지스탕스 전체를 대상으로 연합성명이 발표되었다. 프랑스의 모든 남성과 여성을 대상으로 정치적 성향과 상관없이 '조국을 생각하고 조국을 위해 일하기를 원한다면 누구든지' 프랑스의 독립을 위해 민족전선에서 함께 일하자는 내용이었다. 이들은 프랑스 전역의 공장과 광산지역 및 마을들에 작은 민족전선을 세울 것을 제안했다. 한 전단지는 나폴레옹을 인용하며 이렇게 말했다. "패배 속에 사는 것은 매일 죽어가는 것과 같다." 그런데도 오토 폰 슈튈프나겔과 독일 점령군은 여전히 프랑스의 상태를 걱정할 것 없다고 여기고 있었다. 당시 레지스탕스 운동에서 공산당원들이 가장 강력한 원동력이었음에도, 독일군은 여전히 이들을 나치-소비에트 불가침조약 때문에 대중에게 버림받은 존재로 여겼던 것이다.

그러나 1941년 6월 22일 이른 아침, 모든 것이 바뀌었다.

동이 터오면서 200만 독일군이 3200대의 비행기와 1000대의 탱크와 함께 300킬로미터의 국경을 넘어 소비에트를 침공했다. 하룻밤 사이에 히틀러의 적들이 적대시했던 공산당원들은 더 이상 적으로 간주되지 않게 되었다. 스탈린은 이 전쟁을 제국주의 전쟁에서 '위대한 반파시스트 전쟁이자 해방을 위한 애국전쟁'으로 재정의했다. 이제 소비에트와 공산당원들은 새로운 연맹을 맺었다. 공산당이 점령지 유럽 전역에 보낸 메시지는 분명했다. 독일 침입군을 쳐부수고, 파르티잔 그룹을 적진의 배후에 세우고, 사보타주의 직접행동과 철도의 파괴 및 전화선을 끊는 임무를 수행해야 한다. 이를 통해 독일 점령군을 '공포에 떨게' 하라. 레지스탕스 운동은 전과 달리 훨씬 더 위험한 수준으로 치솟았다.

곤란을 겪고 있던 프랑스 공산당에게 이 소식은 큰 안도감을 주며 환영받았다. 몇 달간의 애매모호하고 의심스러웠던 시간들은 모두 끝났다. 폴리처 부부, 마이의 연인 드쿠르, 엘렌과 자크 솔로몽, 다니엘, 세실과 베티는 이제 냉대에서 벗어났다. 이들이 이끄는 비밀 지하언론 《뤼마니테》는 무장 전투대원을 소집함으로써 이 소식에 반응했다.

‡

여러 달 동안, 민병대를 보호하기 위해 무장한 남성들로 이루어진 '특수부대'를 세워 그들로 하여금 배신자와 밀고자들을 처벌하고 무기를 모아 사보타주를 계획해야 한다는 이야기가 오갔다. 레지스탕스들의 말처럼, 이들은 저항운동을 이끄는 돌격대가 될 것이다. 그러나 아직 무장 공격과 독일군 개개인을 암살하는 데 대한 불안감이 컸다. 형세를 관망하던 많은 프랑스인들이 이것이 독일군의 보복과 더 큰 억압을 불러일으킬까 봐 두려워했기 때문이다. 더구나 이용 가능한 총들은 구식이었고 그마저도 쓸 만한 것은 별로 없었다.

독일의 소비에트 침공 직후, 생제르멩 거리에서 회의가 소집되었다. 오스트리아의 전쟁포로 수용소에서 최근 탈출한 알베르 우줄리아라는 젊은 남성이 다니엘 카사노바와 함께 회의에 참석했다. 주주라는 이름으로 지하에서 활동하던 우줄리아는 헤어질 무렵 청년전투부대로 알려지게 될 무장 청년단을 세우기로 결의했다. 전쟁의 실전 경험이 있는 유일한 인물이자 파비앵 또는 프레도라는 이름으로 활동하던 스무둘의 스페인 내전 참전병 조르주 피에르가 그를 도왔다. 우줄리아와 절친한 친구였던 두 청년이 단원 모집에 착수했다. 오래지 않아 56명이 모였다. 스무 살 이상은 많지 않았다. 그들은 서른하나인 다니엘을 큰누나처럼 대했다.

가장 먼저 앞에 나선 이들은 19구역의 청년공산당을 이끌었던 열여덟 살의 조르주 통들리에와 폴란드인 이시도르 그뤼넨베르거, 그의 학교 친구이자 젊은 구두수선공이었던 앙드레 비버였다. 비버에게는 시몬 상페라는 여자친구가 있었다. 시몬은 달콤한 미소와 장밋빛 뺨을 가진 구김살 없는 열여섯 소녀였고, 그녀의 아버지 뤼시앵 상페는 숱이 많은 잿빛 머리카락에 훤칠한 외모의 소유자였으며, 《뤼마니테》의 전 편집인이었다. 전쟁이 발발하기 전 그는 프랑스의 기업가들과 독일 첩보부가 행하고 있는 반유대인 비밀행동 카굴에 관해 기사를 썼다는 죄목으로 기소되었다가 무죄를 선고받았고, 이 일로 공산당원들 사이에서 존경을 받고 있었다. 상페 가족은 가족 주치의였던 다니엘, 그리고 폴리처 가족과 친구였다. 뤼시앵의 아내 이본은 직물공장에서 일했고, 그들은 공산당원 노동계급의 심장부인 19구역의 자그마한 집에서 살고 있었다.

1941년 여름 즈음, 지하언론 조직들이 공격받는 동안 뤼시앵 상페는 프랑스 경찰에 연행되어 수감되어 있었다. 그는 아내에게 편지를 보냈다. "우리의 선조들이 바스티유 감옥을 함락시켰던 것을 생각해봐요. 지금 끌려가고 있는 많은 정치범들 역시 우리 시대의 바스티유에 갇히고 있는 거요." 시몬은 감옥에 있는 아버지와의 면회에서 자신이 청년전투부대에 가입했으며, 가방에 물품을 숨겨 나르는 일을 하고 있다고 말했다. 순진한 어린아이 같은 외모 덕에 그녀가 의심받을 가능성은 거의 없어 보였다. 뤼시앵은 시몬에게 자신이 그녀를 얼마나 자랑스러워하는지 이야기하면서도 조심하라는 주의를 잊지 않았다. 경찰은 점점 더 정보를 모으고 있었고, 밀고자의 수는 하루가 다르게 늘어갔다. 더 이상 여성들과 소녀들도 안전하지 않았다. 이제 막 딸이 하는 활동을 알게 된 이본은 딸을 칭찬하면서도 극도로 두려워하며 어린 피에르와 자크를 교외에 살고 있던 친구들에게 보냈다. 청년전투부대에 새로 입단한 젊은이들 몇몇은 겨우 열예닐곱 살이었다. 그들은 대개 돈이 한 푼도 없었고 늘 배가 고팠으며 지하철을 탈 돈도 잠잘 곳도 없었고, 신발은 다 낡아 해진 것들이었다. 집이라기보다는 오두막에 가까웠던 19구역의 작은 집에서 이본은 이따금 그들에게 요리를 해주었다.

어떤 모임이든 다섯 명을 넘으면 독일군에 의해 금지되었지만, 우줄리아와 파비앵은 비시정부가 승인한 어느 캠핑에 참가하는 척하면서 센에우아즈에서 라르디 숲으로 향할 신입단원 스무 명을 모으는 데 성공했다. 그들은 반바지를 입고 배낭을 메고 오스테를리츠 역을 출발했다. 가장 어린 소년이 이제 막 열다섯이 된 앙드레 키르셴이었다. 그들은 숲 속에 텐트를 치고 불을 피우고 요리를 하며 전술을 논의했다. 소년들은 권총을 발사하는 법, 수류탄을 던지는 법, 다이너마이트와 못, 그리고 작은 양의 전선을 꾸려 빈 깡통으로 폭탄을 만드는 방법에 대해 배웠다. 마루시아 나이첸코가 제대로 파악한 것처럼, 이 어린 레지스탕스들에게는 저돌적이고 열성적인 데가 있었다.

시몬 상페, 전쟁 전 캠핑 휴일에 남동생들과 함께.

시몬과 다른 소녀 몇몇이 맡았던 여성으로서 해야 할 역할은 실행을 위한 계획을 세우는 것이었다. 밤이면 그들은 다른 사람들을 총으로 쏴 피 흘리고 죽게 만드는 것이 어떤 기분일까를 두고 토론하곤 했다. 그리고 확실히 그런 종류의 일을 저지를 만한 용기는 없었던 시몬은 자신에게는 총이 지급되지 않을 것이라는 사실에 안도했다. 파비앵은 1차대전 당시 오로지 쇠스랑 하나를 들고 중무장한 독일군 한 소대를 공격했다는 늙은 소작농 영웅의 이야기를 들려주었다. 잔과 룰루처럼 후일 시몬 또한 당시를 회상하며 자신이 했던 일들 가운데 엄청나게 영웅적인 점은 없었다고 말했다. 단지 그녀가 이상하게 여겼던 것은 다른 사람들은 자신들과 같은 일을 하지 않는다는 점이었다. 교외에 자리한 그들의 집과 농장으로부터 멀리 보내진 그녀의 어린 남동생들은 철모르고 시몬을 부러워했던 것이다.

그러나 곧 시몬의 아버지가 우려하던 일들이 벌어지고야 말았다. 레지스탕스와 독일군의 대립은 이미 일촉즉발의 상태였다. 청년전투부대의 초기 멤버 중에는 1920년대와 1930년대에 프랑스에 정착하고 이민자조합이라는 연합단체를 세운 러시아, 폴란드, 아르메니아 출신 유대인들이 많았다. 그중 많은 수가 이디시어를 사용했다. 8월 초, 모두 스무 살이 채 넘지 않았던 세 친구, 사뮈엘 티첼만, 앙리 고테로, 엘리 왈라크가 센에우아즈의 채석장을 급습해 다이너마이트 25킬로그램을 훔쳤다. 여기에 그치지 않고 사뮈엘과 앙리는 8월 13일, 독일군의 규제에 항의하는 시위를 주도했다. 수천 명이 모여 '프랑스 만세!', '점령군 타도!'와 같은 구호를 외쳤다. 독일군이 발포를 시작했다. 사뮈엘은 다리에 총상을 입었고, 앙리는 체포되었다.

시몬과 어린 친구들은 사건이 갑작스럽게 폭력적으로 변한 데 충격을 받았고 사뮈엘과 앙리가 독일 군사법정에서 사형을 선고받았다는 소식에 분개했다. 19일, 벽보는 그날 아침 총살부대에 의해 두 젊은이가 처형되었음을 붉은색과 검정색 굵은 글씨로 알렸다. 비시정부가 프랑스의 외국계 유대인에게 보이는 태도를 함축하듯, 11구역에서 즉각적인 체포가 벌어졌다. 4232명이 체포되어 이미 프랑스 포로수용소에 구금되어 있던 3만 명의 유대인 무리에 합세했다.

이틀 후, 8월 21일 이른 아침, 앙드레 비버는 시몬에게 이유를 설명하지 않은 채 함께 그랑 불르바르로 가자고 제안했다. 그들이 막 바르베 역에 도착했을 때, 고함소리가 들려왔고 파비앵과 청년전투부대원 몇 명이 지하철 계단에서 뛰쳐나와 군중 속으로 흩어졌다. 비버가 그들을 쫓아 달리자 파비앵이 소리쳤다. "사뮈엘과 앙리의 복수를 완수했어." 시몬이 그렇게도 두려워했던 피의 전투가 시작된 것이다.

사실 이 공격은 치밀하게 계획된 것이었다. 파비앵이 선택한 4호선 바르베 역은 플랫폼이 곡선으로 구부러져 있어 운전사가 객차 전체를 볼 수 없고, 독일군이 주로 이용하는 일등칸 객차는 로슈슈아르 거리로 향하는 계단과 바로 연결되는 곳에 멈춰 섰다. 파비앵은 정찰을 통해 매일 아침 8시와 8시 반 사이에 많은 독일군 장교들이 4호선을 탄다는 사실을 확인했다.

그날 아침에는 서른 명가량이 지하철을 기다리고 있었다. 그들 가운데 독일 해군에 새로 부임한 알폰스 모저 장교가 있었다. 그는 몽트루즈에 있는 차고로 가는 길이었다. 그가 막 열차를 향해 발을 뗀 순간, 파비앵이 그의 등에 대고 두 발을 쏘았다. 모저는 즉사했다. 거리를 내다보는 척 연기하던 이시도르 그뤼넨베르거는 공격에 필요한 총을 운반해준 데 대해 시몬에게 감사해했다. 연극은 끝났고, 이제 모든 것은 끔찍한 현실이 되어가고 있었다.

독일군의 반응은 즉각적이었다. 모저의 죽음을 보고받은 히틀러는 즉각 인질 100명을 처단하라고 명령했다. 프랑스 관할 아래든 독일군 관할 아래든 구금되어 있던 모든 프랑스 남성은 인질로 간주되며, 그들은 독일군을 향한 어떤 공격에도 보복으로 총살될 것이라는 성명이 발표되었다. 그러나 비시정부가 보여주는 만족스러운 협력을 벌써 포기하기 아쉬웠던 폰 슈튈프나겔은 연락장교 보에멜베르크를 통해 해군은 인질 열 명의 처형만을 요구한다고 페탱에게 전했다. 그동안 새로 내무부 장관으로 선출된 피에르 퓌셰는 파리의 거리를 이 잡듯 샅샅이 뒤져 암살자를 찾도록 명령했다. 저녁 9시면 통금이 내려졌다. 식당과 극장은 8시에 문을 닫아야 했다. 세 시간 동안 8000명이 검문을 받았으나 청년전투대원은 단 한 명도 발견되지 않았다.

이미 구금된 레지스탕스 조직원들에게 공식적으로 사형을 선고할 목적으로 특별 프랑스 법정이 열릴 예정이었다. 8월 27일에 서둘러 소집된 새 법정에서 공산당원 세 명이 사형을 선고받았다. 뤼시앵 상페가 네 번째 사형수로 결정되었으나, 유난히 유창하고 인상적인 발언 덕분에 종신 노역으로 감형되었다. 손과 발이 족쇄에 묶인 채 그는 캉의 감옥으로 이송되었다.

이제 대중 앞에서 단두대로 이들을 처형하자고 주장하고 나선 것은 오히려 비시정부였다. 프랑스 대중의 반발을 두려워한 독일군은 단두대는 사용하되 사적인 곳에서 처형이 이뤄져야 한다고 주장했다.

8월 28일에 공산당원 세 명이 처형대로 끌려갔다. 며칠 뒤 독일군은 사뮈엘의 시위에 가담했다는 이유로 공산당원 다섯 명과 드골파 세 명을 추가로 총살했다. 프랑스 판사들은 이제 부당한 죄목으로 수감된 프랑스 남성들을 사형시키고 있었다. 유죄가 입증되지는 않았지만 혐의가 있다고 여겨지는 사람들과 그들이 단지 가깝게 지냈다는 이유만으로.

라르디 숲의 너도밤나무와 떡갈나무 아래에서 다른 10대들과 함께 훈련을 받는 동안 시몬이 독일군을 향한 무장공격이 시작되면 어떤 결과를 가져올지 우려했던 대로였다. 최초로 일반 시민이 독일군 장교를 죽인 이 바르베 역 사건은 하나의 전환점이 되었다. 우줄리아는 후일 이것이야말로 청년전투부대의 가장 큰 업적이자 레지스탕스 운동의 기세를 드높이는 데 기여한 행위였다고 말했다. 그러나 레지스탕스는 살인을 불사하는 대가로 그들 역시 죽음을 각오해야만 했다.

지금까지 그늘에 숨어 상대적으로 안전하다고 느껴온 여성들과 소녀들을 비롯해 어떤 레지스탕스 단원들도 이제 더는 안전하다는 느낌을 받지 못했다. 이제 막 접선하고 통신망을 구축하기 시작했던 베티, 다니엘, 세실, 그리고 다른 여성들은 끊임없이 경계하며 지내야 했다. 이 순간부터 공격과 보복, 그리고 더 많은 공격과 더 많은 처형이라는 끝없이 반복되는 순환만이 있을 뿐이었다. 이것은 점령군과 그들이 보이는 잔인성에 점점 더 반감을 갖고 레지스탕스 운동에 공감하게 된 점령당한 사람들 사이에서 벌어지는 총력전이었다. 페탱의 말처럼, "프랑스 각지에서 불온한 바람이 불어오기 시작했다."

4장

레지스탕스 사냥

1941년 여름이 오기 전까지, 프랑스에 주둔하던 독일군은 상대적으로 신변의 안전을 느끼고 있었다. 비록 거리에서는 점점 더 자신들과 눈을 마주치기를 꺼리는 사람들이 많아졌지만, 독일군은 그동안 손쉽게 다스려온 프랑스가 대체로 자신들의 존재를 용인하고 있을 뿐 아니라 심지어 점령으로부터 생겨나는 이익을 즐기고 있다고 보고 있었다. 그러나 이제 바르베 역 사건 이후로 군인들은 어두워진 뒤에 혼자 다니지 말 것, 차량에 탑승하지 않고는 나가지 말 것을 지시받았다. 폰 슈튈프나겔은 협조적인 프랑스 경찰의 손에 레지스탕스 진압을 맡겨야 한다고 주장하는 동시에 프랑스의 다른 점령지역에 주둔하고 있는 독일군 사령관들에게 비밀 메시지를 보냈다.

메시지는 다음과 같았다. 공산당원을 척결하려는 이 전쟁은 매우 중대한 시기에 봉착했다. 독일군에 대적하는 프랑스놈들의 저항이 극도로 격렬해졌다는 것을 확실하게 알아두어라. 재빨리, 단호하게, 확실히 판단하라. 그는 독일 국방군 판사에게 지시했다. 9월 13일, 샤를 로트 델보와 조르주 뒤다크의 오랜 친구이자 건축가인 자크 웅이 다른 두 '과격한 공산당원'과 함께 라상테 감옥 마당에서 단두대로 처형되었다. 그가 체포된 이유는 반독일 선전물을 배포했다는 것뿐이었다. 열아홉 살의 소년부터 70대 노인까지 서른세 명의 공산당원과 '독일의 적'이 처형되었다.

베를린의 히틀러는 계속해서 프랑스뿐 아니라 점령지 유럽 전역에서 늘고 있는 무장공격의 배후로 지목된 공산당원들에게 더욱 자주 모진 보복을 가해야 한다고 주장했다. 독일군은 850만의 병력을 보유하고 있었지만, 프랑스, 네덜란드, 벨기에, 덴마크, 발칸 반도를 통치하기 위해서는 더 많은 군인이 필요했다. 따라서 독일군이 본연의 임무에 충실하지 못하도록 방해하고 있는 레지스탕스 활동은 허용되어서는 안 되었다. 9월 28일, 해석상의 애매함 없이 명료하게 적혀 있던 1934년의 제3도쿄협약의 19조, 즉 인질은 어떤 상황에서도 신체적으로 처벌을 받거나 죽음에 처해져서는 안 된다는 조항을 깨뜨리는 인질 강령이 프랑스인에게 내려졌다. 이것은 협약의 조항을 두 가지나 위반한 것이었다.

'처형 가능한' 프랑스 남성들, 즉 독일군 또는 프랑스 경찰에 의해 공산당원 또는 무정부주의자로 추정되어 구금된 이들 — 염탐과 배신, 사보타주, 무장공격, 외국 국적의 적을 돕는 행위를 하거나 무기를 불법으로 소지한 이들 — 은 독일군에 대한 공격에 대비한 인질이 되었다. 이들 인질들은 범죄의 수에 비례해 처형되었다. 독일인 사상자가 한 명만 발생해도 그에 대한 보복으로 50명에서 100명의 프랑스 남성이 총살되었다. 총살된 이들 중 법정에서 공식적으로 선고받은 이는 거의 없었으므로 그들이 유죄인지 아닌지조차 확실치 않았다. 많은 지역의 군 사령관은 처형 가능한 이들의 명단을 지속적으로 갱신할 것을 교육받았다. 만약 어떤 곳에서 처형 가능한 인원수가 충분치 않다면, 대학 강사와 학생들 중에서 더 잡아들이라는 지침이 떨어졌다. 이들은 드골파와 마찬가지로 점령군의 안전에 위협을 가한다고 인식되었기 때문이다. 유명인사들은 잠깐 동안 인질이 되기에 적당하다고 여겨졌다. 그러나 곧 그들보다는 주로 비시정부가 가장 혐오하던 공산당원과 공산주의를 퍼트리기 위한 목적으로 펜을 놀리던 지식인을 통칭하는 '반독일인들'이 인질로 더욱 적당한 대상이라고 여겨졌다. 대가족의 가장들은 '일반적으로' 해를 입지 않았다.

초기 레지스탕스 멤버들은 그들의 공격에 흉포하게 반격하는 독일군 때문에 애를 먹었을 뿐 아니라 무장투쟁과 암살에 의존하게 됨에 따라 점차 프랑스 대중과도 멀어지게 되었다. 그러나 다니엘, 세실, 마이는 열정적으로 '조국의 독립과 자유를 위한 전쟁'을 주장했고 이러한 구호가 암시하는 무장투쟁을 지지했다. 파리의 벽에는 다음과 같은 말이 적힌 벽보가 나붙었다. "애국자 한 명이 총살될 때마다 독일군 열 명이 살해될 것이다." 우줄리아는 바르베 역에서 일어난 총격전에서 한 발 물러나는 것은 항복이자 불명예이며, 그것은 앞으로 더욱 심하고 끔찍한 억압만을 가져올 것이라 주장했다. 시몬 상폐를 비롯한 청년전투부대의 소년 소녀 들은 앞으로 있을 명령을 기다리며 집에 머물렀다. 처음으로 총에 맞아 싸늘하게 피를 흘리며 죽어가는 모습을 보았을 때의 혐오감이 아직 가시지 않았지만 시몬은 싸움을 포기할 마음이 없었다.

그해 초반에 레지스탕스 연합 민족전선이 세워진 후, 뒤따라 몇몇 무장투쟁 단체가 결성되었다. 바르베 역 총격 사건 즈음 《뤼마니테》의 편집인인 피에르 비용의 지휘 아래 이민자조합, 공산당의 특수부대와 청년전투부대가 연합해 의용유격대를 조직했다. 이들에게는 네 가지 목표가 있었다. 동부전선으로 전쟁물자와 사람을 실어 나르는 철도를 공격할 것, 배신자와 부역자들을 처벌할 것, 독일군을 위해 가동되는 공장을 사보타주할 것, 마지막으로 독일 점령군을 처단할 것. 모든 행동은 실제 일으킨 손해를 넘어서는 매우 큰 상징적 의미를 지녔다.

르노 자동차 공장에서 보일러 만드는 일을 하던 아르튀르 달리데는 보안을 담당했다. 조용하고 무뚝뚝한 성격의 그는 파이프 담배를 피웠으며, 무엇보다 규율과 신중함으로 잘 알려져 있었고 변절자와 배신자를 광적으로 증오했다. 자유주의자였던 미셸 번스타인은 가짜 서류를 위조하는 데 전문가였다. 유대인이었기 때문에 얼마 전에 자연사 박물관에서 일자리를 잃은 젊은 화학자 프랑스 블로크는 폭발물 제조를 맡았다. 프랑스는 당시 모스크바로 망명 중인 유명 비평가이자 역사가인 장 리샤르 블로크의 딸이었다. 그녀는 금속노동자인 프레도 세라쟁과 결혼해 18개월 된 아들을 두고 있었다.

반파시스트 연합에 입단한 1930년대 중반 이후로, 프랑스 블로크는 화학 엔지니어인 마리엘리자 노르드만과 가까운 친구로 지냈다. 마리엘리자는 둥근 얼굴에 다소 통통하고 온화한 젊은 여성이었다. 전도유망한 젊은 연구자로서 1년간 독일에서 유학하던 그녀는 히틀러가 벌이는 집회의 스펙터클에 충격을 받고 돌아왔다. 그녀는 이른 결혼으로 아들을 하나 두고 있었지만 결혼은 오래가지 않아 아기를 데리고 친정어머니와 함께 살고 있었다. 저녁이면 그녀와 프랑스 블로크는 새롭게 결성된 반파시스트 지성인 자경단 회의에 참석했다. 그곳에서 마리엘리자는 파리 5구역의 회계담당자가 되었다. 엘렌과 자크 솔로몽, 폴리처 부부는 그녀의 소중한 친구들이었다. 프랑스 블로크처럼 마리엘리자 역시 유대인이었다.

1940년 여름 동안, 남쪽으로의 피난 행렬에 합류했을 때 두 여성과 아들들은 보르도 근처에서 잠시 함께 살았다. 이제 그들은 함께 폭탄과 수류탄을 만들고 있었다. 마리엘리자는 그녀의 연구소로부터 수은을 훔쳐왔고 다른 이들은 자동차 공장에서 금속 튜브를 가져다주었다. 프랑스 블로크는 19구역 5번가에 위치한 그녀의 실험실에 레지스탕스를 위한 약과 백신을 보관하고 있었다. 밤이 되면 마리엘리자와 그녀의 어머니는 집이 발각되고 미행이 따라붙어 잘 곳을 구하지 못한 레지스탕스에게 잠잘 곳을 마련해주었다. 멀지 않은 곳인 빌레트 거리에서 자전거 가게를 운영하는 또 다른 젊은 여성과 그녀의 남편이 저녁이면 권총을 닦고 폭발물을 만들었다.

새롭게 연합된 레지스탕스의 다른 지도자들과 마찬가지로 다니엘은 파리뿐 아니라 프랑스의 다른 점령지역에서도 무장투쟁이 이어지는 것이 중요하다고 보았다. 이는 더 많은 독일군의 손발을 묶어둘 수 있을 뿐 아니라, 파리와 그 주변에 집중적으로 몰려 있는 수사망의 부담을 경감시킬 수 있기 때문이었다. 파리 레지스탕스들은 며칠에 한 번씩 집을 바꿔 이사하고 가명을 쓰면서 가족과 떨어져서 살아야 했다. 이런 날들이 낮이건 밤이건 계속되면서, 그들은 마음의 평화를 잃은 지 오래였다. 곧 루앙과 낭트, 보르도에서 동시다발적으로 벌어질 공습 계획이 세워졌다. 외부인인 의용유격대의 대원들이 공격하러 왔다가 사라지는 것으로 지역 경찰의 추적을 어렵게 만들 예정이었다. 단원들은 독일군의 움직임을 잘 알고 있는 지역 사람들의 도움을 받을 계획이었다.

첫 번째 목표물이 된 도시 루앙은 잠재적 전투원이 상대적으로 풍부한 곳이었다. 앙드레 피캉과 지역 고등학교의 선생님이자 그의 부인이었던 제르멘이 비밀리에 반독 선전물을 쓰고 인쇄, 배포하던 곳이 바로 루앙과 그 주변이었다. 앙드레는 레지스탕스 연합 민족전선의 창립 멤버였다. 그는 에너지 넘치고 강단 있는, 이제 막 사십 줄에 접어든 잘생긴 남자였다. 탁월한 웅변가였던 그는 처음에는 레지스탕스에서 활동하길 꺼려하던 아내를 자신과 함께 전투에 참여하도록 이끌었다. 앙드레에게 선택의 여지란 없었다. 제르멘의 말마따나 그는 행동해야만 했다. 독일군이 도착하자마자 "거대한 혁명이 시작되었다"고 그는 사람들에게 말했다. "프랑스의 노동자들인 우리는 이 과업에서 실패하지 않을 것이다." 프랑스인들은 패배하지 않을 것이고, 실패할 수도 없을 것이었다. 제르멘은 그의 말에 동의했다. 스페인 내전 이후로 그녀는 파시스트들 곁에 가만히 앉아 그들을 용인하기란 불가능하다고 느끼고 있었다. 그녀는 드골이 라디오를 통해 호소하는 것을 들었고, 기꺼이 나서 촌락과 마을을 돌며 나눠줄 반독 선전물이 가득 든 주머니를 자전거 안장에 매달고 교외로 나섰다.

피캉 부부의 어린 두 딸은 그들의 삶의 중심이었다. 이들은 매우 친밀하고 행복한 가족이었다. 제르멘 스스로도 사교적이고 사랑이 넘치는 가족과 세 자매 가운데 하나로 자라면서 행복에 관해 많이 배웠다고 말하곤 했다. 1940년 여름, 앙드레가 체포되어 포로수용소로 보내졌을 때 제르멘은 주저 없이 파리에 있는 의용-유격대에서 접선책 역할을 맡았다. 그녀는 인쇄에 대해서도 잘 알고 있었다. 그녀의 아버지 또한 무명천을 인쇄하는 롤러를 다루는 데 루앙에서 소문난 전문가였다. 그녀는 열여섯 살이 된 지 채 6개월도 안 된, 자신의 딸보다 몇 살 더 많을 뿐인 클로딘 게랭을 조수로 삼아 함께 일했다. 제르멘의 동료 교사이자 좋은 친구였던 클로딘의 어머니 뤼시는 선전물을 나눠준 죄목으로 렌의 감옥에서 8년간 강제노역에 처해졌다. 제르멘은 남겨진 어린 소녀를 보호하고 싶었다. 예쁘고 수다스럽고 혈기 왕성한 데다가 언제나 명랑하고 불평하지 않는 성격으로 사람들을 웃게 만들던 클로딘은 사랑을 듬뿍 받았다. 앙드레가 체포되기 전까지 제르멘과 클로딘은 앙드레와 함께 종종 도시에 있는 동료들에게 전달할 닭고기와 버터를 구하기 위해 자전거를 타고 교외로 나가곤 했다.

1941년 초가을, 제르멘은 남편이 없는 동안 센앵페리외르의 레지스탕스를 운영했다는 죄목으로 구속되었다. 다행히 두 딸은 숨어 있었다. 바람직한 여성이란 비정치적이고 가정적이어야 한다는 신화가 아직 프랑스 전역에 만연하던 때, 클로딘의 어머니와 제르멘은 수감자 중에서 당시로서는 상대적으로 적었던 여성 레지스탕스 가운데 한 명이었다. 제르멘은 루앙의 감옥에 수감되어 있었고 클로딘은 자전거를 타고 매일같이 그녀를 보러 왔다. 둘은 열린 창문 너머로 서로의 소식을 교환하곤 했다. 10월에 클로딘은 파리에 있는 기숙학교로 가게 되

제르멘 피캉, 앙드레 피캉의 아내이며 레지스탕스 활동가.

레지스탕스 민족전선의 창립 멤버 앙드레 피캉.

었고, 그곳에서 제르멘이 하던 일을 대신해 접선책으로서 수도에서 루앙으로 메시지를 전달하는 역할을 맡았다. 그녀는 똑똑한 학생이었고, 이미 첫 번째 바칼로레아 시험을 통과한 상태였다.

멀지 않은 곳에서 스물세 살의 마들렌 디수브레가 임무를 기다리고 있었다. 1941년에 마들렌은 레지스탕스에 가입했고 지하로 들어갔다. 그녀는 종종 테레즈 파스키에라는 이름을 사용하긴 했지만, 뒤테르트르 부인이라는 가명으로 방을 빌렸다. 어머니는 돌아가셨고 마들렌의 오빠와 언니들은 이미 레지스탕스에서 활동하고 있었다. 농업 기술자이자 사회주의자였던 그녀의 아버지는 자녀들이 정치에 적극적인 태도를 갖도록 키웠다. 1차대전에 참전하기도 했던 그는 레옹 블룸과 인민전선이 그에게 생애 최초로 유급휴일을 주었노라고 말하곤 했다. 스페인 내전이 계속되는 동안 디수브레 가족은 스페인에서 온 피난민들을 도왔다.

마들렌은 전공을 수학으로 바꿀까 생각하고 있기는 했지만, 당시에는 스포츠 교육자 과정을 밟고 있었다. 스포츠 정신으로 무장한 그녀와 친구들은 종종 자유프랑스에 자원입대하기 위해 영국으로 건너가겠다는 이야기를 나누곤 했다. 그들은 앞다투어 프랑스의 자유를 위해 죽음을 불사하고 일하겠다는 신념을 밝혔다. 자유를 위한 싸움은 그들에게 죽음을 받아들여야 하는 일로 여겨졌다. 루앙 곳곳에 나붙은 독일군의 벽보와 그들의 위협을 바라보면서, 마들렌은 자신이 어떤 위험에 처해 있는지 정확히 알고 있었다. 하지만 그러한 위협은 오히려 그녀와 친구들 사이의 연대감을 더욱 깊게 해줄 뿐이었다. 후일 그녀가 말했듯, 그들은 두려워하면서도 '자신뿐 아니라 서로를 위해' 무엇을 할 수 있을지 이야기했다. 독일군은 사교댄스를 금지했지만 교습 자체를 금지하지는 않았기 때문에, 기름을 발라 머리를 뒤로 빗어 넘긴 소년들과 세련되게 검정색과 금색이 섞인 끈으로 머리를 묶은 소녀들은 교습을 핑계로 함께 모여 계획을 세우고 토론했다. 마들렌은 후일 말한다. "어떻게 저항하지 않을 수 있을까? 나치 치하에서는 살 수가 없다. 그것은 견딜 수 없는 일이다." 1941년 가을, 마들렌은 루앙 지역 공산당 사무국의 주요 멤버가 되었다.

10월 9일로 정해진 공격에는 말로네 역 부근에서 철도를 탈선시킬 계획이 포함되어 있었다. 레지스탕스에 가담한 기차 운전수와 철도 노동자들은 레일을 지탱하고 있는 무거운 볼트를 헐겁게 해두기로 했다. 그러나 이 작업은 매우 큰 소음을 유발하기 때문에 위험한 일이었다. 마들렌은 독일군의 잦은 순찰에 대비해 망을 보는 역할을 맡았다. 작전 당일, 독일군이 알아채지 못하는 사이 철도 레일 여러 개가 헐거워졌고, 동부전선으로 전쟁 물자를 수송하던 그들의 기차가 탈선했다. 사상자는 없었지만 막대한 손해가 생겨났다. 다음날 그 지역의 프랑스 경찰서장은 공산당원으로 의심되는 사람 150명을 체포했다. 다행히 마들렌은 체포를 피했다.

20일에 있었던 두 번째 공격은 좀 더 야심찬 것이었다. 파리에서 매우 큰 주둔부대가 있는 낭트로 파견된 레지스탕스 단원 질베르 브뤼슬랭과 쥐스코 스파르티코는 대성당 광장을 가로질러 가던 독일군 장교 두 명을 포착하고는 뒤를 따라가 권총을 꺼냈다. 스파르티코의 권총은 걸려서 옴짝달싹하지 않았지만, 질베르의 방아쇠는 당겨졌다. 홀츠 중령은 '돼지처럼 비명을 지르며' 바닥에 나뒹굴었다. 다시 한 번,

두 명의 공격자는 무사히 도망쳤다. 로베르 브라지야크는 친나치 신문 《주 쉬 파르투》를 통해 다음과 같이 되물었다. "어서 공산당원 놈들을 쏘지 않고 도대체 무얼 기다리고 있는가?"

홀츠 중령 저격 사건을 두고 독일군이 대응책을 폈을 때는 10월 21일 밤, 보르도에 파견된 독일군 사령관 라이머스를 총격하는 세 번째 공격이 아직 발생하기 전이었다. 폰 슈튈프나겔은 인질 명단을 파악하도록 장교 하나를 브르타뉴에 위치한 샤토브리앙 포로수용소로 보냈다. 벽보가 붙었고, 장교 한 명이 살해될 때마다 '영국과 모스크바의 비겁한 범죄자로 인해 50명의 인질이 즉각 총살될 것이고, 만약 공격에 책임이 있는 자가 23일 자정까지 체포되지 않는다면 50명이 더 총살될 것'이라고 발표되었다. 범인 체포에 결정적인 정보를 제공하는 사람에게는 1500만 프랑의 보상금이 지급될 것이다. 3차 공격으로 보르도에서 라이머스가 사망하자, 이번엔 인질 100명이 총살형을 당할 위험에 놓였다. 나중에 알려진바, 이때 총살될 인질들의 이름이 적힌 명단에서 1차대전에 참전했던 재향군인들인 '마흔 명의 선한 프랑스인'은 '극도로 위험한 공산당원들'로 탈바꿈되었다.

22일 이른 오후, 독일군이 화물차를 몰고 와 샤토브리앙 수용소에서 스물일곱 명을 소집해 2킬로미터 떨어진 모래 채석장으로 데려갔다. 거기엔 샤를 미셸이라는 공산당 국회의원과 저명한 노동조합 지도자 여럿, 의사 한 명과 교사 몇 명이 포함되어 있었다. 가장 어린 소년이 공산당 정치인의 아들이자 학생인 기 모케였다. 작별 편지를 쓸 수 있도록 이들에게 각각 종이 한 장과 봉투 한 장, 그리고 연필 한 자루가 주어졌다. "저는 죽게 될 거예요"라고 기 모케는 어머니에게 적었다.

함께하는 다른 남성들만큼 용감해지길 바라면서 그는 어머니도 용기를 잃지 않기를 당부했다. 화물차가 수용소의 입구로 나오자 구경꾼들은 모자를 벗었다. 사형수들은 세 그룹으로 나뉘어 총살부대 앞으로 끌려 나가기 직전까지 그치지 않고 라마르세예즈를 불렀다. 이들 중 단 한 명에게도 눈가리개가 허락되지 않았다. 한 독일군은 그날의 기억을 이렇게 적었다. "그날, 승리는 우리가 아닌 죽은 그들의 것이었다."

대량 보복학살이 샤토브리앙에서만 일어난 것은 아니었다. 이후로도 한동안, 앞서간 이들을 따라 여러 곳에서 수많은 공산당원 교사와 노조원들이 총살부대 앞에 섰다. 샤토브리앙은 프랑스인들뿐 아니라 연합군의 의식 속에도 독일군이 보여준 잔인함의 상징으로 뿌리 깊게 박혔다. 처형이 이뤄지고 난 다음 일요일에 마을 사람들은 금지령에 아랑곳하지 않고 그들이 처형된 모래 채석장에 화환을 가져다 놓았다. 독일군은 교묘하게도 시신을 서로 다른 아홉 군데의 공동묘지로 옮기는 수법을 사용했다. 이는 한 곳이 순교 성지가 되는 것을 막으려는 의도였다.

루스벨트와 처칠 모두 총살을 비난하는 성명을 발표했고, 이 일로 인해 전쟁이 끝난 뒤 처벌을 면치 못할 것이라 경고했다. 그러나 드골은 좀 더 신중했다. 그는 프랑스인들에게 독일인을 죽이는 것은 완전히 옳고 적절한 일이지만 전쟁에는 전술이 필요하다고 설득했다. 민족위원회와 함께 전술을 담당하는 사람은 바로 드골 자신이다. 전투대원으로서 의용유격대는 자신의 명령에 따라야 하며, 자신이 내리는 명령은 독일군을 살상하지 않는 것이다. 왜냐하면 이는 적으로 하여금 '일시적으로 무장해제된' 사람들을 쉽사리 대량 학살할 수 있게 하기 때문이다. 무장투쟁을 해야 할 시간이 다가오고 있긴 하지만, 아직은 때가 아니다. 그러나 다니엘, 세실, 마들렌, 마이와 청년전투부대는 드골의 말을 신경 쓰지 않았다. 베를린에 있던 히틀러는 수용소 내에 수감된 인질 가운데 드골파부터 처형하라고 명령했다.

독일군으로서는 낭트와 보르도에서 일어난 독일군 암살사건은 프랑스를 좀 더 잔인하게 억압하게끔 부추기는 것이었다. 독일군은 즉각적이고 단호하게 응징하고자 했고, 실제로 그럴 작정이었다. 하지만 폰 슈튈프나겔은 비록 프랑스 정부가 독일 국방군*과 크노헨의 부하들로부터 많은 도움을 받고 있기는 하지만, 적어도 잠시 동안은 프랑스인들로 하여금 계속해서 그들을 통치하게 내버려둘 필요가 있다고 주장했다. 퓌셰가 만류하기 전까지 자신이 직접 독일군의 인질이 되겠다고 주장했던 페탱은 개인적으로 대량 보복학살이 만들어낸 '피의 강'을 두고 놀랐지만, 비시정부는 이전보다 더 대독협력에 전념하겠다고 밝혔다. 페탱은 라디오를 통해 프랑스인들에게 말했다. "갈라진 목소리로 여러분께 호소하건대, 더 이상 프랑스에 해악을 끼치지 말아주십시오. 휴전협정과 함께 우리는 우리의 무기를 내려놓기로 동의했습니다. 우리는 등 뒤에서 독일군을 쏘기 위해 무기를 다시 들 권리가 없습니다." 페탱은 독일군 한 명의 목숨에 프랑스인 100명의 목숨이 달려 있다는 데 대해서는 아무 말도 하지 않았다. 그 대신 그는 청취자들을 안심시켰다. 인질들은 오로지 '명확하게 죄가 입증된' 사람들 사이에

---

* 독일 국방군 또는 베어마흐트(Wehrmacht)는 1935년부터 1945년까지 있었던 나치 독일의 군대를 칭한다. 제2차 세계대전 동안 베어마흐트는 육군, 해군, 공군으로 구성되어 있었다. 무장 친위대(SS)는 조직상으로는 국방군 산하가 아니었다.

서만 뽑힐 것이다. 참으로 간편하게도 열일곱 살 기 모케는 잊혔다.

그러나 프랑스 협력자들이 독일군에 협조하는 것은 점점 더 어려워지고 있었다. 그들은 계속해서 도시의 삼엄한 경계를 배가하고 범인을 찾아내고 모든 공산당 지도자들을 미행하기 위해 부족한 인력을 보충하려 했다. 비시정부는 특수경찰을 뽑아 레지스탕스 사냥에만 전념할 병력을 보충하고자 했다.

아무도 예상치 못했지만 레지스탕스들은 더욱 완강하고 용감하게 반격에 나섰다. 계속해서 몇 달간 더 많은 독일군과 밀고자들이 레지스탕스의 총에 암살되었고, 철도에는 폭발물이 설치되었으며, 독일군 식당에는 수류탄이 굴러 들어왔고, 독일군 창고와 도서관, 병영식당에도 폭탄이 날아들었다. 제르멘 피캉과 클로딘 게랭이 적극적으로 활동을 펼쳤던 센생페리외르의 공업지대가 지속적인 공격의 장이 되었다. 열차는 탈선했고 화염병이 날아들었으며 드골파, 공산당원, 가톨릭교도들과 사회주의자들의 협동 사보타주로 공장의 엔진들이 파괴되었다. 함께한 이들 중 많은 수가 학생이거나 철도 노동자였다. 어떤 곳에서는 철도를 겨냥한 공격이 너무나 빈번히 일어나 독일군은 열차마다 일부러 프랑스 민간인을 인질 삼아 태우고 다니기까지 했다. 레지스탕스들은 자금이 떨어지면 그 지역의 시청을 털어 돈이 될 수 있는 것이면 무엇이든 훔쳐 달아났다.

운반책으로서 프랑스 전역을 오가는 베티에게 자신과 동료들을 '테러리스트'라고 묘사하는 것은 단어의 뜻을 오해하는 것이었다. 죄 없는 구경꾼을 총살하는 사람들이야말로 테러리스트일 뿐, 그녀와 친구들은 적과의 전투에 참전한 투사였다. 그들의 사기는 치솟았다.

✠

　점령 초기에 독일군은 프랑스 경찰이야말로 마음속 깊이 열렬한 공화주의자일 거라 의심하면서 그들을 경계했었다. 경찰 가운데 소수는 정말로 그랬고, 그런 이들은 재빨리 사임했다. 그러나 파리와 센 강 부근에서 근무하던 1만 5000명 중 대다수는 직위를 지켰고, 남은 이들은 몇 달 뒤 부역의 거미줄, 즉 프리모 레비가 말한 '회색지대'(점령군과 점령당한 이들 사이에 존재하는 어딘가)에 더욱더 깊이 빠져들었다. 많은 프랑스인들이 그랬듯 그들도 독일군이 필시 전쟁에서 이길 것이라고 믿었다. 최대한 좋게 보아 그들은 점령군의 어려움을 더는 일을 했고, 최악의 경우에는 고문기술자가 되었다.

　업무를 만족스럽게 완수해내지 못하는 공무원은 누구라도 해고될 수 있다는 법령이 1940년 여름에 통과되었다. 지난 몇 년간 공산당원을 향한 대중의 적대감을 지켜보았고 좌파와 블룸 일당 사이의 반목을 기억하고 있던 프랑스 경찰들은 직장을 잃을까 두려워서 또는 의무감으로 단순히 자신은 해를 입지 않을 만큼만 비타협적인 자세로 전쟁 기간을 버티겠다고 작정했다. 그러나 1941년 여름 무렵이 되자 그런 태도로 지내기란 점점 더 어려워졌다.

　루앙, 낭트, 보르도에서의 공격과 마찬가지로 바르베 역에서의 암살은 이미 진행 중인 일들의 속도를 가속시켰을 뿐이다. 내무부 장관 퓌셰는 레지스탕스 무장투쟁 진압을 독일군이 독점하는 사태를 막기 위해 가능한 모든 것을 하겠다고 결정한 상태였다. 비시정부는 '민족혁명'에 전념하고 레지스탕스에게 총공격을 퍼붓기 위해 프랑스 경찰

조직을 재정비했다. 퓌셰는 무장공격의 범인들을 잡기 위해 최고의 부하들을 엄선해 투입하겠다고 폰 슈튈프나겔에게 약속했다. 재정비된 새로운 조직은 프랑스 경찰에게 더 많은 봉급과 훈련 기회, 그리고 새로운 유니폼을 지급할 예정이었다. 실망스럽게도 새로운 총은 지급되지 않았는데, 이는 독일군이 프랑스인들의 무장 수준이 올라가는 것을 꺼린 탓이었다.

'전문가들'의 도움으로 유대인, 프리메이슨 단원, 외국인을 잡는 데 혈안이 된 부서들과 함께 새로운 부서 두 개가 추가로 창설되었다. 하나는 '공산당원'을, 다른 하나는 '테러리스트들'을 겨냥한 것이었다. 이 특수수사대의 대원들은 잠재적 분란분자를 감시하는 일을 맡았던 전직 프랑스 경찰의 정보부 소속이었다. 이들은 이제 새로운 부서로 배치되어 더욱 무자비해졌고, 더욱 독립적으로 활동하며, 한층 더 교묘한 기술을 갖추게 되었다.

1941년 여름, 독일 제국의 적들을 섬멸하라는 교육을 받은 신임 경찰서장이 프랑스 경찰이었던 뤼시앵 로테를 공안경찰의 수장으로 임명했다. 키가 크고 마른 체형의 로테는 조끼와 양복을 갖춰 입고 어딜 가나 커다란 개와 함께 다녔다. 그는 공산당원들이란 소비에트 연합의 비밀요원이라고 생각했기에 그들을 혐오했다. 임명 직후, 로테는 자신이 총애하던 페르낭 다비드를 반공산당원 특수수사대의 수장으로 지명했고, 반테러리스트 특수수사대의 수장 자리에 자신의 조카인 르네 에노크를 앉혔다. 30대 초반인 다비드는 오만하고 야망이 가득 찬 젊은이였다. 그는 곧 '애국자만 처형하는 사형집행인'으로 악명을 떨치게 되었다. 두 특수수사대는 독일군, 특히 게슈타포와의 긴밀한 협조 아래에서 운영되었다.

특수수사대에서 일할 신병을 모집하는 것은 어렵지 않았다. 더 나은 봉급과 더 많은 자유, 제복 대신 사복 근무, 빠른 승진 보장, 유대인과 프리메이슨 단원을 잡아들이는 대신 '적들'을 잡을 기회가 주어지자 이를 거절하는 젊은 남성들은 거의 없었다. 점령된 프랑스의 다른 지역에서 권력과 승진에 관한 비슷한 유혹을 받은 다른 경찰들도 서둘러 지역 특수수사대에 자원하고 있었다. 처음에는 이미 심문관으로 일을 잘하던 사람들을 신병으로 뽑았다. 모집된 신병들은 곧 적을 감시하는 법, 편지 교환 및 은신처를 비롯해 의심스럽게 행동하는 사람들을 탐색하는 법, 지하비밀조직이 나누는 신호들에 관한 모든 정보를 배우느라 바빴다. 로테는 그들에게 만찬회를 열어주고 특히 맡은 바 임무를 잘해내는 사람을 가려냈다. 몇몇 대원들이 동료 시민들을 감시하는 일이 도덕적인 가책을 느끼면 로테는 그들의 의심을 달래주며 잘 다뤄주었다. 곧 이들은 특권을 갖고 넉넉한 예산의 지원을 받아 일하는 엘리트로 인식되었다. 이들은 많은 배급품에 접근할 수 있었으며, 이따금씩 전쟁포로가 되어 독일에 있는 수용소에 수감되어 있던 친척들을 석방할 수도 있었다.

로테는 감시활동에 필요한 모든 것을 재빨리 익혀나갔다. 그가 지휘하는 특수수사대에서 일하는 모든 대원들은 사무실로 돌아와 세부사항이 담긴 보고서를 작성해 제출해야 했다. 그는 대원들에게 기억력을 증진시키는 방법을 가르쳤고, 얼굴과 제스처, 옷을 상세하게 관찰하고 관찰한 것을 정확하게 적는 방법을 계발하고 교육시켰다. 몇몇은 족히 몇 년 치는 될 법한 공산당 관련 정보를 가져왔고, 몇몇은 암호를 해독하는 방법을 익혔다. 파리의 시테 섬에 위치한 경찰청 2층에 있는 그들의 사무실에는 이름, 주소, 연락처, 활동, 가명, 확인된 특징들이 적힌 기록카드가 점차 쌓이기 시작했다. 기록카드와 밀고자들, 원한에 찬 이웃들, 질투하는 친구들, 광적인 상사의 고자질 등의 도움을 받아 천천히 레지스탕스 조직도라는 큰 그림이 짜 맞추어지고 있었다. 밀고자 몇몇은 고자질에 그치지 않고 사진까지 함께 보내오기도 했다. 모든 단서는 추적되었고, 의심이 가는 공산당원들에 관한 서류 일체가 검토되었다. 정보 수집을 위해 협박과 뇌물, 보상에 대한 약속 등 동원될 수 있는 모든 것이 동원되었다.

로테는 1941년 가을 내내 파리 주변을 돌며 다리와 지하철역, 기차역과 같은 전략적 거점에 대원들을 배치하고, 노인들과 어린이들을 정찰에 이용해가며 파리의 지하 비밀조직이라는 퍼즐을 맞추는 데 매달렸다. 로테는 주목을 덜 끌면서 미행할 수 있도록 수사대에게 나무로 된 신발 대신 고무 신발을 지급했다. 그들을 감시하고 미행했으며 잠복했고 기다렸다. 때때로 수사대원들은 우편배달부나 계량기를 읽으러 온 전기검침원으로 변장하기도 했다. 감시당하는 사람들이 너무 불안해하거나 심하게 경계하면 그들은 잠시 뒤로 물러났다.

이들이 작성하는 기록카드가 레지스탕스 연결망 전체를 드러내줄 순간이 점점 다가오고 있었다. 매일같이 감시대원들은 경찰청으로 돌아와 자신들이 보고 들은 내용을 상세하게 기록해나갔다. '180센티미터, 서른, 턱수염, 여윈 팔다리, 초록색 오버코트', '155센티미터, 20대, 우아함, 흰 양말, 깃털을 꽂은 모자.' 파리의 거리와 센 강둑을 건너 광장과 다리를 가로지르고 공원과 지하철역 안팎으로 그들이 미행하던 이들 중 다수가 여성이었다. 감시하던 경찰들은 붉게 칠한 손톱과 세련된 옷차림을 한 베티를 '빨간 손톱'이라고 불렀다.

레지스탕스들에게 항상 보안에 관해 주의를 주곤 했던 아르튀르 달리데는 계속해서 그들에게 행로에 주의하고 옷을 바꿔 입고 편지 교환 장소를 바꾸라고 주문했다. 그는 다니엘에게 좀 더 우아하고 요염하게 꾸미라고 조언했다. 이미 멋드러지게 차려입은 베티에게는 두말할 필요가 없었다. 레지스탕스들을 위해 발행한 팸플릿에 달리데는 끊임없이 경계해야 하며 언제나 앞을 내다보아야 한다고 강조해 적었다. 때로는 가명도 바꿔야 한다. 만약 어떤 이가 접선 장소에 나타나지 않는다면, 집으로도 가지 말라고 당부했다. 그리고 덧붙였다. 무슨 일이 있어도 약속한 시간에 절대로 늦지 말 것.

⁜

점점 더 커져가는 위험 속에 놓여 있던 것은 공산당원과 레지스탕스 조직만이 아니었다. 또 다른 부류의 프랑스인들 앞에 죽음의 그림자가 길게 드리워졌다.

1940년 여름 독일군의 재빠른 진격을 바라보면서, 파리 경찰의 랑주롱 반장은 프랑스 내 외국인들을 관할하던 부서인 외국인관리과에 보관되어 있던 서류를 포함해 정치적 문서들을 대피시키기로 했다. 몇 톤의 서류가 48시간 동안 교대로 근무하던 이들의 손에서 손으로 옮겨졌다. 서류들은 바지선에 실려 오르페브르 기슭에 있는 파리 경찰청으로 보내졌다. 독일군이 파리에 상륙하기 직전, 정치적 서류들이 담긴 바지선이 남쪽으로 돌진했다. 그러나 탄약을 나르던 배가 폭발했을 때, 외국인 관련 서류철 가운데 하나가 센 강 검문에 걸렸다. 서류를 회수해 숨기려 했던 랑주롱의 집요한 노력에도 대부분의 서류철이 독일군에게 발각되었고, 경찰청으로 도로 실려 왔다. 이 일이 있은 후, 10월에 외국인과 유대인을 담당하는 부서가 개설되었다. 복원된 서류들과 유대인 색인카드는 '원치 않는 자들'을 색출해 구금할 때 특히 유용하게 쓰였다.

1940년 가을, 최초의 반유대인 법령에 따라 대부분의 공공기관에서 유대인이 축출되었다. 나치보다 더 포괄적으로 유대인에 관해 정의한 비시정부는 세 명의 유대인 조부모가 있는 사람, 또는 두 명의 유대인 조부모가 있고 유대인과 결혼한 사람을 모두 유대인의 범주에 포함시켰다. 프랑스의 유대인 가족 중에는 그간 여러 세대를 거쳐 프랑스 시민으로서 종교적으로 근본주의를 고수하지 않은 채 지내왔으며 스스로를 유대인으로 정의하지 않았던 사람들도 많았다. 무교로 자랐던 프랑스 블로크와 마리엘리자 노르드만 둘 다 자신을 유대인이라기보다는 프랑스인이라고 여겼다.

어떤 협상의 여지도 비시정부에 주어지지 않은 채 최초의 반유대인 법령이 시행되었다. 대부분의 프랑스 유대인들, 특히 외국계 유대인들은 유대인 신분을 정부당국에 등록하며 자신들이 얼마나 프랑스에 충성하는지를 내보이려 안달복달했다. 불순종의 결과가 두려웠고 머지않아 그들이 맞게 될 미래가 어떨지 짐작했기 때문이었다. 어떤 경우든지 스스로를 공표하지 않겠다고 결정한 이들은 곧 맹렬히 비난받았다. 변호사, 의사, 은행가, 상인 들은 모두 서둘러 '위장한 유대인', '호화로운 빌라'에 살고 있는 유대인, '느슨한 도덕관'을 가진 유대인 여성, 선한 가톨릭교도 가족들을 희생시킨 대가로 '풍족하게 지내는 욕심 많은' 유대인 들을 맹렬하게 비난하기 시작했다. 배급제도와 부족해진 음식과 함께 '구역질 나는' 유대인이라는 생각이 밀고자들을 격분하게 만들었다.

파리에서의 유대인 체포는 사비에르 발레라는 우파 국회의원이 유대인문제 총사무국을 설립한 지 얼마 지나지 않은 1941년 5월부터 시작되었다. 1차대전으로 한쪽 다리와 한쪽 눈을 잃은 발레는 1936년에 레옹 블룸에게 야만적인 공격을 퍼부은 이로 이름이 난 인물이었다. '유대인 사냥'이 진지하게 시작된 것은 1941년의 여름이었다. 이때 프랑스 부역자들이 어찌나 열성적으로 나섰는지 심지어 나치까지도 감명을 받았다는 말이 나돌 정도였다. 외국계 유대인은 억류되었다. 유대인 회사는 '아리안화'되어야 했다. 전시에 나붙은 한 벽보에는 이렇게 적혀 있었다. "우리의 집을 깨끗하게 만들기 위해서는 반드시 유대인을 쓸어내야만 한다."

초기의 체포는 프랑스 시민권을 취득하지 못한 성인 남성을 대상으로 한정되어 있었다. 그러나 8월 18일에 프랑스 경찰은 파리 11구역의 봉인을 해제했다. 처음 일을 벌인 것은 독일군이었지만, 결국 그 일을 수행한 사람들은 평소와 다름없이 비시정부 측이었다. 지하철역과 길거리에서 서류를 체크하고 아파트와 상점, 사무실을 급습하면서 경찰들은 신원이 확인된 열여덟에서 쉰 살까지 모든 유대인 남성을 잡아들였다. 급습은 23일까지 계속되었고 4242명의 남성들이 구금되었다. 억류된 이들은 과거에 영국인들을 매장하는 데 사용되었던 파리 외곽의 드랑시에 새로 세운 수용소로 보내졌다. 그곳에는 침상은 있었지만 매트리스가 없었고, 음식은 있었지만 그것을 데울 수단은 없었다. 독일 대사 아베츠와 소세 거리에 위치한 게슈타포 내 유대인 관할 부서의 다네커는 독일이 최근 점령한 동쪽으로 유대인들을 데려가는 데 사용할 기차를 확보하기 전까지는 점령지역의 여러 수용소에 유대인들을 억류해두기로 계획을 세웠다.

공산당원들과의 전쟁이 상대적으로 소강기에 접어든 12월 중순, 또 한 차례 유대인 체포가 있었다. 유대인 743명이 콩피에뉴에 위치한 수용소에 수감되었고, 곧 드랑시에 억류되어 있던 다른 유대인 300명과 함께 동쪽으로 이송되었다. 그중 몇 명이나 히틀러가 계획한 '최종 해결'(Final Solution)에 대해 알고 있었을까? 라디오 모스크바는 독일군이 유대인 박멸을 꾀하고 있다고 방송했고 이런 내용을 담은 전단지가 파리 전역에 뿌려졌다. 하지만 누가 그것들을 읽었을까?

†

1941년 초여름, 루이 주베는 조수인 샤를로트 델보와 배우들과 함께 여덟 편의 연극대본을 들고 파리를 떠나 부에노스아이레스로 향했다. 독일군의 검열과 유대인을 고용하지 말라는 규칙들이 점점 더 그를 괴롭혔고, 유대인 극작가가 쓴 연극의 상연을 허락하지 않는 행태에 화가 난 주베는 더 이상 부역자들이 판을 치는 연극계에 발을 들이지 않겠다고 마음먹었다. 독일의 점령으로부터 비껴난 부에노스아이레스를 선택한 것은 마침 해외 공연의 가능성에 대해 알아보고 있었던 샤를로트의 결정이었다. 아르헨티나는 그들을 위해 초청장을 발부해주었다.

샤를로트의 남편 조르주 뒤다크는 파리에 남아 있기로 했다. 그는 파리에서 폴리처 부부와 함께 소르본의 다양한 시설에서 레지스탕스를 조직하고 의용유격대에 입단할 학생들을 모집하고 있었다. 페장드리 거리의 임대아파트에서 뒤다크는 프랑스 애국자들이야말로 '히틀러의 거짓말로 더럽혀진 프랑스의 자유정신'의 새로운 수호자라고 칭하면서 선전물을 집필하고 타이핑했다. 그는 침묵하지 않는 프랑스 작가들을 위한 플랫폼이 있어야 한다고 생각했다.

1941년 6월, 샤를로트가 남미로 출발하자마자 뒤다크는 레지스탕스 문인들을 모두 아우르는 신문을 발행하자고 제안했다. 그는 파리에서 열리는 회의를 위해 루이 아라공과 엘자 트리올레를 데려오려 국경을 넘었다. 레지스탕스의 새로운 연합민족전선과 함께 종파적 한계를 넘어서 모두가 함께 움직일 순간이 다가오는 듯이 보였다. 그러나 되돌아오는 길에 그는, 트리올레가 묘사한 것처럼 새벽의 '음산하고 위험한 침묵 속에서' 앵드르에루아르 지역의 라에데카르트 근처 국경선을 넘다가 독일 순찰대에 체포되었다. 아라공과 트리올레는 간신히 체포를 피했다.

뒤다크는 3주간 구금되어 있었지만 정체가 발각되지 않은 채 풀려났다. 다행히 그는 모든 배경과 정치적 신념을 넘어선 새로운 민족작가위원회를 세울 계획과 '인간의 영적 순수'를 보존하고 작가, 학자, 시인 들에게 프랑스의 자랑스러운 공화주의 전통을 상기시키려는 사명을 띤 새로운 신문 《레트르 프랑세즈》를 발행할 계획을 세우는 데 차질이 없도록 적당한 때에 맞춰 파리로 돌아왔다. 마치 계몽주의 철학자가 한때는 반계몽주의라는 극악무도한 악덕에 맞서 싸웠던 것처럼, 이제 다시 프랑스 지식인들은 진리와 자유의 빛을 꺼트리는 히틀러에 대항하기 위해 펜을 들고 있었다. 폴리처, 뒤다크, 드쿠르가 일을 시작했고, 마이 폴리처와 엘렌 솔로몽이 돕기 시작한 《레트르 프랑세즈》에는 서평, 시, 프랑스에서 금지된 작가들의 작품과 함께 인질로 처형된 사람들의 명단이 실렸다.

곧이어 유서 깊은 신문인 《자유사상》의 개정판이 발행되었고, 미뉘 출판사는 당시 프랑스 문화를 가혹하게 지배하고 있는 독일에 대한 저항에 헌신하며 지하에서 비밀리에 책을 내기 시작했다. 소설가이자 판화가이며 베르코르라는 필명으로 활동하던 장 브륄레는 집필에 매달렸다. 그의 소설 『바다의 침묵』은 샤르트르에서 삼촌과 조카와 함께 살고 있는 독일군 장교의 이야기를 담고 있다. 이 장교는 동부전선에 자원하고 나서야 독일군이 프랑스에서 하고 있던 일이 무엇인지 알게 되고는 깜짝 놀란다. 비록 독일 군인을 지나치게 호감 가는 인물로 그렸다는 비판을 받긴 했지만, 베르코르의 입장은 그런 사람이 '인류를 위해 존재해야만 한다'는 것이다. 프랑스와 해외 각지에서 『바다의 침묵』은 곧 억압과 검열에 대한 침묵에 관한 은유인 동시에 '아니'라고 대답하는 저항의 은유가 되었다. 출판물들이 일으킨 각성에 힘입어 음악, 영화, 연극 등 다른 예술 분야에서 프랑스적인 것을 찬양하고 자유지역으로 또는 해외로 망명을 떠난 예술가들과 연락을 지속하려는 민족위원회가 나타났다.

독일군에 점령당한 프랑스는 긴급히 자신들의 문화를 확언할 필요가 있었다. 독일군이 계속 말해온 것처럼, 1941년이 저물어갈 무렵의 파리는 '문화적으로 빛나고 있었다'. 그러나 이제 그 빛은 오로지 독일군만을 비추고 있었다. 극장은 여전히 사람들로 만원이었고 카바레는 번성했으며 작가들은 글을 쓰고 화가들은 그림을 그렸으며 음악가들은 연주회를 열었지만, 그 모든 것은 그들 사이에 유대인이 없어야 한다는 조건에서만 가능했다. 검열이 완전히 승인되었고, 금서 목록이 당연시되었다. 곧이어 이 목록은 영어로 쓰인 책이나 1870년 이후 미국인 작가에 의해 쓰인 책에까지 해당되게 되었다. 이 목록은 프랑스에서 놀랄 정도로 인기를 끈 영국 작가 조지 메러디스와 같은 작가들을 포함했고, 이들의 글은 오로지 일부만 읽을 수 있었다.

괴벨스와 리벤트로프는 국외에서 이뤄지는 독일군의 대외 프로파간다에 대한 통제권을 누가 가질 것인가를 두고 충돌했고, 일시적으로 승리한 리벤트로프는 아베츠의 위장된 온화함 아래 독일에 호의적인 문화적 분위기가 형성되도록 했다. 따라서 겉으로 보기에 프랑스는 문화적으로는 독립적인 것처럼 보였지만 실제로는 통제되고 있었고 검열되고 있었으며 반동적이었다. 아베츠는 호화로운 만찬회를 열어 작가들과 예술가들을 유혹했고, 선전부 소속 괴벨스의 부하들은 프랑스의 지성계를 파괴하고 독일적인 것으로 바꿔놓으려 조용히 침투했다. 파리 시민들은 만약 외국 라디오 방송을 듣는다면 강제노역을 해야 한다거나 심지어는 살해의 위협까지 받았다. 사람들은 부역과 순응에 관한 문제는 아예 생각조차 하기 싫다는 듯 극장으로 몰려가 현실을 도피했다. 예외적 상황이 강제한 부역은 처음에는 완전히 새로운 것, 미지의 것처럼 여겨졌으나 이제는 그저 겪어내야 하는 일이 되었다.

마이와 조르주 폴리처, 드쿠르와 샤를로트의 남편 뒤다크는 이처럼 팽배해 있는 공모의 구린내를 가능한 모든 수단을 동원해 없애겠다고 결심했다. 이 목표를 성취하기 위해 그들은 인쇄공들과 전단지 배포원들에게 의존했다. 마이, 세실, 비바 네니, 엘렌 솔로몽이 이토록 열심히 일에 매달렸던 때는 또 없었다. 이 젊은 여자들은 계속해서 새로운 전단지를 인쇄하기 위해 증거와 실마리를 쫓아 파리를 이리저리 바쁘게 돌아다니며 식자판과 교정쇄를 날랐다. 신중하고 경계하라는 달리데의 명령을 따르기가 점점 더 어려워졌다. 그러자면 너무나 많은 것들을 해야 했기 때문이다. 그리고 이 일은 하루하루 더욱더 위험해지고 있었다.

프랑스 경찰에 '기술전투원'이라는 이름으로 알려져 있던 이 젊은 여자들은 레지스탕스 활동이 체계적으로 이뤄질 수 있도록 제 역할을 다했다. 페르낭 다비드와 수사대는 이 네트워크의 존재에 대해 알고는 있었지만, 아직까지는 그 전체를 꿰뚫어보지는 못하고 있었다. 폴리처나 드쿠르가 원고를 쓰면 여성 활동가 중 한 명이 원고를 받아 식자공에게 가져간다. 그곳에서 원고는 또 다른 여성 운반책의 손을 거쳐 식자판 제작자에게 넘겨진다. 이것이 끝나면, 또 다른 여성이 페이지들을 수거해 인쇄공에게 가져다주는 식이다.

이제 도시 주변에는 엄청난 수의 개별적인 비밀 지하인쇄소가 생겨났다. 몇몇은 합법적인 직장을 방패삼아 레지스탕스 임무를 숨겼다. 비바 네니와 그녀의 남편도 마찬가지였다. 부부는 클리시 광장에서 낮에는 대중을 위한 평범한 인쇄공으로 일하다가 밤이 되면 문을 걸어 잠

그고 레지스탕스를 위해 일했다. 비바의 남편 앙리 도베프는 레지스탕스를 돕는 일을 꺼렸으나, 비바가 이탈리아의 사회주의자인 자신의 아버지라면 주저 없이 이 일을 했을 것이라고 설득한 끝에 레지스탕스에 합류했다. 다만 비바는 앙리가 자신이 치르는 고통에 대한 대가로 큰 보수를 받아야 한다고 고집하는 데 놀랐다.

이들 외에도 대부분이 여성이었던 또 다른 비밀요원 무리가 있었다. 그녀들은 잉크와 종이를 배달하고, 인쇄된 갈피를 모으고, 원고를 창고로 가져가고, 그곳에서 다른 사람들이 인쇄물을 배분하는 것을 도왔다. 달리데는 그녀들에게 만약 자신이 주는 승차권의 나머지 반쪽을 내미는 사람이 아니라면 어떤 낯선 이의 접근도 경계하라고 말하곤 했다.

스물아홉 살의 기계공이자 전쟁 전에 청년공산당에서 활동했던 아르튀르 탱틀랭이 인쇄 작전을 도왔다. 세실, 룰루, 마도 두아레와 다니엘의 어린 후배를 만난 뒤에 탱틀랭은 자신의 행적을 지우기 위해 마레 지역과 5구역의 미로 같은 좁은 골목을 택해 매일 파리 주변을 몇 마일씩 걸어다녔다. 이제 또 다른 젊은 여성들이 이들 무리에 합세했다. 직업소개소에서 일하던 20대 초반의 타이피스트 자클린 카트르메르는 노동조합이 문을 닫자 직장을 잃었다. 그녀는 패션 감각이 뛰어났고 밝은 색 옷을 즐겨 입었다. 그녀의 부모는 모두 포로수용소에 있었다. 마도와 자클린은 친구가 되었고, 외지고 고립된 숙소에서 함께 지냈다. 그녀들은 커져가는 외로움을 느끼며, 종종 위조 배급표가 늦게 도착하는 탓에 먹을 음식도 없이 지내면서 회의에 참석하거나 산책했다. 그녀들은 유죄가 될 만한 이름들과 주소들이 적힌 서류들을 암기한 후 폐기하는 일, 위조 신분증과 위조 배급표를 이용할 안전한 은신처를 찾는 일, 며칠에 한 번씩 외모를 바꾸고 일과를 변경하는 일, 그리고 체포되었을 때 자신이 지닌 암호들이 해독되지 못하도록 확실히 해두는 일 등이 점점 더 어려워지고 있음을 느꼈다.

✝

1941년의 겨울은 또다시 견딜 수 없을 정도로 추웠다. 파리에는 31차례나 눈이 내렸고, 기온은 영하 20도까지 떨어졌으며, 센 강은 얼어붙었다. 폴 엘뤼아르는 '용기'라는 제목의 시를 썼다. "얼어붙은 파리는 굶주렸다/ 더 이상 파리는 거리에서 군밤을 먹지 않는다/ (…)/ 파리는 별처럼 떨고 있다." 석탄은 공장이 독차지했다. 낙엽과 소나무 잎으로 석탄을 만들어보려는 시도는 모두 실패했다.

모든 것을, 심지어 아기들을 위한 우유까지도 배급에 의존해야 했다. 어머니들은 아기의 걸음마가 늦길 바랐다. 한 살 미만의 어린이를 위한 신발은 배급되지 않았기 때문이다. 점령지역의 공장 가운데 절반이 넘는 수가 독일군 산하로 들어갔고, 1941년 한 해 동안 독일군은 프랑스에서 생산되고 배달된 모든 것을 가지고 열여덟 개의 장갑차 부대와 마흔 개의 보병대를 만들고 유지할 수 있었을 뿐 아니라 2500대의 비행기와 그 겨울 동부전선에서 독일 국방군이 사용할 월동장비의 3분의 2를 생산할 수 있었다고 한다. 암시장이 활성화되어 밀고자들처럼 더러운 일에 대한 대가로 점령군 강탈자들로부터 한밑천 두둑이 챙긴 이들이 더 늘어났다. 파리를 지탱하던 도시의 뼈대는 산산조각 났다. 도시를 가로지르던 전차의 선로가 철을 확보한다는 명목으로 뜯겨나갔고, 나무로 된 보도블록은 땔감으로 사용되었다. 하수관은 더 이상 제 기능을 하지 못했다. 휘발유가 떨어진 쓰레기 수거 차량은 운행을 멈췄고, 쓰레기가 곳곳에 쌓였다.

그해가 저물어갈 무렵, 전국에 흩어져 있던 수천 개의 감옥과 포로 수용소에는 공산당원 1만 1000명이 구금되어 있었다. 그들은 인질로서 끝없는 처형의 공포 속에 지내야 했다. 대량 보복학살은 계속되었고, 낭트와 루앙, 보르도에 공격을 가한 장본인은 아직 밝혀지지 않고 있었다.

12월에 마지막 인질 무리가 낭트에서 있었던 홀츠 중령 암살 사건에 대한 보복으로 총살부대 앞에 섰다. 그들 가운데 시몬의 아버지 뤼시앵 상페가 있었다. 흔들리지 않는 용기와 도덕적 투명성을 지닌 뤼시앵은 젊은 레지스탕스 사이에서 영웅 대접을 받고 있었으며, 캉의 감옥에 수감되어 있는 그를 석방시키기 위한 물밑 작전이 진행되고 있었다. 탈주 계획은 12월 16일에 실행될 예정이었고, 시몬과 그녀의 어린 친구들은 간수들에게 뇌물을 먹이고 탈출 루트를 확보하는 등 열성을 다했다.

그러나 12월 15일, 다른 남성 열두 명과 함께 뤼시앵 상페는 근처의 막사로 끌려가 총살되었다. 뤼시앵은 죽기 전 친구들에게 자신이 단두대로 가지 않은 것에 깊이 안도한다고 말했다. 젊은 저널리스트였던 그는 단두대에서 처형되는 장면을 종종 목격해야 했고 단두대의 영상은 언제나 그를 따라다니며 괴롭혔던 것이다. 뤼시앵의 친구이자 그와 함께 처형된 가브리엘 페트리는 총살형에 임박한 자신들이야말로 선구

자라고 적었다. 자신들은 '조국의 밝은 미래'를 준비하기 위해 앞서가는 것이라는 그의 말은 프랑스 전역에 빠르게 퍼졌다.

그 뒤로 벌어진 일에 관한 예고를 받은 이는 아무도 없었다. 형이 집행되고 몇 시간 후에야 시몬은 비로소 지하조직 네트워크를 통해 아버지의 부고를 전해 들었다. 그녀는 어머니 이본에게 곧장 이 사실을 알리려고 했지만, 때마침 이본은 막 뤼시앵으로부터 자신이 곧 자유의 몸이 될 것이라고 쓰인 편지를 받고 너무나 행복해하고 있었다. 조르주 파비앵이 뤼시앵의 처형에 관한 공식적인 뉴스를 들고 나타났을 때에야 비로소 이본은 남편에게 무슨 일이 벌어졌는지 알 수 있었다. 그녀는 아무 말 없이 옷장에서 남편의 옷가지를 꺼내 파비앵과 젊은 레지스탕스들에게 건넸다. 이날 이후로 이본은 레지스탕스들을 위한 무기들을 모았고, 야채를 담은 시장바구니에 무기들을 숨겼다.

뤼시앵 상페는 죽음을 앞두고 자식들에게 마지막 편지를 남겼고, 특히 시몬에게 자신이 그렇게도 고대했던 '보편적인 행복'을 위해 열심히 일하라고 당부했다. "너는 이미 다 큰 성인이다. 울더라도 강해지고 의연해져야 한다. (…) 삶은 여전히 네 앞에 있고, 그것은 너의 삶이다. 네가 마땅히 받아야 할 것들을 삶에서 얻어내거라." 캉의 감옥과 그의 무덤은 곧 꽃으로 뒤덮였다. 독일군은 그 꽃들을 치워버리라고 명령했지만, 치워도 치워도 꽃은 계속해서 쌓였다.

아버지에게 극진했던 시몬에게 아버지의 죽음은 충격과 경악 그 자체였다. 다음날 그녀는 할 수 있는 한 공개적인 방식으로 처형자들을 비난하기로 결심했다. 청년전투부대 친구들의 도움으로 그녀는 독일군의 살인행각을 비난하는 내용의 전단지와 벽보를 검정 테두리를 둘러 인쇄해 인근 마을에 뿌렸다. 그녀가 배후에 있다고 간주한 경찰들이 뤼시앵 상폐의 집을 수색했으나 아무것도 발견되지 않았다. 아버지의 죽음은 시몬이 더욱 단호하게 비시정부와 독일군에 맞서 싸우게 만들었다. 그날 이후로 그녀와 레지스탕스 친구들 사이의 연대는 더욱 깊어졌다. 당시 그녀의 나이는 고작 열일곱이었지만, 그녀에게서 어린애 같은 구석은 찾아볼 수 없게 된 지 오래였다.

1941년 8월과 12월 사이에 파리와 주변 지역에서 독일군을 겨냥한 공격은 무려 68회에 달했다. 프랑스인의 눈앞에서 자행된 잔인한 일들, 인질들의 집단 처형, 나빠진 식량 사정 등이 복합적으로 결합해 점령군을 향한 저항운동에 불을 붙였다. 심지어 폰 슈튈프나겔과 아베츠도 대량 보복학살이 반동적인 결과를 낳는다고 주장하기 시작했다. 프랑스인 대부분이 관망주의자를 자처하던 시절은 지나갔다. 점령 초기에는 레지스탕스의 무력 투쟁에 찬성하지 않아 범인 체포를 도울 의지가 있었던 평범한 사람들도 이제는 목격한 일을 눈감아주고 가던 길을 갔다. 그들은 경찰에게 아무 말도 해주지 않았고 심지어는 군중 속으로 달아나는 이들에게 은신처를 제공해주기도 했다. 드높았던 17세기 프롱드의 난 때의 저항정신이 태업, 생산 지연, 서류 분실 등의 형태로 다시금 모습을 드러내고 있었다. 아주 사소한 불순종의 행동들도 프랑스의 함락으로 그들이 잃어버린 존엄성을 회복시켜주었다. 베티, 다니엘, 세실, 샤를로트와 다른 젊은 여성 레지스탕스들은 사뭇 달라진 분위기를 감지하며 전보다 더욱 열심히 일하고 있었다.

이토록 거짓 서류와 위조 도장이 많이 이용된 적이 없었다. 프랑스에서 가장 큰 지하신문인 《데팡스 드 라 프랑스》는 2000개의 각기 다른 위조 도장과 위조 봉인이 출생신고서부터 결혼 허가서와 배급증 허가서에까지 사용되고 있다고 밝혔고, 이것들이 직장과 지역 식료품점에서 빈 마카로니 상자에 숨겨져 분배되고 있다고 전했다. 각 지방 경찰들은 이런 분위기가 전국적으로 번지고 있다고 보고하며 독일군에 대한 '은근한 증오'와 늘어가는 원한과 비관주의에 대해 언급했다. 그들이 경고하는 대로, 프랑스인들은 점점 더 불안해지고 불안정해지고 있었다.

5장

누가 이 절박한 사람들을 돕는가

프랑스-독일 간 휴전협정 제2조에 근거해 프랑스의 87개 정부 부처 가운데 53개가 독일군의 손에 넘어갔다. 41개 부처는 전권이 이양되었다. 군사분계선은 프랑스의 북쪽과 해안지역을 점령지역으로, 남쪽과 남서부지역을 자유지역으로 명확하게 갈라놓았다. 하지만 군사분계선이 말처럼 그렇게 깔끔하게 두 지역을 나눈 것은 아니었다. 실제로 분계선은 강을 따라 전국을 구불구불하게 가로질렀고, 두 농장과 마을, 심지어 하나의 소읍을 둘로 갈라놓았다. 아이들은 그들의 학교로부터, 의사들은 그들의 환자로부터, 농부들은 그들의 논밭으로부터 떨어져야 했다. 클레망소에서 군사분계선은 곧바로 성의 한가운데를 가르고 지나갔다. 독일 군인들이 성의 절반을 점령했고 다른 반쪽은 프랑스 수녀들이 사용했다. 셰르의 어느 지역에서는 독일 순찰대가 강 건너편의 모래사장이 탐났던지 군사분계선을 옮겨 강의 반대편까지 점령지역으로 만들어버렸다. 군사분계선에는 드문드문 가시가 박힌 철조망이 세워졌고, 지뢰가 묻혀 있는 곳도 있었다. 군사분계선을 따라 숲의 가장자리와 들판을 건너 도로를 따라 교차로와 다리에는 독일의 국기를 상징하는 붉은색, 흰색, 검은색이 칠해진 1.5미터 높이의 막대가 세워졌다.

휴전협정이 맺어진 직후 두 지역 사이의 모든 이동과 의사소통(우편과 전보, 기차, 차량 및 사람들의 통행)이 멈췄다. 그러나 아베츠는 곧 '중대한 가족 문제'를 위해 특별통행허가증의 발행을 허락했다. 조금씩 군사분계선의 규칙이 위반되었다. 두 지역을 오가는 우편 서비스가 특별발행카드라는 형식으로 다시 시작되었다. 전화선이 복구되었고, 기차가 다시 운영되었다. 군사분계선 양편으로 반경 5킬로미터 내에 살고 있는 '국경 주민'들은 일일통행권을 신청할 수 있었다. 이를 통해 사람들은 정해진 시간에 분계선을 넘어갈 수 있고, 통행권에 적힌 주소를 방문할 수 있었다. 열다섯 살 미만의 아이들은 통행권 없이도 등교를 위해 군사분계선을 넘을 수 있었다.

그러나 집과 멀리 떨어진 곳에서 일을 하던 사람들은 통행이 점점 더 어려워졌다. 파리에 세워진 특별 중앙부서가 직업이 확실한 남쪽 사람들에게 통행권을 발급하는 일을 맡았다. 비에르종과 부르주에서, 뒤이어 투르와 앙굴렘에도 통행권을 발급하는 작은 사무실이 문을 열었다. 점령지역에서 체포를 피해 자유지역으로 도망친 유대인이나 남쪽과 접선하려는 레지스탕스 접선책, 북쪽에 갇혀 고국으로 돌아가지 못하는 연합군에게 군사분계선을 넘는다는 것은 두려운 일이 되었다. 레지스탕스의 한 지도자가 후에 말한 것처럼, 군사분계선은 영웅적인 장소인 동시에 수치스러운 장소였다.

점령 후 8개월 동안 독일군과 헌병대가 — 그들은 목에 자신이 받은 메달들을 걸고 다녔기 때문에 '상을 받은 소들'이라 불렸다 — 군사분계선의 점령지역을 감시했다. 그러나 히틀러가 소련 공격을 개시한 이후 동부전선에 주둔할 병력이 더 필요해지면서 이곳은 독일 국경수비대가 맡게 되었다. 말을 타거나 오토바이 또는 사이드카를 타고 종종 개와 함께 네 명이 조를 이루어 순찰하면서 그들은 일명 불법통행자를 찾기 위해 군사분계선에서 멀리 떨어진 교외지역까지 샅샅이 뒤졌으며, 사람들을 숨겨주고 있다고 의심되는 집들을 주저 없이 급습했다. 자유지역의 순찰은 장비도 제대로 갖추지 못한 프랑스 휴전부대(armée d'amistice)와 경찰이 맡았다. 비시정부는 군사분계선을 그들에게 주어진 주권을 보호할 수 있는 완충지대로 만들고자 끊임없이 노력했다.

군사분계선이 생긴 지 얼마 되지 않았을 때에는 부근에 살고 있던 사람들도 다른 프랑스인들과 마찬가지로 대체로 관망주의에 물들어 있었다. 물론 그들은 여러 검문소과 통행허가증을 제시하기 위해 멈춰 서야 하는 불편에 대해 불평하기는 했다. 그러나 점령이 두 해째로 접어들자 주민들은 점령군이 무신경하고 파괴적인 방식으로 농촌을 다룬다는 사실을 알게 되었다. 독일군은 새로 작물을 심은 들판 한가운데 군사시설을 만들거나 말을 강탈하고 주민들이 먹기에도 부족한 신선한 채소와 가축의 먹이를 징발해 갔다. 이로 인해 군사분계선을 따라 점차 반항 정신이 커지고 있었다. 파리의 벽에 반독일 벽보를 붙이는 것과 마찬가지로, 은밀하게 군사분계선을 넘는 사람들을 돕는 것이 점령군에게 저항을 표하는 레지스탕스 활동이 되었다. 이 '국경안내인'의 역할은 파리의 운반책과 마찬가지로 여성들이 주로 맡았으며,

샤랑트 지역에 살고 있던 농부의 아내들이 활발히 참여했다.

처음에 이 일은 몇몇 농부가 소수의 밀입국자들을 밤에 몰래 들여오는 것으로 천천히 시작되었다. 그러나 유대인이거나 레지스탕스 활동에 연루되어 있었기 때문에, 혹은 점령군의 눈에 미심쩍게 보였다는 이유로 점령지역에서의 삶을 벗어나고자 하는 사람들이 점차 늘어났다. 이들 사이에 불법적인 밀입국이 성행했다. 이들을 도왔던 최초의 국경안내인은 종종 의사 또는 사제들이거나 숲이 우거진 시골길을 잘 알고 있던 소농들이었다. 철도 운전사들도 이 같은 도주자들을 기차에 실어둔 석탄 뒤편이나 운전석에 숨겼다가 내려주었다. 기차가 자유지역에 도착하면 운전사는 천천히 속도를 낮추고 기차 밖으로 빠져나가는 사람들을 감추기 위해 수증기를 내뿜곤 했다.

점차 국경안내인 네트워크가 생겨났다. 이들은 때때로 자신이 돕고 있는 사람이 남자인지 여자인지도 알지 못한 채 도주자들을 이 은신처에서 저 은신처로 옮겨주었다. 대부분의 국경안내인들은 용감하고 관대했으며 자신이 하는 일에 대한 보상을 거절했다. 그러나 겁에 질린 사람들로부터 금품을 갈취해 돈을 벌고 자산을 만든 부도덕한 업자들이 없었던 것은 아니었다. 때때로 이들은 마지막 순간에 사람들을 협박하며 돈을 더 요구하곤 했다. 밤에 은밀하게 시골길을 걷거나 보트를 이용해 강을 건너 월경하는 것만이 협상의 대상이었던 것은 아니다. 달도 없는 밤을 새우며 기다리거나 분계선 근처의 은신처에서 국경안내인을 기다리며 얼마나 머물러야 하는지도 모두 협상거리였다. 1941년 12월, 비시정부는 점령지역과 자유지역에 있는 경찰들에게 특별히 주의해 기차와 호텔, 기차역을 감시하라는 지침을 내렸다. 그 이

후 군사분계선 근처의 어떤 마을과 길거리에서도 어슬렁거리거나 눈에 띄지 않는 것이 중요해졌다.

불법적으로 분계선을 넘으려다가 붙잡힌 이들에 대한 처벌은 벌금 또는 구류에서 시작했다. 그러나 법적으로 처벌은 종신형까지 포함될 수 있었다. 시일이 지나 매일같이 불법적으로 국경을 건너는 사람들이 수천 명에 이른다는 것을 독일군이 의식하게 되면서, 체포된 이들은 수감, 고문, 국외추방의 가능성과 함께 투옥되어 언제 독일군의 보복으로 총살될지 모르는 인질이 되었다.

루아르 강과 그 지류, 롯, 셰르, 그뢰즈와 비엔 지방을 따라 늘어선 군사분계선은 때로는 한쪽에서, 때로는 다른 쪽에서 점령지역과 자유지역을 나누었고, 이따금 강 한가운데를 반으로 나누기도 했다. 강을 따라 숲이 우거진 언덕이 있었으며, 오랫동안 적은 인구만이 거주하고 있었다. 모래가 풍부한 강둑과 넓은 강폭을 가진 강에는 군데군데 섬이 떠다니고 포플러와 버드나무가 뻗어 나와 자라고 있었다. 저 멀리에는 포도밭이 펼쳐져 있었다. 숲으로 둘러싸인 유명한 대저택은 한때 귀족들의 사냥터였다. 국경안내인에게 그런 계곡은 완벽한 장소였다.

✟

독일군이 투르에서 멀지 않은 셰르의 작은 마을인 생마르탱르보에 도착한 것은 1940년 6월 초였다. 말을 타거나 오토바이 또는 사이드카를 탄 군인들이 마을에 도착했을 때, 당시 열 살이었던 지젤 세르장은 엄마와 할아버지와 함께 지하실에 숨어 있었다. 고함소리와 허공에 발사되는 총소리를 들으며 그들은 맥주와 와인을 내놓으라고 요구하는 군인들을 맞아들였다.

지젤의 어머니 레몽드는 마을 카페로 달려갔다. 가톨릭교도 가족의 다섯 딸 중 하나였던 레몽드는 긍정적이고 건강한 마음씨의 소유자였다. 언니들은 일요일마다 성당에 갔지만 레몽드는 함께 다니지 않았고, 인근 블레르 마을의 벌목꾼 폴 세르장을 남편감으로 스스로 골랐다. 1930년대를 거치며 세르장 부부는 정치적으로 좌경화되었다. 파리로 간 부부는 레스토랑에서 서빙과 설거지를 하며 그들만의 보금자리를 마련하는 데 필요한 돈을 모았다. 생마르탱르보의 카페 드 뤼니옹이 매물로 나왔다는 소식을 듣자마자 그들은 망설임 없이 그동안 저축해둔 돈을 끌어모아 고향으로 돌아와 가게를 인수했다.

좋은 시절이었다. 폴은 지역 축구팀에 속해 있었으며, 마을에는 적극적인 공산단원들이 모여 있었다. 지젤은 마을 사람들 모두가 목청이 터지도록 인터내셔널가를 부르며 역에서 카페까지 행진하던 날을 또렷이 기억했다. 인민전선이 제안한 노동자들을 위한 유급휴가 덕분에 휴일이면 파리의 가족들이 몰려와 카페 위층에 묵었다. 앙부아즈에서 전차를 타고 오거나 셰르의 강독을 따라 자전거를 몰고 온 숙박객들은 밤이면 커다란 테이블에 함께 모여 잘 차려진 음식으로 배를 채웠다. 저녁식사를 마치면 함께 노래를 불렀고 종종 춤을 추기도 했다. 지젤은 사촌들 여럿과 함께 어울려 놀았다. 레몽드는 외동딸을 엄하게 대했고, 지젤은 어머니가 아들을 바랐다는 사실을 고통스럽게 의식하고 있었지만, 어쨌든 어머니는 딸에게 다정했다.

1940년에 폴은 체포되었고, 독일에 있는 포로수용소로 보내졌다.

레몽드는 레지스탕스에 입단했고, 국경안내인이 되었다. 앙부아즈의 생마르탱르보와 멀지 않은 곳에 포로수용소가 있었고, 운 좋게 탈옥할 수 있었던 몇몇 죄수는 카페 드 뤼니옹으로 왔다. 레몽드는 그들을 지하실에 숨겨주거나 언니들의 농장으로 보내 헛간에서 잘 수 있도록 해주고, 군사분계선을 무사히 건너갈 수 있도록 주선해주었다. 생마르탱르보는 점령지역이었지만, 강 건너 마을인 아테는 프랑스 비시정부가 관할하는 자유지역이었다. 레몽드와 함께 일했던 아테의 주임사제와 마르셀 라쿠르 신부 또한 레지스탕스였다. 여기에 불법적으로 배를 소유하고 있는 펠레라는 남성의 도움을 받아 1940년부터 1941년까지 그들은 수많은 사람이 점령지역에서 자유지역으로 넘어갈 수 있도록 도왔다.

레몽드는 가명으로 드니즈라는 이름과 '안녕, 나의 사촌'이라는 암호를 썼다. 이 암호는 분계선 양편의 국경안내인들에게 잘 알려져 있었다. '지평선의 날씨가 흐리네요'라는 경고는 경찰 순찰대가 셰르의 강둑에 나와 있다는 의미이거나 지금은 도강을 도울 이들이 없다는 것을 뜻했다. 배가 강을 순회하는 것은 허가되지 않았으나, 펠레와 그의 어린 아들 셋이 번갈아가며 배를 몰아 사람들을 몰래 건네다주었다. 독일군이 이 지역에 온다는 소식을 들으면 레몽드는 탈출하려는 사람들을 이끌고 카페 밖으로 나와 뒷문에서 이웃집으로 가는 통로로 향했다. 이웃은 지하실에 둔 시멘트 포대 뒤에 사람들을 숨겨주었다.

1930년대 내내, 도강을 기다리던 그녀의 손님들은 커다란 테이블에 둘러앉아 식사를 나누며 마치 하숙인처럼 그녀의 집에 머물렀다. 1941년 초, 앙드레 왈이라는 책 판매상이 간수 한 명을 죽이고 독일의 전쟁포로 수용소를 탈옥해 아내와 함께 급히 남쪽으로 향하는 길을 찾아 생마르탱르보에 왔다. 레몽드는 매우 불안해하던 왈의 아내를 달래주고 안정시켜주면서 그들을 마치 친구처럼 대해주었고, 왈이 건넨 돈을 한사코 거절했다. 왈은 그 돈을 건넨다고 해서 자신들의 형편이 어려워지지 않는다고 누차 설득해야 했다. 강을 건너 떠나기 전 왈이 마지막으로 본 레몽드의 모습은 길에 서서 팔을 들고 형제의 인사를 건네는 모습이었다. 왈은 레몽드가 독일 어딘가의 포로수용소에 있는 폴의 탈옥을 도울 방법을 찾는 것이 꿈이라고 이야기했던 것을 오랫동안 기억했다.

독일어에 능숙해 셰스네 성에 주둔한 군인들과 조심스럽게 친밀한 관계를 유지했던 라쿠르 신부는 너무 바빠서 미사를 집전하러 가기 전에 신발을 갈아 신을 시간조차 없었다. 그는 군사분계선을 넘는 사람들을 돕는 그 나름의 방법을 가지고 있었다. 장례식이 열리면 그는 독일군이 발행한 통행허가증을 들고 점령지역을 떠나 현지의 조문객들을 데리고 셰르 마을로 가는 다리를 건너 아테에 있는 그의 성당으로 돌아와 장례식을 치르곤 했다. 그곳에서 관이 열리고 살아 있는 사람이 뛰어나왔으며, 몇몇 조문객은 재빨리 들판에 몸을 숨겼다. 다시 점령지역으로 돌아오는 조문객의 수는 현저히 줄어 있었다.

어느 날 밤, 카페 드 뤼니옹의 다락방에는 피로에 지친 북아프리카 병사들이 코를 골며 자고 있었다. 그때 예기치 못하게 게슈타포가 들이닥쳤고 운 좋게도 레몽드는 재빨리 그들을 숨겨 무사히 위기를 넘겼다. 이 일이 있은 뒤 레몽드는 지젤이 집에 머무는 것이 더 이상 안전하지 않다고 느껴 지젤을 투르에 있는 기숙학교로 보냈다. 이제 어린 소녀는 주말마다 강을 따라 자전거를 타고 와야만 엄마를 만날 수 있었다. 레몽드는 딸에게 만약 누군가가 우리에 관해 무언가 묻거든 '아무것도 모르고 아무것도 못 봤다'고 말하라고 당부했다.

1941년 6월, 프랑스 경찰이 레몽드를 체포하러 왔을 때, 지젤은 어머니와 함께 카페에 있었다. 레몽드가 말했다. "울지 말고, 용감해져야 한다. 곧 돌아올게." 그녀는 파리로 보내졌고, 프랑스와 독일군이 레지스탕스들을 가둬두던 셰르슈미디의 감옥에 투옥되었다. 그곳에서 그녀는 지젤에게 긴 편지를 썼다. "사랑하는 우리 지젤. 네 아버지는 내게 널 잘 돌보라고, 널 착하고 용감하게 키우라고 당부하셨단다. 엄마가 없으니 더욱 어른스러워져야 한다. (…) 곧 집으로 돌아가서 엄마가 안아줄게." 자신에게 무슨 일이 일어났는지 폴에게는 알리고 싶지 않았기 때문에 그녀는 친구에게 부탁해 자신이 손에 심하게 멍이 들어 한동안 편지를 보내지 못한다고 폴에게 일러두었다.

8월에 석방된 후 레몽드는 다시 국경안내인 역할을 계속했으며, 드니즈라는 이름 대신 로시뇰이라는 가명을 썼다. 그녀는 계속해서 라쿠르 사제와 펠레 가족과 함께 최적의 탈출 루트를 발굴했으며 예전처럼 대담하고 계획적이었다. 어느 날, 마을 사람들이 모두 알고 있던 프랑스 남성이 독일 군복을 입은 채 카페 드 뤼니옹에 들어왔다. 레몽드는 그의 뺨을 갈기고는 당장 나가라고 소리쳤다. "네년은 대가를 치르게 될 거다" 하고 남자가 소리쳤고, 지젤은 두려움에 떨었다.

카페 드 뤼니옹은 항상 사람으로 북적였다. 레몽드는 전쟁포로 수감자 가족을 위한 기금 마련 무도회를 열었다. 그러나 몇몇 마을 사람들은 질투에 눈이 멀어 레몽드를 밀고했다. 두 번째로 체포된 그녀는

레몽드 세르장과 딸 지젤.

자신의 가게 때문에 장사가 잘되지 않는 다른 카페 주인이 자신을 고발했다는 사실을 알게 되었다. 다시 한 번 지젤은 집에 홀로 남겨졌고, 엄마가 끌려가는 것을 지켜보아야 했다.

레몽드는 파리의 라상테 감옥에 수감되었다. 세르슈미디처럼 이곳에도 레지스탕스들이 투옥되어 있었고, 독일군은 레지스탕스들에게 으레 하던 심문을 그녀에게 가했다. 그녀는 지젤에게 편지를 썼다. "학교에서 열심히 공부하고 음악 수업이랑 치과 가는 것 잊지 마." 그녀는 자신이 독방에 수감되어 있으며, 바늘과 약간의 면직물이 필요하다고 적었다. 레몽드가 적지 않은 것은 라상테 감옥에서 독방에 수감된다는 것이 얼마나 끔찍하고 황량한 경험인가 하는 것이었다. "할아버지를 잘 돌봐드려야 한다. 모든 사랑을 네게, 사랑하는 나의 딸에게 보낸다." 지젤은 잼과 고기 통조림을 꾸려 파리로 보냈다. 말술을 마시곤 했던 아버지에게 레몽드는 엄중한 어조로 식사를 제때 하고 '무엇보다도 술 좀 그만 드시라'고 적었다. 석 달 후, 레몽드는 석방되었다.

심지어 이번에도, 그녀는 자유지역으로 건너가기 위해 도움을 바라고 자신을 찾아온 사람들을 모른 체하지 않았다. 파리에서는 일제검거로 유대인들이 점점 더 많이 체포되고 있었고, 엄청난 수의 유대인 가족들이 점점 더 절박하게 생마르탱르보에 몰려와 도주를 도와달라고 요청하고 있었다. 독일군의 순찰이 강화되었다. 이제 레몽드는 아예 짐을 싸서 그 짐가방을 앞문에 놓아두고 있었다. 그녀처럼 국경안내인으로 알려져 있다는 것이 얼마나 위험했는지, 연민에 찬 몇몇 프랑스 정보부 소속 사람들이 생마르탱르보에 찾아와 독일군과 프랑스 경찰들이 그녀를 지속적으로 감시하고 있다고 경고해줄 정도였다. 지젤은 한없이 고통스러웠다. 어머니는 어떤 말이나 행동으로도 자신의 어린 딸의 고통을 덜어줄 수 없었다. 그럼에도 여전히 레몽드와 라쿠르 사제는 하던 일을 계속했다. 그녀는 만약 자신이 지하로 숨어버린다면 누가 이 카페를 운영하겠냐고, 누가 유대인들을 숨겨주겠냐고, 누가 이 절박한 사람들의 도강을 도와주겠냐고 말하곤 했다. 누군가 그녀에게 무섭지 않느냐고 물을 때마다 그녀는 이렇게 대답했다. "마치 말뚝에 묶여 늑대에게 잡아먹히기를 기다리는 염소 같지."

마침내 늑대가 왔다. 결국 레몽드의 운도 바닥을 드러낸 것이다. 라쿠르 사제와 그녀는 군사분계선에서 붙잡힌 다른 국경안내인 두 명과 함께 고발되었다. 그동안 그녀가 비밀리에 도강과 불법 출국을 도운 많은 이들은 점령지역에서 검거를 피해 도망친 유대인들이었다. 그녀는 자신이 끌려가는 것을 조용히 바라보던 어린 딸 지젤에게 말했다. "용감해져야 해. 곧 돌아올게."

✝

연합군을 위해 최초로 세워진 프랑스 외부로 향하는 탈주로는 1940년 독일군에 의해 포로로 끌려갔던 됭케르크의 생존자들을 구출하기 위해 만들어졌다. 드골과 자유프랑스에 합세하려는 지원자와 점령지 프랑스를 사격했던 연합군 공군, 해협을 통해 집으로 갈 수 있길 희망했던 사람들이 이 길을 따라갔다. 레지스탕스 네트워크는 프랑스의 서쪽 해안을 따라 연합했다. 처음에 이들은 은신처와 위조 신분증을 제공하는 데 그쳤으나, 곧 독일 군사시설과 병영, 무기 저장고에 대한 정보를 모아 런던과 연합군에 전달하기 시작했다.

게릴라 전술로는 많은 것을 얻을 수 없다고 믿은 사람들은 반대했지만, 처칠이 게릴라에 보인 열정에 감화되어 1940년 7월에 특수작전본부가 창설되었다. 히틀러의 유럽 행진이 멈출 수 없는 것처럼 보이던 무렵이었다. 특수작전본부의 설립 목적은 점령된 국가들을 규합해 연합 레지스탕스 군대를 조직하는 데 있었다. 하지만 여기에 견줄 만한, 런던과 육군성 M19의 최고 비밀부서가 지휘하는 또 다른 레지스탕스 프로젝트가 프랑스, 벨기에, 네덜란드를 관할하고 있었다. 이 부서는 라디오 방송과 돈을 공급하는 역할을 맡았고, 프랑스 해안과 공중에 구호물자를 떨어뜨리고 배분하는 일을 조직했다.

전담 병력이 없었던 M19는 브르타뉴 전역에 걸쳐 1940~1941년에 결성된 지역 레지스탕스 활동에 대부분을 의존했다. 이들 가운데 앙드레라는 가명을 사용하던 활동가 알라테르가 조직한 조니(Johnny)라는 이름의 네트워크가 있었다. 조니 네트워크는 탈출하려는 이들을 대저택과 농장 또는 카페에 숨겨주었고, 주로 정보를 전문적으로 다뤘다. 이들은 브르타뉴에 관한 군사기밀을 정기적으로 영국에 송출했던 최초의 네트워크였다. 그러나 조니는 다른 유사 그룹들과 마찬가지로 적의 침투와 배신에 매우 취약했다. 그리고 게슈타포와 특수수사대는 조니 네트워크를 와해시키려고 벼르고 있었다.

푸페트로 불리던 시몬 알리종은 병약하고 허약한 아이였다. 그녀의 부모님은 렌의 주요 철도역 반대편에 아르보라는 이름의 오래된 호텔을 소유하고 있었다. 위층에 객실 열여덟 개와 아래층에 카페와 차고를 구비했으며, 한때는 내지인 여행객의 말들로 가득 찼던 마구간을 개조한 작업장이 있었다. 푸페트는 어린 시절 대부분 공기 좋고 건강한 먹을거리가 있는 시골에서 농부의 가족들과 함께 보냈다. 푸페트는 자신보다 네 살 위인 언니 마리가 그리웠지만, 불행하지는 않았다. 두 살배기 아들을 잃은 그녀의 어머니는 침울하고 독실한 신자였고, 집안의 공기는 종종 암울했다. 푸페트는 당시를 회상하며 농장에서 지냈던 시간들이 그녀로 하여금 고독을 좋아하고 독립적인 소녀로 자라게 해주었다고 말하곤 했다.

푸페트가 열세 살이 되던 1938년, 스페인 내전의 피난민들이 최초로 그녀가 살던 마을에 도착했고, 푸페트와 마리는 비참해 보이는 그들의 모습에 엄청난 충격을 받았다. 푸페트는 애정이 많고 성품이 온화한 언니를 사랑하고 숭배했다. 매우 예뻤던 마리는 언제나 옳고 그름에 대해 분명한 자기 의견을 가지고 있었다. 푸페트는 단지 언니의 일상을 지켜보는 것만으로도 기뻤다. 1940년 6월, 프랑스 남쪽으로 향하는 피난민들이 엄청나게 몰려오고 진격하는 독일군을 피해 도주해 온 겁에 질린 유대인 가족들이 렌을 가득 메울 동안, 마을은 폭격을 맞았고 무기를 나르던 기차들은 폭발했다. 이때가 푸페트에게는 일종의 정치적 각성의 시기였다. 페탱이 휴전협정을 하며 무슨 말을 했는지 듣고 마을 사람들이 보였던 분노와 수치심을 바라보는 동안 그녀의 정치적 각성은 좀 더 날카로워졌다. 팔에 자그마한 프랑스 어린이를 안은 채 웃고 있는 독일군 사진 아래 '독일 군인을 믿자'라는 문구가 적힌 벽보를 보며 푸페트와 마리는 분노했다. 자신들이 할 수 있는 저항이란 무엇일까 궁금해하면서 둘은 드골의 조카인 주느비에브가 인쇄하고 배포한 우표만 한 드골의 사진들을 모았다.

어느 날 저녁, 알리종 부인은 카페에 앉아 친구에게 독일군에 대해 불평하고 있었다. 때마침 그녀의 옆 테이블 좌석에 조니 네트워크의 지역장이었던 젊은 남자가 앉아 있었다. 그는 라디오 송수신기를 숨겨 둘 장소를 찾기 위해 마을에 와 있던 중이었다. 다음날 그는 호텔을 좀 더 면밀히 살펴보러 동료 둘을 보냈다. 마리, 푸페트와 이야기를 나눈 뒤 그들은 아르보 호텔 다락방이 송신기를 설치하기에 안성맞춤이라는 결정을 내렸다. 두 자매도 동의했다. 알리종 부부는 이 문제를 두고 상의한 끝에 비록 자신들은 개인적으로 그 일에 연루되고 싶지는 않지만, 그렇다고 반대하고 싶지도 않다고 알렸다. 그녀의 부모는 그들이 아니라 저 멀리 떨어져 있는 타인들끼리 싸우는 것이 전쟁이라고 생각하고 있었다. 그러나 푸페트의 말처럼, 누구든 자신의 주변에서 일어나는 악행을 무시할 수는 없는 법이었다.

멀지 않은 브레스트 항구에 세 척의 독일군 보트가 정박해 있었다. 젊은 레지스탕스들은 종종 조직이 전하는 메시지를 주고받기 위해 아르보 호텔로 왔다. 마리는 그중 한 명과 사랑에 빠졌고, 결혼 이야기까지 오갔다. 푸페트는 언니가 그토록 아름답고 행복해 보였던 때는 없다고 생각했다. 1941년 초겨울의 일이었다. 조니의 조직원들의 앞날은 바람 앞의 등불 같았다. 어느 날 밤, 소녀들을 쫓아다니던 젊은 바이에른 출신 비행기 조종사가 마리를 옆에 잡아끌어 경고했다. 곧 대대적인 체포가 있을 거라는 소문을 들었다는 것이다. 그는 말했다. "나치가 어떤 일을 할 수 있는지 넌 몰라." 얼마 후 마리는 새삼 푸페트에게 함께 사진을 찍자고 했다. "앞으로 우리에게 무슨 일이 일어날지 모르니까." 사진에는 용감하고 예쁜 두 어린 소녀의 웃는 모습이 담겼다.

마리와 푸페트 알리종이 함께 찍은 마지막 사진.

이제 경찰이 조니 네트워크에 침투했다는 경고가 알리종 가족에게까지 전해졌다. 마리의 남자 친구는 캥페르에서 도주하다 이층 창문에서 뛰어내려 발목이 부러졌고, 체포되었다. 고문과 자백을 둘러싼 소문이 떠돌았다. 1942년 3월 13일, 푸페트가 학교에 간 사이 독일군 야전 헌병들이 마리를 체포하러 왔다. 마리는 렌의 중앙 감옥에 사흘간 송치되었다가 파리에 있는 라상테 감옥으로 보내졌다.

푸페트는 더 이상 학교에 가지 않고 기다렸다. 그렇다고 숨어 있자니 부모님이 너무 걱정스러웠다. 닷새 후 아침 11시에 독일군 두 명이 그녀를 체포하기 위해 아르보 호텔에 나타났다. 그들은 푸페트를 렌 감옥에 데려가 심문하고 구타했으며, 파리로 보내 더욱 모진 심문을 받게 하겠다고 협박했다. 푸페트가 이송될 것이라는 소식을 들은 그녀의 부모는 그녀와 한마디만이라도 할 수 있길 바라며 기차역에 나와 하루 종일 서서 기다렸다. 푸페트를 기차역으로 호송할 차량이 앞마당에 도착하자, 그녀는 태연하고 쾌활해 보이려고 노력했다. 그녀는 계속해서 스스로에게 되뇌었다. '나는 그냥 학생일 뿐이야. 이 사람들은 분명 날 그리 오래 붙잡아두지 못할 거야.' 푸페트는 독일군이 이제 막 열일곱이 된, 여전히 어린 10대 소녀를 호송하기 위해 무장한 군인을 셋씩이나 보냈다는 데 자랑스러웠다. 그러나 그녀의 부모는 비통함으로 얼굴이 잿빛이 되었다.

레몽드 세르장과 더불어 마리와 푸페트는 점령군과 프랑스 경찰에 체포된 최초의 여성들이었다. 다른 여성들 또한 파리와 군사분계선, 브르타뉴와 노르망디의 농장, 보르도의 집에서 하나둘씩, 때로는 무리지어 독일군의 손아귀에 붙들렸다.

6장

여자들에게는 너그럽다?

프랑스 레지스탕스 운동 초기의 활동가들에게 1941년의 늦겨울은 혹독한 시절이었다. 인류학박물관 소속의 한 그룹은 모두 재판에 회부되었고 인류학자, 민속지학자, 사회과학자로 구성된 일곱 명의 남성들은 모두 반독일 선전물을 만들고 배포했다는 혐의로 사형선고를 받았다. 살을 에는 바람이 프랑스 곳곳을 할퀴는 동안, 사람들은 난방이 되지 않은 집 안에 들어앉아 덜덜 떨었다. 페르낭 다비드와 르네 에노크 휘하의 파리 특수수사대는 최초로 큰 수확을 거둬들일 준비를 하고 있었다. 수사대의 작전은 거대한 실타래와 같았다. 실의 한 끝을 붙잡고 풀어내면 이것은 다른 실로 이어졌다. 한 가지 발견은 다른 발견으로, 또 한 명의 이름과 또 하나의 비밀 우편함, 또 한 명의 정보원으로 계속해서 이어졌다. 종종 프랑스 경찰들이 자신들이 지금 하고 있는 일이 한도 끝도 없이 계속될 것이라 여길 정도였다.

파리에 산재한 비밀 지하조직의 저널리스트, 출판인, 인쇄공과 배포책들은 쉬지 않고 일했다. 『바다의 침묵』은 등사기로 인쇄되고 복사되었으며 사람들의 손으로 넘겨져 배포되었다. 파리 전역에서 작가, 의사, 예술가, 과학자, 배우, 교사 들은 모두 각자의 조직에서 활동하거나 비밀리에 신문을 내고 있었다. 종이는 독일군이 배급했으므로 종이를 공급하는 일은 점점 더 어려워졌다. 마리클로드와 다니엘과 마이는 계속해서 만나고 있었다. 이들은 마치 오래된 친구들이 만나 쇼핑을 하러 가듯 우아하게 차려입고서 지하신문을 은밀하게 교환하고 앞으로 어떤 전략을 취할지 의논하곤 했다. 세실과 베티는 언제나처럼 파리의 한 끝에서 다른 끝으로 바삐 오가며 자금과 지시를 전달했다.

그러나 그들은 다비드의 부하들이 조금씩 자신들을 검거할 준비를 해왔음을 알지 못했다. 수사대는 종종 자신들이 미행중인 남성들과 여성들의 이름조차 알지 못했다. 여전히 베티는 '빨간 손톱', 다니엘은 '발라르 1번가의 여자'였다. 그러나 그들의 끈질기고 꼼꼼한 메모는 이제 막 진가를 발휘하고 있었다. 레지스탕스를 굴복시킨 것은 그들의 적수가 오로지 하나의 목표에만 골몰했기 때문이지, 달리데에게 제대로 훈련받은 레지스탕스 멤버들이 부주의했던 탓은 결코 아니었다.

가장 먼저 다비드의 손아귀에 들어온 사람은 마리클로드였다. 그것은 거의 우연이었다. 다른 용의자를 잡기 위해 특수수사대가 덫을 놓아두고 감시하던 집에 마리가 찾아왔을 때 한 수사대원이 그녀를 알아보았다. 그는 마리클로드가 누구인지 알지 못했지만 앙드레 피캉을 미행할 때 그녀의 얼굴을 보았던 것을 기억했고, 경찰이 그녀에게 '뱅센의 여자'라는 이름을 붙였던 것을 기억해내고는 사무실로 돌아가 기록을 확인해보았다. 인상착의가 맞아떨어졌다. 2월 4일, 다비드는 그녀를 체포하기로 결정했다. 마리가 어느 전쟁포로의 가족에게 버터 1파운드를 가져다주려고 챙겨 나왔을 때 다비드의 부하들이 그녀를 체포했다. 하지만 경찰서에 끌려가 취조를 받을 때 마리는 겨우 자신의 이름만을 댔을 뿐이다.

다비드가 취한 다음 행동은 전체 작전을 통틀어 그가 저지른 유일한 실수였다. 그는 《르 프티 파리지앵》이라는 일간지에 마리클로드의 사진을 싣고 광고를 냈다. 기억을 잃은 채로 혼란에 빠져 길에서 방황하는 젊은 여성이 발견되었으니, 이 여성의 신원과 주소를 아는 사람은 제보를 바란다는 내용이었다. 경찰이 마리에게 신문을 내밀었을 때 그녀는 내심 기뻤다. 이것이야말로 동료들에게 자신이 체포되었음을 경고해줄 것이고, 모두에게 기존에 정해져 있던 접선장소를 피하고 신중하게 행동하도록 경고해줄 것이기 때문이었다. 달리데는 손실을 최소화하도록 24시간 내에 필요한 모든 조치를 다하도록 모두에게 당부했고, 덕분에 다른 사람들은 각자의 행적을 지울 시간을 벌 수 있었다.

다비드와 그의 부하들은 이제 그들이 미행하던 앙드레 피캉, '콧수염', '트로카데로의 여자', '레퓌블리크의 여자', 프랑클랭 등이 극도로 초조해한다는 사실을 감지했다. 그들은 파리 곳곳을 다닐 때 지속적으로 방향을 바꿨고, 지하철역에 들어갔다가도 급히 나오며, 되돌아올 횡단보도를 괜스레 건너고 있었던 것이다. 2월 13일, 그들 모두가 지하로 사라질 것을 우려한 다비드는 더 이상 지체할 수 없다고 판단했고, 이들을 체포하기 위해 경찰 60명이 급파되었다. 이름과 주소 들이 적힌 중요한 목록을 훼손할 우려가 있었기 때문에 가능하다면 체포는 그들의 집 대신 거리에서 하라는 명령이 떨어졌다.

특수수사대는 그르넬 거리에 있는 마이와 조르주 폴리처의 아파트 근처에 잠복해 작전을 개시했다. 그들이 이제 마이가 '뱅센의 여자'임을 확신했다. 자크 드쿠르가 그 집의 벨을 누르자 수사대는 급습해 들어갔다. 드쿠르는 친구들에게 자신이 경찰에게 미행당하고 있을지 모른다고 경고해주려 들른 차였다. 그에게서 조그만 마이의 사진이 발견되었다. 부엌에 놓인 감자 자루 밑에서는 《레트르 프랑세즈》에 실릴 원고가 나왔다. 드쿠르는 반독일 선전물을 써서 독일군의 목숨을 위험에 빠뜨렸고 적에게 협조했다는 혐의로 '극비' 수용소로 끌려갔다.

다비드는 폴리처의 아파트 근처에 수사관 둘을 남겨두는 기지를 발휘해 다니엘을 체포했다. 다니엘은 그날 늦은 아침 선물로 가져온 작은 석탄 꾸러미를 손에 들고 마이의 집 초인종을 눌렀던 것이다. '발라르 일번가의 여자'는 다니엘로 밝혀졌고, 취조를 위해 폴리처 부부와 함께 파리 경찰청으로 보내졌다.

다음은 앙드레와 제르멘 피캉의 차례였다. 감옥에서 풀려난 지 얼마 안 된 제르멘과 앙드레는 두 딸을 루앙에 두고 파리로 돌아와 레지스탕스 활동을 재개했다. 그들은 18구역에서 세탁소를 운영하던 친구 라울과 '34번가의 여자' 마리루이스 주르당의 집에 머물고 있었다. 라울의 집은 때때로 레지스탕스들의 은신처가 되곤 했다. 다비드의 부하들은 그곳에서 넷을 모두 체포했다. 닫아둔 셔터를 뒤로한 채 앉아 있던 그들에게 탈출할 기회는 없었다.

경찰을 보자마자 앙드레는 재빨리 주소록을 삼켜버리려 했다. 그러나 수사관들이 조금 더 빨랐다. 그는 붙잡혀 발가벗겨진 채 수색을 당했다. 그의 신발에서 레옹 로캉이라는 이름이 적힌 위조 신분증이 발견되었고, 여러 이름과 앞으로 있을 회의 날짜가 적힌 목록이 발견되었다. 적힌 이름 가운데 크리메 39번가에 살고 있던 드레스 재봉사 이본 에모린이 있었고, 급히 수사대원 두 명이 그녀를 체포하러 나섰다. 이본을 수색하자 가방에서 현금 3000프랑이 나왔다. 이본은 그 돈이 국영 복권에 당첨되어 받은 돈이라고 주장하며 버텼으나 복권이 추첨된 날짜는 기억해낼 수 없었다. 이본의 남편 앙투안은 잘 알려진 공산당원으로서 일찌감치 구속 수감되어 있었다. 다비드의 부하들은 이제 제르멘에게 관심을 돌렸다. 그녀의 주머니에서는 클로딘 게랭이 보낸 편지가 나왔다. 경찰은 멀지 않은 곳에 있던 클로딘의 고등학교로 가 그녀를 체포했다. 당시 클로딘은 고작 열여섯 살이었다.

첫 번째 검거를 통해 특수수사대는 열아홉 명을 잡아들이는 성과를 올렸다. 체포된 이들은 모두 공산당 지도부이거나 레지스탕스의 접선책이었고, 그중 아홉 명이 여성이었다. 이 여성들은 막 지하로 숨어 들어가기 직전이었음을 보여주듯 수중에 위조된 서류와 큰돈을 지니고 있었다. 체포된 이들 중 남부에서 레지스탕스 운동이 조직되도록 돕던 노동조합원이자 제도사인 펠릭스 카드라스는 중요 인물로 밝혀졌다. 자기 집 앞에서 체포된 카드라스는 부인에게 경고해주려고 소리를 질렀다. 수사대가 강제로 문을 열고 들어가자 그의 부인은 라디에이터 위에 서서 서류로 가득 찬 쇼핑백을 창문 너머로 던졌다. 하지만 서류들은 회수되었고 수사대는 그중에서 전국적으로 퍼져 있던 레지스탕스 활동에 관한 보고서를 찾아냈다. '피캉 단계'로 알려진 첫 번째 작전은 이례적인 수확을 올렸다.

사실 용의자 검거보다도 그들의 집에서 찾아낸 증거들이 더욱 값진 성과였다. 다비드의 부하들이 구석구석 철저히 수색한 덕에 물탱크 뒤와 식자재 밑을 비롯해 옷과 신발의 안감 속에 숨겨져 있거나 다락 또는 지하실에 파묻혀 있던 모든 것이 발견되었다. 팸플릿과 원고들, 숨겨둔 자금, 다른 레지스탕스 멤버들의 이름과 주소가 적힌 목록, 접선할 때 활용할 '징표'로 준비해둔 반쪽짜리 승차권과 카드 무더기 등등. 체포된 이들 가운데 몇몇은 파리에서 활동한 것으로 보였지만 많은 수가 루앙, 에브뢰, 투르, 셰르부르, 낭트, 뤼페크 지역에서 조직된 레지스탕스와 함께 일을 해왔음이 밝혀졌다. 다니엘에게서는 피레네처럼 멀리 떨어진 곳에서도 접선이 이루어졌다는 증거가 발견되었다.

'프로방스 단계'라고 명명된 2차 작전이 시작되었다. 다비드는 피캉이 매우 넓은 네트워크의 일부에 지나지 않는다고 이미 확신했다. 그러나 그 네트워크가 얼마나 넓은지는 이제 겨우 감이 오기 시작했다.

카드라스에게서 압수한 반쪽짜리 승차권을 이용해 레지스탕스의 일원으로 위장한 경찰들이 승차권의 나머지 반쪽을 가지고 있던 메닐이라는 남자를 찾아 셰르부르로 갔다. 그는 경찰들을 칼바도스와 망슈 지역의 레지스탕스 구역장 회의로 데려갔다. 수사대는 현장에서 여섯 명을 잡아들였고, 뒤이어 투르와 뤼페크에서 아홉 명씩, 에브뢰에서 세 명을 추가로 검거했다.

루앙은 여러 지역 가운데서도 레지스탕스 활동의 중심지로 드러났다. 앙드레 피캉에게서 발견된 징표에는 몽브레 20번가라는 주소까지 적혀 있었다. 징표를 들고 레지스탕스로 위장했던 들라뤼가 조사관으로 파견되었다. 그에게 문을 열어준 여성은 바로 10월에 있었던 기차 탈선 작전을 돕고, 청년전투부대의 젊은 무장투쟁원 펠드망에게 루앙의 은신처를 제공해준 교사 마들렌 디수브레였다.

일단 자신이 가진 징표와 그의 것이 일치하는 것을 확인한 후 마들렌은 스스럼없이 들라뤼에게 자신이 지금 레지스탕스 구역장 회의에 가는 길이라고 알려주었다. 그들은 함께 걸었고, 비록 마들렌이 사람들의 이름에 관해서는 얼버무리긴 했지만, 레지스탕스의 계획과 비밀 지하언론을 비롯해 노르망디에서 레지스탕스가 조직된 방식에 대해서는 서슴없이 이야기해주었다. 들라뤼는 그녀의 말을 주의 깊게 들었고 별로 말을 많이 하지 않았으며, 정말 레지스탕스의 한 일원인 것처럼 굴었다. 그녀로부터 더 이상 들을 것이 없다고 판단되자 들라뤼는 경찰 배지를 내보이고는 마들렌에게 체포되었음을 알렸다. 마들렌은 곧장 바닥에 몸을 던지고 도와달라고 소리 지르며 도망가려 애썼다. 그러나 이미 들라뤼가 그녀를 붙든 채 지원 병력을 호출한 뒤였다. 경찰서로 끌려간 마들렌은 1층 취조실에 혼자 남겨진 틈을 타 배수관을 타고 도주하려 했다. 후에 파리로 이송되기 위해 기차를 기다리는 사이 그녀는 다시 한 번 짐 가방을 간수들의 다리에 던지고 탈출하려 시도했으나, 미끄러져 넘어졌고 다리를 심하게 다쳤다. '프로방스 단계'는 피캉 네트워크에 속한 60명이 넘는 인원을 구금시켰다.

그러나 레지스탕스에게 치명적인 일격을 가한 것은 수사대의 세 번째 작전 '달리데 단계'였다. 이 단계는 마리클로드의 체포가 그랬던 것처럼 거의 우연히 시작되었다.

파리에 눈이 두텁게 쌓인 2월 28일 저녁, 레지스탕스 연합전선의 영리한 보안대장 아르튀르 달리데, 다른 이들에게는 에밀이라는 가명으로 알려져 있던 그가 뢰이의 지하철역 근처 카페에서 한 여성과 이야기하는 모습이 목격되었다. 경찰은 그날 아침에서야 비로소 그의 행적에 관해 파악할 수 있었다. 오랫동안 달리데는 엄청나게 조심해온 덕을 보았지만, 이제 그의 운도 바닥난 듯했다. 체포될 때 달리데와 그의 동료들은 도움을 청하며 소리를 질렀지만 거리에 있던 사람들은 쳐다만 볼 뿐이었다. 달리데는 족쇄와 수갑을 찬 채 라상테 감옥으로 보내졌다. 달리데는 경찰에게 아무 정보도 넘겨주지 않고 그 이유로 심하게 구타당해 친구들이 그의 얼굴조차 제대로 알아보지 못할 정도였다. 사실 그는 말할 필요가 없었다. 그의 몸에서 나온 이름과 주소들이 적힌 목록이 이미 경찰의 손에 들어가 있었기 때문이었다.

목록에 적힌 이름 가운데 달리데의 가장 중요한 접선책이었던 베티, 일명 '빨간 손톱'이 있었다. 그녀는 3월 3일 아침 7시, 파리에 있는 자신의 아파트에서 전기 검침원으로 위장한 경찰 세 명에게 체포되었다. 그녀와 남편 뤼시앵 도를랑은 보르도의 레지스탕스에 자금과 지침을 전달하기 위해 막 남부로 떠나려던 참이었다. 더 빨리 떠날 수도 있었지만 베티가 빙판에서 넘어서 무릎을 다친 탓에 출발이 늦어졌던 것이다. 그녀가 아파트에 숨겨두었던 위조 서류와 원고들, 이름과 주소들이 적힌 노트가 발견되었다. 라상테 감옥에 구금된 베티는 곧 '지독한 년'이라 불리게 되었다. 그곳에서 베티는 뺨을 맞고 구타당하고 반복해서 심문받았지만 달리데와 마찬가지로 아무것도 밝히지 않았다. 처벌방에 가둬져 침상이나 매트리스도 없이 칠흑 같은 어둠 속에서 그녀는 시간과 공간에 대한 감을 모두 잃었다. 후에 그녀는 부모님에게 다음과 같이 말했다. "그래도 감방으로 걸어 들어갈 때 나는 스스로가 자랑스러웠어요. 몸이 조금 아프긴 했지만, 곧 괜찮아졌죠."

✞

부에노스아이레스의 해변에 앉아 신문을 보던 샤를로트 델보는 친구인 앙드레 웅이 단두대에서 처형되었다는 소식을 접했다. 그녀는 서둘러 루이 주베를 찾아가 자신은 프랑스로 돌아가야겠다고 말했다. 친구들이 죽어가고 있는데 자신만 안전하게 지낼 수는 없었기에 위험을 나눠 지고 싶었다. 주베는 그녀의 마음을 돌리기 위해 최선을 다했다. 주베는 그녀의 남편 조르주가 남아메리카에서 안전하게 지내는 아내를 생각하면 더 일하기가 쉬울 것이라는 점을 짚어주었다. 레지스탕스 투사라면 책임감은 가지지 않는 편이 좋았기 때문이다. 한동안 주베는 샤를로트의 여권을 숨겨두었으나 그녀는 단호했고 개의치 않고 유럽으로 향하는 브라질 배의 좌석을 예약해버렸다. 샤를로트가 작별 인사를 하러 들르자 주베는 샤를로트에게 말했다. "잡히지 않도록 하시오. 사자 굴에 제 발로 들어가고 있으니."

포르투갈을 거쳐 프랑스에 도착한 샤를로트는 포 지역에서 남편 조르주를 만났다. 그들은 서로 다른 국경안내인을 통해 자유지역에서 점령지역으로 군사분계선을 넘었고, 각자 따로 여행해 파리로 돌아왔다. 조르주가 《레트르 프랑세즈》일로 폴리처, 드쿠르와 만나기 위해 파리의 왼쪽 강변을 누비는 동안 샤를로트는 페장드리 96번가의 임대 아파트에서 혹한을 피해 담요를 덮어쓰고 책상에 웅크리고 앉아 줄담배를 피우며 비밀 지하신문에 실을 러시아와 영국의 라디오 방송을 받아 적고 번역했다. 그녀와 조르주는 아예 함께 외출하지 않는 편이 더 안전할 것이라고 생각했다. 그러나 그의 귀가가 늦어질 때마다 매

번 샤를로트의 가슴은 공포로 죄어드는 듯했다.

샤를로트는 '델핀 부인'이라는 가명을 사용하고 있었다. 이제 그녀와 조르주는 폴리처 부부, 드쿠르, 다니엘과 마리클로드가 모두 체포되었다는 사실을 알았지만, 가명을 바꿀 정도로 불안해하지는 않았다. 그러나 모든 낯선 이가 경찰은 아닌지, 예기치 않은 노크가 경찰의 급습은 아닌지 끊임없이 불안해했다. 하지만 샤를로트는 다른 이들과 교환할 가방과 바구니를 들고 아파트를 나서 카페로 향할 때마다 자신에게 미행이 따라붙는다는 사실은 미처 알지 못했다.

3월 2일, 샤를로트가 집에서 일하고 있을 때 조르주가 초기 레지스탕스의 주요 인물로 알려진 피에르 비용을 데리고 들어왔다. 알자스 출신 유대인이자 진보적인 랍비의 아들이며 마리클로드의 연인이었던 비용은 감옥에 수감된 폴리처 대신 《레트르 프랑세즈》의 편집위원을 맡아달라는 요청을 받고 있었다. 그는 커다란 외투에 파자마를 입고 화장실용 실내화를 신은 채 나타났다. 다비드의 수사대가 집에 급습한 아침, 창문을 통해 탈출해 가까스로 체포를 면한 그의 차림새는 많은 이가 동상에 걸려 있는 도시에서 낯설지 않은 광경이었다.

비용이 전한 소식은 좋지 않았다. 러시아 방송의 번역을 돕던 집주인이 체포되었을 뿐 아니라 자크 솔로몽이 최근 세 번이나 약속에 나타나지 않았다는 것이었다. 아무도 감히 엘렌의 행방에 대해서는 묻지 못했다. 조르주는 샤를로트에게 자신도 감시당하고 있는 것 같다고 털어놓았다. 그들이 어떻게 하면 가능한 한 빨리 파리를 떠날 수 있을지 논의하고 있을 때, 초인종이 울렸다. 계단에서 가스 검침을 하러 왔다는 목소리가 들려왔다.

문제가 생겼음을 직감한 샤를로트가 비용을 화장실로 밀어 넣었다. 그곳에서 그는 창문을 통해 지붕으로 올라가 이웃집으로 건너갈 수 있었다. 뒤다크의 아파트에서부터 뒤를 밟아온 특수수사대 수사관 다섯은 샤를로트가 그곳에 함께 있는 것을 보고 깜짝 놀란 눈치였으나 곧 그녀도 함께 경찰서로 가야 한다고 말했다. 그녀는 걸칠 옷을 가져오겠다고 하고 화장실로 향했다. 그곳에서 그녀는 비용이 급히 도망치다가 떨어뜨린 것이 분명한 명단이 적힌 종잇조각을 보았다. 그녀는 재빨리 그것을 돌돌 말아 삼켜버렸다. 그녀와 조르주는 경찰청으로 끌려갔다. 뒤다크의 아파트에서 비용이 도망치다 남기고 간 외투에서 발행될 예정인 《레트르 프랑세즈》의 원고가 통째로 발견되었다.

샤를로트와 조르주 다음은 엘렌 솔로몽의 차례였다. 엘렌은 생라자르 역 물품보관함에서 타자기가 든 가방을 꺼내려는 순간 체포되었다. 그녀에게서는 "프랑스는 반드시 스스로를 자유롭게 하리라!"라는 문장이 적힌 원고가 발견되었다.

1942년 3월 25일에 특수수사대는 '테러리스트들'을 진압하는 이번 작전이 아주 성공적으로 끝났다고 보고했다. 점령지 프랑스의 각지에서 130명이 체포되었다. 그 가운데 서른다섯 명이 여성이었다. 체포된 이들 가운데 공산당 중앙위원회 멤버, 접선책, 지역별 지도자 들이 있었고, 북부 파리부터 피레네에 이르기까지 각지의 레지스탕스 활동과 수감자들이 연관되어 있다는 충분한 증거가 발견되었다. 그들로부터 압수한 서류들은 명확하게 레지스탕스가 '제1의 적'이라고 간주한 프랑스 경찰을 상대로 '총력전'을 벌였다는 것을 보여주었다.

위조서류를 비롯해 막대한 양의 문서와 이름 및 주소가 적힌 명단이 증거로 발견되었기 때문에 다비드의 수사대는 이번 작전이 특히 성공적이었다고 자축했다. 증거물을 통해 레지스탕스가 더 이상 소규모 공산당원들뿐 아니라 의용유격대, 게릴라 투사들이 연합해 조직되어 있다는 것이 드러났다. 수색 과정에서 특수수사대는 앞마당을 파헤치거나, 벽지를 벗겨보고, 별채와 창고, 지하실 구석구석을 뒤지는 등 극도의 철저함을 보였다. 그 후 수사대는 자부심을 갖고 '프랑스와 파리는 자신들에게 의지하라'며, 자신들에게 위임된 임무가 갖는 중요성과 위엄에 대해 충분히 인식하고 있노라고 발표했다.

체포된 사람들은 대부분 경찰청 지하창고로 끌려갔다. 그곳에서 심문이 시작되었다. 대부분이 모호하게 대답하거나 아무 대답도 하지 않아 뺨을 얻어맞거나 발에 채였다. 피의자들은 서로 모르는 사이인 척했다. 심하게 맞은 다니엘은 가까스로 어머니에게 편지를 적어 몰래 반출했다. "저는 평온하고 결의에 차 있어요." 그녀는 친구들에게 노래를 불러주었고, 감옥에 있는 자신이 자랑스럽다고 이야기했다. 한 명씩 거대한 창고로 심문을 받으러 불려갈 때마다 여성들은 남편이자 동지인 남성들에게 무슨 일이 있었는지 살펴보려고 애썼다.

아르튀르 달리데는 너무 심하게 고문당해 얼굴 형체를 알아보기 어려웠고 완전히 귀가 멀어 있었다. 달리데는 마치 개처럼 사슬에 묶여 바닥에 놓인 접시의 죽을 마실 수밖에 없었다. 조르주 폴리처 또한 사슬에 묶이고 족쇄에 채워진 탓에 살갗이 벗겨지고 감염되었고, 고문으로 손목이 부러진 상태였다. 특히 비시정부의 내무부 장관 퓌셰는 40대의 저명한 헝가리 철학자인 폴리처가 발가벗겨진 채 채찍질 당하는 장면을 참관했다고 전해진다. 마이는 고문을 당하지는 않았지만 남편 조르주와 연인 드쿠르가 얼마나 모진 고문을 받는지 잘 알고 있었다. 펠릭스 카르다스는 처음에는 프랑스 경찰들에게, 그다음에는 게슈타포에 넘겨져 고문을 받았지만, 침묵으로 일관했다.

한편 여자들은 그들만의 투쟁에 돌입해 있었다. 함께할 수 있다는 것이 큰 행운임을 깨달은 이들은 한 무리가 되어 극단적인 추위와 오물, 벼룩에 맞섰고 따뜻한 담요를 달라고 큰소리로 요구했다. 3월 11일 밤, 여자들은 순찰하는 군홧발 말고는 아무것도 보이지 않는 창문이 달린 경찰청 지하의 외풍 심한 반지하 홀에서 좀 더 따뜻한 감방으로 옮겨달라고 요구했다. 푸른색 베일을 두른 수녀들의 명령과 감시를 받던 그들은 야생 동물의 울음소리를 흉내 내거나 큰 소음을 내는 등 가능한 한 문제를 일으키려 애썼고 경찰이 호출되어야만 비로소 잠잠해졌다. 그들 가운데 좀 더 나이가 많은 샤를로트, 제르멘 피캉, 마리클로드는 어린 소녀들이 편안히 지낼 수 있도록 갖은 애를 썼다. 클로딘 게랭은 심각한 급성 귓병을 앓고 있었다. 샤를로트에게 무엇보다도 고통스러웠던 것은 갈증이었다. 그곳엔 수갑을 차고 움직이는 사람 수백 명이 있었지만, 수도꼭지는 단 하나뿐이었다.

3월 20일에 이 여자들 중 일곱 명, 남자들 중 다섯 명이 라상테 감옥으로 이송되었다. 그 가운데 앙드레와 제르멘 피캉, 마이와 조르주 폴리처, 마들렌 디수브레와 마리클로드가 있었다. 이들은 무장한 경찰들의 감시를 받으며 경찰 승합차에 올랐다. 차에 올라탈 차례가 되자, 앙드레 피캉은 무리에서 빠져나와 전속력으로 뛰쳐나갔다. 경찰관 네 명이 그의 뒤를 쫓았다. 자신이 도망칠 수 없으리라는 사실을 깨달은 앙드레는 벽을 기어올라 난간을 넘어 센 강으로 뛰어들었고, 무거운 코트의 무게를 이겨내려 애쓰며 조류를 거슬러 150미터쯤 수영해나 갔다. 더 헤엄치기에 너무 지친 그는 강둑으로 향했고 경찰들이 다가 오기 전, 모여든 군중을 향해 소리쳤다. "저 프랑스 경찰이 프랑스 시 민에게 하는 짓을 보시오!" 경찰차 안에서 무슨 일이 벌어지고 있는지 볼 수는 없었지만 구경꾼들의 고함소리를 들을 수 있었던 그의 아내 제르멘은 라마르세예즈를 부르기 시작했다. 곧 모든 수감자가 다 같이 목청을 높여 외쳤다. "프랑스 만세!"

✝

파리 14구역의 라상테는 프랑스와 독일이 함께 사용했던 수많은 감옥 중 하나였다. 이 감옥은 구역을 둘로 나누어 프랑스와 독일이 각 각 사용했고, 각자의 직원이 상주했다. 시간이 지남에 따라 이곳은 '느 린 죽음의 성'이라는 별명으로 알려지게 되었다. 이곳에서 남성과 여 성들, 민간인과 정치범은 나뉘어 수감되었다. 감옥에는 검은 구멍처럼 생겨 수감자들이 웅크려야만 누울 수 있을 만큼 좁고 침상조차 없이 완전한 암흑뿐인 처벌방이 있었고, 아주 사소한 잘못된 행동에도 수 감자들은 그곳에 갇혀야 했다. 법적으로 독일군은 자신들이 점유한 구역에서만 사법권을 발휘할 수 있었지만, 실제로 그들은 어디든 자유 자재로 침범했다. 라상테에는 음식이 거의 없었고 난방이 전혀 되지 않았으며, 돌로 만들어진 벽을 타고 흐르는 습기로 가득했다. 벼룩과 머릿니가 들끓었다. 석방의 기회는 사실상 없었다. 밤이면 처형을 기 다리는 독일군 구역의 수감자들이 혁명의 노래를 부르는 소리를 들을 수 있었다. 위층 감방에 수감된 한 남자는 밤마다 모차르트의 〈소야 곡〉을 흥얼거리곤 했다.

다니엘, 마이, 마리클로드, 샤를로트, 그리고 피캉-폴리처-달리데 조직에 속해 있던 다른 여성들은 두셋씩 짝지어 감방에 수감되었다. 마들렌 디수브레처럼 말썽꾼으로 찍힌 여자들은 독방에서 지내야 했다. 마들렌은 다른 수감자들과 접촉이 일절 차단된 채 다섯 달이나 독방에서 홀로 지냈다. 그동안 그녀가 독방 밖으로 나간 것은 샤워하러 한 번, 운동하러 한 번뿐이었다. 마리클로드, 베티, 샤를로트 또한 몇 주씩 독방에 갇혔다. 그토록 독립심이 강했고 홀로 시간을 보내는 데 익숙했던 여성들일지라도 하루하루 자신에게 무슨 일이 일어날지 전혀 알 수 없는 상태에서 완전히 홀로 남겨진다는 것은 끔찍한 일이었다. 머릿속을 맴도는 불안한 생각들을 쫓으려 노력하고 감방 밖에서 들려오는 인간의 어떤 신호라도 들리면 그 순간을 붙잡으려 애쓰면서 그녀들은 침묵으로 가득한 텅 빈 세상을 살아냈다. 무감각과 절망의 늪에 빠지지 않기 위해서는 그녀들이 가진 용기를 밑바닥에서부터 끌어올리는 것이 필요했다.

죄가 덜하다고 여겨진 이들은 2주에 한 번꼴로 깨끗한 옷과 음식이 든 소포를 받을 수 있었고, 이따금 책 반입도 가능했다. 일주일에 한 번은 넘지 않았지만 간혹 10분간의 운동을 위해 중앙 뜰에 불려 나가기도 했다. 길고 춥고 불안한 날들이 계속되는 동안, 그저 생각에 잠기고 이야기를 나누고 더 나은 미래를 위해 계획을 짜는 것 외에는 더할 일이 없었다. 최초의 여성수감자들은 대부분 아이가 없는 이들이었다. 그러나 마이처럼 아이가 있는 여성들에게 자식을 만날 수도 없고 소식을 들을 수도 없는 상태에서 자식에 대해 생각만 해야 하는 상황은 그 자체로 고문이었다. 아이들의 익숙한 냄새와 신체적 접촉을 느낄 수 없다는 것은 끝없는 고통이었다.

감옥에서 샤를로트는 현실감을 잃지 않으려 애쓰면서 루이 주베의 연극 속 등장인물들을 떠올려보려고 노력했다. 하지만 그것은 좀처럼 떠오르지 않았고, 그림자 속에 완강히 버티고 서 있었다. 빛줄기가 감방 벽에 남기는 무늬들을 바라보며 그녀는 몇 시간이고 고독한 시간을 보냈다. 그러던 어느 날, 샤를로트는 파이프를 통해 아래층 감방에 있는 여성과 연락하다가 그녀가 스탕달의 『파르마의 수도원』을 가지고 있다는 사실을 알게 되었다. 언제 발각될지 몰라 두려워하면서 샤를로트는 담요를 잡아당겨 뽑아낸 실들로 밧줄을 꼬아 자신의 감방으로 그 책을 끌어올렸다. 그 후에야 비로소 그녀는 감방 안에서 살아갈 수 있었다.

라상테에 온 지 얼마 지나지 않아 다니엘은 자연스럽게 여성 수감자들의 지도자가 되었다. 여성청년단에서 활동을 이끌었을 때 그랬던 것처럼 그녀는 주변의 사기를 북돋으려 노력했다. 그녀는 감옥 내의 의사소통 방식에 통달해 있었다. 감방의 벽을 가로지르는 낡고 오래된 파이프들을 활용해 모스부호로 메시지를 전달하거나 교묘하게 분절된 문장들을 사용면서 수감자들은 다른 감방, 다른 층과 소통할 수 있었다. 이를 통해 여성 수감자들은 벽을 넘어 서로 이야기했다. 그리고 그녀들은 노래를 불렀다. 후에 라상테에서 보낸 시간을 회고하며 다니엘은 부모님께 보내는 편지에 다음과 같이 적었다. "우리는 매일 밤 노래를 불렀어요. 그 더러운 벽을 따라 걸으면 노랫소리를 들을 수 있을 거예요. 그건 우리의 목소리였어요. 여기서 '우리'란 '위험한 반동분자들'을 뜻했죠."

매일 저녁 다니엘은 간수들 또는 다른 수감자들로부터 얻은 소식을 모아 낱장짜리 신문을 만들었고, 이 신문의 내용은 바닥에 눕거나 문 근처에 서서, 또는 바닥의 갈라진 틈을 통해 외치는 수감자들을 통해 감방에서 감방으로 전달되었다. 얼마간 간수들도 모른 척해주었다. 그러나 하루는 다니엘과 제르멘 피캉이 감방에서 글을 쓰다 발각되었다. 다니엘이 얼른 종잇조각을 입에 쑤셔 넣고 삼키려 하자 그들은 그녀를 심하게 흔들고는 끌고 가 처벌방에 가둬버렸다. 이후 열흘간, 그녀는 침상도 담요도 없고 빛도 들어오지 않는 처벌방에서 오로지 물과 빵만 받아먹어야 했다. 그녀는 창백하고 쇠약해져서 그곳을 나왔지만 반항의 기세는 꺾이지 않았다.

봄이 다가와 감방 안이 따뜻해지자 다니엘은 모든 수감자들이 감방 창문의 유리를 한 장씩 깨뜨리도록 독려했다. 그녀는 깨뜨려 열어놓은 창문에 대고 새로운 소식과 격려의 말과 계획들을 외쳤다. 아무도 그녀를 볼 수는 없었으나, 수감자들은 깨뜨려둔 창문에 바짝 붙어서서 다니엘이 전하는 말을 들을 수 있었다. 다시 다니엘에게 나흘간 굶어야 하는 처벌이 주어졌다. 그러나 간수는 깨진 유리창을 원상복구시키는 귀찮은 일은 하지 않았다. 라상테 곳곳에서 수감자들은 서로가 닿아 있음을 느꼈다. 클로딘의 열일곱 번째 생일을 맞아 감방 안의 사람들 모두가 환풍구에 대고 그녀에게 노래를 불러주었다. "우리는 혼자라고 느끼지 않았다"고 제르멘은 당시를 회상했다.

166

✝

위원장 다비드와 특수수사대가 이제는 와해된 달리데-피캉 네트워크에서 찾아낸 서류들에 관해 제시한 의견은 옳았다. 레지스탕스의 특성은 정말로 바뀌고 있었다. 레지스탕스는 이제 더 이상 점령군을 향한 역겨움이나 사적인 분노 혹은 종파적 믿음에 기반해 반항적인 개인들이 소규모로 모여 저지르는 문제가 아니었다. 이제 레지스탕스는 더욱 많은 사람들이 연합해 무한히 강력하며 위협적인 실체를 갖춰가고 있었다. 청년전투부대 같은 초기 레지스탕스의 다양한 무장조직 분파들은 벌써 여러 달째 연합행동에 들어갔다. 1942년 4월 3일, 《뤼마니테》의 지하판은 의용유격대 — 의용유격대(Franc-Tireurs et Partisans, FTP)는 빅토르 위고가 1870년 프로이센-프랑스 전쟁과 관련해 사용한 '의용병'(francs-tireurs)과 소비에트가 게릴라를 묘사하는 데 사용한 단어인 '파르티잔'을 합쳐 만든 이름이다 — 를 공식적으로 조명하는 기사를 실었다.

《뤼마니테》에 따르면, 의용유격대는 공산당원이든 유대인이든 이탈리아인이든 폴란드인이든 가톨릭이든 상관없이 무장한 전투원으로 이루어진 연합 군대였다. 그들은 정치적 연합전선 아래에서 독일 점령군과 비시정부의 부역자들에 대항해 무장투쟁, 즉 공동 무력항쟁을 펼쳤다. 비록 연합군과 추축국에서 일어나는 전쟁에 관한 소식들 — 독일 장군 에르빈 롬멜은 서부 사막을 넘어 전진 중이었고 싱가포르는 일본의 손에 들어갔으며, 미군은 필리핀에서 오도 가도 못하고 있었다 — 이 프랑스 레지스탕스들에게 용기를 불어넣어주지는 못했지만, 드골의 '프랑스 전투원'이 프랑스 레지스탕스를 소집하게 될 순간이 빠르게 다가오고 있었다.

하지만 조직을 재정비하고 연합해야 할 필요성을 레지스탕스만 느낀 것은 아니었다. 레지스탕스들의 공격이 늘어남에 따라 이에 맞서는 독일군 또한 지금껏 유지해온 억압의 전략에 관해 다시 한 번 생각해보게 되었다.

프랑스의 군사령관 오토 폰 슈튈프나겔, 한때는 우아하며 나무로 만들어진 꼭두각시 같은 인물로 묘사되었던 남자. 우울하면서도 광기를 지닌 그는 독일군을 향한 공격에 대한 보복으로 자행되던 집단 처형 정책을 결코 좋아하지 않았다. 그는 이 전술이 레지스탕스를 진압하는 게 아니라 오히려 점령군에 대한 적개심에 불을 붙이는 역효과를 가져올 것을 예견했다. 1941년 가을과 겨울 동안 처형된 인질은 수백 명에 달했지만 무장공격은 사그라지기는커녕 오히려 늘었다. 보복으로 총살된 인질들은 순교자로 보였고 그들의 무덤은 성지가 되었으며, 그들의 사진은 손에서 손으로 전달되었다. 시몬의 아버지 뤼시앵 상페는 점령군에 맞설 때 보여준 용기로 널리 알려져 영웅이 되었다.

1942년 2월, 폰 슈튈프나겔은 베를린으로 가서 처벌은 인구 전체를 대상으로 할 것이 아니라 오직 유죄로 입증된 사람들과 그 공범들에만 한정하고, 더 많은 사람들을 강제추방하며, 통행금지 시간을 늘리는 등 레지스탕스에게 좀 더 정교하게 대응해야 한다고 주장하려 했다. 그러나 히틀러는 그를 만나주지 않았다. 폰 슈튈프나겔은 파리로 돌아와 사임했다. 그는 집단 처형의 문제에 관해서라면 "더 이상 나는, 적어도 이 순간, 현재와 같은 상황에서는 모든 양심을 걸고 역사 앞에서 책임을 감당할 수 없다"고 말했다. 그의 자리는 그의 사촌이자 더 강인한 성격을 지닌 카를 하인리히가 차지했다. 파리를 떠나기 전, 폰 슈튈프나겔은 집단 처형으로 고삐가 풀린 프랑스 내의 증오의 소용돌이에 관해 언급했다.

아마도 프랑스에서 좀 더 중요한 권력의 이동은 독일 국방군에서 게슈타포로의 이동일 것이다. 프랑스 레지스탕스의 무장 공격이 지속됨에 따라 히믈러는 점령지에 주둔한 독일 군대가 충분히 강력하게 대응하지 않는다며 히틀러를 설득했고, 히틀러는 5월 초 폴란드에서 유대인을 절멸시키는 데 맹렬하게 몰두했던 카를 오베르크 장군을 점령지 프랑스로 파견해 독일 경찰과 SS의 최고 수장 자리에 오르도록 했다. 오베르크는 프랑스어를 할 줄 몰랐고 프랑스에 대해 아는 것이 거의 없었다. 하이드리히가 프라하에서 체코 민족운동가들의 습격을 받기 며칠 전, 그로부터 공식적인 임명을 받은 오베르크를 위한 취임식이 리츠 호텔에서 성대하게 열렸다. 젊은 철학과 졸업생이자 열렬한 반유대주의자이며 SS의 선봉대로서 1940년 파리에 왔던 헬무트 크노헨 또한 오베르크를 도왔다. 크노헨은 대령이 되었고, 이제 폰 슈튈프나겔마저 없으니 할 수 있는 한 가장 잔인하게 행동할 수 있도록 심복들의 고삐를 풀어버렸다.

오베르크는 누가 법정에 설 것인지, 누가 강제추방되어야 하고 총살되어야 할지 결정하기 위해 사법행정팀에 의지했다. 그러나 관료제에 대한 독일군의 관심과 정확성, 합법성이라는 겉치레는 곧 속도와 편의를 위해 폐기되었다. 동정적인 프랑스인 판사들이 레지스탕스 사건을 재판하면서 그들을 독일인 참관인들이 이해할 수 없는 사람들로 만들어 사건 심리를 서두르거나, BBC를 듣다 체포된 사람들은 단지 라디오 버튼을 잘못 눌렀을 뿐이라는 식으로 판결을 내릴 수 있었던 좋은 시절은 이제 지나가버렸다.

마흔다섯의 오베르크는 머리를 바싹 밀었고, 분홍빛 얼굴, 맥주로 불룩해진 배에, 돌출된 눈으로 푸른 잿빛 눈동자를 번득였다. 동료들에게는 다정하고 가정적인 남자로 알려져 있는, 세심하고 분별 있는 관료로서 나치 특유의 꼼꼼함으로 명령을 수행했던 그는 곧 프랑스에서 증오의 대상이 되었다. 봄이 저물 무렵, 그는 독일군을 공격한 가해자들뿐 아니라 여성들까지 강제노동수용소에 보내고 아이들마저 위탁시설에 보냄으로써 가해자의 가족들에게 큰 타격을 줄 수 있는 조치를 발표했다. 6개월간 오베르크는 크노헨의 병력을 600명에서 2000명으로 늘려주었다. 하이드리히와 괴링은 수사대에게 동료 레지스탕스의 이름을 불고 죄를 자백하도록 고문해도 좋다고 허가했다. 공산당원, 테러리스트, 레지스탕스, 폴란드 또는 소비에트의 부랑자, 여호와의 증인과 '반사회적 인물'의 경우 3등급 처벌, 즉 빵과 물, 어두운 감방, 잠 못 자게 하기, 진을 빼는 심문, 채찍질 등을 사전 승인 없이 가할 수 있었다. 오베르크의 부하 중 몇몇은 독일에서 고문의 이론과 실제에 관한 특별 수업을 받기도 했다. 용의자가 말하기를 거부하면 광란의 고문이 시작되었다.

자유가 어느 정도 허락되는 만큼, 프랑스는 레지스탕스들을 진압하는 데 더 열심이어야 한다는 하이드리히의 주장에 동의하는 오베르크는 프랑스 경찰에게 '진정한 협력', 즉 독일군이 더 많은 자금을 제공할 테니 더 철저한 노력을 기울여 모든 수준에서 협조할 것을 요구했다. 사실상 이제 더 많은 독일군 부대가 동부전선에 나가 싸워야 했기 때문에 이런 조치가 더욱 필요해졌다. 프랑스 부역자들은 이를 달갑게 받아들였지만, 몇 달도 채 되지 않아 독일군은 양국 간의 합의 따위는 신경 쓰지 않게 되었다.

오베르크와 크노헨의 지휘와 프랑스의 방관 속에서, 프랑스 경찰에 의해 체포된 용의자들은 이제 독일군의 요구에 따라 독일의 손에 넘어가고 있었다. 용의자들은 종종 한 심문자에게서 다른 심문자에게 넘겨졌다. 소세 거리에 위치한 게슈타포 사무실의 지하 감방에서 또는 독일군에 의해 징발된 우아한 18세기식 건물에서 수갑을 찬 수감자들은 가학적이고 듣도 보도 못한 온갖 방식으로 자행되는 고문을 받았다. 폴리처, 드쿠르, 달리데, 카드라스와 솔로몽은 모두 게슈타포의 손을 거쳤다. 독일군 심문자가 자신은 충분히 했다고 느끼거나 프랑스에 관한 그들의 지식이 부족하다 싶거나 또는 단순히 프랑스인들로 하여금 독일을 위해 더러운 일을 하도록 시키고 싶을 때, 그들은 위원장 다비드와 그의 프랑스 동료들에게 도움을 요청했다. 특수수사대는 게슈타포와 대등해졌다. 어떤 고문을 사용할 것이며 그 고문을 얼마나 오래 적용할 것인가를 적어놓은 매뉴얼이 프랑스어로도 발행되었다. 프랑스 경찰은 몸값을 부르거나 금품을 강요하고 강탈하는 것, 차가운 물이 담긴 욕조에 수감자들의 머리를 처박는 것으로 악명을 떨쳤다. 특수수사대가 관할하는 공안과의 수장인 로테는 일단 전쟁이 끝나면 더 이상 잔인한 수사는 없을 것이라고 알리도록 했다.

폰 슈튈프나겔이 옹호한 조치들 가운데 하나는 엄청나게 많은 수의 용의자들을 독일로 강제추방하는 것이었다. 독일의 적들을 '밤과 안개, 국경 너머 (…) 외부세계로부터 완전히 고립된 곳'으로 보내는 이 '밤과 안개' 정책은 이미 독일 내에서 어느 정도 효과를 거둔 바 있었다. 이 정책의 핵심은 이 '사라진' 사람들로 하여금 어떤 권리도 갖지 못하게 하고 어떤 편지도 받을 수 없게 만들 뿐 아니라 그들에 관한 어떤 것도 알려지지 않게 함으로써 그들이 어디에 있는지, 심지어 살아 있는지 죽었는지도 모르게 하는 것이었다. 이 불분명함은 가족과 동료들을 공포에 질리게 하고 더 이상 저항할 수 없게 만들었다. 프랑스에서 새로운 조치들이 보호구금과 함께 시작되었다. 보호구금은 자의적인 체포와 재판장에서 선고받는 절차 없이 구금하는 것을 의미했다. 수감자들은 동쪽으로 '사라지기' 전에 게슈타포에게 넘겨졌다.

독일군은 처음에는 이 정책에 반대했다. 그러나 몇 개월 안에 보호구금과 '밤과 안개' 정책은 스파이, 배신자, 독일의 적을 도왔거나 또는 무기를 불법적으로 소지했다는 혐의를 받는 이들, 사형이 구형될 수 있는 범죄의 혐의가 있는 수많은 프랑스 남성과 여성을 대상으로 실시되었다.

✝

1941년과 1942년의 겨울과 이른 봄은 청년전투부대로서는 아주 생산적이고 성공적이었던 때는 아니었다. 1941년 10월에 루앙과 낭트, 보르도에서 있었던 세 번의 극적인 공격 이후 행해진 일련의 사보타주는 독일군에게 거의 피해를 입히지 못했고, 기차를 탈선시키려던 시도들은 실패했다. 그들이 성공했다고 말할 수 있는 것이라곤 독일군

한 명을 살해하고 두 명에게 부상을 입힌 것이 전부였다. 그러나 그들은 저지른 일에 대한 대가로 매우 무거운 처벌을 앞두고 있었다.

최초 검거는 레지스탕스가 부주의한 탓에 일어났다. 젊은 레지스탕스들은 때때로 자신이 얼마나 취약한지 제대로 깨닫지 못했다. 너무나 많은 프랑스 경찰이 점령군 편으로 넘어간 탓도 있었다. 한 젊은이는 여자 친구에게 권총을 보여주었다. 그녀는 아버지에게 그것을 말했고, 아버지는 다시 경찰에 알렸다. 그와 동료들이 대부분 10대인 데다 부모와 함께 살고 있던 터라 그들을 찾기는 수월했다.

게슈타포는 재판이 대대적으로 공표되면 레지스탕스 운동을 억제하는 효과가 있으리라 기대했다. 첫 번째로 열린 재판에서 일곱 명의 젊은 레지스탕스가 모두 사형을 선고받았다. 3월 9일에 집행된 처형에 카를 하인리히 폰 슈튈프나겔도 참석했다. 곧이어 더 큰 재판이 나치 깃발로 치장된 메종 드 라 쉬미의 홀에서 열렸다. 창고에 있던 스물일곱 명 중 스물다섯 명이 고문을 당한 채 족쇄를 차고 홀로 불려 나왔다. 열다섯 살짜리 소년과 한 소녀에게는 긴 형량이, 나머지에게는 사형이 언도되었다. 선고 소식을 들은 작가 장 게에노는 슬픔에 차 일기를 적었다. "굶주림, 추위, 비참함, 공포. 이 나라는 탈진해 있다."

판결에 충격을 받았지만 그 덕에 전보다 더 결의에 찬 청년전투부대의 살아남은 젊은이들은 아랑곳 않고 만나 정보를 교환하고 무기를 전달했으며 앞으로 취할 전략들을 계획했다. 그들은 독일군을 향한 최초의 무장공격에 성공했던 터라, 스스로를 엘리트 또는 최초의 연합 투사 조직으로 여기고 있었다. 파비앵과 함께 최초로 독일군 공격을 계획했던 우줄리아는 왕성하게 활동하는 청년투사들이 6개월 이상 목숨을 부지하기 어려우리라고 내다봤다.

시몬 상페의 남자 친구이자 '데데'로 알려진 앙드레 비버는 라파엘리 거리의 작은 방으로 이사했다. 흉막염을 앓던 그가 요양하러 시골에 내려가 있는 동안, 시몬은 친구들과 함께 구트도르 거리에 있는 이시도르 그뤼넨베르거의 집에서 많은 시간을 보냈다. 이시도르의 장모는 시몬에게 프랑스어와 독일어를 가르쳐주곤 했다. 적극적인 청년전투부대 활동가였던 그뤼넨베르거는 한때 뤼시앵 상페와 함께 《뤼마니테》를 만들던, 진지하고 수줍음 많은 청년이었다. 너무 늦게 집에 돌아오는 딸을 걱정하던 어머니 때문에 시몬은 때로 그뤼넨베르거의 집에서 자고 오기도 했다. 매주 두세 번, 그녀는 또 다른 이시도르인 이시도르 그랭베르 — '로베르'라는 가명으로 시몬, 비버와 함께 레지스탕스 조직에서 한 팀을 이루던 — 와 비버를 만나러 레지스탕스 은신처로 갔다. 이런 모임에서 그녀는 지하신문과 탄약, 때로는 권총을 날랐다. 그랭베르는 그녀를 자기 '여동생'이라고 불렀다. 모두 용감했으나, 그들 모두에게는 어딘가 순수하고 어린애 같은 면이 있었다.

5월 10일에 시몬은 페르라셰즈 공동묘지의 사이프러스 숲, 그들이 언제나 만나던 장소에서 다른 사람들을 만나라는 전갈을 받았다. 그러나 아무도 약속장소에 나타나지 않았다. 시몬은 지시에 따라 두 번더 같은 시간 같은 장소에 나왔지만 아무도 나타나지 않았다. 그다음날 그녀가 그뤼넨베르거의 집에 가보니 현관문이 열려 있었고 특수수사대가 와 있었다. 시몬은 그들에게 자신은 뤼시앵 상페의 딸이고, 학생이며, 평소에 듣던 프랑스어 수업을 듣기 위해 온 것이라고 말했다.

그녀는 어머니와 함께 살고 있는 집까지 동행해 집을 수색하겠다는 경찰의 말에 따랐다. 아무것도 발견되지 않았지만 그들은 추가 조사를 위해 시몬을 본부로 데려가겠다고 했다. 시몬은 어머니에게 곧 집에 돌아오겠다고 속삭였다. "그들은 제게서 아무것도 발견할 수 없을 테니까요."

시몬은 창고로 끌려갔고 밤새 취조를 받았다. 그녀는 협박을 받았지만 고문을 당하지는 않았다. 혁명의 노래 악보가 가방에서 발견되자 경찰은 누구에게 받았는지 대라며 소리를 질렀다. 견디다 못한 시몬은 몇 년 전에 돌아가신 할머니의 이름을 댔다. 경찰이 청년전투부대 소속의 여러 젊은이들 사진을 보여주었을 때도 그녀는 이웃이자 자신의 약혼자라고 밝힌 앙드레 비버를 제외하고는 그중 누구도 본 적이 없다고 말했다. 6개월 된 아기를 두고 침모로 일하고 있던 시몬 에프라는 젊은 여성 또한 그뤼넨베르거의 집에 들렀다는 이유로 체포되어 구금되어 있었다. 에프는 조심성이 없고 쉽게 흥분하는 성격이라 조직에서는 그녀를 불신하고 있었고, 그녀는 동료들의 환심을 사기 위해 큼지막한 딸기 타르트를 가져오던 길이었다.

그때까지도 시몬 상페는 그들 무리에 속해 있던 젊은 남성 조르주 통들리에가 4월 25일에 체포되어 고문을 받고 특수수사대를 그뤼넨베르거의 집으로 이끌 만한 정보를 자백했다는 사실을 알지 못했다. 가족들이 집을 비운 어느 날 밤새 집을 수색하던 수사관들은 이름과 주소가 적힌 목록과 공책, 지도 여럿과 무기에 관한 매뉴얼을 발견했다. 그뤼넨베르거는 가까스로 도망쳤으나 발과 어깨에 총상을 입고 군사분계선에서 붙잡혔다. 독일군에게 넘겨진 뒤, 그뤼넨베르거는 여러 사보타주 행위에 대한 책임을 모두 홀로 지려고 노력했다. 시몬은 앙드레 비버 또한 경찰이 설치한 덫에 걸려 이미 체포되었다는 사실도 모르고 있었다.

이제 청년전투부대 소속 청년 남녀 열 명이 구금되었다. 그중 무아제스 펠드와 모르드카 페더만은 어린 시절부터 친하게 지낸 친구 사이였다. 페더만은 폴리처와 드쿠르의 제자였다. 그들은 경찰과 총격전을 벌이다 체포되었고, 그 와중에 부상을 입은 페더만은 자전거를 타고 도망치려다가 막다른 길에 몰리게 되자 청산가리 알약을 삼키고 스스로 얼굴에 총을 쏘았다. 페더만은 죽고 펠드는 체포되었다. 파리 근교의 숲에서 젊은이들을 훈련시키던 국제여단 소속의 파비앵은 때맞춰 전달된 경고를 듣고 도주했다. 바야흐로 순수의 시대는 막을 내리고 있었다.

창고의 커다란 홀로 끌려간 시몬은 한쪽 구석에 사람 몇 명이 누워 있음을 알아차렸다. 고문당한 청년들이었다. 그녀는 그 가운데서 연인 앙드레 비버를 발견했고, 밤새 그의 신음소리를 들어야 했다. 그녀는 제발 그를 볼 수 있게 해달라고 빌었지만 간수들은 거절했다.

다음날 아침, 시몬의 어머니는 몇몇 옷가지와 음식을 어떻게든 딸에게 전해주는 데 성공했고, 시몬은 다른 사람들과 그것을 나눴다. 이틀 후 앙드레가 시몬의 반대편 감방으로 누군가의 팔에 의지해 거의 끌려가다시피 옮겨졌다. 얼굴이 하얗게 질린 채 퉁퉁 부어 있는 그를 시몬은 간신히 알아볼 수 있었다. 앙드레도 시몬을 알아보았고, 다음 날 그들은 몇 분간 함께 있을 시간을 만들어냈다.

창고에서 제공되는 음식은 끔찍했고, 그나마도 양이 매우 적었다.

함께 있던 여학생들을 보살펴주려 최선을 다했던 나이 든 여성들의 노력에도 시몬은 점점 더 말라갔고 우울해졌으며 몹시 쇠약해졌다. 다시 볼 수 없게 된 앙드레에게 무슨 일이 일어날지 모른다는 공포가 시몬을 옥죄고 있었다. 마침내 시몬을 진찰한 의사가 그녀를 파리 외곽, 프레스네에 있는 감옥으로 이송했다. 그곳은 독일과 프랑스가 함께 공유하는 또 다른 감옥이었다. 조건은 이전과 별반 차이 없었지만, 프레스네 감옥에는 적어도 병동이 있었고 수녀들은 쓸 만한 침대와 시트, 음식을 주었다. 그곳에서 시몬은 조금씩 건강을 회복했다.

앙드레가 총살되었다는 소식을 들었을 때 그녀는 여전히 프레스네에 머무르고 있었다. 무아제스 펠드도 총살되었고, 시몬과 함께하던 조직원이자 프랑스 수사대가 '위험한 범죄자'로 분류한 이시도르 그랭베르는 단두대에서 처형되었다. 처형장으로 끌려가기 전, 그는 단 한 가지, 자신이 좀 더 많은 독일군을 죽이지 못한 것이 후회될 뿐이라고 말했다. 펠드는 자신의 누이에게 편지를 써 부모님에게 자신의 죽음을 가능한 한 부드럽게 전해달라고 부탁했다. 그의 나이 열일곱의 일이다.

✝

루이 아라공이 말하듯 1942년 5월은 '암흑의 오월'이었고, 이 단어는 곧 프랑스 레지스탕스와 관련된 단어가 되었다. 그러나 마리클로드가 훗날 증언하듯, 이 시기는 독일군에 의해 구금된 수감자들이 완전한 존엄과 자긍심을 가지려 노력했던 영적 순수의 시기이자 영웅적 행위의 시기이기도 했다. 몇몇 여성은 이미 몇 주간이나 완전히 고립되어 있었다. 그들 가운데 네 살배기 딸을 어머니에게 맡겨두고 샤랑트에서 지역 레지스탕스 운동을 조직하다가 체포된 이본 에모린이 있었다. 이본의 남편 앙투안은 광산 노조원으로, 그녀보다 먼저 체포되어 라상테에 수감되어 있었다. 앙투안이 자신의 목숨을 부지하기 위해 '게슈타포 선생님들'에게 다른 사람들에 관한 정보를 건네고 목숨을 구걸했다는 말이 돌았으나, 이제 그는 죽어 누워 있었다. 독일군은 그가 자살했다고 밝혔으나, 심문이 끝난 후 심하게 구타당해 무감각하게 누운 채로 감방에 실려 들어가는 그의 모습을 본 한 수감자는 그가 스스로 목을 맬 형편이 아니었다고 전했다.

피캉-폴리처-달리데 조직의 여성들 무리에 이제 렌에서 온 알리종 자매가 합류했다. 각각 다른 감방으로 끌려온 마리와 푸페트는 격리되어 있었기 때문에 다른 수감자가 환풍구를 통해 알려주기 전까지 몇 달간 서로의 생사를 알지 못했다. 너무나 외로웠던 열일곱 살 푸페트는 제발 언니를 만나게 해달라고 빌었지만 간수들은 냉담했다. 그녀는 마리가 그리 멀지 않은 곳에 있다는 사실에 위안을 얻으려고 애썼다. 마리가 스물한 살이 되던 5월 9일, 푸페트가 할 수 있는 일이라곤 환풍구로 메시지를 보내는 것뿐이었다. 감방에는 앵드르에루아르에서 온 제르멘 르노라는 교사도 있었다. 그녀는 분계선을 건너는 사람들을 배에 실어 나르는 레몽드 세르장과 라쿠르 사제를 도왔다는 죄목으로 체포되었는데, 심하게 구타당해 라상테에 왔을 때는 피로 뒤범벅되어 있었다. 또 다른 감방에는 갓 스무 살 생일을 맞고 체포된 마리잔 뒤퐁이 있었다. 그녀는 전구를 깨뜨려 나온 유리 조각을 삼켜 자살을 시도했다. "우리는 여성들에게 너그럽지." 한 독일군 대위가 어느 수감자에게 한 말이다. "너그럽고말고."

그러나 더 나쁜 일들이 닥쳐오고 있었다. 봄부터 오베르크의 명령에 따라 SS는 대부분이 재판 절차를 무시하고, 체포된 레지스탕스 멤버들의 운명을 그들의 손으로 결정짓는 행정적 처분을 내릴 수 있었다. 이제 폰 슈튈프나겔도 없는 마당에 반항기가 다분한 사람들에게 공포감을 심어주기 위해 집단 처형은 계속되어야 한다고 오베르크는 생각했다. SS는 인질들을 선택하고 처형 날짜와 시간, 장소를 정하는 임무를 맡았다. 4월 12일에 프랑스 경찰들은 '피캉 사건' 전체를 게슈타포의 손에 넘겼다. 5월 22일에 라상테의 여성들은 총격전으로 두 명의 독일군 사상자를 낸 공격에 대한 보복으로 다음날 많은 수의 남성들이 총살될 것이라는 소식을 듣게 되었다. 처형될 남자들의 아내들은 작별인사 차 그들을 잠깐 만날 수 있을지도 모른다는 말을 들었다.

가장 먼저 총살된 이들 가운데 제르멘의 남편 앙드레 피캉, 마이의 남편 조르주 폴리처, 엘렌의 남편 자크 솔로몽, 샤를로트의 남편 조르주 뒤다크가 있었다. 철학자였던 폴리처는 며칠 전 환풍구를 통해 동료들에게 새로이 집필할 책에 대한 구상을 마침내 끝냈다며, 약간의 종이만 얻게 되면 곧장 써내려갈 수 있다고 말했다. 마지막으로 남편을 보고 온 마이는 그의 부모에게 편지를 썼다. "조르주는 숭고하기까지 해요. (…) 프랑스 땅에서 죽어가는 것을 특히 행복하게 여기는 것 같아요." 헝가리 출신의 난민인 폴리처는 언제나 프랑스인들을 숭배해왔다. 앙드레를 보러 간 제르멘 피캉은 그의 얼굴과 몸 곳곳에 고문으로 멍이 가득한 것을 보았다. 앙드레는 감방 벽에 자동차를 그려두었다. 자동차 안은 짐가방으로 가득했다. "이것 봐. 함께 이탈리아로 휴가를 떠나는 거야." 마흔넷의 앙드레 피캉이 처형될 네 명 중 가장 나이가 많았다. 또한 엘렌은 자크 솔로몽과 함께 있을 시간이 몇 분밖에 없었지만 남편의 부러진 팔과 찢어진 머리를 보고 말았다.

동이 트기 직전, 독일군 한 명이 샤를로트의 감방으로 와서 "남편을 한 번 더 보고 싶다면 옷을 입으라"고 말했다. 샤를로트는 그를 따라 뒤다크의 감방으로 갔다. 헤어져야 하는 순간이 오자 샤를로트는 뒤다크의 손에 매달렸다. 군인이 샤를로트를 감방으로 도로 데려왔고, 동료들은 그녀를 침대에 눕혔다. 그들은 아무 질문도 하지 않았고, 샤를로트 또한 그들에게 이제 곧 죽게 될 이에게 무슨 말을 했는지 이야기하지 않았다.

제르멘, 마이, 엘렌과 샤를로트는 이제 미망인이 되었다. 스물여덟 살의 샤를로트는 뒤다크와 동갑이었고 마이와 엘렌은 이제 막 30대에 접어들었다. 마이의 아들 미셸과 제르멘의 두 딸은 아버지를 잃었다. 일어날 수 있는 일 가운데 최악의 일이 너무도 갑작스럽게 찾아왔다. 라상테에 수감된 다른 여성 수감자들, 남편과 연인이 구금되어 있는 여자들에게 남은 것은 이제 끝없는 두려움뿐이었다.

‡

인질과 레지스탕스에게 가해진 총살형에 관한 잘 알려진 이미지는 기둥에 묶인 채 홀로 꼿꼿하고 단호하게 서 있는 남자의 모습이다. 그러나 현실은 그렇게 깔끔하지도 단정하지도 않았다. 파리에서 대부분의 처형은 1850년대에 나폴레옹 3세의 적들을 포로로 수용했던 곳이자 최근에는 군 전보를 교육시키는 학교가 있던 몽발레리앵 시 서쪽에 위치한 언덕의 버려진 막사 부지에서 이루어졌다. 총살형을 앞둔 남성들은 자신들이 처형될 언덕을 오르기 전까지 SS 대원들의 감시를 받으며 낡은 예배당에 머물렀다. 몇몇은 마지막 메시지를 벽에 새겼다. 언덕으로 올라가는 길은 가팔랐고 비가 오거나 땅이 언 날에는 특히 미끄러웠으며, 심하게 고문까지 받은 이들에겐 더욱 오르기가 어려운 길이었다. 기둥에 기댈 수 없었던 이들은 눕혀진 채로 총살되었다. 한 독일군은 이 같은 처형을 운동경기 삼아 보라는 말을 듣기도 했다.

파리에 있는 감옥의 군목으로 임명된 독일인 사제 슈토크는 점잖고 조용조용한 말투에 프랑스 친화적이었으며, 기본적으로 예의 바른 사람이었다. 그는 총살형에 처해질 남성 수감자들의 마지막 걸음에 동행했다. 시신들은 관에 넣어 파리 주변의 수많은 서로 다른 공동묘지로 보내졌다. 그들의 무덤은 무엇으로도 표시되지 않았는데, 이는 그곳이 성지가 되지 못하게 하기 위함이었다. 총살된 사람 수가 특히나 많은 날에는 일부 시신을 페르라셰즈 공동묘지에 가져가 화장시키고 나온 재는 이름 없는 단지에 담겼다. 매번 처형이 이루어진 후에 슈토크 사제는 개인적으로 모든 세부사항을 노트에 적어 넣었고, 이를 통해 가족들은 죽은 이를 찾아낼 수 있었다. 슈토크 사제는 후일 증언했다. 처형된 2000명 남짓한 남성들은 모두 놀랄 만한 용기를 가지고 안대로 눈을 가리길 거부하며 조용히 '경멸하는 태도로 강인하게' 죽음을 맞이했노라고.

조르주 뒤다크의 시신은 몇 년 후 발굴되었고, 단두대에서 처형된 그의 친구 앙드레 웅과 함께 공산당 당원들을 기리는 페르라셰즈 공동묘지에 다시 안장되었다.

✝

일주일 뒤, 처형될 이들 가운데 아르튀르 달리데가 포함되어 있었다. 심한 구타로 그의 얼굴은 부어올라 눈조차 뜨지 못했고, 한쪽 팔은 완전히 마비되어 움직여지지 않았다. 경악할 만한 고문이 몇 주간 계속되었는데도 달리데는 누구의 이름도 대지 않아 레지스탕스 활동가들 사이에서 영웅이었다. 그에게는 아내나 연인이 없었지만, 몽발레리앵으로 끌려가기 직전 마리클로드를 만날 수 있었다. "내게 허락된 시간은 이제 끝났네, 친구. 하지만 너희, 내가 사랑하는 너희들은 반드시 살아주게." 그의 나이 서른여섯이었다.

달리데와 함께 펠릭스 카드라스도 총살당했다. 카드라스는 그의 가족에게 작별 편지를 쓰는 것조차 금지되었으나 가까스로 손수건에 몇 마디를 휘갈겨 적을 수 있었고, 이 손수건은 그의 옷가지가 가족에게 반환되고도 한참 후에야 코트 안감 속에서 발견되었다. 같은 날, 키가 크고 활달한 성격에 학구적이었던 드쿠르도 세상을 떠났다. 마이의 연인이었던 그는 부모에게 보낸 마지막 편지에 자신이 아파트에 남겨둔 마이의 몇 가지 물건 ― 라퐁텐의 『우화』 복사본, 바그너의 〈트리스탄과 이졸데〉와 슈트라우스의 〈사계〉 레코드, 그리고 수채화 두 점 ― 을 마이의 부모님께 돌려주라고 부탁했다. 그는 자신의 만년필과 샤프펜슬, 지갑과 시계는 마이의 아들 마이클에게 주고 싶어 했다. 드쿠르는 편지에 자신의 죽음을 비극적인 결말로 생각하지 말아달라고 부탁했다.

그에게 종교적 믿음은 없었으나, 이제 스스로를 '나무에서 떨어져 거름이 되려 하는 한 장의 나뭇잎'처럼 느끼고 있었다. 일주일도 채 되지 않는 기간 동안, 마이는 그녀의 남편과 연인을 동시에 잃고 말았다. 세실의 친구이자 멘토였던 레몽 로스랑 또한 심하게 고문받고 이시레물리노의 사격장에서 처형되었다.

폴리처-피캉-달리데 '사건'으로 붙잡힌 남성들 가운데 마흔여섯 명이 총살되었다. 그중 대부분이 저지른 일이라고는 반독일 선전물을 인쇄하고 배포한 것과 이제 그만 독일군이 프랑스 영토를 떠났으면 하는 소망을 입 밖으로 꺼낸 것에 불과했다. 그러나 그들의 죽음은 레지스탕스를 침묵시키지 못했다. 그들의 자리는 즉시 다른 사람들에 의해 채워졌다. 《자유 대학》은 계속해서 발행되었고 『바다의 침묵』은 잠시 휴간되었다가 곧장 재발행되어 금세 1000부가 팔려나갔다. 《레트르 프랑세즈》는 계속해서 사람들에게 저항의 정신을 북돋았다. 폴리처와 드쿠르로부터 편집인 역할을 넘겨받은 장 폴랑은 다음과 같은 기사를 썼다. "'그들은 사소한 것을 위해 죽었다'고 말하는 사람들이 있다. 그런 사람들에게 누군가는 반드시 대답해야 한다. 그들은 생명의 편에 서 있었노라고."

시위가 벌어질까 두려워했던 페탱이 독일군에게 신중하게 처리해 줄 것을 요청했기 때문에, 총살형에 처해질 남성 수감자들은 새벽녘이나 어스름이 질 무렵 감방에서 호출되어 몽발레리앵으로 떠났다. 모여든 라상테의 남성들은 이제 레지스탕스의 노래가 된 라마르세예즈를 불렀다. 노랫소리는 조용한 감옥 안에서 또렷이 울려 퍼졌다. 한 감방에서는 죽은 자를 위한 기도를 읊조리는 여성의 높고도 열렬한 목소리가 들려왔다. 여성 수감자들은 새로 미망인이 된 여성을 달래기 위해 할 수 있는 모든 것을 했다. 그러나 독방에 홀로 감금된 제르멘 피캉을, 혹은 남편 레몽이 모진 고문을 받은 모습을 확인한 루이제트 로스랑을 위로할 길은 많지 않았다.

어느 날 라상테의 여성 수감자들은 음식 배급 제약에 항의하는 시위에서 체포된 남성 네 명이 이튿날 아침에 마당에서 단두대로 처형될 것이라는 소식을 접했다. 그날 새벽, 여성들은 사형수를 호출하는 군인들의 군홧발 소리를 들었다. 창백한 새벽빛과 침묵 속에서 국가를 부르는 네 명의 노랫소리가 높았다. 그러고 나서 세 명, 두 명, 마침내 홀로 노래를 부르던 목소리마저 한 소절도 미처 다 끝맺지 못하고 사그라졌다. 이내 감옥 전체가 나머지 소절을 이어 부르기 시작했다.

샤를로트, 마이, 엘렌과 제르멘은 여전히 라상테에 갇혀 7월 14일 프랑스혁명 기념일을 맞았다. 3시가 되자 감옥은 총살된 이들을 추모하는 묵념에 잠긴 후, 라마르세예즈를 제창했다. 뒤이어 프랑스혁명의 노래로 잘 알려져 있는 〈카르마뇰〉과 〈출발의 노래〉*를 불렀다. 간수들은 초조해했고, 여성들은 연합국이 개가를 올렸을 거라고 추측했다. 모두들 앞으로 1년 안에 독일군의 손아귀에서 벗어날 수 있으리라 여겼다. 사람들의 활기를 북돋는 데 소질이 있는 마리클로드는 심약했던 이들조차 자신이 점점 더 굳세어지고 있음을 느꼈다.

---

* 〈출발의 노래〉(Chant du Départ)는 프랑스혁명(1789)이 지속되던 1794년 작사 작곡된 것으로 프랑스 제1공화국(1799~1815)의 국가였다. '로베스피에르에게 바치는 노래', 또는 '나폴레옹 찬가'라고도 불린다.

7장

생각조차 할 수 없는 일

1942년 2월 초, 독일군은 프랑스에 거주하고 있던 유대인들을 대규모로 강제추방하려 하고 있었다. 처음엔 페탱도 이 조치에 대해, 특히 프랑스 출신 유대인의 추방에 불편함을 표시했다. 그러나 이내 그는 프랑스 시민이 아닌 14만 명의 운명에 대해서는 별달리 신경 쓰지 않았다. 비시정부의 경찰청장 르네 부케에게 유대인 일제검거는 그가 얼마나 효율적으로 일하고 있는지 그리고 독일과의 협력에 자신이 얼마나 헌신적인지 증명할 수 있는 기회에 불과한 듯했다. 강제추방될 유대인의 수는 재빨리 합의되었다. 그러나 러시아 전선에서 일어난 공격으로 사용할 수 있는 철도가 없었던 탓에 추방은 얼마간 지연되었다. 프랑스를 떠나 죽음의 수용소로 향했던 최초의 유대인 호송은 3월 27일에 있었다.

여섯 살 이상의 유대인은 모두 주먹만 한 크기에 별 모양을 한 노란 헝겊에 검은 글자로 'Juif' 또는 'Juive'라고 적어 달아야 한다는 명령이 떨어졌다. 이것으로 프랑스의 시민이든 외국 태생이든 그들이 유대인임을 알아보기가 쉬워졌다. 1939년 후반부터 폴란드에서, 독일에서는 1941년 여름부터 시행된 이 노란별에 비시정부는 잠시 저항했다. 그러나 곧 패탱은 강제추방 문제와 마찬가지로 굴복을 택했다. 부케는 각지방 경찰청에 "관할 구역에 거주중인 외국계 유대인을 쫓아내라"고 지시했고, 대부분이 재빨리 이에 응했다. 5월이 되자 노란별 착용은 의무가 되었다. 이제 강제추방을 앞둔 유대인들이 수용된 포로수용소는 200곳을 넘어섰다. 자유지역의 수용소 수가 점령지역보다 조금 더 많았다. 베를리츠 궁에서 열린 전시회 〈유대인과 프랑스〉의 카탈로그 표지에는 누더기를 걸친 지저분한 남자가 기도자의 숄로 이마를 감싼 채 움켜쥐려는 듯 두 손으로 지구를 꽉 잡은 모습이 실렸다. 20만 명이 이 전시를 보러 왔다.

1942년 봄부터 초여름, 대체로 프랑스인들은 그들과 함께 살던 유대인 35만 명의 운명에 수동적이었다. 유대인을 박해하는 법령이 하나둘 발표되고 그들이 직장에서 쫓겨나고 유흥장 출입을 금지당하고 지하철의 꽁무니 칸으로 내쫓기고 한꺼번에 가축 수송열차에 실려 폴란드로 호송되는 동안, 프랑스는 한때는 그토록 열렬하게 인간의 권리를 주장했던 나라치고는 기이하게 소극적인 자세로 이 모든 것을 바라만 보았다. 사실 가축수송열차를 처음 제안한 것도 독일군이 아니라 프랑스 철도청이었다. 강제추방되는 이들을 국경으로 이송하는 일은 프랑스 운전사가 모는 프랑스 기차를 통해서 이루어졌다.

그러나 모두가 항의하지 않은 채 물러나 있었던 것은 아니었다. 일단 강제추방이 시작되고 유대인을 태운 기차가 정기적으로 많게는 일주일에 세 번씩이나 파리의 외곽에 세워진 드랑시 수용소를 향해 출발하자, 안 그래도 높아가던 독일군에 대한 대중의 반감이 더욱 심해지기 시작했다. 유대인의 노란별 착용을 강제하는 데 반발해 장미꽃이나 장미매듭 모양을 한 노란색 헝겊을 옷에 매단 비유대인들도 눈에 띄었다. 현란한 옷차림에 색안경을 쓴, 자주(zazous)라 불리던 젊은 재즈광들도 옷에 노란색 별을 달고 파리의 거리를 돌아다녔다. 그러는 동안 점령지역에서 대주교와 추기경들이 인류애와 기독교 정신의 이름으로 유대인 일제검거에 반대하는 공개서한을 페텡에게 보냈다. 새로 단 노란별을 의식하며 파리의 거리를 걷던 유대인 학생 엘렌 비어는 종종 낯선 사람들이 전에는 한 번도 본 적 없던 따뜻한 미소를 자신에게 지어보였다고 일기에 적었다. 그러나 강제추방은 계속되었다.

7월에 독일군과 비시정부는 새로 3만 명의 유대인을 일제 검거하겠다는 계획에 동의했다. 2만 명은 파리에서, 나머지 인원은 자유지역에서 채워질 것이었다. 지금까지 일제검거는 남성으로 한정되어 있었다. 다시 한 번, 비시정부의 수상이자 끊임없이 독일군에게 이로운 타협안을 내놓았던 피에르 라발이 검거 대상에 여성들과 아이들까지 포함시키자는 제안을 내놓았다. 호송대가 아이들을 뒤에 남겨둘 때면 절망적으로 서로에게 매달리는 부모와 아이들을 떼어놓느라 벌어지는 광란이 경찰들을 동요시킨다는 것이 이유였다. 16일과 17일, 파리에서 대규모의 검거가 벌어졌다. 프랑스 경찰과 독일 경찰이 협력한 결과, 3031명의 남성과 5802명의 여성, 4051명의 아이들이 검거되었다. 그들이 바라던 것보다는 적은 수였지만, 늘어선 기차들을 채우기에는 충분했다.

약 7000명이 15구역에 있는 경륜장 벨로드롬 디베르—1936년 9월에 '정열의 꽃' 돌로레스 이바루리*가 운집한 3만 명에게 파시즘에 대항해 국제적으로 투쟁하자고 호소했던 바로 그곳 — 로 끌려갔다. 극심한 불편과 극도의 불안 속에서 유대인들은 무슨 일이 벌어질지 기다렸다. 적어도 그들 가운데 일부는 앞으로 자신들에게 닥칠 일에 관해 이미 알고 있었다. 봄부터 런던의 라디오 방송은 폴란드에 있는 죽음의 수용소에 관해 지속적으로 보도하고 있었고, 7월 1일에는 독일군이 폴란드를 침공한 이래 70만 명의 폴란드 유대인들이 학살되었다는 소식이 방송되기도 했다. 어린아이와 노약자를 가스실로 보내고 있다는 호외가 파리에 뿌려지기도 했다.

'유대인 사냥'으로 붙잡힌 사람들 중에는 알자스 출신의 강인하고 거침없는 여의사 아델라이드 오트발도 섞여 있었다. 유대인이 아니라 프로테스탄트 사제의 딸이었던 아델라이드는 1942년 4월, 자유지역에 있는 아픈 할머니를 방문하기 위해 군사분계선을 넘으려다 부르주 역에서 독일군이 한 유대인 가족을 괴롭히는 모습을 보았다. 독일어를 사용하는 알자스 지방의 신경생리학 병원에서 몇 년간 일했던 터라 독일어에 능했던 그녀는 군인들에게 다가가 그들을 괴롭히지 말라고 말했다. "당신 눈에는 이놈들이 유대인이라는 게 안 보이나?" 한 군인의 반문에도 그녀는 물러서지 않았다. "그래서요? 저들도 당신이나 나와 같은 인간이에요." 그녀는 체포되어 부르주 감옥으로 끌려갔다. 몇 주

---

* 스페인의 여성 공산당 지도자 돌로레스 이바루리(Dolores Ibárruri, 1895~1989)는 1939년 스페인 내전 당시 프랑코군에 맞선 저항세력의 상징이다. "네놈들은 못 지나간다!"(¡No pasarán!), "무릎 꿇고 사느니 서서 죽는 것이 낫다" 등의 연설로 유명하다. '정열의 꽃' 또는 '수난의 꽃'을 의미하는 그녀의 별명 '라 파시오나리아'(la Pasionaria)는 전투적 여성 혁명운동가를 지칭하는 보통 명사로도 쓰인다.

뒤, 그녀는 전에 했던 말을 철회하겠느냐는 질문을 받았다. 그녀가 철회하지 않겠다고 답하자 담당 형사는 말했다. "그렇다면, 너는 그놈들과 운명을 같이하게 될 거다." 지금에야 비로소 아델라이드는 그 운명의 내용이 무엇인지 알게 되었다.

아델라이드가 루아레에 있는 피티비에 수용소에 머문, 고작해야만 하루도 되지 않는 시간 동안 그녀는 유대인으로 가득 찬 화물차가 드랑시로 출발하는 장면을 목격했다. 수송을 감독하는 사람들은 분명 프랑스 경찰이었고 프랑스의 국경 경비대가 경찰을 돕고 있었다.

그날 저녁 수용소는 아델라이드처럼 '혐의가 불분명한' 몇 사람을 제외하고는 텅 비었다. 독일군은 '유대인의 친구'라고 적힌 노란별을 그녀의 가슴에 달게 했다.

피티비에 수용소는 두 개의 막사를 여자들에게 할당했다. 떠나기 전, 몇몇은 가까스로 아델라이드에게 그들의 사연을 이야기할 수 있었다. 나이가 꽤 든 금발의 한 여인은 무슨 일이 벌어지고 있는 건지 도무지 납득하지 못했다. 또 다른 젊은 여자는 불안으로 미칠 지경이었는데, 그녀는 체포될 당시 6개월 된 아들을 빈 집에 두고 와야 했다며 자신의 아들이 그곳에 있다는 것을 아는 사람도, 아들을 데리러 가줄 사람도 없다고 말했다. 몇몇은 만삭의 배를 하고 있었다. "정상적인 인간의 정신으로는 상상조차 할 수 없는 일들을 알게 되는 것은 정말 힘든 일이다"라고 아델라이드는 적었다.

며칠 후, 5000명의 다른 유대인 남성과 여성, 어린이 들이 피티비에 수용소에 도착했다. 진흙탕으로 변한 그곳에 물은 거의 없었고 음식도 충분치 않았다. 의사였던 아델라이드는 대문 바로 밖에 있는 거대한 격납고를 진료소로 사용할 수 있다는 허락을 받았다. 이곳에서 그녀는 열아홉 살 리투아니아 소녀의 도움을 받아 최선을 다해 환자들을 돌보았다. 몇몇은 완전히 넋이 나간 것처럼 보였다. 자신의 이름이 불리면, 사람들은 아델라이드의 손에 작은 돈주머니나 보석들을 쥐여주고 아직 집에 있을 자신의 친척들에게 연락을 취할 수 있는 방도를 알려달라고 빌곤 했다. 수용소 밖에서는 프랑스 경비대가 남자들의 머리를 삭발하고 있었다. 곧 진흙탕에 머리카락이 수북이 쌓였다. 게슈타포는 양동이를 들고 주변을 돌아다니며 값이 나갈 만한 것들을 눈에 띄는 대로 강탈하고 있었다. 짐 가방은 철저히 수색되었고, 깃털이 붙은 칼로 찢겼다. 오리 깃털과 거위 깃털이 공중을 떠다녔다.

아델라이드가 목격한 가장 역겨운 강제추방은 8월 2일에 있었다. 열다섯 살 이상인 자녀만이 드랑시와 폴란드까지 부모와 동행할 수 있다는 명령에 어린아이들은 강제로 어머니들의 팔에서 떼어내졌다. 유대인을 실은 화물차가 저 멀리로 사라지자, 수용소 내 울타리에 줄지어 선 아이들은 멍하게 쳐다보다가 울음을 터뜨렸다. 가장 어린 아이들의 옷 위에도 그들의 이름과 나이가 적힌 끈이 매달려 있었다. 아델라이드는 만약 저 끈이 떨어지기라도 하면 부모들이 아이들을 찾을 수 있을지 의심스러웠다. 며칠이 지나자, 어린아이 넷이 완전히 말하기를 멈췄고 벙어리가 되었다. 드랑시에서 돌아온 한 경비대원이 어린이들의 끈을 모두 떼어내라고 명령했을 때 비로소 아델라이드는 이 아이들에게 무슨 일이 벌어질지 알아차렸다. 피티비에가 폐쇄되기 전까지 그곳에서 동쪽으로 강제추방된 유대인의 수는 1만 2000명에 달했다. 그중 1800명이 어린이였다.

몇 주 뒤, 아델라이드는 18킬로미터 떨어진 본라롤랑 수용소로 이송되었다. 이곳에서 그녀는 이질로 설사병을 앓고 있는 수감자들을 돌보고, 넘칠 듯 가득 찬 양동이를 잼 병으로 비워내며 밤을 지샜다. 그녀는 자매에게 편지를 띄워 자신이 벼룩으로 뒤덮여 있으며, 디프테리아에 걸려 있다고 알렸다. 또한 그녀는 부모 없이 홀로 수용소에 보내진 세 살배기 남자아이를 돌보려고 애쓰고 있었다. 부모가 모두 체포되어 호송되었을 때 길거리를 방황하고 있던 아이를 다행히 부모의 친구들이 거두어 돌봐주고 있었다. 그러나 경찰은 아이를 추적해 본라롤랑으로 보내버렸다. 며칠 후 이 아기는 디프테리아에 걸려 죽고 말았다. 아리안들은 더 이상 유대인 수용소에 있어서는 안 된다는 명령에 따라 아델라이드도 오를레앙에 있는 감옥으로 이송되었다. 사실 그녀에게는 적십자 직원 행세를 하며 감옥을 빠져나갈 수 있는 순간이 있었다. 그러나 갑자기 독일군 한 명이 나타나 그 기회를 놓쳤다. 그녀는 수감자였고, 더 이상 탈출의 기회는 오지 않았다.

✝

유대인 혐오에 대항했던 것이 아델라이드만은 아니었다. 파리에서의 유대인 검거가 만들어낸 가슴 찢어지는 장면을 목격한 후, 피에로라는 젊은 화물차 운전수는 자신이 직접 탈출로를 조직해야겠다고 결심했다. 피에로의 아버지는 페르라셰즈 공동묘지 근처의 아망디에 거리에서 카페를 운영하고 있었다. 그의 약혼녀 마들렌 모랭 또한 같은 거리에서 미망인인 어머니와 함께 미용실을 운영하고 있었다. 마들렌의 미용실은 네트워크를 세우고 운영하는 데 최적의 은신처가 되었다.

처음에 피에로는 그가 모는 화물차에 실어둔 나무 상자 안에 유대인 가족들을 숨겨 군사분계선까지 데려다주었다. 그러나 곧 그런 방식으로는 충분히 많은 사람을 도주시킬 수 없다는 것을 깨닫고는 친구들과 합세해 위조 신분증과 기차표를 인쇄해 파리에서 자유지역에 이르는 연결망을 짰다. 마들렌의 미용실은 서류를 모으고 배부하는 장소가 되었다. 그러나 어느 날 아침, 이 비밀스러운 여행자들은 경찰의 검문에 걸렸고, 그들이 내민 서류가 등록된 장부와 일치하지 않는 것을 확인한 경찰은 그들을 모두 체포했다. 게슈타포는 연결고리를 역추적해 아르데슈 거리에 있는 마들렌의 미용실에 다다랐다. 마들렌과 어머니는 체포되어 소세 거리로 끌려가 심하게 구타당했다. 예기치 않게 석방된 후에도 그들은 아랑곳하지 않고 미용실로 돌아가 비밀스럽게 일을 재개했다. 얼마 지나지 않아 그들은 다시 체포되었고, 이번에는 석방의 기회가 영영 오지 않았다. 모녀를 도왔던 이 중 한 명은 소아마비로 장애가 있는 열세 살 난 아들을 둔 올가 멜랭으로, 전쟁이 발발할 무렵 그녀와 이혼 직전이던 남편은 전쟁포로로 붙들려 있었다.

1941년 어느 즈음에 자크 솔로몽과 조르주 폴리처는 유대인 과학자 친구인 마리엘리자 노르드만에게 반독일 선전물을 소르본에 배포하는 것을 도와줄 수 있는지 물었다. 저명한 화학 연구자였던 마리엘리자는 학생뿐 아니라 교수들과도 두루 친했다. 그녀는 《자유 대학》의 편집진에 합류해 취재를 하고 기사를 썼으며 저녁마다 어머니의 도움을 받아 신문을 봉투에 넣어 집집마다 배포했다. 마리엘리자의 친구 프랑스 블로크 역시 과학자였고 유대인이었다. 마리엘리자가 프랑스에게 화학약품을 제공하면, 프랑스는 다뉴브 거리에 있는 비밀 연구실에서 새로운 연합 의용-유격대를 위해 폭발물을 만들었다.

하지만 1942년 늦은 봄, 특수수사대는 레지스탕스 무장단체 소속의 남자 셋을 체포했다. 보고서에는 '강력한 심문'이라고 적어두는 일련의 과정을 거친 후, 수사대는 '클로디아'라고 알려진 젊은 화학자가 레지스탕스를 위해 화약과 비상약, 백신을 만들고 있다는 정보를 알아냈다. 그들은 곧 충분한 정보를 입수했고, 다뉴브 거리에서 '158센티미터에 예쁘장한 얼굴과 곱슬곱슬한 갈색 머리의 보헤미안 같은 외모에 안경'을 쓰고 팔자걸음으로 걷는 한 젊은 여성을 발견했다. 그녀가 길에서 어떤 남자에게 병을 하나 건네는 모습이 포착되었다. '클로디아'는 프랑스 블로크였고, 그녀는 미행당하고 있었던 것이다.

1942년 5월 중순, 프랑스 블로크의 남편이자 공산당 활동으로 보브 수용소에 억류되어 있던 프레도 세라쟁이 총살될 예정이라는 소식이 지하조직에 전달되었다. 프랑스는 그를 탈옥시킬 계획에 참여했다. 프랑스는 옷가지들을 챙기기 위해 집으로 향했고, 그곳에서 그녀를 기다리고 있던 경찰들과 마주쳤다.

체포되었을 때, 프랑스는 자신이 두 돌이 지난 아들을 두고 있으며, 지금은 러시아에 있는 역사학자 장리샤르 블로크의 딸이라는 것과 자신이 길에서 한 남자에게 황산이 든 병을 건넸다는 사실만은 인정했다. 그러나 그녀는 그 남자가 누구인지, 황산이 어디에 사용되는지는 전혀 알지 못한다고 주장했다. 하지만 경찰들은 프랑스의 연구실에서 탄약, 배터리, 코르다이트(화약), 금속 튜브, 위조 신분증과 온갖 종류의 화학약품들을 발견했다.

다비드의 수사관들이 프랑스 블로크의 가까운 친구였던 마리엘리자 노르드만을 추적하기까지는 그리 오래 걸리지 않았다. 마리엘리자는 경찰청 창고로 끌려가 심문을 받았고 라상테 감옥에서 프랑스 블로크와 재회하기 전까지 프랑스 경찰과 독일군으로부터 심문을 받았다. 그러나 이 두 여성이 유대인이라는 점은 특별수사대가 미처 알지 못했다. 같은 조직에서 마리엘리자와 다른 이들이 잡혀 들어간 후, '강력한 심문' 끝에 많은 남성과 여성 들은 자신이 위조된 신분증을 사용했고 다른 사람들을 레지스탕스 운동에 끌어들였으며 독일군을 겨냥한 사보타주의 계획과 수행을 도왔다는 점을 인정했다. 취조 중에 마리엘리자는 자신이 지난 8년간 프랑스 블로크를 알고 지낸 것은 사실이나 자신들은 결코 정치에 관해 토론한 적이 없다고 주장했다. 그녀는 친구가 담배상자에 몰래 숨겨 들여온 쪽지를 통해 아들 프랑시스를 돌보고 있던 60대 미망인인 자신의 어머니가 체포되었으며, 구타당한 뒤 그녀가 유대인이라는 사실을 인정했다는 것을 알게 되었다. 마리엘리자는 아들 프랑시스가 어디에 있는지 알 수 없었고 어머니가 걱정되어 미칠 지경이었지만 기다리는 수밖에 없었다. 6월 24일, 프랑스의 남편 프레도가 총살당했다는 소식이 두 여성에게 전해졌다. 유대인이었던 마리엘리자와 프랑스는 언제라도 동부로 강제추방되어 드랑시에 보내질 수 있다는 공포 속에서 남들보다 더 불안에 떨어야 했다. 동시에 레지스탕스였던 그들은 자신뿐만 아니라 다른 여성들과 함께 앞으로 어떤 일이 자신들에게 닥칠지 알지 못했다.

특별수사대가 '세라쟁 사건'이라고 지칭한 이 사건은 다섯 명의 여성을 더 잡아들이는 성과를 올렸다.

✝

　프랑스의 초기 레지스탕스 네트워크 가운데 여성들이 매우 중요한 역할을 했던 조직은 두 군데 더 있었다. 그들의 몰락은 다시 한 번 프랑스 경찰들이 공들여 세운 작전과 불운이 겹쳐 일어났다. 피캉 사건과 마찬가지로, 올이 풀린 실타래는 더 널리 더 멀리 도달했다.

　피캉-달리데-카드라스 사건의 죄수들을 반복적이고 잔인하게 취조한 결과, 위원장 다비드는 저널리스트, 출판인 네트워크와 함께, 위조된 신분증과 군사통행증을 가지고 비밀 지하선전물을 실제로 만들어내는 인쇄공과 식자공으로 구성된 네트워크인 '기술전투원팀'이 존재한다는 사실을 알아냈다. 독일군은 계속해서 지하언론이 매우 위협적이라고 여겼고, 비록 초기의 체포 덕분에 지하출판이 잠시 소강상태에 머무르고 있긴 하지만 다른 편집인들과 저널리스트들이 수감된 동료들의 역할을 대신함에 따라 다시금 그 수가 늘고 있다는 것을 알아차렸다. 다비드의 수사관들이 다시 11구역의 생앙부아즈 거리에 자주 나타나는 한 젊은 남자과 그의 동료들이 양동이와 꾸러미를 교환하고 있음을 포착한 것은 1942년 3월 말 즈음이었다. 경찰은 그에게 '앙부아즈 1'이라는 이름을 붙인 후 그를 미행하기 시작했다.

　앙부아즈 1은 전쟁이 발발하기 전 청년 공산당에서 적극적으로 활동했던 스물아홉 살의 기계 조립기술자 아르튀르 탱틀랭이었다. 경찰은 그가 가방을 들고 여러 인쇄소에 들르는 모습을 목격했다. 때때로 그는 지하철을 타거나 걸어 다녔는데, 걸을 때면 매우 서둘렀으며 끊임없이 어깨 너머를 살폈다. 4월 7일, 그가 어떤 젊은 여자와 이야기하는 모습이 포착되었다. 여자는 밝은색 옷을 입고 있었는데, 그 탓인지 점령 두 해째로 접어든 도시의 칙칙한 회색 풍경 속에서 그녀만이 유독 도드라져 보였다. 여자는 직업소개소에서 속기사로 일하다 직장을 잃은 뒤 인쇄공 사이의 접선책으로 활동하던 자클린 카트르메르였다.

다비드의 수사대는 계속해서 파리의 거리 이름과 지하철역 이름을 따 용의자들을 명명했다. 탱틀랭이 그다음 만난 '생모르의 여자'는 다니엘이 후견인이 되어 보살피던 스물한 살 마들렌 두아레였다. 자클린은 외로움을 달래기 위해 종종 그녀와 함께 저녁시간을 보내곤 했다. 탱틀랭이 자주 만나던 또 다른 여자는 세르 자매의 룰루였다. 룰루의 여동생 잔은 이 인쇄소에서 저 인쇄소로 외바퀴 수레에 신문뭉치를 담아 운반하느라 바빴다.

수사관들이 보고한 바에 따르면, 탱틀랭이 접선하는 사람들은 모두 매우 불안해 보였다. 6월 17일 밤, 다비드는 그들을 급습할 때가 왔다고 생각했다. 그들이 체포한 첫 번째 용의자는 마도였다. 그녀가 이브리에 있는 부모님 댁에서 체포되었을 때, 마도의 아버지는 경찰에게 말했다. "네 놈의 사진을 찍어두었다. 내 딸에게 손 하나만 까딱해봐라, 내 너를 꼭 찾아내고 말 테니."

같은 날, 룰루는 시부모님과 함께 시외에 살고 있는 어린 아들 폴을 보러 가던 참이었다. 파리로 돌아오는 길에 그녀는 아픈 친구의 부인을 위해 1리터짜리 우유병을 들고 친구네에 들렀다. 그러나 그녀에게 문을 열어준 사람은 특수수사대의 수사관들이었다. 그들을 보자마자 룰루는 우유병을 깨뜨리고 유리조각을 손에 쥔 채 뒤돌아 거리를 내달렸다. 그러나 곧 막다른 곳에 몰렸고, 붙들려 수갑에 채워진 뒤 승합차가 기다리고 있는 인도로 끌려갔다. 그녀는 발버둥 치며 행인들에게 소리쳤다. "이놈들이 내가 프랑스의 애국자라는 이유로 나를 잡아가요. 난 살아 돌아오지 못할 거예요. 뤼시엔 세르가 체포돼서 이제 앞으로 자식도 못 보게 되었다고 모두에게 전해줘요." 수사관들은 보고서에 그녀를 '암호랑이'라고 적었다. 비록 군중은 침묵한 채 구경만 하고 있었지만, 그녀가 체포되었다는 소식은 그녀가 살던 건물의 수위에게 전해졌고 다시 지하조직을 따라 마르세유에 살고 있던 그녀의 어머니에게 전해졌다. 그녀의 자매인 잔 또한 비슷한 때에 체포되었으나 가명을 댔다. 그녀는 카르멘으로 알려져 있었고 다른 이름으로 등록되어 있었기 때문에, 꽤 오랫동안 아무도 그녀와 룰루가 자매라는 사실을 알지 못했다. 그 편이 더 낫겠다고 생각했기 때문에, 그들은 서로에 대해 전혀 알지 못하는 척했다.

경찰청 지하실에 끌려간 자매는 탈옥을 꾀했다. 그들은 허술하게 잠겨 있는 창문을 발견했고 다른 몇몇 여성들을 설득해 그들의 빈자리를 가려달라고 부탁했다. 그러나 어둠이 깔리고 룰루와 카르멘이 막 창문의 나사를 풀려 했을 때, 갑자기 경찰차가 매춘부 한 무리를 체포해 돌아왔고, 사방에 불이 켜져 자매에게 다음 기회는 오지 않았다.

그 후 24시간 동안, 다비드는 서른일곱 명의 인쇄공과 식자공, 배포책과 접선책을 체포했으며, 불법으로 소유한 커다란 인쇄기 두 대와 숨겨둔 물품 보관 창고 여섯 곳, 지하 사진 현상소 두 곳을 발견했다. 이전의 미행과 추적, 잠복수사와 마찬가지로, 억류된 용의자들은 마치 한 조각의 퍼즐처럼 이름과 주소 들을 맞춰주었고 그 정보들은 더 많은 검거를 이끌어내고 있었다. 다비드가 사건을 종결시키기도 전에,

탱틀랭 사건은 벌써 100명의 용의자를 확보했다. 체포된 인물 가운데 가장 중요한 인물은 앙리 도베프였다. 다소 공격적인 성격의 인쇄공인 그는 지하조직으로부터 강요와 협박을 받아 일했을 뿐이라고 주장했다. 그의 아내이자 이탈리아 사회주의 지도자 피에트로 네니의 딸이었던 비바는 체포를 면할 수 있었다. 친구들이 모두 나서서 그녀더러 제발 도망가라고 재촉했지만, 비바는 매일 구치소에 있는 남편을 찾아가 옷과 음식 그리고 담배를 가져다주는 쪽을 택했다. 결국 경찰은 그녀도 함께 체포하기로 했다. 그녀가 어느 날 면회를 마치고 떠날 채비를 하자, 경찰은 그녀에게 이제 더 이상 이곳을 나갈 수 없다고 통보했다.

다른 진압 작전과 마찬가지로 이번에도 그저 우연히 걸려든 사람들이 있었다. 마들렌 드샤바신은 이미 《뤼마니테》의 지하판을 배포했다는 혐의로 감옥에 수감된 적이 있는 화학 기술자였다. 석방된 이후에도 그녀는 화학자로서 계속해서 의용유격대를 위해 폭발물을 만들었으나 동료들이 체포될 때 운 좋게 몸을 피할 수 있었다. 그러나 공교롭게도 마들렌이 전부터 알고 지내던 자클린과 함께 있을 때 다비드의 부하들이 집으로 찾아왔다. 경찰은 또 다른 죄수의 출현에 기뻐하며 그녀도 함께 끌고 갔다.

✝

경찰에게는 '앙기앵의 백조'라는 용의자명으로밖에 알려져 있지 않았지만 세실은 인쇄공 네트워크에서 중책을 맡고 있었다. 세실은 6월 1일 암스테르담 거리의 한 카페에서 그랑쿠아로 불리던 남자 — '낚시'

라는 용의자명이 붙은 그 역시 경찰에게 미행당하고 있었다 — 와 대화하는 모습이 포착되었다. 6월 8일에 한 수사관이 라파예트 거리의 담뱃가게 근처에서 그녀가 다시 그랑쿠아와 함께 있는 것을 발견했다. 그들은 잠시 대로를 따라 걷다가 양지바른 벤치에 앉았다. 그녀는 총 여덟 번 목격되고 미행되었다. 그러나 세실은 6월 17일에 있었던 일제검거를 피할 수 있었다.

인쇄공을 만나러 가기 위해 버스에 앉아 있던 그녀는 앞쪽에 앉은 남자가 옷깃이 반들반들하게 닳은 재킷을 입고 있다는 것을 알아차렸다. 반들반들한 옷깃은 그가 경찰이라는 확실한 표식이었다. 경찰들은 배지를 내보이기 위해 자주 옷깃을 앞뒤로 열어젖히기 때문이다. 버스에서 내린 세실은 가까스로 정류장에서 그녀를 기다리고 있던 레지스탕스 멤버에게 자신이 미행당하고 있다는 것을 귓속말로 알릴 수 있었다. 그녀는 인쇄공을 만나기로 했던 계획을 버렸고, 그녀가 나타나지 않자 인쇄공은 비밀스럽게 작업하던 모든 증거를 숨겼다.

동료들의 체포 소식을 듣고 세실은 집을 옮긴 후 한동안 숨어 지내다가 다시 새로운 네트워크에서 활동을 재개했다. 어느 날 그녀가 리투아니아 출신의 유대인 두 명과 함께 지내고 있던 자신의 작은 아파트로 돌아왔을 때, 그녀에게 동정적이던 건물 관리인이 집에 아무도 없을 때 경찰 둘이 찾아왔었다고 말해주었다. 경찰은 세실과 두 유대인 하숙인이 그날 오후에 '반드시 집에 있어야 한다'는 매우 명료하고 분명한 메시지를 남겼다. 후일 세실의 말처럼, 때로는 프랑스 경찰도 점잖게 굴었다. 그녀와 친구들은 신중하고도 무사히 거처를 옮겼다.

그러나 그녀의 운은 계속되지 않았다. 8월 5일, 한 경찰관이 5구역의 몽쥬 광장에서 물건을 사고 있는 세실을 알아보고는 그녀가 전에 탱틀랭과 함께 있던 여자임을 기억해냈다. 경찰은 그녀를 체포했고 세실이 들고 있던 신문지 갈피에서 위조 서류와 위조된 배급증, 열쇠를 발견했다. 그들은 그녀를 경찰청으로 데려가 취조했다. 세실은 모피 가공 일을 했었지만 지금은 실직한 상태이고 수양가족에게 아이를 맡겨둔 어머니이며 1937년에 공산당에 가입했다고 말했다. 이후 그녀는 자신이 프랑스 공산당을 위해 접선책으로 일했으며 그 대가로 적은 보수를 받은 사실은 실토했지만, 자신이 만난 남자의 신원에 대해서는 전혀 모른다고 주장했다. 열쇠에 대해 추궁하자, 그녀는 이 열쇠로 어떤 문을 열 수 있는지 모르며 애초에 그 열쇠가 어떻게 자신의 가방에 들어갔는지도 모르겠다고 잡아뗐다.

경찰은 골리아르도 콩사니가 세실의 연인이라고 생각했고, 그의 아파트를 수색해 그곳에서 지급 금액과 암호명이 적힌 세실의 노트를 발견했다. 경찰은 암호로 적힌 이름들이 누구인지, 노트의 내용이 무엇에 관한 것인지 추궁했지만, 세실은 말하지 않았다. 콩사니는 경찰에게 세실과는 식당에서 만났으며, 1년간 그녀와 사귀어온 것은 사실이지만 그녀가 무슨 일을 하고 다녔는지는 전혀 알지 못하며 그들은 한 번도 정치에 관해 이야기해본 적이 없다고 진술했다. 세실 역시 인쇄공에게 전달할 자금을 자신에게 건넸던 탱틀랭 조직의 지도자들과 대질심문을 받았지만, 끝까지 그들을 전혀 모른다고 발뺌했다. 남자들은 그녀를 결코 본 적도 만난 적도 없다고 진술했다. 경찰은 세실을 석방하지는 않았지만, 다행스럽게도 그녀는 간략한 심문만을 받았다. 경찰은 그녀가 탱틀랭 리스트에서 놓친 영양가 없는 용의자라고 여겼고,

또 다른 그룹에 연루되어 있으리라고는 생각하지 않았다. 세실은 다른 여성들이 구금된 감방으로 보내졌고, 그곳에서 오랜 친구였던 룰루와 카르멘을 만날 수 있었다.

다비드의 수사대가 체포한 열일곱 명의 기술전투원팀은 모두 여성이었다. 이들 가운데 열 명이 20대였고, 일곱 명이 아이를 키우는 엄마였다. 룰루의 아들 폴은 채 두 살도 되지 않았다.

다비드의 수사관들에게 고문을 받은 것이 분명한 탱틀랭 무리의 남자들은 초죽음이 되어 게슈타포에게 넘겨졌다. 8월 11일 새벽 동이 트기 전, 여자들은 라마르세예즈 소리에 잠에서 깨 남편들이 이미 총살되었다는 사실을 그제서야 알게 되었다. 남자들은 파리 경기장에서 훈련 중인 독일 공군에게 가한 수류탄 투척 사건과 그전 몇 주에 걸쳐 습격당한 군인들에 대한 보복으로 처형된 100명의 인질에 포함된 것이다. 독일 법정의 판결상으로는 100명 중 네 명만이 사형을 선고받았으며, 일곱 명은 위험한 테러리스트로서 '특별히 처형이 권장'되었을 뿐 나머지는 단순히 인질이었다. 남편에게 마지막 작별인사를 하는 것조차 여자들에게는 허락되지 않았다.

8장

"우리는 저들을 위해
다른 계획을 준비해두었다"

보르도와 그 주변은 레지스탕스에게 매우 중요한 거점이었다. 라로 셸과 보르도 사이의 긴 해변은 탈출로로서 완벽한 장소였다. 샤랑트, 샤랑트마리팀, 지롱드, 랑드, 바스피레네는 전통적으로 노동조합과 공산당이 강세였고, 전쟁이 시작될 무렵부터 독자적인 레지스탕스 네트워크가 만들어진 지역이다. 1930년대 후반 국제여단이 되기 위해 국경을 넘어 스페인에 갔다가 무장을 갖추고 훈련을 받은 뒤 돌아온 남성들과 독재자 프랑코로부터 벗어나기 위해 난민이 되어 프랑스 남서부로 이주해온 스페인 사람들이 이 지역의 레지스탕스들에게 도움을 주었다.

하지만 피레네에서 브르타뉴까지 북쪽으로 뻗어 있는 기다란 모래 사장은 독일군에게도 마찬가지로 중요한 요충지였다. 군수산업에 필요한 고무와 원자재를 모을 수 있는 소해정(수중기뢰제거선), 어뢰 보트, 잠수함, 화물선을 갖춘 천연 요새인 보르도 항구는 인도네시아와 일본의 몫으로 남겨졌다. 멀지 않은 곳에 위치한 메리냑 공항은 금세 독일군의 주요 기지로 변모했다. 1940년 6월 말 독일군이 도시에 입성했을 때, 점령군을 지휘하던 클라이스트 장군을 환영했던 보르도 시장은 치과의사이자 무솔리니에 대한 존경심으로 잘 알려져 있던, 오토 아베츠의 충실한 친구 아드린 마르케였다. 여기에 지롱드의 경찰청에서 일하는 헌신적인 페탱주의자인 피에르 알리프와 알리프의 사무실에서 일했던 열렬하고 광신적인 친독일 고위 공무원 조르주 레주가 있었다. 이들은 모두 독일군의 명령에 열심이었다.

그로스보르도의 점령부대에 새로운 사령관으로 예의 바르고 수려한 외모를 가졌지만 겉모습과는 달리 아주 냉혹한 심장을 가진 모리츠 폰 파버 드 파우 장군이 도착했다. 몇 시간 안에 나치 깃발이 모든 공공건물에 부착되었고, 고등학교는 독일군 사무실로 변경되었으며, 독일군 법정이 세워졌고, 보르도에서 남서쪽으로 25킬로미터 떨어진 수즈의 군사기지는 독일군 병영으로 바뀌었다. 처형지로 쓰기 위해 병영의 중앙은 빈 터로 남겨졌다. 파리와 마찬가지로 독일군 부대는 처신을 똑바로 하라는 명령을 받았고, 파리에서 그랬던 것처럼 보르도 사람들 또한 베토벤을 연주하는 군악대와 함께 점령을 슬퍼했다. 가끔 포병대 때문에 해안에서 잡히던 생선의 포획량이 줄었다는 것과 점령군을 먹이기 위해 식량이 징발되는 데 대해 씁쓸하게 불평을 늘어놓는 것을 제외하고는 얼마간, 파리의 시민들처럼 보르도 시민들도 조용히 관망적인 자세를 유지했다.

독일국방군의 법률 고문관 한스 고트프리트 라이머스가 파리 레지스탕스 무장단체의 총격으로 숨진 지도 한참 되었다. 1941년 10월에 조르주 5번가의 모퉁이에서 발사된 두 발의 총탄이 그의 척추를 관통했다. 하지만 독일군은 보르도와 주변 지역의 레지스탕스들을 열심히 잡아들였다. 전단지나 벽보, 벽에 휘갈겨 쓰인 메시지와 같은 모든 불법행동의 흔적은 발견 즉시 거칠게 떼어졌다. 1941년 가을에 비밀 야전경찰, 아프베어 그리고 수십 명의 게슈타포들은 반유대인 SS 대령인 헤르베르트 하겐의 지휘 아래 지역을 샅샅이 수색했다. 헤르베르트 하겐은 레지스탕스 혐의가 있는 모든 이들을 잡아다가 오래된 중세의 요새인 포르뒤아 또는 페르삭 거리의 막사에 가둬두었다. 아이히만의 동료였던 하겐은 전쟁 발발 당시 보르도의 항구에 버려져 있던 벨기에 왕의 요트에 잠시 거주하기도 했다.

철저하게 펼쳐진 레지스탕스 사냥은 원칙적으로 독일군의 독점권이 아니었고, 실제로도 독일군만 참여한 것은 아니었다. 이 사냥에는 통통하고 수염이 없는 얼굴에 검은 머리의 경찰청장 피에르 나폴레옹 푸앵소 휘하 프랑스 경찰들도 참여했다. 잔인함의 측면에서 푸앵소는 창의적이었고 철저했다.

1907년에 태어난 푸앵소는 신학도 출신으로, 카사블랑카에서 프랑스 공군으로 입대했다가 경찰이 되었다. 그는 야심이 컸고 평균보다 뛰어난 지능 덕분에 직속상관을 넘어서려는 서투른 시도에도 신속하게 서열을 헤치고 승진할 수 있었다. 1936년에 그는 인민전선과 공산당원들을 향해 내보인 증오로 이름을 알렸다. 1940년 독일군이 도착했을 때 경찰청은 푸앵소와 같은 광신적인 반공주의자들이 얼마나 유용할지 재빨리 알아차렸고, 따라서 푸앵소의 앞길은 활짝 열렸다. 1941년 1월에 적힌 경찰 보고서에는 알리프가 푸앵소의 '직업의식'에

20점 만점을 준 것이 기록되어 있다.

푸앵소는 자신에게 충성스러운 부하들로 팀을 꾸릴 필요가 있다는 것을 본능적으로 깨달았다. 야심만만하고 잔인한 이들만 골라 뽑은 그의 팀은 어떤 명령에도 토를 달지 않고 복종해야 했다. 수사관 라파르그와 랑글라드가 푸앵소의 팀에 합류했다. 그들의 형제 장과 앙리도 뒤따라 팀에 들어왔다. 수많은 집을 샅샅이 뒤지고 단서를 하나나 뒤쫓는 동안, 그들을 막아서는 모든 이들을 위협하고 고문하면서 푸앵소의 팀은 금세 거대한 밀고자 무리를 확보했고, 레지스탕스들을 구석에 몰아넣을 자료를 완성할 수 있었다.

1941년 10월에 있었던 법률 고문관 라이머스 피살 사건은 푸앵소에게 큰 도움이 되었다. 푸앵소는 독일군이 수즈에서 총살시킬 인질들의 머릿수를 확정한 장본인이었다. 비록 처형된 마흔일곱 명 중 열두 명은 어떤 위협도 일으키지 않았기에 애초에 인질 명단에 오를 이유가 없었다고 푸앵소는 후일 증언했지만, 이 처형의 집행을 두고 푸앵소가 보여준 협력에 관한 의지는 무엇보다 그를 보르도에서 활개 치는 게슈타포와 동등한 위치에 서게 했다. 이제 게슈타포의 지휘를 맡고 있는 사람은 키가 크고 꼼꼼하며 푸른 눈을 가진 원칙주의자 한스 루터였다. 그러나 푸앵소는 금세 진짜 권력은 파리에 있는 크노헨의 부하이자 함부르크에 머물고 있는 프랑스 교수의 아들인 스물아홉 살 프리드리히 도세로부터 나온다는 것을 알아차렸다. 도세와 푸앵소는 가공할 만한 파트너십을 보여주었다.

경찰청 사무실에서 푸앵소는 심문을 시작했다. 심문에는 고문이 동원되었다. 그는 수감자 남성들을 엄지손가락으로 매달고 담배로 지졌으며 물이 든 수조에 머리를 처박았다. 여성들은 벌거벗겨 무릎을 꿇리고, 옆방에서 고문받는 남편들이 내지르는 비명소리를 듣게 했다. 푸앵소의 팀은 곧 '도살업자'로 이름을 날렸고, 그의 '기나긴 심문'은 지하조직에도 악명이 자자했다. 푸앵소는 보르도의 경찰들에게 용의 자들을 '결딴내라'고 지시했다.

게슈타포는 푸앵소 팀에게 192라는 고유번호를 부여해 자신들의 위계 안으로 포섭했으며, 반항하는 수감자들에게 계속 협조하지 않으면 푸앵소 팀에게 넘기겠다고 경고하기도 했다. 프랑스 경찰들은 고문뿐 아니라 약탈과 금품 강요에도 능했다. 프랑스 전역에서 보르도는 파리 다음으로 가장 잔인하게 진압이 이루어졌던 곳이었다. 청년전투부대의 우줄리아의 말처럼, 보르도는 도시 전체가 '가장 열렬했던 투사들의 공동묘지'가 되어버렸다.

⁜

다니엘 카사노바의 친구였던 샤를 티용이라는 남자가 남서쪽의 레지스탕스들을 통합하기 위해 보르도에 도착한 것은 1941년 늦여름의 일이었다. 티용은 국민전선(Front National) 무장단체 가운데 한 조직의 창립자였다. 그는 자신의 이름이 코블레이며 지롱드에서 온 아마추어 예술가라고 소개했다. 그러면서 그는 오랜 친구들과 접선책을 방문해 세 명이 한 팀을 이루는 점조직 구조를 도입했고 모두에게 조심하고 경계할 필요성을 일깨우면서 조직원들을 모집했다. 모집된 이들 가운데 많은 수가 젊은 여성이었고, 그들은 이내 베티와 세실처럼 숙련되었고 대담해졌다.

프랑스 남서부에서 벌어진 독일 점령군과 레지스탕스 사이의 전투는 티용과 다양한 네트워크 및 그룹 간에 긴밀한 협조 관계를 구축하게 했고, 이들의 투쟁은 돌이킬 수 없는 단계로 접어들고 있었다.

티용에게는 앙드레 수크라는 친구가 있었다. 세탁소를 운영하는 수크는 보르도의 여러 호텔에서 모아온 빨랫감 더미에 레지스탕스 신문 뭉치를 숨겨 다녔다. 티용과 수크는 함께 바스티드에 인쇄소를 세웠다. 자매인 질베르트와 앙드레 타미제는 보르도의 학생들과 유스호스텔에서 만난 젊은이들에게 레지스탕스에 가입할 것을 권했다. 앙드레보다 열 살이 많았던 질베르트는 티용과 함께 보르도, 바욘, 타르브 사이를 잇는 접선책이었다. 20대 후반이었던 그녀는 동생이 갓 7개월 되었을 때 어머니가 세상을 떠난 이후로 아버지를 돌보며 가장 노릇을 하던 사람이었다. 질베르트는 이제 막 열여덟이 된 여동생을 딸처럼 챙기고 있었다.

티용은 오랫동안 노동조합이 활발히 활동하던 베글 지역에서 새로운 조직원들을 쉽게 모을 수 있었다. 수크는 월요일마다 앙기용 거리에서 가구점을 운영하는 친구 보나퐁을 만나 정보를 교환했다. 여느 때처럼 수크가 빨랫감을 모으러 나가면, 그의 아내 잔은 더러운 시트 밑에 위조 서류와 인쇄기를 숨겼다. 보나퐁의 딸 제르멘은 타고난 지하 조직원이었다. 어느 날 그녀는 무기창고라는 소문이 돌던 한 아파트로 열쇠공을 불러 이곳은 자신의 집인데 열쇠를 잃어버렸다고 천연덕스럽게 설명하고는 문을 열었다. 제르멘은 귀중한 총들을 꺼낸 후 유유히 그곳을 빠져나왔다.

1941년 늦가을이 되자, 전단지보다 총기의 중요성이 더 높아졌다. 티용과 그의 접선책들은 샤랑트와 지롱드에서 무기를 모으고 숨기는 것을 담당할 특별한 그룹이 있어야 한다는 데 의견을 모았다. 종자크에 있는 외르트비스라는 오래된 채석장에는 지하로 깊이 팬 굴이 몇 개 있었다. 한때는 버섯을 재배하는 데 사용되던 이 동굴에 독일군은 큰 무기고를 세워 노르망디 전선과 대서양 연안에 무기를 공급하고 있었다. 지역 레지스탕스는 독일군이 고용한 200여 명의 젊은 남성들이 일하는 이 무기고에 성공적으로 침투해 매주 종자크 외부로 무기와 탄약을 빼돌리는 데 성공했다. 문제는 그것들을 어디에 숨겨두느냐 하는 것이었다.

아맹트와 프로스페르 기용은 종자크에서 약 40킬로미터 떨어진 코냑 근처 생세베르의 작은 마을 한쪽의 조용하고 숲이 우거진 곳에 자리한 레비올레트라는 농장에서 살고 있었다. 주변 교외는 인적이 드물었고 평지로 이루어져 있어 겨울에는 종종 물이 범람했다. 들판과 관목 덕분에 농장은 길가에서 전혀 보이지 않았다. 아맹트는 아버지로부터 레비올레트를 물려받았다. 그녀와 프로스페르는 말 한 마리와 몇 그루의 포도나무, 목초지이자 밀 경작지를 5헥타르 정도 가지고 있었다. 그들은 마을 빵집에 밀가루를 주고 빵과 교환했다.

막내아들 피에르는 전쟁포로가 되었지만, 큰아들 장은 이웃집의 이베트와 결혼해 별채에서 살았고, 두 가족은 함께 땅을 일구었다. 그들은 가난했지만 빈곤하지는 않았다. 전쟁이 일어나기 전부터 프로스페르는 공산당을 지지해왔다. 이웃들은 자신이 얼마나 페탱과 독일 점령군들을 혐오하고 경멸하는지 들어주는 사람만 있다면 쉴 새 없이 떠드는 아맹트의 솔직함을 걱정스러워하기긴 했지만, 모두 이 가족을 좋아했다. 아맹트는 천성적으로 강인했고, 쉽게 겁을 먹지 않았다. 쉰여섯이었던 그녀는 이미 독일과의 전쟁을 한 번 치러낸 경험도 있었다.

그들의 친구인 마게리트와 뤼시앵 발리나는 종종 기용의 소박한 농장에 놀러 오곤 했다. 뤼시앵 발리나는 열다섯에 스페인에서 프랑스로 건너온 남자로, 공화국민들을 위해 스페인 내전에 참전해 비행사로 복무하다가 프랑스로 돌아와 트럭 운전을 하고 있었다. 마게리트는 레지스탕스를 집에 숨겨주었고 사보타주 활동가들을 은신처로 안내했으며 지령을 전달하는 역할을 했다. 발리나 부부에게는 10대인 아들과 딸, 그리고 여섯 살 난 아들이 있었다.

종자크에서 훔쳐온 무기를 모으고, 이웃 주민들에게 아직까지 독일군에 넘기지 않은 사냥총이나 탄약이 없는지 물어 레지스탕스가 쓸 무기 수집을 도와야 한다고 제안한 이는 뤼시앵 발리나였다. 기용 가족은 타용의 조직원들이 정기적으로 들러 무기를 가져갈 수 있도록 안 쓰는 헛간에 쌓인 건초 밑에 총을 모아두는 데 동의했다. 종자크 주변지역의 다른 농부들도 똑같이 돕기로 해 밤이면 종종 좁은 시골길을 따라 샤랑트와 샤랑트마리팀의 들판을 가로질러 말이 이끄는 수레를 이용하거나 자전거 안장에 자루를 매달아 수집된 무기가 지속적으로 오갔다. 이 활동에 참여한 농부들이 배낭에 무기를 넣고 종자크까지 40킬로미터를 걸어오는 것은 그리 드문 일이 아니었다.

그러나 넓은 지역에서 드문드문 떨어져 살고 있던 농부들과 레지스탕스들은 서로 만날 수 있는 접선장소가 필요했고, 무엇보다 둘 사이를 오갈 접선책이 필요했다. 이 지역에서 활동했던 접선책 가운데 열여섯 살 소녀 엘렌 볼로가 있었다. 지역 우체국을 경영하는 그녀의 아버지 로제 볼로는 독일군이 도착하기 전부터 무기들을 모았고 비밀리에 《샤랑트의 목소리》라는 이름의 신문을 등사 인쇄하고 있었다. 어머니 에마는 우체국 카운터 아래에 이 신문을 두고 사람들에게 몰래 나눠주었다. 에마는 다니엘이 창단한 프랑스 여성청년단의 지부를 세웠고, 엘렌과 함께 근처에 있는 스페인 어린이 난민 수용소를 도우러 다녔다. 집에서는 정치와 정의에 관한 이야기에서부터 결국 독일군은 패배할 것이라는 이야기까지 온갖 종류의 말들이 자유롭게 오갔다. 엘렌이 또렷하게 기억하는 일화 하나는 고향마을 로얀에 이동식 영화관이 찾아와 영화를 보러 갔는데 마침 KKK단에 관한 내용이 화면에 가득했던 일이었다.

엘렌은 당시 어린아이였지만 재빠르고 대담했으며 겁이 없었다. 1940년 여름, 독일군이 그녀가 사는 지역에 당도했을 때 엘렌은 학교에서 상업을 배우고 있었다. 그녀는 할머니의 집에 숨겨져 있는 타자기를 이용해 레지스탕스 문서들을 타이핑하는 일을 맡았고, 자신의 작업장이 보안상 너무 위험하다고 판단되면, 이 장소에서 저 장소로 옮겨가며 일을 계속했다.

한번 종자크에서 무기를 빼돌리기 시작하자, 레지스탕스들은 접선책이 필요하게 되었고, 운반을 담당하는 조직이 생겨났다. 엘렌은 그 일에 자연스럽게 빨려들어갔다. 자전거를 타고 주변의 시골 마을을 다니며 정보와 명령을 전달하면서 그녀는 잉크와 종이를 모았다. 엘렌은 이렇게 설명했다. "그냥 했어요. 우리는 그 일들을 했죠. 해야만 했으니까요." 볼로 가족은 독일군을 피해 도주 중인 레지스탕스들과 남부로 피난 중인 유대인들을 집에 숨겨주기도 했다.

1942년의 이른 봄, 경찰들은 밀고자들의 도움을 받아 엘렌과 그녀의 아버지를 체포했다. 예상치 않게 엘렌은 닷새 만에 풀려난 반면, 로제는 로얀의 감옥으로 끌려갔고 그곳에서 심하게 맞아 목이 으스러질 뻔했다. 그가 다시 밥을 먹을 수 있게 되기까지는 수일이 걸렸다. 에마는 남편의 빨랫감을 가지러 갔다가 그의 옷이 피로 흠뻑 젖어 있는 것을 보았다. 아맹트 기용처럼 에마도 가만히 입을 다물고 있지는 않았다. 그녀는 여기저기 돌아다니며 독일군의 야만성과 프랑스 부역자들을 비난하는 데 목청을 높였다.

엘렌은 레지스탕스 활동을 포기할 마음이 전혀 없었다. 아버지의 체포와 아버지가 받은 고문은 그녀의 결단을 더욱 확고하게 만들어주었을 뿐이었다. 그러나 일은 쉽지 않았다. 로얀에는 밤낮으로 말을 탄 경찰들의 경비가 삼엄했고, 독일 경비대원 한 명이 살해당한 뒤로는 오후 5시면 통금이 내려졌다. 그러나 엘렌은 무기를 숨겨두는 농부들과 발라나 가족들을 방문하며 접선책 역할을 계속했다. 한번은 그녀가 자전거를 타고 교외를 달릴 때 독일군이 그녀를 막아 세웠다. 엘렌은 토끼들의 먹이를 모으러 나왔다고 말했다. 거짓말을 하기에 그녀는 너무도 어리고 순진해 보였다. 거리를 돌아다니는 것이 너무 위험하다 싶으면 그녀는 숨을 죽이고 자전거에서 내려 손으로 끌면서 들판을 건넜다. 접선자와 만나기 위해 해안을 따라 달려 생트 지역으로 가는 작은 기차를 탈 때도 있었다. 접선자와 엘렌은 동상이 그려진 반쪽짜리 그림과 암호를 주고받았다. "루이 16세의 궁전을 아세요?" 옳은 대답은 "루이 14세 말씀이시죠?"였다.

꘠

멀지 않은 지역인 라로셀에서 독일군이 프랑스 어업 활동을 단축시킨 탓에 일자리를 잃은 어부 남편을 둔 아네트 에포는 카페를 열었고, 그곳에서 레지스탕스들이 접선을 할 수 있도록 도왔다. 금속노동자와 선원들로 이루어진 대가족 틈에서 자라 열정적이고 에너지가 넘쳤던 아네트는 발리나 가족의 오랜 친구였다. 그녀는 외동아들 클로드와 매우 친밀했다. 아네트는 자신의 카페를 '식민지의 닻'이라 이름 붙였고, 앞방에서 독일군을 대접하면서 동시에 뒷방에서는 레지스탕스들과 무기를 숨겨주었다. 그녀는 지하실에 인쇄기와 로네오 등사기까지 숨겨두고 있었다. 아네트는 누구에게도 결코 '안 된다'는 말을 하는 법이 없었고, 그래서 사람들은 도움이 필요할 때면 그녀를 찾아왔다. 모두가 그녀를 좋아했고, 심지어 카페에 들른 독일 군인들조차 그녀를 좋아했다. 훗날까지 클로드가 기억하는 어린 시절의 한 장면은 축축한 지하실에서 어떻게 로네오 등사기를 사용하는지 보여주는 어머니 옆에 자신이 서 있는 풍경이었다. 남편이 체포되어 메리냑에 있는 수용소에 구금된 뒤, 아네트는 지하 인쇄공과 연락을 취하고 라로셀 부근의 전단지를 모으고 배포하는 일에까지 뛰어들었다.

독일군이 진격하는 동안, 피난민들이 대거 북부지역을 떠나 남부지역으로 이동해왔고, 남부에 위치한 샤랑트와 지롱드에 젊은 레지스탕스들이 더 많이 유입되었다. 1930년대에 레옹 블룸과 인민전선을 지지했던 사람들이 저마다 마음속에 저항의 불꽃을 품은 채 남쪽으로 피난 온 것이었다. 북부지역을 점령당해 이제 집으로 되돌아갈 수 없다는 것이 분명해지자, 이들은 남부와 남서부에서 레지스탕스 활동에 착수했다.

그 가운데 가톨릭교도이자 유난히 푸른 눈을 가진 결단력 있는 젊은 여성 제르멘 르노댕이 있었다. 마지노선 부근에 있던 집을 등지고 마을 사람들과 함께 피난 와 보르도와 가까운 레스파 지역에 정착한 제르멘은 피난민들이 대접받는 방식에 화가 나 시장을 찾아가 더 나은 처우를 요구했다. 그 후 은신처를 필요로 하는 사람들을 숨겨주면서 제르멘은 레지스탕스 활동에 관심을 갖게 되었다. 세 자녀의 안전을 염려해 그녀는 두 딸을 리부른 근처에 살고 있던 고향 친구에게 보내고 외아들 토니와 함께 살았다. 토니는 경찰이 집에 쳐들어와 무기를 찾겠다고 온 집안을 뒤졌던 날을 평생 기억했다. 다행히 벽난로 안에 숨겨둔 총들은 발각되지 않았다. 그러나 제르멘은 마침 주머니에 레지스탕스 전단지가 가득 든 앞치마를 매고 있었다. 그녀는 차분히 앞치마를 벗고는 "어머, 미안해. 자기한테 이걸 돌려주는 것을 깜빡했지 뭐야" 하면서 이웃에게 앞치마를 건넸다. 이 날, 조직원 가운데 유일하게 제르멘 르노댕만이 체포를 면했다. 경찰들은 본부로 돌아가 보고서에 르노댕 부인이 "무장하고 있다거나 공산당을 위해 일하는 선동자라는 의심이 들지는 않지만" 감시가 필요하다고 기록해두었다.

북부지역에서 온 피난민 가운데 마들렌 자니도 있었다. 그녀는 독일군이 진군해올 때 메츠 부근에서 살다가 가장 먼저 떠나온 무리에 섞여 있었다. 피난을 서두른 것은 새로 태어난 아기 피에로 때문이었다. 그녀의 남편은 제르멘의 남편처럼 독일에서 전쟁포로로 수감되어 있었고, 그들이 버리고 떠난 집은 곧 군인들의 약탈로 남은 것이 거의 없었다. 마들렌과 피에로는 얼마간 리부른에 머물렀으나, 곧 보르도로 옮겨갔다. 그곳에서 그녀는 레지스탕스 단원들을 숨겨주었는데, 그녀의 언니는 이러다 모두 감옥에 붙들려 갈 거라고 두려워했다. 마들렌은 특별히 정치에 관심이 있는 것은 아니었지만 독일군을 증오하고 있었고 천성적으로 대담했다. 그녀는 언제나 관습을 경멸했으며, 신혼 때는 이웃들의 엄청난 눈총에도 종종 집 근처의 강으로 수영을 하러 가곤 했다. 그런 일은 당시로서는 젊은 여성들이 감히 상상하지 못할 일이었다.

모젤 지역에서 온 마들렌의 친구 욜랑드와 오로르 피카도 같은 시기에 남쪽으로 피난해 왔다. 세 여성은 보르도에서 계속 만났다. 욜랑드에게는 피에로보다 조금 더 어린 아기가 있었다. 열아홉 살이었던 오로르는 흡사 프라 안젤리코가 그린 마돈나를 닮은 듯했다. 그녀는 레지스탕스에 가입했고, 독일군의 요리사로 위장취업하는 데 성공했다. 이로써 그녀는 파르티잔들에게 음식을 가져다줄 수 있었을 뿐 아니라 무기가 숨겨진 곳의 위치와 부대의 이동에 관한 정보를 가져다줄 수 있었다. 후에 그녀가 사무실에서 일하게 되자 그녀는 통행권에 몰래 도장을 찍어주어 레지스탕스들이 무사히 점령지역과 자유지역을 오갈 수 있도록 도왔다.

보르도에 도착하고 얼마 지나지 않아 마들렌은 아르망이라는 젊은 남성과 친구가 되었다. 이제 막 소년티를 벗은 아르망은 파리 공산당과 남서쪽의 수많은 마을을 오가는 접선책이었다. 그러나 벌써 그가 지역에서 알려진 공산당원과 대화를 나누는 모습이 경찰의 감시망에 포착되었고, 미행이 따라붙어 있었다는 사실은 마들렌과 그녀

생세베르의 농부의 아내 아맹트 기용.

아맹트의 아들 장과 결혼한 이베트.

당시 학생이었던 엘렌 볼로.

엘렌의 어머니 에마. 남편이 체포된 후 그가 하던 레지스탕스 일을 넘겨받아 일했다.

제르멘 르노댕, 세 아이와 함께.

마들렌 자니가 체포된 직후 할아버지, 할머니에게 맡겨진 피에르 자니.

아들 피에르를 안고 있는 마들렌 자니.

의 친구들, 심지어 아르망 본인조차 알지 못했다. 푸앵소의 수사관들은 용의자로 의심되는 이들의 사진을 모아둔 앨범을 만들었고, 이 옹골찬 스무 살 젊은이의 외모 — '긴 얼굴에 옆으로 가르마를 타고, 형편없이 이발한 밝은 갈색 머리' — 를 자세하게 묘사해두었다. 만약 발리나 가족과 기용 가족, 제르멘 르노댕과 모젤에서 온 젊은 여성들이 보르도와 그 주변에서 수행된 경찰의 작전이 얼마나 정교하고 끈질긴지 조금이라도 알았더라면 그들은 정말로 불안에 떨었을 것이다.

✟

1942년 4월에 피에르 라발은 그가 생각하기에 공산당원과 레지스탕스들을 너무나 느슨하게 봐주고 있는 프랑스 지방경찰청과 군청을 없애기로 결정했고, 보르도와 지롱드는 그 첫 번째 폐지 대상 지역이 되었다. 그러고는 보르도 경찰청의 서기장이자 유대인 부서 담당자였던 '능력 있고 열정적인' 모리스 파퐁과 이 지역에 만연해 있는 '테러리즘을 박살내기 위해서' 강력한 조치가 필요하다고 믿었던 아키텐 경찰청 소속 모리스 사바티에를 지역 관할 담당자로 임명했다. 이제는 소령으로 진급한 하겐은 오베르 밑에서 일하기 위해 파리로 떠났지만 보르도에는 새로운 지역을 아우르며 모든 반독일 움직임을 억누르고 프랑스에 체류 중인 독일인의 안전을 책임지는 열두 개의 안보기관 중 하나가 세워졌다. 이제 정치범 전담반의 수장이 된 잔인하고 야심만만한 푸앵소는 레지스탕스를 쓸어버리려는 자신의 열정과 능력을 입증하려고 안간힘을 썼다.

푸앵소는 철저하고 끈질겼다. 꼼꼼하게 이 집 저 집을 돌며 수색을 계속하고, 이름난 공산주의자와 무정부주의자, 국제여단 단원들의 전쟁 이전 활동과 같은 귀중한 정보들을 모으고, 취조하는 모든 사람에게 협박과 고문을 일삼는 동안 그는 프랑스 남서쪽 레지스탕스 조직을 망라하는 지도를 만들 수 있었다. 여기에는 보르도 주민들의 협조도 한몫했다. 이웃들은 비밀스럽게 서로를 밀고했던 것이다. 그래서 사람들은 반독 감정을 가졌다거나 외국 라디오 방송을 들었다는 이유로 고발당했다. 하지만 1942년 늦은 봄이 될 때까지 지도는 군데군데 불명확한 채로 남아 있었다. 이때 변절한 전 레지스탕스 멤버 둘, 즉 알베르라는 암호명을 사용하는 교사인 피에르루이스 지레와 조르주라는 암호명으로 알려져 있던 페르디낭 뱅상의 도움으로 사태는 명확해지기 시작했다. 지롱드, 랑드, 샤랑트에서의 초창기 레지스탕스 네트워크의 붕괴는 배신으로 점철된 이야기가 될 수밖에 없었다.

한때 공공사업을 연구하다 조선소에서 십장으로 일했던 페르디낭 뱅상은 푸앵소에게 매우 귀중한 인재였다. 그는 국제여단 소속으로 스페인에서 복무한 적이 있었기 때문에 보르도 지역의 레지스탕스들에게 알려져 있었고 신뢰받고 있었다. 전쟁이 시작될 무렵, 뱅상은 공산주의자들을 우호적으로 대했으나, 그 어떤 조직에도 가담하지 않았다. 그러다가 처남이 독일군에게 체포된 후, 뱅상은 일을 그만두고 레지스탕스 단원들을 모집하는 일을 시작했다. 그가 맡은 첫 번째 임무는 낙하산으로 무기를 떨어뜨리는 작전을 위해 국제여단에서 오래 알고 지낸 여러 동료들에게 연락을 취하는 것이었다. 얼마 지나지 않아 그는 푸앵소가 쳐둔 함정에 걸리고 말았으나 가까스로 달아나 은신하며 콧수염을 길게 길렀다. 그러나 얼마 후 그는 다시 푸앵소의 추적으로 덜미가 잡혔고, 이번에는 레지스탕스도 모르게 체포되었다. 푸앵소는 그에게 거래를 제안했다. '레지스탕스 멤버들을 배신하고 경찰에 협조해라. 그러지 않으면 아내와 아이들은 강제추방될 것이다. 만약 도망치려 한다면 온 가족이 총살될 것이다.' 뱅상은 거래를 받아들였다.

얼마 지나지 않아 지레도 덫에 걸려들었다. 청년 수용소에서 일하는 동안 '공산주의자적 태도'를 보인다고 찍혔던 한 수감자에게서 그의 이름이 나왔고 — 실상 지레와 그의 아내는 모두 남서쪽의 레지스탕스 조직 내에서 고위직에 있었다 — 그들의 집에서는 타자기 두 대와 권총 한 정이 나왔다. 지레는 고문을 당한 후 푸앵소 밑에서 일하는 것에 동의했다. 며칠 후, 한 쌍의 남녀에게 은신처를 제공한 한 여성이 체포되었다. 뒤따라 지롱드 지역의 활동가이자 세탁소 주인인 앙드레 수크가 체포되어 심하게 고문당했다. 경찰은 그에게서 받아낸 이름들을 통해 '라울'로 알려져 있던 한 남성까지 추적할 수 있었다. 덫이 설치되었다. 가장 먼저 함정에 빠진 사람은 가톨릭교도이자 공산당원으로 프랑스가 함락된 뒤 남서쪽으로 이주해 터전을 일구며, 경고에도 주저하지 않고 레지스탕스 활동을 포기하지 않았던 세 자녀의 어머니, 즉 제르멘 르노댕이었다.

경찰들이 그녀를 체포하는 동안, 제르멘의 아들 토니는 숲에서 일하던 중이었다. 저녁에 돌아와 집이 텅 비어 있는 것을 발견한 그는 어머니가 보르도의 악명 높은 포르두아 — 앙시앙 레짐 시대부터 적들을 가두는 데 사용되었고, 거의 변한 것이 없는 중세의 요새 — 로 끌려갔다는 것을 알아차렸다. 열다섯 살 토니가 그곳에 도착했을 때, 출입을 통제하던 경찰이 말했다. "꺼져, 네놈도 체포하기 전에." 그의 아버지는 전쟁포로 수용소에 수감되어 있었고 누이들은 친구들과 함께 살고 있었다. 토니는 누이들의 레지스탕스 활동을 못마땅하게 여기던 삼촌과 함께 마른에 있는 농장에서 살아야 했다.

누구도 지레가 배신했으리라고는 생각하지 못했다. 그는 동료들에게 자신이 특수수사대에서 탈출해 도주 중이라고 말하고 다녔다. 아내를 볼모로 잡힌 채, 지레는 자신이 은신처를 필요로 하는 도주 중인 레지스탕스 단원이라고 속이거나 보험 판매원으로 위장하면서 남서쪽 네트워크에 침투하기 시작했다. 그는 매일 푸앵소와 KDS에 보고서를 보냈다. 그의 정보가 훌륭하다는 것을 알게 된 KDS는 그를 '첩보원 155'로 지명하고 매달 5000프랑의 보수와 여행경비를 지급했다. 푸앵소는 지역 경찰들에게 만약 그의 모습을 포착하더라도 절대 그를 막아서지 말라고 철저하게 지침을 내렸다.

그러는 동안 뱅상은 은신처를 구하는 중이라고 둘러대면서 레지스탕스에 잠입하고 있었다. 랑드와 샤랑트, 샤랑트마리팀 전역에서 사람들은 그를 두 팔 벌려 환영했다. 라로셸에 있는 아네트 에포의 카페에 머무는 동안에 그는 아네트의 아들 클로드와 놀아주며 시간을 보내기도 했다. 그러면서 그는 종자크의 독일군 창고에서 훔쳐낸 무기들을 모아두던 코냑과 주변지역의 농부들을 푸앵소와 독일군에게 넘겨버렸다.

7월 24일 오후 늦은 시간, 구매할 만한 가축이 있는지 보러 온 돼지 정육업자라고 스스로를 소개하던 두 남자가 생세베르에 도착해 기용 가족의 레비올레트 농장으로 가는 길을 물었다. 사유지에 속해 있던 터라 두 남자는 다른 사람들 무리에 섞여 농장으로부터 200미터 떨어진 키 큰 관목 뒤편에 숨어서 주변을 살폈다. 다음날 새벽 4시를 막 넘길 즈음, 소젖을 짜러 새벽같이 일어난 한 농부가 마을을 지나 레비올레트로 향한 길목으로 접어드는 호송대의 화물차를 보았다. 그러나 그에겐 기용 가족에게 경고를 해줄 시간이 없었다.

농장은 포위되었다. 경찰은 프로스페르와 아맹트, 그들의 아들 장과 부인 이베트를 발견했을 뿐 아니라 모아둔 무기를 가지고 가려고 전날 밤부터 와 있던 알베르와 지역 레지스탕스의 주요 인물 엘리자베스 뒤페롱까지 발견했다. 여섯 명 모두 화물차에 올랐다. 남자들은 곧장 포르두아로 끌려갔고, 여성들은 코냑에 있던 작은 감옥으로 끌려갔다. 화물차에 올라탄 이들은 발리나 부부와 그들의 삼남매 장, 뤼시엔, 그리고 이제 막 일곱 살이 된 세르주를 비롯해 먼저 타고 있던 이웃과 친구들을 만날 수 있었다.

그들을 모두 싣고 감옥으로 향하는 화물차 안에서 발리나 부인은 열세 살의 뤼시엔을 안심시키려 자신 쪽으로 끌어당겨 안았다. 동시에 부인은 딸의 귀에다 무엇이든 절대 경찰에게 말해서는 안 되며 특히 가족을 찾아왔던 사람들의 이름은 결코 말하면 안 된다고 속삭였다. 그들이 코냑에 도착했을 때 경찰은 뤼시엔을 한쪽으로 데려가 질문하기 시작했다. 소녀는 대답을 거부했다. 잠시 뒤 한 경찰관이 평정심을 잃고 소녀를 위협했다. '네 어머니가 벌써 우리에게 다 이야기했다. 넌 우리가 네 엄마를 죽였으면 좋겠니?' 여전히 뤼시엔은 아무 말도 하지 않았다. 얼마 후 뤼시엔과 세르주는 석방되었고 할머니에게 보내졌다. 열여섯이었던 장은 그대로 구금되어 푸앵소의 수사대가 아버지의 발을 촛불로 지지는 것을 보아야 했다. 경찰은 벌써 이름들에 관해서라면 속속들이 꿰고 있었다. 그들에게 필요했던 것은 단지 주소였다.

기용의 막내아들 피에르는 주데텐 지방의 전쟁포로 수용소에서 도망쳐 나와 가족들이 체포된 바로 다음날 집 근처에 도착했다. 이웃들은 그에게 게슈타포가 여전히 그의 집을 감시하고 있다고 경고했고, 피에르는 곧장 그곳을 떠나 프로방스로 피신했다. 아무도 감히 레비올레트에 가지 못했다. 마침내 생세베르 시장이 나서서 근처에 살고 있는 한 농부에게 농장의 동물들을 돌봐달라고 설득했다. 포르두아에 갇혀 있던 장은 멀지 않은 곳에 살고 있던 결혼한 누이에게 어머니와 아내가 석방될 때까지 농장을 돌봐달라고 부탁하는 편지를 보냈다. 그들은 자신들이 그리 오래 구금되어 있지 않을 거라고 확신했다.

그러나 코냑 지역의 농부들이 체포된 것은 이제 시작에 불과했다. 지레와 뱅상이 제공한 정보를 이용해 불과 몇 주 만에 푸앵소는 지롱드, 랑드, 샤랑트 각지에서 138명을 잡아들였다. 몇몇은 농부였으나 공장노동자, 우편배달부, 기차 운전수, 가게점원도 있었고, 피아노 선생도 있었다. 그들의 집에서 반독일 선전물, 탄약, 폭발물, 작은 인쇄기와 권총 몇 자루가 발견되었다. 몇몇 사람들에게서는 그 무엇도 발견되지 않았지만, 그래도 어쨌든 그들도 모두 체포되었다.

체포된 이들 가운데는 뱅상이 종종 묵었던 카페 '식민지의 닻'의 주인 아네트 에포도 함께였다. 그녀가 체포될 때 아들 클로드는 발리나 자매와 함께 멀리 떨어진 곳에서 묵고 있었다. 토니 르노댕처럼, 클로드 또한 돌아와 텅 빈 집에 어머니는 간 곳 없고 키우던 개만 홀로 짖고 있는 것을 보았다. 불과 며칠 전 그는 어머니가 강에 권총을 던지는 것을 보았다. 속수무책으로 클로드는 포르두아로 어머니를 찾아갔지만 경비가 그를 쫓아냈다. 그길로 클로드는 메리냑 수용소에 있는 아버지를 만나러 갔지만, 유대인이었던 친구가 곧 폴란드로 강제추방될 거라는 말을 듣고 자살한 터라 아버지는 극도로 우울해하고 있었다. 다행히 클로드의 가족은 대가족이었고 애정이 넘치는 집안이었기에 그의 숙모는 클로드를 거둬주고 친자식처럼 길렀다.

모젤에서 온 열정적이고 자유분방한 젊은 여성 마들렌 자니도 이 진압 작전을 피할 수 없었다. 그녀는 체포 직전에 가까스로 아직 세 살도 되지 않은 어린 아들 피에르를 부모에게 맡길 수 있었다. 오로르와 욜랑드 피카도 잡혔다. 질베르트와 앙드레 자매는 경찰들을 경계하고 있었고 체포를 피할 수도 있었지만, 그들은 수용소에 계신 아버지에게 깨끗한 옷과 음식을 가져다줄 사람이 아무도 없을 것을 걱정해 남아 있다가 마찬가지로 체포되었다.

마지막으로 붙잡힌 여성 중 한 명은 옷가지를 가지러 로얀의 집으로 돌아가는 길에 우연히 체포된 열여덟 살 엘렌 볼로였다. 그녀는 아버지가 체포된 3월 이후로 그를 대신해 접선책으로 일하고 있었다.

8월 7일, 아침 6시에 특수수사대가 그녀의 집으로 찾아왔다. 지레와 뱅상의 명단에서 그녀의 이름을 발견한 탓이었다. 엘렌은 라로셸에 있는 오래된 정신병원으로 끌려갔다가 벼룩으로 가득한 불결한 마을 감옥에 수감되었다. 어머니 에마가 가능한 한 자주 그녀를 방문했다. 그러던 어느 날 심문을 받던 다른 수감자가 레지스탕스 단원이라며 에마의 이름을 댔고, 9월 15일 여느 때처럼 면회를 온 에마는 그 자리에서 체포되었다. 그나마 같은 감방에 수감되었다는 사실이 모녀에게는 다행스러웠고 일면 기쁘기까지 했다. 며칠 후, 모녀는 앙굴렘 감옥으로 이송되었다. 독일군 간수와 함께 들어오는 두 여자를 보고 매춘부나 부역자로 착각한 수감자들은 야유를 쏟아냈지만, 그녀들이 손을 머리 위로 올려 수갑을 내보이자 이내 조용해졌다. 앙굴렘 감옥에서 한 군인이 상사에게 이런 질문을 하는 소리가 들렸다. "여자도 총살합니까? 쏘아 죽였으면 싶은 여자가 둘 있는데요." 장교는 아니라고 대답했다. "다른 계획이 있거든."

10월 끝에 푸앵소와 보르도의 특수수사대는 상당한 만족감을 드러내며 프랑스 남서쪽의 '테러리스트' 그룹이 완전히 '박살났고' 회복이 불가능하다고 보고했다. 이 같은 성공에 힘입어 리유와 파리에서 이미 인기를 끌던 전시가 보르도의 시청에 부설된 박물관에서 열렸다. '유럽을 위협하는 볼셰비즘'이라는 제목을 단 이 전시는 소비에트가 파괴한 참상을 극적으로 보여주었다. 공산주의와 더 잘 맞서 싸우기 위해서는 모두에게 공산주의의 '역병'이 무엇인지 알리고 이해시키는 것이 중요했기 때문이다. 어찌나 관람객들이 전시회를 몰렸는지 전시 종료일이 몇 번이고 연기되었다.

자녀가 겨우 여덟 살과 네 살에 불과했던 엘리자베스 뒤페롱을 석방시키려는 노력이 있었지만 모두 실패에 그쳤다. 1942년 여름 내내 푸앵소가 체포한 여성들은 대부분 마을 감옥을 떠나 먼저 수감된 남자들이 있는 보르도의 부데 막사로 혹은 포르두아로 이송되었다. 10월에 이들은 점령된 프랑스 각지에서 체포된 다른 여성들과 함께 파리 북쪽 외곽에 위치한 로맹빌의 요새로 이송되어 동쪽으로 강제추방되기를 기다리는 처지가 되었다.

9장

전방 포로수용소 #122

로맹빌의 요새는 매우 무거운 회색 돌로 지어진 빌딩으로, 1930년대 아돌프 티에의 명령으로 파리를 보호하기 위해 지어진 성채의 일부였다. 10미터 높이의 외벽에 17미터 너비의 지지벽을 갖춘 이 요새는 중앙에 마당을 둔 거대한 별 모양으로 지어져 있어 마치 19세기의 프랑스 식민지였던 이국 땅에 세워진 건물처럼 보였다.

독일군은 1940년 6월 이곳을 점령했고 로맹빌을 '독일의 적'들을 수감하는 데 이용하기 시작했다. 1942년 여름이 되자, 이곳은 파리 지역에서 잡혀온 인질들을 수감하는 주요 수용소가 되었다. 이제 점령군은 '인질'이라는 단어 대신 '속죄양'이라는 단어를 쓰고 있었다. 속죄양은 점령군에 대항하는 모든 행동에 대해 집단적 책임을 지는 사람을 의미했다. 로맹빌에 수감되어 있는 '위험한 적들'과 '유대계 볼셰비키들'은 독일군을 향한 공격에 보복이 필요할 때면 언제라도 불려 나가 총살될 수 있었다. 독일군은 여성들은 인질로 총살시키지는 않았지만, 심각한 범죄로 가차 없는 처벌 — 그것이 무엇인지는 아직 분명하게 드러나지 않았지만 — 이 필요하다고 여겨진 레지스탕스 활동에 가담한 여성들을 로맹빌에 수감했다. 4년의 점령기간 동안, 사령관 트라프는 냉담하고 공포 어린 통치 전략을 폈다. 로맹빌은 전방포로수용소 122로 알려져 있었다.

종국에는 나치 독일이 점령한 폴란드로 떠나게 되는 230명의 레지스탕스 여성 가운데 첫 번째 입소자가 1942년 8월 1일 로맹빌에 도착했다. 서른두 살로 스페인 출신의 간호사였던 마리아 알론소는 친구들에게 조제라는 이름으로 알려져 있었다. 그녀는 부상을 입었거나 병든 레지스탕스들을 보살폈고 생로랭 병원에서 비밀리에 소규모 수술을 집도하던 여의사를 도왔다. 그녀는 레지스탕스의 한 멤버가 심한 고문 끝에 이름을 실토하는 바람에 체포되었다. 조제가 우체국 노동자 네트워크에 남동생의 등사인쇄기를 주었다고 이야기한 것이다. 조제는 재판에서 무죄 판결을 받았지만, 그녀가 속했던 조직의 남성들은 사형을 선고받았다. 그녀는 도망칠 수도 있었지만 남편과 헤어진 뒤 자신이 맡아 기르던 두 어린 자녀를 떠날 수가 없었다. 활기차고 따뜻한 마음을 지닌 그녀는 얼마 지나지 않아 요새의 중앙마당을 가로지르는 가시철조망 울타리로 남성 구역과는 분리된 여성 수감자 구역의 구역장이 되었다. 조제에게는 타고난 기품이 흘렀고, 그녀가 트라프로부터 받은 명령을 전달하거나 소포와 편지들을 나눠주기 위해 군인의 감시를 받으며 수용소를 순회할 때면, 마치 동행하던 군인들이 그녀의 명령을 받들고 있는 듯이 보였다고 한다.

8월 10일, 탱틀랭 사건에 연루된 열일곱 명의 여성 인쇄공과 기술전투원 무리가 조제가 수감되어 있는 곳으로 이송되어 왔다. 로맹빌에 젊은 마들렌 두아레, 자클린 카트르메르, 룰루와 잔 자매, 비바 네니가 도착한 것이다. 조제처럼 비바 역시 도망칠 기회가 있었다. 트라프의 사무실로 호출된 비바는 만약 프랑스인 남편 앙리와 결혼했을 때 얻은 시민권을 포기하기만 한다면 그녀의 아버지처럼 이탈리아의 감옥에서 형기를 마칠 수 있도록 그곳으로 보내주겠다는 말을 들었다. 그녀는 주저하지 않았다. 남편 앙리에게 레지스탕스를 위해 인쇄 일에 뛰어들자고, 그녀의 아버지라면 그랬을 것이라고 앙리를 설득했던 것처럼 비바는 아버지라면 받아들이지 않았을 것이라고 말하며 독일군의 제안을 거절했다. 비바는 다른 수감자들 곁으로 되돌아갔다.

곧이어 '앙기앵의 백조' 세실이 도착했고, 8월 24일에는 폴리처-피캉-달리데 사건에 연루된 여성 서른일곱 명이 요새에 도착했다. 이 무리에 마들렌 디수브레, 마리클로드, 다니엘, 샤를로트와 '빨간 손톱' 베티가 포함되어 있었다. 학교 벽에 '영국 만세'라고 쓴 죄밖에 없던 여고생 로자 플로크는 조금 더 늦게 왔다. 로자는 조제의 감방으로 보내졌고, 창문의 창살 사이로 반대편 마당에서 남성들이 끌려나와 총살되는 모습을 볼 수 있었다. 한번 대규모 처형이 이뤄지면 비워진 유치장은 곧 다른 사람들로 채워졌다. 이들은 모두 파리 주변에 있는 다른 감옥에서 이송된 수감자들로 독일군을 겨냥한 공격이 벌어지면 언제든지 인질로 불려나갈 수 있었다. 로자는 밤마다 잠에서 깨 엄마를 부르며 울었고 아버지가 독일군에게 쫓기는 악몽을 꾸곤 했다. 조제는 수완을 발휘해 로자가 자기 또래인 시몬 상페와 한 방을 쓸 수 있도록 했다. 엄마가 그리웠던 두 소녀는 서로에게 깊이 의지했다. 시몬은 남자 친구 앙드레와 동료들을 잃은 슬픔과 공포로 여전히 말문을 닫은 상태였다.

여자들은 점차 일과에 익숙해졌다. 운동도 할 수 없고 아무것도 할 것이 없었던 라상테의 작고 어두운 감방에서 몇 달을 보낸 이들에겐 감방 안으로 들어오는 햇살과 동료 수감자들 덕분에 마치 로맹빌이 자유처럼 보일 지경이었다. 특히 몇 달간이나 독방에 갇혀 있었던 이들이 느낀 안도감이란 이루 말할 수 없는 것이었다. 여자들은 본관 2층에서 여덟 개 혹은 스물네 개의 구역으로 나뉘어 수감되었다. 남자들은 1층에 수감되었다. 인질이 된 남성들이 머무르던 감방은 처벌방으로도 사용되었다. 큰 중앙 마당으로 불려나가 운동하는 시간을 제외하고는 여성들은 감방에 갇혀 있어야 했다. 그러나 계단이나 복도는 새로운 소식을 교환하거나 친구들을 볼 수 있는 장소였다. 각각의 감방 중앙에는 긴 탁자가 하나씩 있었고 긴 의자와 스토브가 하나씩 있었다. 독방에 감금되지 않은 이들은 대부분 새로운 수감자였고, 죄수복 대신 그들의 옷을 입거나 세탁하는 것, 그리고 월요일과 목요일마다 요새에 도착하는 가족들의 소포를 받는 것이 허락되었다.

면회는 허락되지 않았지만, 요새 근처의 언덕에 서면 감방 창문을 통해 수감자들을 힐끗 볼 수 있었다. 많은 가족들이 언덕에 올라가 대답이 있길 바라면서 손을 흔들었다. 어느 날은 출산한 지 얼마 되지 않은 아기를 두고 로맹빌에 구금된 한 여성 수감자의 부모가 그녀에게 보여주기 위해 아기를 데려와 높이 치켜들기도 했다.

피캉 사건에 연루된 다른 이들과 함께 8월 말에 로맹빌에 도착한 마리엘리자 노르드만은 오래지 않아 어머니가 로맹빌에 수감되어 있다가 유대인이라는 이유로 드랑시로 이송되었다는 것을 알게 되었다. 불과 몇 주 차이로 그녀는 어머니와 만날 기회를 놓친 것이었다. 이제 어머니가 있는 곳을 알기란 불가능했다. 함께 폭발물을 만들던 동료 프랑스 블로크의 소식도 전혀 알 수 없었다. 아직 프랑스가 유대인이라는 사실은 발각되지 않았고, 그녀의 친구들도 모른 척해주었다.

로맹빌의 음식은 라상테보다는 조금 더 나았고 양도 조금 더 많았지만 여전히 여성들은 굶주렸다. 하루에 한 끼밖에 제공되지 않았고 그나마도 큰 통에 든 수프가 전부였던 것이다. 수프는 점심때 부엌에서 일하는 브르타뉴 출신 요리사들이 가져와 감방에 나눠주었다. 시간이 지나고 더 많은 이들이 수감되면서 수프에 든 고기의 양은 현저히 줄어들었다. 수프 위를 둥둥 떠다니는 쥐가 몇 번 발견되기도 했다. 가족들은 여유가 되면 무엇이든지 보내주었고 미국 적십자도 이따금씩 소포를 보내왔지만, 대부분은 간수들이 가로챘다. 여성들은 큰 스튜 냄비와 감방 안에 있던 스토브를 사용해 아침에 먹을 죽을 끓이기 위해 음식이 든 소포를 모두 모아두기로 했다. 나눔은 금세 여자들의 삶의 중심이 되었다.

대부분의 경우, 음식 분배는 관대하고 공평하게 이루어졌다. 각자가 기여한 음식에 대해서는 약간 더 큰 몫을 받았고, 종종 침상으로 기어 올라갈 힘조차 없을 만큼 약해진 채로 라상테에 막 도착한 신참들의 그릇에는 한 국자가 더 부어졌다. 세실의 경우, 가난한 그녀의 어머니에게서 당근 몇 개나 감자 몇 알 외에는 더 받을 수가 없었다. 그러나 비바 네니에게는 그녀를 석방시키기 위해 물불을 가리지 않는 자매가 있었기에 가끔씩 닭 한 마리를 통째로 받기도 했다. 수년이 지난 후에도, 세실은 비바가 냄비에 넣을 뼈를 건네주기 전에 몸통에 붙은 고깃점을 마지막 하나까지 놓치지 않고 얼마나 세세하게 발라냈는지 떠올리곤 했다.

음식이 든 소포가 많이 올 때도 있었지만 몇 주간 아무것도 오지 않는 때도 있었다. 점차 음식은 하나의 강박이 되었다. 굶주림 때문에 몇몇은 위경련을 앓았고, 거의 힘을 쓰지 못했다. 하루는 마리클로드가 허기로 기절했다. 베티는 '시체들의 공동체'에 관해 연설했다. 굶주림이 너무나 심각해졌기 때문에, 다시 한 번 여성들의 리더로 지목된 다니엘은 길가로 난 창문을 가진 모든 수감자들에게 동시에 창문을 열고 다함께 '배고파! 배고파! 배고파!'라고 외치도록 했다. 요새 밖에서 걸어가던 사람들은 멈춰 서서 그들이 외치는 소리를 들었다. 이 사건의 주동자로 지목된 다니엘과 제르멘은 축축하고 어두운 처벌방에서 여러 날 동안 굶어야 했지만, 트라프가 묽은 수프에 국자를 넣어 맛을 보게 하는 데 성공했고 그 결과 수프는 아주 조금 더 진해졌다. 그 일은 중요한 교훈을 주었다. 이들이 완전히 무력한 것은 아니었던 것이다.

마리클로드는 로맹빌의 브르타뉴 요리사들을 사주해 편지를 가족에게 전달했다. 종이쪼가리에 쓰인 글자들은 너무나 작아서 돋보기 없이는 거의 읽을 수 없었다. 마리클로드는 칼슘 부족으로 이가 썩어가고 있다고 했다. "눈에 띄게 쇠약해진 친구들이 있어요." 수프 한 사발로 하루를 버티며 다가오는 겨울을 생각할 때마다 그녀는 두려웠다. "나는 렌틸 콩, 국수, 감자, 크림 푸딩에 대한 꿈을 꿔요."

유머감각과 결단력이 남달라 결코 낙담에 빠지는 일이 없었던 다니엘은 어머니에게 몰래 보낸 편지에 군살이 빠진 자신이 이보다 더 우아해 보일 수 없을 거라고 적었다. 그녀는 옛 친구들이 지금 자신을 본다면 아마 알아보지 못할 거라고 너스레를 떨었다. 세실은 어렸을 때부터 하도 배를 곯아왔기 때문에 남들만큼 배고픔이 고통스럽지는 않았다. 게슈타포의 명령을 받은 사진사가 로맹빌에 와 수감자들의 사진을 찍을 때, 건강해 보였던 사람은 열일곱 살의 시몬이 유일했다. 그럼에도 사진을 찍는 동안 얼굴을 잡아당기고 키득거리는 친구들 덕분에 몇 장의 사진 속에서나마 여성들은 웃음을 지어보일 수 있었다.

편지를 요새 밖으로 내보낼 방법을 찾자, 라로셸의 카페 '식민지의 닻'의 주인 아네트 에포는 편지로 가족들에게 자신이 심한 우울증을 겪고 있다고 털어놓았다. "사랑하는 사람들과 떨어져 있어야 한다는 것이 너무나도 힘들어요. 빨리 이 시간이 지나갔으면 좋겠어요. (…) 아들이 몹시 그리워요." 가족들로부터 아무런 소식도 듣지 못하는 이들, 특히 마이와 룰루처럼 어린아이만 남겨두고 온 여자들의 비참함과 고립감이란 이루 말할 수 없는 것이었다고 덧붙였다. 아네트는 여동생에게 케이크 안에 편지를 숨겨 보내달라고, 그리고 가능하다면 신발도 한 켤레 부탁한다고 적었다. 클로드에게는 다음과 같이 적었다. "어린 클로드야, 말 잘 들어야 해. 언제나 널 사랑하는 엄마가."

나이 든 여성들의 단호한 손길로 곧 여성 수감자 구역은 매우 바빠졌다. 이제 미망인이 된 마이는 무엇이 그들을 기다리고 있든지 그것에 맞서기 위해서는 건강해야 한다며 매일 아침 체조를 하고 찬물로 몸을 씻자고 했다. 여성들은 가족들에게 울과 털실로 된 옷들을 보내달라고 부탁했고, 받은 옷의 실을 풀어 스웨터나 가방을 만들었다.

다니엘과 샤를로트를 포함한 레지스탕스 출신 여성들의 손으로 다시 한 번 신문이 만들어졌다. 라상테에서처럼 간수들의 대화를 엿듣거나 요리사 또는 새로 이감된 사람들이 전하는 소식을 모았고, 마리클로드의 능숙한 독일어가 큰 도움이 되었다. 적십자 소포에서 챙긴 갈색 포장종이에 병동에서 훔쳐온 푸른색 메틸렌 소독제로 적힌《로맹빌의 애국자》는 매일 감방에서 감방으로 전달되었으며, 하루가 저물고 모두가 전부 돌려 읽은 뒤에 폐기되었다. 논조는 낙관적이었다. 새 소식은 긍정적인 것 — 독일군은 동부전선에서 공격당하고 있고, 연합군은 북아프리카에서 전진 중이다 — 으로 채워졌다. 전쟁이 곧 끝날 것이라는 희망을 품을 이유는 많았다.《로맹빌의 애국자》에는 빈약한 음식 배급, 지방과 설탕의 부족, 편지를 금지하는 것에 관한 불만도 적혔다. 다니엘의 맹렬한 의지와 조제, 마리클로드의 조직력 덕분에 수감자들 가운데 누구도 우울증과 무감각의 상태에 빠져들지 않을 수 있었다. 세 여성은 다른 여자들에게 자긍심과 패배하지 않겠다는 결단력을 불어넣었고 이것은 감방 전체로 퍼져나가 모두가 공유하는 신념이 되었다.

✢

여자들 사이의 우정은 하루하루 깊어졌다. 사실 세실은 로맹빌에 처음 왔을 때 다니엘과 마리클로드처럼 확신에 차 있고 지식이 있는 사람들을 특히 경계했었다. 공산당에서 자신이 받는 신임의 정도가 그들보다 못하지는 않았지만, 그들의 교육수준이나 계급이 세실보다 훨씬 더 우월해 보였던 것이다. 세실은 매일같이 계단에서 샤를로트와 마주쳤는데, 그녀는 루이 주베가 준 큼직한 망토와 털모자로 몸을 감싸고, 안 그래도 큰 키로 꼿꼿이 서 있는 데다가 어떻게 가져왔는지 파우더와 립스틱으로 화장까지 한 얼굴이어서, 세실은 샤를로트를 오만하고 냉담한 사람으로 여겼다. 매일 아침 샤를로트를 만날 때마다 세실은 빈정거리는 투로 허리를 조금 굽히며 "봉주르 마담" 하고 인사했고 샤를로트는 대꾸하지 않았다. 그러던 어느 날, 둘은 서로를 쳐다보고 웃음을 터뜨렸고, 그날 이후로 가까운 사이가 되었다. 친구들은 샤를로트의 웃음에 특별한 매력이 있다고 평했다.

감방과 계단, 마당 곳곳에서 이런저런 우애가 싹트고 자라났다. 여성들은 나이에 따라, 교육 정도와 계급과 직업에 따라 서로의 이야기를 공유하고 비슷한 상실감을 나누면서 애정을 키워나갔고, 서로에 대해 이해하기 시작했다. 그들은 처형된 남편들을 애도하고 자녀들을 그리워하며 남은 가족들에게 무슨 일이 있을지 두려워하며 이야기를 나눴다. 사실상 이야기 말고는 할 수 있는 일이 많지 않았다. 서로 이야기를 나눌수록 여성들은 더욱더 강해졌고 상황에 대처하는 능력을 키울 수 있었다. 이미 이들은 여성 간의 친밀한 우정이 갖는 특수한 본성이 앞으로 다가올 시간에 맞서는 방패가 되어줄 것이라는 점을 알고 있었다. 반대편 건물의 남성 수감자들 사이에는 자신들과 비슷한 유대의식을 쉽게 찾아볼 수 없었던 것이다. "우리는 친구를 사귀려고 애쓸 필요가 없었다. 우리는 이미 굳건하게 뭉쳐 있었다"고 마들렌은 말하곤 했다. 베티의 말에 의하면 "우리는 한 팀이었다."

레지스탕스에서 아직까지는 무사히 활동 중인 연인이나 남편을 둔 여자들은 그들이 체포되지 않을까 하는 두려움에 떨었다. 이미 게슈타포에게 붙잡혀 로맹빌의 마당 반대편의 인질 감방에 갇혀 있는 연인과 남편을 둔 여자들의 고통은 이루 말할 수 없는 것이었다. 독일군을 겨냥한 공격에 대한 보복으로 끌려 나가 처형되기까지는 시간이 얼마나 남아 있을까? 지하조직 활동을 위해 돈을 마련하느라 농장의 가축들도 팔아버렸던 농부의 아내 마들렌 노르망은 어느 날 마당에서 남편을 발견했다. 그러나 그는 고문으로 거의 실명해 아내를 알아보지 못했다.

슬픔과 공포가 주는 유대감은 감방에서 감방으로 여성들을 연결해주었다. 레지스탕스 활동을 하면서 세실과 만난 적이 있었던 룰루와 잔 자매는 세실과 가깝게 지냈다. 샤를로트는 비바 네니와 꼭 붙어 다녔다. 제르멘 피캉은 다니엘을 아꼈다. 애정은 조금씩 상호 도움으로, 생일을 기억해주거나 필요한 것을 준비해주거나 체온으로 쓸쓸함을 달래주는 방식으로 표현되었다. 종종 웃음이 번져 나오기도 했다. 공화국이 패배한 뒤 프랑스로 넘어온 스페인 여성 루스 마르토스는 테이블 위로 뛰어 올라가 스페인 춤을 보여주며 다른 이들을 즐겁게 해주었다. 온갖 기념일이 소소하게나마 수많은 방법을 동원해 축하되었다. 11월 11일 정오에는 모두가 하던 일을 멈추고 1차대전의 휴전협정을 기념하며 라마르세예즈를 불렀다.

물론 처음에는 이들 사이에도 결코 편안하지만은 않은 정치적 위계가 존재했다. 여성 수감자의 절반이 공산당원이었고 지하에서 가장 활발하게 활동했던 것도 공산당원들이었다. 세실과 베티처럼 접선책이었거나, 마이와 엘렌 솔로몽처럼 작가나 편집자였거나, 다니엘처럼

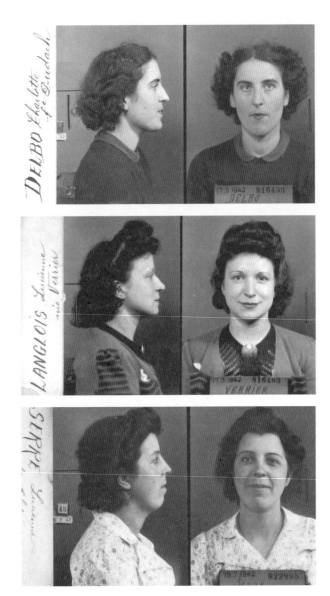

위에서부터 순서대로 샤를로트, 베티, 롤루.

왼쪽 위부터 순서대로 수잔 마이아르, 마이 폴리처, 마리엘리자 노르드만, 올가 멜랭, 이본 누타리, 아네트 에포, 이베트 기용, 폴린 포미, 레몽드 조르주.

조직가였던 이들은 자신들이 투쟁했던 대의에 대해 명확하게 인식하고 있었다. 감옥에서도 공산당원이라는 점을 잊지 않고 있다고 베티는 로맹빌에 도착한 지 얼마 지나지 않았을 때 가까스로 반출시킨 편지에 단호히 적었다. 다니엘은 편지에 "그들이 우리를 죽일 수는 있지만, 우리가 살아 있는 한 그들은 우리의 마음속에 타오르는 불꽃을 결코 꺼트릴 수 없을 거야. (…) 우리의 조국이 다시 자유로워지고, 소련이 승리하는 날이 머지않았어"라고 적었다. 그들은 주로 초기 레지스탕스 활동을 지휘했던 이들이었고, 개인적으로 사명감을 느끼고 있었다. 이들은 단순히 조국에 대한 충성심이나 점령군에 대한 혐오감으로 인해 잡혀온 다른 여성들을 약간 경계하고 있었다. 단호한 정치적 신념을 가진 공산당원 여성들이 보기에 다른 여성들은 확신이 부족했다.

이런 정치적 의식은 여성들이 처음 로맹빌에 도착했을 때 정치적 순수성에 관한 가벼운 논란을 일으켰고, 그것은 감방에 들어오기 전까지 자신들도 심하게 심문당했다고 생각하는 비공산당원들의 심기를 불편하게 했다. 공산당원과 같은 정치적 신념이 없거나 순박하고 교육수준이 낮은 신참들은 공산당원들의 넘치는 창의력과 굽힐 줄 모르는 결단력이 위협적이라고 느꼈다.

그러나 그것은 초기의 모습일 뿐이었다. 몇 주가 지나고 요새 안이 점점 더 추워지면서 여성들은 정치적 견해 차이를 잊은 채 침대를 붙여놓고 담요를 머리부터 발끝까지 함께 나눠 덮으며 잠을 잤다. 대립각을 세우던 논쟁들은 수그러들었고 소박한 연대감이 여성들 사이에서 자라나기 시작했다. 대부분이 레지스탕스에 가담한다는 것이 위험한 일이라는 것을 알면서도 그 일을 계속했다는 사실과 지금 모두가 똑같이 역경에 처해 있다는 사실이 그녀들에게 정치적 연대보다 더 강한 유대감을 선사했다. 후일 마들렌 디수브레는 이렇게 회고한다. "우리들은 희생자가 아니었다. 우리들은 유대인이나 집시들과는 달랐다. 우리들은 독일군의 벽보를 보았고, 처벌에 관해서 읽었으며, 고문에 관해서도 들었다. 우리는 우리가 무엇을 하고 있는지 똑똑히 알고 있었다. 우리는 스스로 선택을 했고, 그것은 우리에게 강한 감정적 유대감을 주었다." 의사였던 아델라이드는 다른 여성수감자들과 합류하고 몇 주가 지난 뒤에 이곳이야말로 '진실로 관대하고 자매애가 넘쳐 흐르는 공동체'라고 느꼈다. 그녀는 강한 정치적 신념을 갖고 있지는 않았지만, 스스로를 이방인이라고 느끼지 않았다.

로맹빌의 여성들 사이에는 위계가 없었다. 출신성분이나 교육 정도, 재산에서 차이가 컸던 프랑신 롱도 데 몽브레조차도 다른 여성들과 아주 달랐다고 말하기는 어려웠다. 키가 크고 솔직하고 자신감 넘치며 이제 막 40대에 들어선 프랑신은 앙드레 지드의 사촌이었고 노르망디의 대저택에서 유모와 가정교사에게 둘러싸여 어린 시절을 보냈다. 그녀는 이혼을 했고, 어린 딸이 있었으며, 여성 수감자들 중에는 드물었던 가톨릭교도였다.

프랑스 군대가 패배하고 독일 점령군이 도착한 이후, 프랑신은 파리에 있던 자신의 집 1층을 부상당한 연합군을 치료하는 비밀병원으로 개조했고 건강을 회복한 군인들과 유대인 가족들이 군사분계선을 넘어 도주할 수 있도록 도왔다. 귀족으로서 점령군에 대해 느꼈던 경멸감이 그녀를 이곳으로 이끌었다. 환자들에게 먹일 음식들을 사러 정기적으로 차를 몰고 노르망디에 가던 그녀는 어느 날 독일군의 차량과 접촉사고가 났고 체포되어 경찰서로 끌려갔다. 그곳에서 그녀를 밀친 경관의 뺨을 때리지만 않았더라도 프랑신은 쉽게 풀려날 수 있었을 것이다.

하지만 로맹빌에는 스스로 이방인이라고 느끼던 세 명의 여성이 있었다. 거기에는 그만한 이유가 있었다. 이들은 레지스탕스 체포에 상당 부분 일조했다고 의심받던 밀고자들이었다. 앙투아네트 비보는 사례금에 눈이 멀어 사람들을 게슈타포에 고발했다가 사례금 대신 체포되었다. 잔 에르베는 항상 언짢은 표정으로 신랄하게 쏘아붙이기를 좋아하는 여성이었다. 그녀는 유대인뿐 아니라 이웃들까지 싸잡아 독설을 퍼붓곤 했으며, 로맹빌에서도 같은 감방에 있던 사람에게 비난을 퍼부으려는 것을 조제가 겨우 말렸을 정도였다. 스무 살 뤼시엔 페르에 대해서는 푸앵소의 부하들과 내통했다고 보르도에서 온 여자들이 입을 모았다. 이들 셋은 다른 여성들로부터 냉대를 받았다.

아마도 로맹빌의 여성들을 응집시킨 가장 중요한 것은 배우고자 하는 욕구와 가르치고자 하는 욕구, 그리고 이 향학열을 감방 전체로 퍼트리고자 하는 욕구였을 것이다. 기나긴 낮을 채우기 위해, 자신에게 벌어진 일들과 남은 가족의 앞날에 대한 두려움이 자꾸만 떠오르는 것을 막기 위해, 비공식적인 수업들이 잇달아 열렸고 각자는 자신이 가진 경험과 기술을 서로에게 가르쳐주었다. 비바 네니는 이탈리아어를 가르쳤고 마리클로드는 정치사를 맡았으며 조르주 폴리처와의 오랜 대화를 기억하고 있는 마이는 철학적 주제들을 가지고 토론을 주도했다. 다니엘은 매일 새로운 뉴스를 브리핑했다. 놀랄 만한 기억력을 가지고 있던 샤를로트는 갖가지 연극의 장면들과 루이 주베가 극장에서 매일 밤 보여줬던 꼼꼼하고 세밀한 무대지휘를 떠올리며 마음을 채웠다.

수녀들 밑에서 제한된 교육만을 받다가 전쟁 탓에 그마저도 여의치 않았던 열일곱 살의 푸페트 알리종은 자신이 배움과 우정이 넘치는 새로운 세계에 당도했다고 느꼈다. 특히 그녀가 라상테와 프레스네에서 거의 8개월 동안 보폭으로 다섯 걸음 정도 되는 너비에 길이는 여덟 걸음밖에 되지 않는 독방에 감금되어 있다가 나온 후여서 더욱 그랬다. 푸페트는 마치 대학에 온 것 같은 느낌을 받았다. 그녀는 매일 새로운 것을 배웠고, 전에는 꿈도 꾸지 못한 새로운 세상의 문을 여는 듯한 느낌을 매일같이 받았다. "대체로 사람들은 그들의 개인적인 경험을 통해 인생에 대해 배운다. 그러나 나는 다른 사람들의 이야기를 통해 인생을 배웠다"고 그녀는 당시를 회상했다. 라상테에서 보낸 길고도 외로웠던 몇 달간, 푸페트는 언니인 마리를 단 한 번 언뜻 볼 수 있었다. 이제 로맹빌에서 마리와 재회하게 된 푸페트는 크게 안도했고 행복해했다. 둘은 몇 시간이고 이야기를 나누었다. 다시 한 번, 마리는 언니의 역할로 돌아가 푸페트를 돌보고 보호하려 했다. 이들 외에도 로맹빌에는 한 번도 집에서 멀리 떠나본 적 없고 이제서야 겨우 어린아이 티를 벗은 소녀들이 있었다. 이들은 모두 엄마를 그리워했고, 나이 든 여자들은 이 어린 소녀들을 돌보기 위해 최선을 다했다.

로맹빌에 책을 들여온 사람은 겨우 한두 명이었다. 예컨대 시몬은 처형되기 직전 아버지가 읽고 있었던 지리학 책을 한 권 가지고 있었고, 여성들은 이런 책들을 돌려가며 읽었다. 작은 도서관에서 빌려온 다른 책들은 모두 1941년 인류학박물관 소속 레지스탕스들이 검거될 때 함께 체포된 프랑스 국립도서관의 전 관리인 줄리앙 캉이 모았다. 그는 작은 손수레에 책들을 실은 채 복도를 돌아다니곤 했다.

샤를로트는 한 번도 연극을 직접 감독해본 적이 없었지만 주베를 관찰하며 무대 옆에 앉아 있곤 했었기 때문에 자신이 무엇을 해야 할지 정확하게 알고 있었다. 그녀는 곧 여성들 가운데 연기에 재능이 있는 사람, 노래를 잘 부르는 사람, 무대의상을 만들 줄 아는 사람 들이 있다는 것을 발견했다. 자클린 카트르메르는 특별히 달콤한 목소리를 가지고 있었다. 여성들은 함께 힘을 모아 연극을 올릴 준비를 하기 시작했다. 샤를로트는 고전 작품의 대사를 많이 외우고 있었고, 다른 이들이 빠진 장면들과 부분들을 메워주었다. 모피를 가공하던 솜씨 있는 재봉사 세실이 무대의상을 맡았다. 몰리에르의 희곡『상상으로 앓는 환자』를 올리기 위해 그녀는 어머니에게 오래된 큰 담요를 보내달라고 부탁했고, 그것을 자르고 꾀매 병자의 옷을 만들었다. '연극을 위한 오후'가 일요일마다 점심식사 후 마당에서 열렸다. 여기엔 수감자들뿐 아니라 독일인 간수들까지도 참석했다. 남성 수감자들은 참석할 수 없다는 지침이 내려졌지만, 여성들이 공연을 연기하겠다고 반발하자 트라프는 한 발 물러나 감옥 전체가 연극을 관람하는 것을 허용했다.

9월 13일 일요일, 몇 세기에 걸친 역사적 사건들에 대한 활인화*가 무대에 올랐다. "나는 결코 사람들로부터 동정을 받고 있지만은 않을 거란다." 레몽드 세르장은 딸 지젤에게 편지를 썼다. 그곳에서 비록 해

---

* 고전회화 속 인물의 자세를 모방하거나 문학 작품의 한 장면을 연기하는 일종의 연극놀이.

야 할 일은 없었지만, 풍부한 문화와 신체 활동, 춤, 연극, 노래 부르기를 비롯해 하고 싶은 모든 것들을 해내느라 하루가 부족할 정도였다.

✝

트라프의 명령에 따라, 로맹빌에 수감된 남성과 여성 사이엔 어떤 접촉도 허용되지 않았다. 그러나 그들은 운동장을 둘러싼 벽돌담 틈에 쪽지를 숨겨두거나, 이따금씩 이곳을 방문하는 사제와 수감자 병동의 의사를 통해 편지를 주고받았다. 여자들은 남성 수감자들의 빨래를 해주겠다고 나섰고, 이를 통해 이따금씩 깨끗한 옷가지 사이에 찔러 넣은 짧은 전갈과 격려를 담은 쪽지들이 오갈 수 있었다. 연극을 올리는 일요일 오후에 남자들이 여성 수감자들을 볼 수 있었다면, 여자들은 때때로 남자들이 운동하는 모습을 지켜볼 수 있었다. 언제 인질로 처형될지 모르는 연인이나 남편을 둔 여성 수감자들은 두려움 속에서 항상 남성 수감자들의 모습을 주목해 살폈다. 베티도 그들 가운데 하나였다. 그녀의 동반자인 뤼시앵 도를랑은 특수수사대의 보고서에 어떤 심문과 고문에도 아무 정보도 발설하지 않은 극도로 위험한 '열성분자 공산당원'이라 기록되어 있었다. 베티는 어머니에게 보내는 편지에 그녀의 주된 위안과 즐거움이 때때로 창문을 통해 뤼시앵의 모습을 보는 것이라고 적었다.

9월 20일 저녁에, 베티와 다른 여성들에게 남편이나 연인 또는 수감된 가족들을 몇 분간 만날 기회가 허용되었다. 그 사이에 레지스탕스가 독일군을 공격했다는 소식은 없었기 때문에 특별히 걱정하지는 않았다. 베티는 뤼시앵을 위해 뜨개질한 털양말 한 켤레를 들고 그의 감방으로 갔다. 그녀와 동행했던 독일인 간수는 그녀에게 뤼시앵은 이제 양말이 필요 없을 거라고 말했다. 베티와 뤼시앵은 지명된 남성 마흔여섯 명이 독일 어딘가에 있는 공장으로, 즉 그들이 필요한 모든 옷이 지급되는 곳으로 이송된다는 뜻으로 받아들였다. "안녕, 나의 베티." 뤼시앵은 베티가 그녀의 감방으로 돌아간 후 적었다. "내 생각에 우리는 콩피에뉴로 갔다가 강제추방될 것 같아. 그래도 희망을 포기해선 안 돼. (…) 무서운 일들이 성큼성큼 다가오네."

여성들이 아무도 알지 못했던 것은 9월 17일 저녁, 독일군이 징발한 파리 중심부에 있는 렉스 시네마에서 폭탄 두 개가 터졌다는 것이었다. 이 공격으로 군인 열 명이 사망하고 열아홉 명이 부상을 입었다. 오베르는 즉시 인질 116명을 처단하라고 명령했다. 처형될 인원은 모두 로맹빌에서 충당되어야 했으나, 8월에 88명이 대거 처형되었기 때문에 수감자 수가 부족했다. 처형이 가능한 마흔여섯 명 외에 보르도의 포르두아에서 70명이 채워졌다. 처형될 남성들은 사건 발생 당시 공격지점으로부터 600킬로미터 떨어져 있는 감옥에 투옥되어 있었고, 그 공격에 대해서는 전혀 알지 못했다. 보르도에서 선택된 남성들 중에는 7월에 푸앵소의 부하들에 의해 체포된 코냑 지방의 농부들도 포함되어 있었다. 아맹트 기용의 남편과 아들 프로스페르와 장이 처형자 목록에 포함되었고, 레비올레트에서 기용과 함께 체포된 엘리자베스 뒤페롱의 남편과 푸앵소의 부하들의 눈을 피해 레지스탕스 단원들에게 은신처를 마련해주었던 마르게리트 발리나의 남편 뤼시앵이 처형자 명단에 포함되어 있었다. 룰루와 카르멘의 열아홉 살 남동생 또한 얼마 지나지 않아 체포되어 로맹빌에 도착했지만, 다행히 농가진을 앓고 있어 병동으로 보내졌다.

9월 21일 월요일 아침 7시, 로맹빌의 여성들은 행군하는 군홧발 소리와 라마르세예즈를 부르는 남성들의 목소리를 들었다. 아직 어둑한 복도의 창문으로 요새 밖 거리가 보였다. 여전히 여성들은 콩피에뉴역으로 가고 있다고 믿고 싶어 하면서 무서워하지 않으려 했다. 로맹빌에서 600킬로미터 떨어진 포르두아의 풍경도 별반 다르지 않았다.

며칠간 로맹빌에는 갖가지 소문이 가득했다. 남자들의 짐이 여전히 벙커 바깥에 쌓여 있었지만, 아마 다른 기차를 타고 각자 이동하길 기다리고 있는 중일 거라고 여자들은 계속해서 서로에게 말하고 다녔다. 그러나 곧 뤼시앵의 한 친구가 마흔여섯 명의 남성들이 스무날간 지낸 감방으로 이감되었고, 그곳에서 벽에 새긴 문장을 하나 발견했다. "우리 마흔여섯 명은 후회 없이, 오로지 자긍심과 용기만을 가진 채, 죽음을 기다리고 있다." 그들이 모두 어디에 갔느냐는 질문에 간수는 대답했다. "알고 싶지 않을 거다. 무슨 말인지 알겠지."

이제 여자들은 남자들이 다섯 명씩 짝을 지어 몽발레리앙의 가파른 언덕을 올라 사격 훈련장으로 향했다는 소식을 접했다. 누구에게도 눈을 가릴 안대가 허락되지 않았다. 일이 끝나자, 코냑 열두 병이 총살부대에 내려졌다. 가족들에게 알리지 말라는 명령과 함께 시신들은 페르라셰즈 공동묘지에서 소각되었다는 소식이 아스피린 병에 숨겨져 요새로 밀반입된 쪽지를 통해 여성들에게 전달되었다. 마리클로드는 몰래 내보낸 편지에 다음과 같이 적었다. "총살된 이들은 모두 특히 훌륭한 사람들이었다. 남은 사람들은 그들만큼 가치 있는 인생을 살기 위해서도 그들의 죽음에 복수하기 위해서도 각자 자신의 전 생애가 충분하지 않다는 인상을 받았다." 보르도와 파리에서 처형된 116명 가운데 실제로는 단 한 명만이 독일 군인을 공격했다는 혐의로 독일 군사법정에서 기소되어 선고를 받았다. 다니엘은 공포의 극한에 와 있다는 생각이 몇 날 며칠 동안 가시지 않았다.

쾌활함과 강건함을 유지했던 베티조차 슬픔과 공포로 침묵하고 있었다. 그녀는 뤼시앵의 친구로부터 뤼시앵이 그녀에게 남긴 또 다른 메시지가 벙커 벽에 쓰여 있었다는 소식을 들었다. "사랑하는 내 친구에게 용기를. 당신은 이 고통스러운 순간을 반드시 헤쳐나가야 해." 베티는 부모님에게 편지를 썼다. "뤼시앵은 너무나 좋은 사람이에요. 마음이 찢어지는 것 같아요. 그 사람을 정말 사랑했는데……. 이제 우리는 모두 남편을 잃었어요. 처형을 집행한 사람들은 프랑스의 젊은이들을 증오하는 것이 틀림없어요. 특히 지식인들을요. 전부 야만인이에요." 그녀가 가장 마음에 걸려 했던 일은 그녀와 뤼시앵 사이에 아이가 없었다는 사실이다. 그녀는 전쟁이 끝나 뤼시앵과 함께 살던 파리의 집으로 돌아가 함께 일하곤 했던 책상에 앉아 있을 자신의 모습을 상상하며 하루하루를 견뎌왔던 것이다. "뤼시앵과 함께한 삶은 더할 나위 없이 좋았다. 뤼시앵의 보헤미안 기질과 우리가 함께 읽은 책들……. 나는 오직 한 가지 생각만을, 이곳을 빠져나가 그의 죽음에 복수하는 것만을 생각한다."

로맹빌의 여성 열네 명이 남편을 잃었다. 친구들은 할 수 있는 모든 것을 다했다. 위로할 말은 별로 없었지만, 친구들은 그들의 온기가 조금이나마 고통을 덜어주길 바라며 남편을 잃은 여인들을 꼭 껴안아주었다. "이곳엔 미망인들만 남았어요." 베티는 슬픈 어조로 부모님께 적어 보냈다. "그날 아침 남편과의 마지막 면회를 위한 호출을 받았을 때, 내 안의 무언가가 죽어버린 것 같다. 마치 시계를 차고 있던 사람이 생을 마감할 때 시계가 따라 멈추듯이, 다시는 그 무엇도 그것을 되살리지 못했다." 그러나 죽기를 바라는 대신 그녀는 살아남기를 선택했다. 독일군에게 저항하고 더 이상 어느 누구에게도 굴복하지 않겠다고 되새기면서. "나는 굳세게 살아남아 끝을 보아야 했고, 그런 뒤 눈을 감아야 했다."

10월 14일, 새로운 미망인 무리가 이송되어 이들과 합류했다. 보르도에서 파리로 이송된 서른 명 중에는 9월 21일 수즈 막사에서의 처형으로 남편을 잃은 마르고 발리나, 엘리자베스 뒤페롱, 이베트와 아맹트 기용이 있었다. 마들렌 자니, 욜랑드와 오로르 자매, 그리고 클로드의 어머니이자 라로셸의 카페 '식민지의 닻'의 주인 아네트 에포도 함께였다. 그중 누구도 떠나기 직전 어린 자녀를 볼 수 없었다.

총살장에 끌려 나가기 불과 몇 시간 전에야 프로스페르와 장 기용은 각자 아내에게 작별인사를 할 수 있도록 종이와 연필을 건네받았다. 연필은 뭉툭했고 메시지는 거친 종잇조각에 들쭉날쭉 휘갈겨 적혔다. "사랑하는 당신, 반드시 모든 걸 잊고 새 인생을 살아. 내가 당신에게 고통을 안겼다면 부디 용서해줘. 영원히 안녕. 지금까지 내가 싸워온 대의를 위해 용감하게 죽으려고 해." 장이 이베트에게 남긴 말이었다. 아맹트에게 보낸 프로스페르의 편지는 짧았다. "떳떳하게 죽을게. 당신의 삶은 원하는 방식으로 끝맺을 수 있기를. 마지막 순간에는 당신을 생각할게." 하지만 그들은 아내들도 집이 아닌 감옥에 있었다는 점, 그래서 그들도 모두 함께 죽을 운명이라는 점을 알지 못했다.

오베르는 진압이 잔인할수록 공격이 사그라지리라 생각했으나 곧 자신의 판단이 틀렸다는 것을 깨달았다. 몇 주 만에 독일군 사상자는 64명으로 늘어났고, 경찰청은 프랑스 전역에서 '반독일 감정이 점점 더 극심해지고 있다'고 보고하기 시작했다. 또다시 대량 보복처형을 실시하라는 지시가 떨어졌으나 '인질정책'은 명백히 효과가 없었기에, 처형은 연기되었다. 그러는 동안 새로운 강제추방 정책으로 '밤과 안개' 정책이 논의되었다.

베티는 마들렌 디수브레와 같은 감방에서 지내고 있었다. 그녀들은 아침마다 운동을 하면서 요새를 탈출할 계획을 논의하곤 했다. 운동 시간에 마당을 탐사하면서 이들은 이곳을 빠져나갈 단 하나의 방법은 배수로를 따라 하수구로 들어가 요새 외벽 너머로 이어진 우물로 나가는 것밖에 없다고 확신했다. 첫 번째 단계는 성공적인 듯했다. 그녀들은 남의 눈을 피해 빠져나올 수 있었다. 그러나 오래지 않아 쇠창살이 하수구 출구를 가로막고 있다는 것이 드러났다. 아무리 끌어당기고 밀어보아도 쇠창살은 꼼짝할 기미가 없었다. 매우 낙담한 채로 그녀들은 온 길을 도로 기어 돌아가야 했다. 다행히 둘이 자리에 없었다는 사실은 아무도 알아채지 못했다. 이들에게는 가망이 전혀 없는 일에 직면했을 때조차 저항정신을 유지하는 것이 매우 중요했다. 10월의 혁명 기념일에 그녀들은 몇몇 남성 수감자와 함께 마당에서 낫과 망치*를 만들었다. 이 일로 두 여성은 습하고 어두운 지하실에서 깔

---

* 1917년 10월 혁명 이후 소비에트 연방은 빨간 배경 왼쪽에 낫과 망치를 넣은 깃발을 제정했고, 소련이 해체될 때까지 사용했다.

것도 덮을 것도 없이 한 달간 갇혀 있어야 했다. 그러나 그녀들은 그것을 감수할 만한 가치가 있었다고 생각했다.

크리스마스가 다가오고 있었고, 샤를로트와 '연극을 위한 오후'에 관여하는 여성들은 죽은 남편을 애도하는 이들이 기분을 전환하고 연극에 참여하게끔 하는 것이 중요하다는 생각으로 노력을 배가했다. 잔다르크 이야기를 무대에 올릴 계획이 세워졌다. 다니엘이 잔 다르크 역할을, 마리클로드가 독일인 보초병 역할을 맡았다. 세실은 무대의상을 만들 옷감을 찾아다녔다. 세실은 연기만 했다 하면 웃음이 터졌기 때문에 연기를 할 수가 없었다. 푸페트는 맡은 대사를 외우고 있었다. 나이 많은 여성들이 문학과 철학을 논하는 이야기를 들을 때면 푸페트는 불행하다는 생각이 들지 않았다. 한번은 나이 든 공산당원 여성들이 푸페트나 마리가 드골파인 조니 네트워크에서 활동한 것치고 그다지 정치에 관심이 없다는 점을 알아차렸을 때 소란과 말다툼이 일었지만, 정치적 차이는 더 이상 여성들을 갈라놓지 못했다. 두려움과 허기를 막아주는 길은 우애와 연대뿐이었기 때문이다. 특별히 크리스마스 점심을 위해 음식을 모아두자는 이야기와 새해를 축하하기 위해 견과류, 사과, 생강 빵을 모아두자는 이야기가 오갔다. 여성들은 뜨개질을 하고 서로에게 줄 작은 선물들을 만드느라 여념이 없었다. 그러나 갈수록 심해지는 추위와 침울해지는 로맹빌의 분위기는 어쩔 수가 없었다.

프랑스 전반적으로도 그리 밝은 분위기는 아니었다. 11월 11일 아침 7시, 독일군은 군사분계선을 넘어 프랑스 전체를 점령해버렸다. 그들을 막기 위한 라발의 외교적 노력이 무색했다. 뒤따라 오베르와 크노헨의 부하들이, 뒤이어 게슈타포가 곧바로 전국 각지에서 활개 치기 시작했다. 페탱은 여전히 국가의 수반으로 남아 있었지만, 비시정부는 독립된 관할구역과 그들의 군대와 함대, 그리고 통치권을 잃었다. 독일의 공장으로 일하러 갈 자원자 한 명당 전쟁포로 세 명이 풀려날 것이라 약속하던 모집의 성과가 미미했던 탓에 강제 동원령이 내려졌다. 이제 국가에 필수적인 작업에 종사하고 있지 않은 18세에서 50세 사이의 프랑스 남성이면 누구든지 법적으로 징용될 수 있었다. 레지스탕스는 프랑스 전역에 '독일로 가지 말자!'고 외치는 벽보를 붙이기 시작했다. 그러나 몇 년간 점령이 계속된 탓에 터전을 잃은 젊은이들과 부역과 반유대주의에 대한 비시정부의 입장에 찬성하는 사람들에게는 구미가 당기는 일이었다. 곧 민병대가 꾸려지기 시작했고, 이들은 레지스탕스를 체포하고 고문하는 데에 성과를 올렸다.

동시에 희망의 징조도 존재했다. 젊은 남성들이 독일로의 강제징용을 피하기 위해 지하조직으로 몰려들었던 것이다. 그들은 시골 숲과 언덕으로 흩어져 살 길을 찾기 시작했고, 반독일 지하 무장단체 마키(maquis)에 참여하기 시작했다. 이제 프랑스의 모든 점령지역에서 사람들이 정치적 희생양이 되었다는 생각을 공유하고 있었고, 유대인에 대한 박해를 참을 수 없어서 혹은 장 물랭*과 같은 인물에 감화되어 수많은 소규모 네트워크와 거대한 레지스탕스 운동단체로 속속들이 모

---

* 나치 점령하의 프랑스에서 드골 장군의 대리인 역할을 하던 장 물랭의 주도로 전국 레지스탕스 평의회(Conseil national de la résistance, CNR)가 조직되어 주요 저항 단체들이 통합되었다.

여들고 있었다. 이들은 연합군을 위해 물품과 무기, 자금을 가져왔다.

이런 네트워크 내에는 드골파와 공산당을 똑같이 불신하는 이들도 있었고, 적개심과 경쟁심으로 레지스탕스 내부에서 파벌이 생겨나기도 했다. 그러나 대부분은 어떤 정당도 배제하지 않는 합의체가 필요하다는 생각에 동의하고 있었고, 대부분은 적어도 드골의 리더십을 신임하고 있었다. 9월에 비시정부가 통과시킨 새로운 법안은 상황이 더 나아지고 있음을 보여주는 작은 신호였다. 한때 소수자, 광인, 범죄자와 함께 여성을 무능력하다고 간주하던 제도는 이제 폐지되었다. 사실상 이런 조치는 프랑스의 80만 명에 달하는 여성 대부분이 전쟁포로가 된 남편을 대신해 가정과 사회를 꾸려나가고 있는 상황에서 필수불가결한 것이었다.

이제 점령이 무엇을 의미하는지 완전히 무시할 수 없게 되었다. 4만 2500명의 유대인이 이미 죽음의 수용소로 강제추방되었고 — 레지스탕스는 그들을 태운 기차는 단 한 칸도 탈선시키지 않았다 — 전국이 독일군의 손아귀에 들어갔다. 사람들은 허기지고 비참해졌으며 땔감도 없이 세 번째 겨울을 맞고 있었다. 수천 명의 레지스탕스가 죽거나 감옥에 갇혔으며, 독일에 있는 공장으로 끌려갔다. 외르에루아르의 한 경찰관은 지역민이 비참하고 비굴한 상황에 놓여 있다고 보고서에 적었다. "베르됭의 정신은 사라졌고, 끔찍한 이기적 개인주의의 분위기가 팽배해 있다." 또다시 추위의 마수에 걸려든 파리는 음울했다.

✟

크리스마스가 얼마 남지 않은 무렵, 한 무리의 여성들이 추방되기 직전 마지막으로 로맹빌에 도착했다. 그들은 폴란드인들로, 일부는 프랑스어를 하지 못했다. 1920년대와 1930년대에 일자리를 구하러 북쪽에서 프랑스로 온 이들은 상황만 허락된다면 고향으로 돌아갈 작정이었다. 그들은 단단하게 뭉친 민족주의 공동체를 형성했고 소시지와 붉은 양배추로 요리한 폴란드식 식사를 했으며, 따뜻한 여름밤이면 남자들은 하모니카를 꺼내 폴카를 연주하곤 했다. 그러나 이들은 전쟁과 고국에서 자행된 나치의 박해로 프랑스에 갇히게 되었고, 휴전과 함께 '저스틴'이라는 암호명으로 활동하던 전 폴란드 총영사관 알렉산더 카왈코프스키의 지휘 아래 폴란드 레지스탕스 운동을 시작했다. 1942년 여름, 안젤리카(Angelika)라는 폴란드 레지스탕스 조직 — 후에 모니카(Monica)로 개칭되었다 — 은 연합군이 진격할 동안 독일군의 움직임을 무력화할 계획을 세웠다. 그동안 멤버들은 프랑스에서 추방을 앞둔 유대인들의 도주와 정보수집 및 사보타주를 도왔다.

모니카에서 일했던 많은 여성들은 1942년 초가을, 다비드와 그가 지휘하는 특수수사대가 쳐놓은 함정에 빠져들었다. 이들 중 몇몇은 광산 마을에 폴란드어를 가르치러 온 교사였고, 몇몇은 프랑스 상점에서 일하던 이들로 레지스탕스들이 라디오 송수신기를 고치는 것을 도와주거나 유대인들이 은신할 수 있도록 집을 내어주다가 체포되었다. 몇몇은 우연히 폴란드 유대인과 결혼하게 된 프랑스 여성들이거나 파리에 거주하는 유대인 일제검거에서 체포된 이들이었다.

브라밴더 가족은 모두 함께 로맹빌에 도착했다. 프랑수아 브라밴더는 1차대전 당시 프랑스 편에서 싸웠고, 휴전 후 폴란드 해방운동에 참여했다가 의대에서 공부를 마치고 개업해 프랑스에 거주하는 폴란드 광부들의 건강을 돌보고 있었다. 프랑스가 패배한 뒤 그는 아내 소피와 아이들을 데리고 영국으로 이주하려 했으나 스페인 국경에서 저지당했다. 프랑스에 남아 있어야겠다고 체념한 뒤, 그와 소피는 모니카 네트워크에 합류했고 게슈타포에 체포되기 전까지 네트워크에서 일했다. 24시간 동안 친구와 함께 숨어 있던 열아홉 살 엘렌도 결국엔 붙잡혔다. 프랑수아와 아들 로무알드는 로맹빌에서 처형을 앞둔 인질들이 대기하는 벙커에 갇혀 끔찍한 24시간을 보낸 후, 콩피에뉴의 수용소로 이송되었다. 소피와 엘렌은 피캉과 탱틀랭 레지스탕스 멤버들과 같은 감방에 수감되었다.

안마리 오스트로프스카는 유대인이 아니었지만 폴란드계 유대인 남성 살로몬과 결혼했다. 남편과 함께 안마리는 파리의 오베르캄프 거리에서 작은 가죽공방을 열었다. 인종법이 더욱 엄격해졌기 때문에, 살로몬과 그들의 열아홉 살 난 아들 알프레드는 안전을 위해 군사분계선을 넘어 남쪽에 머무르려 했다. 그러나 그들은 체포되고 구금되었다. 안마리는 오로지 남편과 아들을 구출해야겠다는 생각밖에 할 수 없었다. 법적으로 비유대인인 그녀는 자유롭게 이동할 수 있었는데도 게슈타포는 비에르종에서 그녀와 열일곱 된 딸을 체포했다. 안마리는 유대인이 아니었기 때문에 로맹빌로 이송되었다. 비통하게도 절반은 유대인이라고 여겨진 그녀의 딸은 피티비에의 수용소로 끌려가 드랑시로 이송되길 기다리는 처지에 놓였다.

크리스마스 직전, 폴란드 소녀 두 명이 요새에 도착했다. 카롤리나 코네팔과 안나 니진스카는 마치 소농의 딸 같은 옷차림을 하고 커다랗고 밝은 색 숄을 두르고 있었다. 그들이 가지고 있던 유일한 소지품은 알람 시계뿐이었다. 소녀들은 프랑스어를 전혀 하지 못했다. 그들은 자신들이 모니카 네트워크에서 일했던 한 남성의 이름을 넘겨주었다는 사실을 넘어서 애초에 자신들이 왜 프랑스에 와 있는지조차 알지 못하는 듯했다.

이집트의 알렉산드리아에서 태어났고 파리 오페라에서 노래를 부르던 40대 후반의 이탈리아 가수 알리스 비테르보는 12월 15일에 로맹빌에 도착했다. 전쟁이 일어나기 직전 알리스는 자동차 사고로 한쪽 다리를 잃었다. 아무도 그녀가 레지스탕스에서 어떤 일을 했는지 알지 못했고 아마 드골파 네트워크를 도왔을 거라는 추측만이 돌았다. 그녀는 나무로 된 자신의 의족에 관해 좀처럼 불평하지 않았고, 그녀의 감방에서는 종종 노랫소리가 흘러나왔다. 알리스의 뒤를 따라 서른한 살 금속노동자 샤를로트 데콕이 들어왔다. 그녀는 레지스탕스였던 남편이 탈옥한 뒤 체포되었고, 남편을 대신해 인질로 붙잡혀 있었다. 샤를로트는 세례식에 참석하기 위해 외출을 허가받았고 이 일을 탈옥의 기회로 삼을 수도 있었지만, 제 발로 감옥에 돌아왔다. 가족들은 그녀의 남편에게 자수하지 말라고 설득하고 있었다. 그때까지만 해도 게슈타포가 열 살짜리 아들과 일곱 살짜리 딸을 둔 무고한 여성을 그렇게 오랫동안 잡아둘 리 없다고 모두가 믿었다. 샤를로트는 즉시 수감자들 사이에서 인기를 끌었다. 알리스처럼 그녀 역시 나쁜 일이 자신들에게 닥칠 리 없다고 믿었고, 그래서 그들은 곧 다시 집으로 돌아갈 수 있을 것이라고 확신했다. 그녀와 함께 유대인들이 군사분계선을 넘어가는 것을 도왔던 스물네 살 웨이트리스 미치 페리도 로맹빌에 들어왔다. 미치는 석 달간 독방에 갇혀 벽에 고정된 족쇄에 묶여 있었고 반복적으로 고문을 당했다. 다른 여성들은 둥글게 둘러앉아 미치를 감싸안았고 그녀를 위로할 수 있다면 무엇이든 하려고 했다. 그들 무리에 마지막으로 합류한 여성은 굽 높은 구두를 신고 이브리의 거리를 활보하던 조르제트 로스탱이었다. 그녀의 딸 피에레트는 자신이 어머니의 손에 매달려 울던 것을 훗날까지 잊지 못했다.

사기를 북돋기 위해 무수히 많은 노력을 했지만, 로맹빌에 갇혀 있던 많은 여성들은 먼저 떠난 남편과 사방으로 흩어져 조부모와 친척들에게 맡겨져 몇 달간 보지 못한 자녀들 때문에 슬픔에 잠겨 있었다. 아네트 에포는 가까스로 그녀의 아들 클로드의 사진을 감방에 몰래 들여오는 데 성공했다. 마당에서 만난 한 남성 수감자는 본업이 화가라고 말하며 그녀에게 사진과 똑같은 그림을 한 장 그려주었다. 그림은 정말로 똑같이 닮아 있었고, 이제 그녀는 바라볼 수 있는 아들의 사진을 두 장 가지게 되었다는 사실에 기뻐했다. 그러나 아이를 두고 와야 했던 룰루나 마들렌 자니와 같은 여성들은 아이들이 말하는 것을 배우고 걷는 법을 배울 시기를 모두 놓쳐버렸다는 것, 어쩌면 이미 아이가 자신을 알아보지 못하리라는 사실을 고통스럽게 의식해야 했다. 그것 역시 쓰라린 형벌이었다.

로맹빌의 동료가 그려준 클로드의 초상. 아네트는 이 그림을
늘 지니고 다녔다.

✟

1943년 1월 9일은 다니엘이 서른넷이 되는 날이었다. 같은 감방의 여성들은 꽃 한 다발을 감옥 안으로 밀반입하는 데 성공해 다니엘에게 선물했고, 복도나 운동장에서 만나는 여성들마다 옷감 자투리로 바느질한 것이나 적십자 소포에서 아껴둔 종이로 꾸미거나 그림을 그린 카드와 같이 자그마한 선물을 하나씩 그녀에게 쥐여주었다. "우리가 서로에게 얼마나 다정한지, 서로를 얼마나 소중하게 여기는지 상상도 못 하실 거예요"라고 다니엘은 부모님께 적어 보냈다. 친구들은 그녀에게 송아지 고기와 당근이 든 단지를 선물로 보내주었다.

1월 중순 트라프는 갑자기 로맹빌의 여성들에게 편지를 보내고 받는 것을 허가한다고 공표했다. 다른 여성들과 마찬가지로 몇 달만 지나면 곧 자유의 몸이 되리라 믿고 있었던 마리클로드는 이렇게 적었다. "이별의 바람이 불어오고 있다. 그러나 끝이 다가오고 있다는 확신은 내 안에 무한한 인내심을 자라나게 한다." 연합군이 이제 막 트리폴리를 탈취했고, 독일군이 스탈린그라드에서 패했다는 루머가 돌고 있었다. 푸페트와 마리에게 어머니가 위장암으로 사망했다는 비보가 전해진 것은 이즈음이었다. 소식을 들은 마리는 혼절했다.

1942년 7월, 처음으로 1170명이 '밤과 안개'의 대상자로 결정되어 콩피에뉴의 수용소를 출발해 '알려지지 않은 목적지'로 향했다. 그들은 모두 남성이었다. 승선한 사람들은 금속 노동자, 배관공, 전기 기술자, 철도 노동자, 부두 노동자, 재봉사, 우편배달부와 농부 들로, 90퍼센트가 공산당이었고 모두가 레지스탕스 활동을 한 혐의를 받고 있었다.

콩피에뉴에서도 그들은 계속해서 정치에 관해 공부하고 활동하며 자신들이 가진 음식을 나누어 먹었다. 그들이 가게 될 장소에 대해 아는 사람은 아무도 없었다. 대량 보복학살이 레지스탕스 운동을 막아내는 데 실패했으며, 강제추방, 특히 비밀스럽게 은폐된 추방이 더욱 효과적이라는 것을 깨달은 독일군은 두 번째 기차를 미지의 장소로 보내기로 했고, 이때 로맹빌에 있는 골칫덩어리 여성들도 함께 처분하기로 결정했다.

1월 22일 저녁, 여성들이 평소와 다름없이 막 감방의 침상에 들려고 할 때 소집 명령이 떨어졌고 222명의 이름이 차례로 호명되었다. 따뜻한 옷가지와 들고 갈 작은 짐 가방 하나만 소지할 수 있다는 지시가 내려졌다. "어떤 운명이 우리를 기다리는 걸까요?" 다니엘은 급히 부모님에게 적었다. "그렇지만 저를 생각할 때 낙담하지 마세요. 저는 힘이 넘치고 젊은 피가 흐르고 있으니까요." 다니엘은 동료들이 그 어떤 것에도 맞설 준비가 되어 있다고 덧붙였다. 그녀는 남동생이 모로코의 장관에게 부탁해 그녀가 남쪽에 있는 감옥으로 이송될 수 있도록 손을 쓰겠다는 연락을 받았지만, 자신은 다른 여성들과 함께 있을 필요가 있다는 말과 함께 이송을 거부했다. 다니엘의 결의는 그녀가 얼마나 자신을 여성들의 리더로 인식하고 있었는지 보여주는 동시에 자신들이 얼마나 큰 위험에 처해 있는지 아직 아무도 깨닫지 못했다는 것을 보여준다.

마리클로드는 어머니에게 편지로 자신이 어머니의 자그마한 랭보 시집을 가져간다고 쓰면서, 때 이른 폐경이 온 것 같지만 그것만 빼면 자신은 매우 건강하다고, "여행할 땐 오히려 폐경인 편이 더 편하니까요"라고 적어 보냈다. 마찬가지로 베티가 부모님께 보낸 마지막 편지도 명랑한 어조였다. 자신이 벌써 라상테에서 다섯 달, 로맹빌에서 다섯 달을 보냈다는 사실을 지적하며 베티는 앞으로 다섯 달 뒤에는 집에 가 있으리라 생각한다고 적었다.

요새에는 루머들이 가득했다. 베티는 자신이 받은 수많은 심문을 떠올리며 총살을 당하지는 않더라도 앞으로 죽음보다 더 나쁜 일을 당하리라는 말을 들었던 것을 기억해냈다. 엘렌 볼로는 자신이 앙굴렘 감옥에서 엿들었던 말, 즉 독일군은 여성들을 위해 '다른 계획'을 염두에 두고 있다고 말했던 것을 떠올렸다. 그러나 대부분의 여성들은 들떠 있었다. 심지어 독일에 있는 공장에서 노동하는 게 아무것도 할 일이 없는 지금의 상황과 불확실함, 게슈타포가 주는 너무 적은 음식들보다는 나을 것 같았기 때문이다. 마리엘리자 노르만은 자신이 돌봐주고 있던 시몬 상폐에게 이송을 위해 가능한 한 따뜻하게 옷을 입으라고, 시몬의 어머니가 만들어준 스웨터와 양모 재킷뿐 아니라 다른 수감자가 그녀에게 준 거의 새것과 다름없는 오버코트도 입고, 양모 양말을 여러 켤레를 덧신으라고 당부했다. 푸페트와 마리 알리종은 렌에서 가져와 내내 벽에 걸어두기만 했던 털목도리도 챙겨가기로 했다.

누구도 잠을 이루지 못했다. 모두들 가족들에게 보낼 마지막 작별 편지를 적느라, 가방들을 싸고 풀고 또 싸느라 여념이 없었다. 간수들은 돌아다니면서 빵 한 덩이와 10센티미터 정도 되는 크기의 소시지를 각각의 여성들에게 나눠주며, 이송이 며칠이나 걸릴지 모르며 이것이 마지막 배급이라고 말하고 다녔다. 23일에 여성들은 근처에 기차역이 있는 콩피에뉴의 수용소로 보내졌다. 그곳에서 최근 체포되었거나 다른 감옥에서 이송된 여덟 명이 무리에 합류했다. 그들은 넓은 홀에 놓인 침상에서 밤을 보냈다.

새로 합류한 무리 중에 이브리에서 다니엘의 조직책으로 일하던 조르제트 로스탱이 있었다. 그녀는 1월 3일 건물 수위가 밀고한 탓에 게슈타포에 체포되었다. 콩피에뉴에 수감되어 있을 때 조르제트는 몰래 적어둔 편지를 빼돌려 가족들에게 전달하는 데 성공했다. 편지에는 그녀가 깨끗한 속옷도 음식도 돈도 없으며, 모든 것을 박탈당했다고 적혀 있었다. 다음과 같은 인사말과 함께. "우리 피에레트를 잘 돌봐주세요. 부모님께 온 마음을 다해 키스를 보내요. 제 정신은 아주 맑으니, 곧 돌아갈게요."

1월 24일 새벽은 습했고 혹독히 추웠으며 안개와 구름이 낮게 깔려 있었다. 일요일이었다. 동이 터오자, 230명의 여성들은 화물차에 실려 기차역으로 호송되었고 독일군과 프랑스 경찰들의 감시를 받으며 '국외추방 승강장'이라고 알려져 있는 철로 옆으로 건너갔다. 그곳에서 텅 빈 가축 운반용 수송차량 네 대가 그들을 맞이했다. 역으로 가는 길에 여성들은 길가에 있던 몇몇 사람들을 소리 질러 불렀으나, 사람들은 시선을 돌리거나 서둘러 지나쳐 갔다. 전날 밤에 이미 1446명의 남성들을 욱여넣은 기차 앞 칸의 문은 굳게 잠겨 있었다. 그들 가운데 청년전투부대에서 함께한 시몬 상폐의 친구 조르주 그뤼넨베르거가 있었다. 차량 세 대에 각각 육칠십 명의 여성들이 올라탔고, 마지막 차량에 남은 스물일곱 명이 올랐다. 그곳에 샤를로트와 다니엘, 마리클로드, 베티, 시몬, 세실이 포함되어 있었다. 각각의 차량 안에는 건초

더미가 반쯤 쌓인 채 흐트러져 있었고, 그런 풍경은 샤를로트에게 비질로 쓸어야 할 헛간을 연상시켰다. 그곳에는 변기로 사용하도록 통이 하나 놓여 있었다. 마들렌 노르망이 알지 못했던 것은, 그리고 결코 알지 못하게 될 것은 그들이 콩피에뉴를 떠나던 때, 딸을 걱정하던 마들렌의 어머니가 세상을 떠났다는 소식이었다.

문은 닫혔고 굳게 잠겼다. 차량을 가득 채워 탑승했기에 모든 여성들이 한꺼번에 팔다리를 뻗기란 불가능했다. 그래서 한번에 반은 눕고 반은 앉아 있기로 순번이 정해졌다. 짐 가방은 변기로 쓰는 통들 근처에 쌓아두었다. 기차가 움직이기 시작할 때 통이 엎어지지 않기 위해서였다. 샤를로트가 탄 차량에는 한때 아라비아 족장과 결혼한 적이 있는 50대 초반의 네덜란드 여성 야코바 반 데르 리가 있었다. 그녀는 검은색 모자를 벗어 짐 가방 위에 올려두더니 담요를 꺼내 그녀의 근사한 수달피 코트를 둘둘 싸서 발치에 두었다. 가축 수송차량에 오른 모든 이 가운데 그녀의 존재는 유독 터무니없게 느껴졌다. 그녀는 네덜란드에 살고 있던 남동생에게 보내는 편지에 히틀러가 패배하길 바란다는 말을 적었고 독일군이 중간에 그 편지를 가로챘던 것이다.

떠나기 전, 기차에 있던 모든 사람의 신원을 기억하고 기록하는 것이 중요하다고 생각한 마리엘리자의 주장에 따라 여자들의 이름, 나이, 자녀의 수, 각자와 관련된 사소하고 중요한 사실들이 종이에 기록되었다.

230명 가운데 119명이 공산당원이었고 아홉 명은 외국인이었으며, 이들을 제외한 나머지는 파리와 보르도, 브르타뉴, 노르망디, 아키텐, 루아르의 강변 지역 등 프랑스의 각지에서 왔다. 그들은 모두 레지스탕스들을 숨겨주고 반독일 선전물을 쓰거나 필사했으며 장바구니에 무기를 숨기거나 사보타주 행위를 도운 혐의로 체포되었다. 레몽 세르장을 포함해 열두 명이 군사분계선을 넘어갈 수 있도록 도와준 '국경 안내인'이었다. 서른일곱 명이 피캉-달리데-폴리처 사건으로 검거되었고, 열일곱 명이 탱틀랭의 인쇄공이거나 기능공이었다. 마흔 명은 샤랑트, 샤랑트마리팀, 지롱드와 그 부근에서 활동했다. 차에 탄 스물네 명은 반 데르 리 부인처럼 점령군에 관해 안 하는 편이 좋을 말을 했거나 레지스탕스 단원과 연락을 주고받은 것 외에는 레지스탕스와 거의 아무런 관련이 없었다. 밀고자 셋도 그곳에 있었다. 그들은 독일 점령군에 저항했다기보다는 오히려 그들을 도왔기 때문에, 수송차량에 그렇게 함께 올라 있는 것이 더욱 기이해 보였다.

그곳에는 의사 아델라이드와 치과의사 다니엘, 그리고 조산원 마이와 함께, 마리엘리자를 비롯한 화학자가 넷 있었다. 농부, 상점주인, 공장과 우체국에서 일하던 여성들과 교사, 비서들도 있었다. 스물한 명이 양재사거나 재봉사였다. 학생은 손에 꼽혔다. 누군가는 가수였고, 마흔두 명은 스스로를 가정주부라고 밝혔다. 절반이 조금 넘는 수가 결혼을 했고, 51명이 독일군의 손에 남편 또는 연인을 잃었다. 그들 중 99명에게 자녀가 있었고 그 자녀의 수를 합하면 167명에 달했으며, 그중 가장 어린 자녀는 태어난 지 채 몇 달도 되지 않은 아기였다. 일곱 자녀를 둔 60대의 과부 마게리트 리시에는 두 딸 오데트, 아르망드와 함께 차량에 탑승했다.

앞으로 여성들에게 닥칠 일에 관해 가장 중요하게 지적되어야 할 점은 추방되는 여성 대부분이 20대와 30대 초반이었지만, 마흔네 살

이상도 54명이나 되었다는 것이다. 기차에 탄 여자 중에서는 이제 막 열일곱 살 생일이 지난 로자 플로크가 가장 어렸다. 가장 나이가 많은 이는 샬롱쉬르센에서 온 예순일곱의 과부 마리 쇼였다. 그녀가 레지스탕스에게 은신처를 제공했다는 사실이 나중에 밝혀지기는 했지만, 그녀는 1차대전의 기념품인 남편의 권총을 부엌 서랍에 보관해두었다는 이유만으로 고발당했다.

수송차량에 탑승한 이들 가운데는 가족들이 함께 탄 경우도 많았다. 룰루와 카르멘, 욜랑드와 오로르는 자매가 함께 탑승한 경우였고, 모녀지간도 여섯이나 있었다. 그중에는 에마와 엘렌 볼로처럼 서로 절박하게 노력했지만 결국 같은 차량에 탑승하는 데 실패한 경우도 있었다. 브라밴더 가족은 모두 잡혔와 남자들은 앞 칸에, 엘렌과 소피는 뒤 칸에 타고 있었다. 전날, 브라밴더는 콩피에뉴에서 아내와 딸의 모습을 보고는 그들과 이야기할 수 있도록 해달라고 간청했으나 허락되지 않았다. 마지막으로 에메 도리다와 그의 형수이자 낭시에서 공산당원으로 이루어진 대가족의 일원이었던 올가 고드프루아가 있었다. 에메는 여덟 살 난 아들을 통해 숨으라는 전갈을 보내 경고해준 철도 노동자 덕분에 도주할 기회가 있었으나, 구류중인 남자 형제 여섯의 곁을 떠나기를 원치 않은 탓에 남아 있었다.

나이, 배경, 교육 수준과 빈부에 서로 차이가 있었지만 그녀들에게 가장 중요한 사실은 모두 친구가 되었다는 점이었다. 여성들은 로맹빌에서 몇 달간 매우 친밀하게 지냈다. 알 수 없는 미래를 위해 그녀들이 준비한 것은 서로의 강점과 약점을 잘 알고, 끔찍한 고통의 순간에 곁을 지켜주며, 서로서로 돌보는 친구가 되는 것이었다. 자신들이 독일의

1943년 1월 21일 로맹빌에서 작성된 마리클로드 밸랑쿠튀리에의 마지막 편지.

기차가 프랑스를 가로지를 때 선로에 떨어뜨린 쪽지 중 하나.

어느 공장으로 향하고 있다고 추측했던 아델라이드는 어떻게 하면 모두가 서로를 보살피며 떨어지지 않고 함께할 수 있을지 고심했다.

기차가 콩피에뉴를 벗어나자 여성들은 가방에서 연필과 종잇조각을 꺼내 쪽지를 적기 시작했다. 비바 네니는 마지막 인사로 "돌아올게"라고 적고 밑줄을 그었다. 한쪽 끝에 그들은 자신의 이름과 가족의 주소를 적고, 자신들이 기차에 타고 있으며 아마도 독일의 어딘가로 짐작되는 멀리 떨어진 곳으로 향하고 있다고 적었다. 여성들은 손톱을 다듬는 줄을 이용해 객차의 판자벽에 난 옹이를 파내고, 쪽지를 발견한 사람이 가족들에게 가져다주길 바라면서 쪽지에 약간의 돈을 넣어두었다. 이들은 쪽지를 놓아둘 수 있도록 기차가 역에 멈춰 서길 기다렸다. "클로드를 돌봐주세요." 아네트 에포는 그녀의 가족들에게 적었다. 그리고 아들에게는 "엄마가 사랑한다, 내 아들"이라고 적었다. 그녀는 몇 가지 소지품과 함께 클로드의 사진과 로맹빌에서 얻은 아들의 그림을 둘 다 챙겼다. 어디선가 기차를 탈출하자는 이야기가 나왔지만, 문은 바깥에서 걸쇠로 굳게 잠겨 있었다.

첫째 날이 저물고, 여자들은 자신들이 어느 지역을 지나고 있는지 알아내려 번갈아가며 옹이구멍을 통해 밖을 내다보았다. 기차가 샬롱쉬르마른에 정차했을 때, 한 철도 노동자가 객차 쪽으로 걸어와 속삭였다. "놈들이 지고 있소. 놈들은 스탈린그라드를 잃었다구. 당신들은 돌아올 거요. 강해지시오." 기차가 메츠에 정차하자 프랑스인 기차 운전수가 독일인으로 대체되었다. 이제 모든 것은 게슈타포의 관할 아래 들어갔다. 몇몇 여성들이 마실 물을 받아와도 좋다는 허가를 받았을 때, 역을 지키던 독일군 경비가 그들에게 말했다. "최선을 다해보라구. 당신네들은 결코 살아서는 돌아올 수 없는 곳으로 가고 있으니까 말이야." 여성들은 그의 불길한 말이 무슨 뜻인지 알지 못했다. 사기를 북돋기 위해 여성들은 어린 시절부터 기억하고 있던 노래들을 함께 불렀다.

날씨는 점점 더 추워졌다. 창문도 하나 없는 수송차량의 희미한 빛 속에서 여성들은 서로를 꼭 끌어안았고 서로의 등을 문질러주었다. 양동이는 금세 오줌으로 넘칠 듯 가득 찼고, 사방으로 튀기 시작했다. 그러나 그것은 곧 얼어붙었고, 그 편이 훨씬 더 나았다. 금세 빵과 소시지가 바닥났지만, 이들을 괴롭힌 것은 허기보다는 갈증이었다. 기차가 역에 정차할 때마다 여성들을 물을 달라고 애원했다. 마리클로드는 쉬지 않고 목청껏 외쳤다. "마실 것을 달라! 목이 마르다!" 그러나 아무것도 그들에게 주어지지 않았다. 곧 여성들은 침을 아껴두기 위해 침묵에 잠겼다. 둘째 날 밤, 기차는 할레에 정차했고 남성들이 탑승한 차량은 분리되었다. 당시에는 아무도 몰랐지만, 남성들의 목적지는 작센하우젠 강제수용소였기 때문이다. 브라밴더 가족은 이제 서로 헤어지게 되었지만 아무도 이를 알지 못했다.

화요일 아침, 기차가 브레슬라우에 도착해서야 비로소 여성들은 미적지근한 물을 받아 마실 수 있었다. 날씨는 훨씬 더 매서워졌고, 아주 작은 토막으로 남은 빵들은 딱딱하게 얼어붙었다. 폴란드어로 말하는 목소리가 들려왔다. 기차가 다시 움직이자 판자에 뚫은 구멍 틈으로 광막한 벌판, 하얗게 눈이 내리는 황량하고 평평하게 얼어붙은 땅덩이가 눈에 들어왔다. 그날 밤, 기차는 멈춰 섰다. 그리고 다시는 움직이지 않았다.

제2부

10장

31000번 수송열차

체코 북부와 폴란드 남서부에 걸친 실레지아의 파리한 새벽빛 속에서 수송차량의 문이 열렸을 때 여성들을 후려친 것은 추위가 아니었다. 이미 오래전부터 추위에 떨어 온몸에 감각이 없을 정도였으니까. 그것은 소리였다. 가장 먼저 외침과 명령이 들려왔다. 딱딱 끊어지는 강렬하고 빠른 독일말. 이해하지는 못했지만 의미는 단순했다. 서둘러라, 움직여라, 기어 내려가라, 줄을 서라, 무거운 가방은 남겨둬라. 더 무서웠던 것은 개들이 내는 소리였다. 목줄에 이끌려 여성들 앞으로 달려와 이빨을 드러내고 으르렁거리던 개들의 소리.

한 명씩 서로를 도와 꾸준히 손을 놀리고 서로의 어깨를 붙잡으며 공황상태에 빠지거나 기절하지 않으려고 노력하면서, 230명의 여성들은 두려움과 혼란 속에서 울퉁불퉁한 땅으로 기어 내려갔다. 음식 부족으로 그들은 허약해져 있었고 갈증으로 입술이 바싹 말라 있었다. 저 멀리 보이는 나무를 제외하고는 주변에 온통 얼어붙은 땅이 거대하게 펼쳐져 있었다. 아득히 멀리 시야가 닿는 곳까지 잿빛으로 뻗어 있는 하늘만큼이나 깊이 쌓인 눈은 지독하게 잿빛이었다. 충격과 추위로 뻣뻣하게 언 채 옹송그리며 모여 체온을 나누면서 여성들은 구불구불하게 5열로 나눠 섰다. 고함치는 군인에게 명령받은 대로 한 사람 뒤에 또 한 사람. 총을 든 SS 중에는 여자도 상당수 포함되어 있었다. 그들은 긴 검정색 케이프를 두르고, 군모 위로 후드를 올려 쓴 채 목이 긴 검은색 가죽부츠를 신고 있었다. 그 모습이 마치 잘 차려입은 까마귀 여인 같았다. SS들은 곤봉이나 채찍을 휘둘러댔다. 텅 빈 벌판에 단 하나의 선로와 단 하나의 플랫폼이 있을 뿐, 그곳에는 어떤 건물도 기차역도 없었다.

행군 명령이 떨어졌다. 독일어에 능숙한 마리클로드가 통역하는 말이 줄 뒤로 전달되었다. 얼어붙어 미끄럽고 울퉁불퉁한 땅을 밑창이 얇은 구두로 힘겹게 가로질러 갈 때, 이들은 반쯤 비치는 빛 속에서 이 세상 사람 같지 않은 여자들 한 무리가 다가오는 것을 보았다. 그들은 몹시 쇠약해 보였고, 넘어질 듯 비틀거렸으며, 삭발한 머리에 대부분 몸에 맞지도 않는 기괴한 줄무늬 옷을 입고 있었다. 그녀들이 풍기는 냄새는 말로 표현할 수 없을 정도로 지독했다. "어쩜 저렇게 추저분해. 씻지도 못했나." 룰루가 곁에 있는 여성에게 속삭였다. 그들의 얼굴은 추위로 거의 보라색이었다. 아득한 빛이 이 광막한 지역을 가로지르고 있었다.

조금 더 가서 여자들은 같은 줄무늬 옷을 입은 말라빠진 남자들을 만났다. 남자들은 누구도 이들의 질문에 대답하려 들지 않았다. 그들은 계속해서 걸었고, 전에 비서로 일했던 자클린 카트르메르가 아주 달콤한 목소리로 라마르세예즈를 부르기 시작했다. 파리 내의 독일 서점 공격에 가담했던 열쇠공의 딸 스물세 살 레몽 살레즈가 곧 한 소절을, 다른 이들이 또 한 소절씩 이어받았다. 여성들은 어깨를 펴고 꼿꼿하게 서려고 노력했다. 이내 한 목소리로 크게 노래하게 된 이 230명의 여성들은 이중으로 둘러쳐진 가시철조망과 감시탑 앞에 이르렀고, '노동이 너희를 자유케 하리라'라고 쓰인 표지판을 지나 수용소 안으로 들어갔다. 그들의 노랫소리에 놀라 수용소 안에 먼저 와 있던 이들이 창문을 열어보았다. 프랑스 여성들은 자신들이 어디에 와 있는지 알지 못했다. 다만 마리클로드만이 길을 따라 세워진 말뚝에 못질된 표지판을 이해했을 뿐이었다. 절멸의 수용소, 아무것도 없음. 그녀는 중얼거렸다. "아무것도, 아무것도 없음, 없음을 향해서." 아우슈비츠 또는 비르케나우라는 단어가 들렸지만, 그것은 이들에게 아무런 의미도 일러주지 못했다.

✝

1941년의 여름, 독일 국가비밀경찰인 게슈타포와 친위대 대장인 하인리히 히믈러는 실레지아의 아우슈비츠에 새로 문을 연 수용소의 사령관으로 루돌프 회스를 임명했다. 회스는 반역자로 의심받은 교사를 살해한 죄로 10년형을 선고받고 복역한 적이 있는 독일군 선임하사관이었다. 히믈러는 그에게 이 수용소가 이미 점령지 유럽과 독일 각지에 지어진 수백 개의 전쟁포로 및 노예 강제수용소와는 다를 것이라는 점을 언급해두었다. 이곳은 '역대 최고 규모의 처리 시설'을 갖춘 죽음의 수용소*가 될 예정이었다. 그리고 회스는 어떻게 하면 이 시설이 가장 효율적으로 기능할지 고심하고 있었다.

회스는 아이히만과 같은 사디스트는 아니었지만, 명령과 의무, 복종과 효율성에 집착했다. 그는 테오도르 아이케의 수용소를 참고해 강제수용소의 운영에 관한 모델을 세웠다. 아이케가 지휘하는 수용소는 정치적 반대파들, 사제, 유대인, 여호와의 증인, 걸인, 정신병자와 같이 '국가의 위험한 적'을 다루기 위해 1933년 다하우에 세워졌다. 이곳에서 SS는 어떻게 하면 수감자들에게 수치감을 주고 고문할 수 있는지 훈련받았으며, 그들 스스로도 가지고 있던 모든 자존감을 파괴하고 서로를 물어뜯도록 고안된 집단 처벌에 종속되었다. 아이케가 만든 수용소는 하나의 세계, 즉 모든 비인간적인 일들이 일상이 되고, 야만이 규범이 되며, 수감자들이 더럽고 병 걸린 동물들로 환원되어 기아와 질병과 무자비로 죽어가는 것이 시스템의 일부가 되는 폐쇄된 세계였다. 회스가 받은 명령은 살인기계를 제조하는 것이었다. 특히 유럽의 유대인, 그리고 나치 정권의 눈엣가시인 이들을 절멸케 하기 위한 '최종 해결책'이 논의되고 있는 시점에서 그들을 효율적으로 재빨리 쓸어버릴 살인기계를. 그가 후일 말한 것처럼, 전쟁이 막바지에 이르렀을 즈음 그는 인류 역사상 가장 유명한 대량학살 시설의 사령관이 되어 있었던 것이다.

아우슈비츠의 첫 번째 수용소는 1939년 나치정권에 의해 합병된

---

* 죽음의 수용소 또는 절멸 수용소(extermination camp)가 대량학살이 빠른 속도로 효율적으로 이뤄지는 것을 목표로 한다면, 강제수용소(concentration camp)는 수감자들이 노예노동을 통해 죽음에 이르게 하는 것을 목표로 하는 수용소로, 전쟁물자와 군비 확충을 위해 전쟁 막바지에 장려되었다.

실레지아 산업의 심장부인 카토비체로부터 30킬로미터 떨어진 오시비엥침이라 불리는 폴란드의 작은 도심지 가장자리에서 문을 열었다. 이곳에서 판잣집과 오두막을 짓고 거주하던 사람들 1200명을 퇴거시키고 오래된 폴란드의 기갑부대의 막사를 해체하기 위해 300명의 유대인이 오시비엥침으로 보내졌다. 소비에트 출신의 전쟁포로들이 뒤따라 들어와 땅을 고르고 새로운 수용소를 세우는 작업을 계속했다. 그러나 수만 명이 음식 부족과 물 부족, 질병, 그리고 감시인들의 야만적인 행동으로 죽어갔다. 비수아 강과 소우아 강이 합류하는 지점에 자리한 습지는 건강에 지극히 해로웠다. 겨울이면 동쪽에서 얼음이 섞인 바람이 불어왔으며, 봄에는 녹은 눈이 두툼하고 끈적끈적한 진창을 만드는 탓에 식물은 거의 자라지 못했다.

안개 잦고 눅눅한 이 습지의 골짜기에 독일어로 자작나무 숲을 의미하는 비르케나우 수용소가 있었다. 1941년 3월 히믈러는 이 지역을 방문해 이곳에 10만 명의 전쟁포로를 수감할 수 있는 또 하나의 수용소를 지어 독일의 전쟁 수행에 중요한 합성화학 제조사인 IG파벤 사의 새 공장에서 일할 노예 노동자를 공급할 계획을 논의했다. 이 부지는 광산과 채석장, 석회갱으로 둘러싸여 있으며 물이 풍부했고 철도와도 잘 연결되어 있었다. 히믈러가 유럽의 유대인 절멸 계획이 이제 공식적인 정책이며 비르케나우가 주요한 학살의 중심지가 될 것임을 회스에게 일러준 뒤 채 얼마 지나지 않아 비르케나우 수용소가 건설되기 시작했다. 질문은 이랬다. 어떻게 하면 사형 집행인을 동요시킬 여지가 있는 '피바다'를 만들어내지 않고도 수많은 사람을 죽일 수 있을까? 시체들은 어떻게 처리해야 할까? 무차별 총격을 가하거나 독극물인 페놀을 심장에 직접 주사하는 일은 공간을 너무 더럽히는 방식이었고 미덥지 않았다. 균을 이용하지도 않고 개인적이지도 않은 무언가 다른 수단이 필요했다.

이미 모터를 이용한 독가스의 대량살포가 시도되었으나 그 효과는 제한적이었다. 이때 회스의 직속부하인 카를 프리치가 IG파벤 사의 자회사인 데게슈 사에서 바퀴벌레와 쥐를 잡는 용도로 생산하는 독극물 치클론 B를 실험해보는 것이 어떻겠냐고 제안해왔다. 치클론 B는 강낭콩만 한 환약의 형태로 밀폐되고 밀집된 공간에 두고 청산에 녹이면 가스로 변했다. 치클론 B는 단 몇 분 만에 사람의 의식을 잃게 만들 수 있었다. 소비에트에서 온 600명의 전쟁포로와 200명의 환자를 대상으로 최초의 실험이 행해졌고, 회스는 결과에 만족했다. 그곳엔 사형집행인을 자극할 괴로움도 피범벅도 없었던 것이다. 외딴 농가에 가스실을 짓는다는 첫 번째 목적이 달성되었다. 이것은 1942년 1월, 프랑스 여성들이 비르케나우에 오기 1년 전에 벌어진 일이었다. 또 다른 농가에 자리한 두 번째 가스실이 6월에 문을 열었다. 처음에 시체들은 거대한 구덩이에 파묻혔다. 그러나 나중에는 조금 더 효율적으로, 기름과 메틸알코올에 절여진 후 소각되었다.

1942년이 저물어갈 즈음 아우슈비츠와 비르케나우 수용소는 독일인들에게 또 하나의 목적에 부응했다. 점점 더 많은 군인이 동부전선에 배치되고 군대 보급품과 군수물자가 부족해지기 시작하면서 강제수용소는 노예노동의 중심지로 변모한 것이다. 기운이 있고 건강한 수감자들은 수용소 주변에 솟아난 여러 산업체로 보내졌다. 허약하고 건강치 못한 이들은 도착하자마자 '선별되어' 바로 가스실로 보내졌다.

잔인하고 고되며 처벌적인 노동을 통한 죽음은 즉각적인 죽음만큼이나 몰살이라는 궁극적인 목표에 봉사했다. 동시에 이는 독일이 수행하는 전쟁에 노동력을 제공하는 일이기도 했다. 한 SS 장교의 말처럼, 그들은 "모두 사형선고를 받은 몸이지만, 형 집행에 시간이 조금 걸릴 뿐"이었다.

1943년 초, 다른 주요 산업체와 함께 IG파벤의 존재는 이미 수용소의 확장과 수용소가 나치의 산업화된 죽음의 중심지로 진화하는 데에 기여하고 있었다. 합성연료의 공급 증대에 대한 압박으로 IG파벤의 사람들은 SS만큼이나 잔인하게 굴었다. 기차가 도착하면 그들은 이송된 사람들 가운데 용접공이나 과학자, 전기기술자를 가려냈다. 노약자들을 위한 자비는 없었다. 채석장, 탄광, 공장, 습지는 어디든 쇠약하고 병들고 배곯은 이들이 몸을 보호해줄 옷 한 벌 없이 개들에게 시달리며 영원히 고통받아야 하는 죽음의 덫일 뿐이었다.

프랑스 여성들이 비르케나우에 도착하던 무렵은 수용소의 이중 조치가 정점에 이르렀던 시기였다. 새로이 도착한 기차들, 대부분이 네덜란드, 프랑스, 벨기에, 그리스, 독일, 유고슬라비아, 체코슬로바키아, 폴란드와 이탈리아의 게토에서 끌려온 유대인들로 가득 찬 기차들은 극소수만을 살려두었다. 대체로 총 인원의 10~15퍼센트만이 죽을 때까지 일을 시키기에 적합하다고 여겨졌다. 나머지 노인, 약자, 어린이, 아기를 대동한 여성이나 임신한 여성은 선로에 내리자마자 곧장 가스실로 보내졌다.

독일의 엔지니어링 회사였던 토프앤선즈 사가 책임지고 건설한, 지하에 탈의실까지 갖춘 새로운 시체 소각장 네 곳이 거의 완공되었다.

아우슈비츠 복합단지의 비르케나우 수용소 막사.

비르케나우에 도착한 직후의 여성 수감자들.

소각장은 절멸 과정을 크게 가속시켰을 뿐 아니라—이론상으로 24시간에 4416명을 '처리'할 수 있었다—주변지역에 맴도는 시체 타는 냄새를 제거하는 데 효과적이었다. 현대식 시스템 아래에서 시체 처리를 담당하던 존더코만도—이들 역시 가스실행을 면치 못했다—라 불리던 남성 수감자들은 오븐을 달구고 시체에서 금니를 뽑고 머리카락을 잘라냈다. 금니는 금괴로 만들어 독일 국립 은행으로 보내고 머리카락은 펠트와 실 대신 사용되었다. 이들은 소각로에서 나온 재를 청소하고 타고 남은 시체들을 화물차에 실어 비수아 강가로 운반했다. 프랑스 여성들이 도착하기 바로 직전에는 드랑시에서 온 프랑스계 유대인을 실은 마흔네 번째 기차가 비르케나우에 도착했고, 극소수를 제외하고는 거의 모두가 가스실로 직행했다. 그러나 수용소는 이제 점령지 유럽에서 온 집시들을 수용하는 쪽으로 나아가고 있었다.

비르케나우는 1942년 늦은 봄부터 죽음의 수용소이자 강제노동 수용소이면서 동시에 아우슈비츠 복합단지 안에서 여성수용소로 기능하고 있었다. 1943년 1월, 이곳에는 유럽 각지에서 온 1만 5000명의 여성들이 수용소의 다른 어느 곳보다 더 나쁜 환경에서 살아가고 있었다. 끔찍할 정도로 과도하게 밀집된 인구, 만성적인 물 부족. 화장실은 사방이 트여 있는 콘크리트 하수구에 불과했고 그나마도 배설물과 진흙으로 뒤덮여 있었다. 사람들은 이곳에서 결코 낫지 않는 종기와 농가진, 옴, 결핵, 이질, 전염성 티푸스에 시달렸다. 이미 심한 영양결핍으로 여성들은 매달 약 5분의 1씩 죽어나가고 있었다. 쇠약해지고 염증으로 뒤덮인 채 부어오른 팔다리로 이 여성들은 모든 정상적인 행동 방식이 박살난 세계에 살고 있었다. 이곳은 SS의 남녀 대원들이 아무런 제한 없이 온갖 폭력과 부패와 비인간성을 동원해 군림하는 곳이었고, 훔치거나 거짓말을 하지 않으면 죽기 십상이며, 인간이 지닌 최악의 면만이 발현되고 그것만이 보상받는 세계였다. 수감자들을 가장 가까이에서 감독하는 '구역장' 역할을 하는 카포(Kapo)는 대부분 범죄를 저지른 독일인 수감자 중에서 뽑혔다. 이들의 생존 또한 자신이 발휘하는 잔인성에 달려 있었기에, 여성 카포들의 악랄함과 보복심은 남성 카포들을 능가했다. 후일 프리모 레비의 회고에 따르면 비르케나우의 여성들은 "의지라고는 전혀 없이 마치 유령처럼 비틀거렸고, 비틀거리는 시체들을 본다는 것은 끔찍한 일이었다"고 한다.

이것이 바로 230명의 프랑스 여성들의 눈앞에 펼쳐진 지옥의 모습이었다. 그들 중 일부는 50대 후반 또는 60대 초반이었으며, 몇몇은 아직 학생이었다. 충분한 음식을 먹고 따뜻한 침대에서 잠을 자며 깨끗한 옷을 입고 낯선 이들을 예의 바르게 대하고 품위를 지키던 여자들은, 이제 자신들이 어디에 도착했는지 알게 되었다.

✞

5열로 구불구불하게 늘어서서 그들이 할 수 있는 한 가장 빠른 속도로 행군하던 이들은 자신들이 가진 몇 되지 않는 소지품에 매달렸다. 샤를로트는 루이 주베가 준 털모자에, 반 데르 리 부인은 그녀의 수달피 코트에 파묻혀 있었다. 여성들에게 수용소 철망 안쪽의 건물을 향해 서라는 명령이 떨어졌다. 이제 그녀들 앞에 놓인 것은 흰 눈이 덮인 거대한 들판 너머로 정돈된 선을 이루고 선, 작은 창문들이 나 있고 나무와 돌로 지어진 한 층짜리 구조물들이었다. 그곳으로 향하는 길에 시체 한 구가 놓여 있었다. 충격에 휩싸인 여성들은 서로를 떠밀며 시체를 넘어갔다.

숙소 안에 온기라고는 전혀 없었다. 그러나 고통스러울 정도의 추위 속에서 비틀거리며 미끄러운 길을 계속해서 걸어온 직후였기에, 앉을 곳이라고는 고작해야 바위와 천장을 향해 층층이 놓인 나무 침상의 끝자락이었는데도 그들은 기뻐했다. 정오에 줄무늬 옷을 입은 수감자 두 명이 채소로 끓인 멀건 귀리죽 비슷한 수프가 든 솥을 들고 도착했다. 빨간 에나멜 대접이 나누어졌다.

아무도 수프를 마실 생각을 하지 않았다. 대접에서 더럽고 역겨운 냄새가 난다고 말하며 그들은 빵을 기다렸다. 그러나 이내 빵은 없으며, 앞으로 무엇이 나오든 간에 먹어두는 편이 좋을 거라는 말이 들려왔다. 나중에서야 여성들은 대접에 들러붙은 냄새가 이질에 걸린 숙소의 여성들이 밤에 변소를 갈 수 없어 그 대접을 대신 사용했기 때문이라는 것을 알게 되었다. 프랑스 여성들이 수프를 마시길 주저하자, 먼저 와 있던 독일인들과 폴란드인들이 앞다투어 서로 수프를 차지하겠다고 싸웠다.

그러고 나서 숙소의 문이 열렸고 SS 한 무리가 들어왔다. 한 명이 앞으로 나서 프랑스 여성들 가운데 치과의사가 있느냐고 물었다. 수용소에 있던 치과의사가 최근에 죽었던 것이다. 다니엘이 손을 들었고 불려 나갔다.

이제 비르케나우에서의 삶의 서막이 올랐다. 마리클로드가 통역자가 되었고, 여성들의 이름이 호명되었다. 여성들은 옷을 벗으라는 명령과 벗은 옷과 그들의 가족사진을 포함한 모든 다른 소지품을 가져온 가방에 넣고 이름을 적으라는 명령을 들었다. 몇몇은 손이 재빨랐다. 샤를로트는 가까스로 그녀의 손목시계를 숨겼고, 아네트 에포는 아들의 작은 초상화를 지켰다.

여성들은 가위를 든 다른 수감자들이 기다리고 있는 방으로 끌려가 두피가 보일 정도로 바짝 머리를 깎였다. 머리카락이 잘려나가면 또 다른 수감자가 소독을 한다는 이유로 갓 깎은 머리에 석유를 적신 누더기를 문질렀다. 유머감각이 뛰어나 로맹빌에서도 다른 이들의 기분을 북돋곤 했던 조제 알론소가 첫 번째로 머리를 깎인 후 말했다. "봐. 너희도 나처럼 우아해 보일 거야." 열여덟 살 엘렌 브라밴더의 차례가 되자 그녀의 어머니 소피는 대신 가위를 들어 직접 딸의 머리를 잘라주었다. 야니 헤르셀은 기차에 탄 몇 안 되는 유대인이었지만, 위조된 세례증서를 가지고 있었기 때문에 아무도 그녀가 유대인이라는 사실을 알지 못했다. 그녀는 자신의 탈색된 금발머리를 남겨달라는 의미로 SS 대원에게 다이아몬드가 박힌 금시계를 건넸다. 그 대원은 시계를 받아 챙겼지만, 그래도 야니의 머리카락은 깎여나갔다.

몸을 씻을 물이 충분하지 않았기에, 여성들은 옷을 벗고 수증기로 가득 찬 방에 들어갔다. 몇몇은 이전에는 한 번도 낯선 사람들 앞에서 옷을 벗어본 적이 없었다. 남녀 SS대원들이 들어와 벗은 몸을 보며 낄낄거리자 여자들은 몸을 움츠렸다. 깎인 머리들 사이에서 자신이 알 만한 얼굴을 절박하게 찾던 시몬은 간신히 세실이 부르는 소리를 들을 수 있었다. "이리와. 이리 와서 우리와 같이 앉아."

그다음에는 바늘에 찔리는 문신의 고통을 당할 차례였다. 각각의 여성들에게 새겨질 번호는 그들이 수용소에 도착할 때 이용했던 운송 수단에 의해 정해졌고 — 그들이 타고 온 기차는 31000번이었다 — 아프지 않을 거라고 그들을 달래던 프랑스계 유대인 죄수는 여성들의 왼쪽 팔 안쪽에 번호를 새겼다. 마치 가축처럼 낙인 찍히는 느낌이었다. 샤를로트는 31661번이 되었다. 세실은 31650번이었고, 베티는 31668번이었다. 230명의 여성들은, 이날 이후 '31000번 기차'로 알려지게 된다.

여전히 벌거벗은 채 여자들은 다른 방으로 끌려갔다. 그곳에는 바닥에 무슨 누더기 같은 것들이 잔뜩 쌓여 있었다. 다른 수감자들이 새로 도착한 사람들에게 소매 없는 조끼 하나, 무릎까지 오는 회색 속바지 하나, 스카프 하나, 원피스 하나, 재킷 하나, 그리고 거친 회색 양말과 탄력이 전혀 없는 스타킹을 지급하고 있었다. 겉으로 드러나는 옷은 모두 똑같은 줄무늬 옷감으로 만들어져 있었다. 여성들은 사이즈와 상관없이 그들에게 주어진 것을 입었다. 몸집이 큰 여성들은 작은 옷에 몸을 구겨 넣었고, 몸집이 작은 여성들은 자루같이 헐렁한 옷을 걸쳤다. 설상가상으로 옷들은 하나같이 더러웠고 피와 고름, 대소변으로 얼룩져 있었으며, 대충이라도 소독하려 한 탓에 축축했다. 시몬이 받은 신발은 거칠게 못을 박은 나막신이어서 발가락과 뒤꿈치가 맨살로 드러났고 걷기가 여간 고통스럽지 않았다. 마도에게는 천이 다 해진 실내화가 주어졌다.

마지막으로 그들은 각자 받은 상의와 치마에 자신의 번호와 프랑스인임을 뜻하는 F, 그리고 빨간색 삼각형을 바느질해야 했다. 이것의 의미가 무엇인지 묻자, 빨간색 삼각형은 반독일 활동을 벌이다 잡힌 정치범임을 표시한다는 대답이 돌아왔다. 여자들은 다른 기호에 대해

여성들이 사용하던 막사 내부.

위에서부터 시몬, 샤를로트, 베티(좌), 에마(우). 비르케나우 도착 직후 찍힌 사진.

서도 배웠다. 초록색은 범죄자들이었고 보라색은 여호와의 증인, 검정색은 반동분자, 분홍색은 동성애자, 여섯 개의 꼭짓점을 가진 다윗의 별을 단 사람은 유대인이었다. 몇몇은 유대인이자 '인종오염원', 상습범, 범죄자와 같이 여러 개의 기호를 동시에 달고 있기도 했다.

다른 죄수들은 '위험한' 인물들로 분류되어 있는 그들이 지나갈 때 등을 돌려야 했다. 바느질방에 있던 네덜란드 여성이 그들에게 물었다. "모두 몇 명이 왔지?" 230명이 함께 왔다고 대답하자 그녀가 말했다. "한 달 안에 서른이 될걸." 그녀는 자신도 10월에 네덜란드에서 1000명 가운데 섞여 이곳에 왔지만, 지금껏 살아남은 사람은 자신뿐이라고 덧붙였다. 다른 사람들은 모두 처형되었는지 묻자 아니라는 대답이 돌아왔다. "점호 때문에 죽었어. 몇 시간이고 눈과 얼음 속에서 꼼짝 않고 서 있어야 했으니까." 그 말을 믿지 않는 편이 더 쉽고 편했다. 숙소로 돌아오는 길에 얼음알갱이가 섞인 칼바람이 그녀들의 축축한 옷을 뻣뻣하게 얼려버렸다.

이 여성들이 수용된 14동은 격리된 건물이었고, 모두 그 점에 매우 안도했다. 사진 찍히고 측정되기 위해 남자들의 숙소로 행군해야 했던 어느 날 아침을 제외하고는 처음 비르케나우에서 보낸 2주간 여성들은 이곳에서 지냈다. 나중에는 벽돌공장과 늪지 등으로 가 일을 해야 했지만 아직까지 이들은 작업을 배당받지 않았고 아직까지 점호도 받지 않고 있었다. 그러나 그들은 곧 네덜란드 여인의 경고가 무엇을 뜻하는지 이해하게 되었다. 새벽 3시 30분, 동이 터오기 한참 전에 수용소에 있는 모든 여성들은 카포의 채찍질을 맞으며 각자의 침상과 숙소에서 황급히 빠져나와 끈적끈적한 진흙과 함께 쌓인 눈 위에 서서 그들의 머릿수를 셀 SS가 도착하길 기다렸다.

처음부터 프랑스 여성들은 서로에게 달라붙어 있었다. 그들은 무리를 지어 앞에 선 여성의 팔 밑에 그들의 손을 끼워 넣었고, 끊임없이 줄에서 자리를 바꿨기 때문에 아무도 차가운 바깥쪽에 오래 서 있지 않았다. 여자들은 서로를 꼭 부여잡았다. 만약 누군가가 특히 추워하면, 그 사람을 대열의 안쪽에 넣어주었고, 샤를로트의 시계를 사용해 15초마다 자리를 바꿨다. 극도의 추위에 대처하기 위해 샤를로트는 자신이 다른 곳에 있다고 상상하려 했으며, 자기 자신을 유지하기 위해 시를 암송했다. 그러나 추위와 기진맥진한 현실은 견딜 수 없을 만큼 압도적이었다. 그러던 중 한 명이 제대로 서 있지 못해 간수에게 얻어맞았고, 아델라이드는 그녀를 도와주려다 함께 얻어맞고 말았다. 여성들은 두려움에 질렸고 혼란에 빠졌다.

동이 터오자 점호가 시작되었다. 번호가 일치하지 않으면 숫자세기는 처음부터 다시 시작되었다. 늘어선 줄은 반듯해야 했고, 여성들의 대열은 완벽하게 사각형을 이뤄야 했다. 간수들은 고함치고 밀치며 주먹을 날렸다. 점호는 몇 시간이고 계속될 수 있었고, 일과가 끝날 때 매일 반복되었다. 발에 들러붙은 진흙과 배설물을 깨끗이 떼어내기란 불가능했다. 룰루는 계속해서 1차대전 당시 베르됭의 진흙과 참호 속에 있었던 자신의 아버지를 떠올렸다. 점호가 진행되는 동안 넘어질 경우 죽을 수도 있었다. 젖은 옷을 갈아입거나 빨 방법이 없어 옷에 묻은 젖은 진흙이 등에서 그대로 몸과 함께 얼어붙었기 때문이었다. 같은 이유로, 신발을 잃어버려도 죽을 수 있었다. 종종 맨발로 서 있다가 발각된 여성들은 곧장 가스실로 끌려갔다. 여성들은 신발보다 더 쉽게 대체되었다. 매일 아침, 샤를로트는 자신이 또 하루를 살아낼 수 있을지 의심했다. 어느 날 그녀가 기절하자 비바가 곧 그녀를 붙들고 때려 정신이 돌아오게 만들었다.

✝

비르케나우에 도착했을 때, 프랑스 여성들 모두가 살아남지는 못할 것이며, 모두가 살아남기로 선택하지도 않으리라는 점은 분명했다. 몇몇 얼굴에 일찌감치 죽음의 그림자가 나타나기 시작했다. 여성들에게 이 모든 것은 너무나 충격적이었고 지나치게 모욕적이었다. 변소를 이용하려면 배설물들을 헤치고 빠지지 않으려 노력하면서 기다랗게 뚫려 있는 하수구 구멍 위에 웅크리고 앉아야 했다. 명령이 익숙해지고 예상 가능해지자 너무나도 자의적이고 야만적으로 보이는 규칙들이 지배하는 이 세계에 적응하고 싶은 욕구도 힘도 사라져버렸다.

가장 먼저 나이 많은 이들이 죽었다. 충격 때문이 아니라면 그들이 죽은 이유를 달리 설명하기 어려웠다. 투르 부근의 레지스탕스에서 활동했던 쉰셋의 마리 갑이 처음으로, 비르케나우에 온 첫날 점호가 시작되기도 전에 죽었다. 쉰일곱의 레오나 부이아르는 미끄러져 바닥에 넘어졌다. 곁에 있던 여성들이 그녀를 일으켜 세우려 했을 때, 그녀는 이미 죽어 있었다. 아르덴에서 온 그녀는 친절해서 그녀를 할머니처럼 여기고 나나 부이아르라고 부르던 어린 소녀들에게 인기가 많았다. 네 명의 여성이 그녀의 시체를 숙소 뒤로 옮겼다.

레오나 다음은 독일에서 도망친 수감자들을 숨겨주었던 쉰 살의 레아 랑베르였다. 그다음은 마들렌과 제르멘의 친구이자 교사인 수잔 코스탕탱이었다. 그녀는 인질로 총살된 남자의 이야기를 전단지에 적다가 체포되었다. 그녀는 간수에게 심하게 구타당해 온몸이 멍투성이였다. 수잔은 손발이 심하게 얼어붙어 동상과 괴저로 침상에조차 기어 올라가지 못한 채 죽었다. 버섯 농장의 딸로, 지은 죄라고는 오로지 독일군에 자원입대해 새 군복을 입고 의기양양하던 젊은 프랑스 남자를 저주한 것밖에 없었던 이본 카베는 밤사이 신발을 도둑맞은 탓에 죽었다. 그녀는 맨발로 아침 점호에 나가야 했고, 그날따라 점호가 유난히 길어 발에 동상을 입었다. 하루 종일 그녀의 다리는 점점 더 부어올랐고, 이본은 마치 먼지가 스러지듯 죽고 말았다.

레지스탕스에 관한 정보를 제보한 밀고자로 의심받던 앙투아네트 비보와 잔 에르베, 뤼시엔 페르는 오래 살아남지 못했다. 무리에 섞이지 못한 그들은 금세 무방비상태에 놓였다. 몇 년 후, 그들이 왜 그렇게 빨리 죽었느냐는 질문에 세실은 그저 "그들은 죽었어. 그게 다야"라고 답했다. 자신이 얼마 오래 살지 못할 것을 알았던 뤼시엔은 엘렌 볼로에게 말했다. "내가 치러야 할 대가라고 생각해." 그녀의 나이 스물하나였다.

여성들이 비르케나우에 온 지 일주일쯤 지났을 무렵 어느 날의 아침 점호는 약간 다른 기미를 띠었다. 한 SS 의사가 놀랍게도 부드러운 목소리로 이 가운데 긴 점호를 받기에 너무 약하다고 느끼거나 전부 건너뛰고 싶은 사람이 있느냐고 물었다. 14동을 관할하는 체코 출신의 카포 마그다는 — 사람들은 점점 그녀를 좋아하고 있었다 — 마리클로드에게 통역할 틈을 주지 않고 쿡 찌르며 "손들지 않는 편이 나아" 하고 말했다. 이미 손을 들고 있던 몇몇 여성들은 얼른 손을 내렸다. 그러나 레지스탕스에게 하숙집을 제공했다는 혐의로 샬롱쉬르센에서 체포된 미망인 마리 쇼는 손을 내리지 않았다. 뒤쪽에 서 있던 그녀는 까치발을 하고 소리쳤다. "나요, 나. 난 예순일곱 살이에요." 그녀와 함께 생드니에서 카페를 운영하면서 레지스탕스들에게 회의 장소와 편지 교환 장소로 카페를 제공했던 마리 뒤부아도 손을 들었다. "그러지 말고 우리랑 함께 있어요. 어디로 끌고 가려는 건지 모르잖아요." 곁에 서 있던 마리엘리자 노르드만이 애원하는데도 뒤부아 부인은 계속해서 손을 들고 있었다. "이쪽으로." SS 의사가 그들을 데리고 갔다. 그러나 아무도 그들이 어디로 갔는지 알지 못했다. 세실이 숙소에 있는 유대인 소녀에게 부모님은 어찌 되었는지 묻자 '연기가 되었다'는 대답이 돌아왔다. 세실은 여전히 그것이 무슨 뜻인지 이해하지 못했다.

더 젊고 강한 여성들, 특히 제르멘과 세실처럼 형편이 어려웠고 공산당의 규율에 익숙했던 이들에게 분명한 한 가지 사실은 살아남기 위해서는 자신에게 벌어지고 있는 일에 어느 정도 통제권이 있어야 한다는 점이었다. 그들은 비틀린 운명의 희생양이 될 수는 없다고 서로에게 말하곤 했다. 자신들이 처한 상황을 이해하기 위해서는 스스로를 조직할 필요가 있었다. 그런 노력 덕분에 여성들은 위험을 탐지하고 폴란드어와 이디시어, 실레지아어, 독일어가 섞인 은어로 고함치는 수용소 내의 명령에 재빨리 반응할 수 있었다.

사흘째 아침, 점호로 뻣뻣하게 얼어붙고 허기가 져서 돌아온 마이, 비바, 샤를로트는 여자들에게 다 함께 체조를 하자고 제안했다. 체조가 자신들을 더 강하게 만들어주고 에너지와 희망을 줄 거라고 말했다. 마이, 비바, 샤를로트가 동료들에게 뜀뛰기와 스트레칭을 권유하는 모습을 본 다른 무리의 여자들이 말했다. "미친 게 틀림없어. 에너지를 낭비하다니!" 마이는 사람들에게 포크댄스를 추자고 했다. 여성들은 잘 맞지도 않는 줄무늬 옷을 입고 발을 질질 끌며 어기적거리고 돌아다녔던 자신들의 모습이 얼마나 어처구니없어 보였을지 잘 알고 있었다. 그러나 덕분에 그들은 다시 그들 자신이 된 듯 느낄 수 있었다. 아직까지는 비르케나우의 본격적인 공포가 그녀들을 덮치지 않았던 것이다.

본격적인 공포가 찾아오기까지는 그리 오래 걸리지 않았다. 수용소에 도착한 지 나흘째 되던 2월 10일 새벽 3시, 수용된 전체 인원인 1만 5000명의 여성이 점호에 소집되었고 아무리 기다려도 숙소로 돌아가라는 명령이 좀체 떨어지지 않았다. 새벽이 왔다가 지나갔다. 카르파티아 산에서부터 혹독한 바람이 불어왔고, 내쉰 숨이 머릿속에서 그대로 얼어붙는 것 같았다. 한낮은 푸르고 깨끗하고 반짝이는 날씨였고, 흰 눈에 반사되는 햇빛은 견딜 수 없이 눈이 부셨다. 여성들은 미동도 없이 얼음장처럼 싸늘해져 서 있어야 했다. 두터운 망토에 방한 외투를 입은 SS들이 마찬가지로 따뜻한 외투로 몸을 감싼 개들과 함께 여성들 주위를 돌고 있었다. 말을 탄 SS 한 명이 살피러 왔다가는 그대로 가버렸다. "움직이지 맙시다. 정지 상태 유지." 마리클로드가 외쳤다. 샤를로트는 자신들을 둘러싼 광막하고 얼어붙은 평원에 까마귀 말고 다른 새는 살지 않는다는 것을 알아차렸다.

이곳저곳에서 하나둘, 반듯한 대열을 무너뜨리면서 여성들이 쓰러지기 시작했다. 쓰러진 여성들은 그대로 눈 속에 누워 있었다. 시간이 흘렀다. 살아 있는 사람들은 서로의 등을 문질러주고, 서로에게 말을 걸려고 노력했다. "양말 안에서 발을 움직여." 마들렌 디수브레는 곁에 서 있던 시몬에게 말했다. "못해요. 양말이 없어요. 잃어버렸어요." 시몬이 대답하자 주변에 있던 사람들이 시몬의 주위로 더욱 가까이 밀착해 그녀가 발을 움직이지 않을 수 없게끔 도왔다.

아침이 지나갈 무렵, 여러 대의 화물차 소리가 들려왔다. 소리가 나는 쪽으로 고개를 돌린 여성들은 화물차에 벌거벗은 시체들이 가득하고, 서로 포개진 시체들의 팔과 다리가 제각기 다른 방향으로 튀어나와 있는 것을 보았다. "저들이 25동을 비우고 있어." 속삭임으로 이런 말이 오갔다. 25동은 약하고 병든 이들의 숙소로, 일종의 죽음의 대기실이었다. 너무나도 끔찍했던 것은 화물차에 실린 모든 이가 완전히 죽은 상태는 아니어서, 빡빡 깎인 머리들 틈에서 도와달라고 소리치는 살아 있는 소년의 얼굴이 보였다는 점이었다. 한 화물차에는 어린 여자아이가 위엄이 서려 있으면서도 동시에 증오를 표하는 자세로 꼿꼿하게 서 있었다. 그녀의 머리는 깎인 지 얼마 되지 않아 보였다. 후일 샤를로트는 회상한다. "우리는 얼음과 빛, 침묵의 벽으로 둘러싸여 있었다."

마침내 움직이라는 명령이 떨어졌을 때는 어둑해질 무렵이었다. 어느새 사방에 어스름이 깔렸고, 나무의 가장자리가 흐릿하게 보였다. 그러나 여성들 앞에 놓인 시련이 끝난 것은 아니었다. 샤를로트가 '쭈그러든' 발걸음이라고 묘사한 것처럼 걸음을 비틀대며 서로에게 기대어 무감각한 다리가 저절로 휘적이듯 걸으며, 그들은 침묵에 잠겨 느리게 숙소로 향했다. 들판 이곳저곳에 그날 쓰러진 여성들의 시체가 놓여 있었다. 이런 광경은 마리클로드에게 시체들이 널브러져 있는 전쟁터를 상기시켰다. 눈길이 미치는 곳 어디에나 눈밭은 설사로 얼룩져 있었다. 마들렌은 발이 얼어 움직이지 못하는 시몬을 붙잡고 앞으로 밀었다. 말조차 할 수 없고 온몸이 마비되었던 그때, 시몬은 계속해서 스스로에게 '이겨낼 거야. 그럴 거야'라고 중얼거렸다.

정문에 근접했을 때, 앞쪽에서 걷고 있던 조제 알론소가 급박한 메시지를 뒤로 보냈다. "더 가까이 가면, 뛰어!" 이제 여성들의 눈에 들어온 것은 두 줄로 늘어선 남녀 SS들과 카포들이었다. 그들은 여성들이 지나갈 수 있도록 복도처럼 길을 만들어 두고 각각 곤봉과 채찍, 벨트를 들고 서 있었다. 맞지 않으려고 얼어붙은 팔을 들어 올려 머리를 감싸며 덜거덕거리고 허둥대며 여성들은 뛰기 시작했다. 엘렌 볼로는 어머니 에마를 도우려 팔을 잡았다. 여성들이 뛰기 시작하자, 대원들은 낙오자들을 대열 밖으로 잡아당겨 한쪽으로 내동댕이쳤다. 엘렌 솔로몽은 한쪽 다리를 잃어 눈밭을 뛸 수 없었던 알리스 비테르보를 도왔다. 엘렌은 알리스에게 자신의 겉옷을 잡고 단단히 매달리라고 말했지만 알리스는 넘어졌고 엘렌은 자신이 혼자 남은 것을 발견했다. 뒤를 돌아보니, 알리스가 붙잡혀 대열 밖으로 끌려 나가는 것이 보였다. 엘렌은 계속해서 달렸다.

숙소에 돌아온 여성들은 절박한 심정으로 인원을 파악했다. "누가 돌아왔지? 비바는 어디 있어? 샤를로트 여기 있니?" 그들은 세고 또 세었다. 열네 명이 비었다. 침묵 속에서 기다렸으나 아무도 돌아오지 않았다.

카포 마그다가 나타나 낙오자들의 시체를 치울 자원자를 불러냈다. 시몬이 지목되었지만, 충격을 받고 몸이 얼어붙은 시몬에겐 움직일 여력이 남아 있지 않았다. 세실이 시몬을 대신해 자원하고 나섰다. 돌아오지 못한 이들에게 무슨 일이 일어났는지 확인하고 싶었기 때문이었다. 돌아온 세실은 울고 있었다. 시체를 한쪽에 모아두기 위해, 들것을 이용해 시신들을 옮기던 중 세실은 아직 살아 있던 사람을 발견했다. 그녀는 필사적으로 세실의 발목을 잡으며 살려달라고 빌었으나 대원이 그녀를 보고는 곤봉을 들어 머리를 으깨어버렸다. 그 광경을 설명하는 동안 세실은 이를 딱딱 맞부딪쳤고 그녀의 뺨 위로는 눈물이 쉴 새 없이 흘렀다. 여자들은 세실의 주위로 모여들어 그녀의 등을 쓰다듬으며 위로했다.

그날, 1943년 2월 10일에 비르케나우에서는 1000명의 여성이 죽었다. 후에 이 '경주'는 복수의 성격을 띠고 있었다는 주장이 제기되었다. 2월 2일에 스탈린그라드는 마침내 러시아의 손에 들어갔고 독일군 병사 10만 명과 장군 스물다섯 명이 전쟁포로가 되었던 것이다.

그날 죽은 열네 명의 프랑스 여성 중에는 가져온 수달피 코트를 SS에게 빼앗긴 반 데르 리 부인도 포함되어 있었다. 그녀와 가까이 지낸 사람들에 따르면, 그녀는 몇 시간이고 추위 속에 서 있는 등 정신을 놓은 듯했다. 딸 엘렌을 도울 길이 없었던 소피 브라밴더와 앵드르에루아르에서 온 농부의 아내로 임산부였던 스물네 살 이본도 사망했다. 만약 이본이 쩔쩔매는 대신 앞에 나서서 로맹빌의 간수에게 자신이 임신 중이라고 말했더라면, 그녀는 애초에 비르케나우로 보내지지도 않았을 것이었다. 그러나 남편이 전쟁포로로 1940년부터 계속 독일에 있었기 때문에 그녀는 임신한 것을 수치스러워하고 있었다.

마흔다섯 살의 소피 기강도 죽었다. 그러나 몇 명이나 관심을 가졌을까. 수용소에 도착하자마자 스물한 살인 딸 앙드레가 죽은 탓에 멍해져버린 소피는 거의 관심을 받지 못했다. 이베트는 살아 돌아오려 노력했지만 시어머니인 아맹트 기용은 죽었다. 수용소의 명부에는 이들의 사인이 무작위로 기록되었다. 어떤 날에는 모두 폐렴 때문이라고 기록되었고, 다른 날에는 모두가 심장마비로 죽었다고 적혔다. 아맹트는 심근경색으로 사망했다고 기록되었다. 동료들의 죽음은 생존자들에게 큰 공포였다. 많은 사람이 그렇게 갑작스럽게 임의로 죽을 수 있다면, 어떻게 살아낸다는 희망을 가질 수 있을까.

후에 자신의 친구들이 있는지 확인하기 위해 25동 바깥에 쌓여 있는 시신들을 훑어보던 여성들은 꽁꽁 언 시신을 파먹고 있는 고양이만 한 쥐들을 보았다. 나무로 만든 의족과 함께 눈밭에서 넘어진 후 알리스는 이곳으로 끌려와 얼마간 살아 있었다. 25동 창문에서도 알리스를 볼 수 있었다. 알리스는 그들에게 계속해서 다니엘을 불러 자신에게 독약을 가져다달라고 애원했다. 어느 날 아침, 시몬은 눈밭에 무언가가 떨어져 있는 것을 보았다. 알리스의 나무 의족이었다. 의족은 몇 주 동안이나 그 자리에 놓여 있다가 어느 날엔가 사라졌다.

여전히 자신들이 어디에 와 있는지 모르는 채 이제 프랑스 여성 스물일곱 명이 사망했다. 이틀 후, 생존자들은 14동에서 26동으로 이감되었다. 이제서야 비로소 살아남은 이들이 생지옥을 볼 참이었다.

✢

점호가 끔찍했다면, 진료소는 프랑스 여성들에게 상대적으로 쉼터이자 안전함 속에서 몇 시간을 보낼 수 있는 장소가 되어주었다. 26동으로 이감된 후 그들은 수많은 폴란드 여성들과 함께 지내야 하며, 문 열린 토끼우리처럼 생긴 것을 침상으로 삼아 한 침상을 여덟 명이 함께 써야 한다는 사실을 알게 되었다. 침상은 흙으로 된 맨바닥이었고 녹은 눈과 오줌으로 늘 축축하게 젖어 있었다. 그들은 머리부터 발끝까지 한 침상에 여덟 명씩, 토끼우리 하나에 스물네 명씩 누워 얇디얇은 면 담요를 나눠 덮었다. 다음날 아침, 작업이 할당되었다. 여성들이 이곳에 도착해 씻고 옷을 갈아입은 지 17일째 되던 날이었고, 마지막으로 제대로 된 식사를 한 지는 그보다 훨씬 오랜 시간이 지난 뒤였다. 그들은 약해졌고 굶주렸으며 기진맥진해 있었다. 커피 가루를 약간 넣고 끓인 멀건 물 한 사발을 마시고 끝나지 않을 것 같던 아침 점호를 마친 후, 여성들은 수용소를 벗어나 마치 단단한 벽처럼 느껴지는 눈발과 바람을 뚫고 행군을 시작했다.

1943년 봄은 비르케나우를 확장하는 작업이 계속되던 때였다. 그곳에는 여전히 부수고 청소되어야 할 건물들이 있었고, 농경지를 만들기 위해 늪지를 메우거나 낚시를 하기 위해 연못으로 바꾸는 작업이 끝도 없이 이어졌다. 첫날 아침, 여성들은 5열로 서서 "왼쪽으로! 둘! 셋!" 하는 SS의 고함소리를 들으며, 발에 맞지 않는 신발을 신고 빙판 위에서 넘어지지 않으려 서로 팔을 꼭 붙든 채 거의 두 시간가량 계속해서 걸었다. 사기를 돋우려고 노래를 불렀다. 그날따라 안개가 너무심해서, 샤를로트 델보는 이러다 뿔뿔이 흩어지는 것은 아닐지 계속 걱정했다. 다리가 부어 걷기 힘들었던 이들은 다른 사람들이 부축했다. 늪지에 도착하자 삽과 들것, 바퀴가 없는 외바퀴 손수레가 주어졌다. 이것으로 그들은 진흙과 돌을 퍼 담고 도랑으로 옮겨야 했다. 늦은 아침에 순무와 양배추가 든 미적지근하고 멀건 수프 한 그릇이 도착했을 때 잠시 쉰 것을 제외하고는, 그들은 하루 종일 얼음덩이를 파고, 들어올리고, 삽질하고, 무게에 못 이겨 비틀거리고, 넘어졌다. 영하로 훅 떨어진 기온 탓에 쇠붙이가 손에 쩍쩍 달라붙었다.

창백한 해가 떠오르고 얼음이 녹기 시작하자, 발이 진창 속으로 더욱더 깊이 빠져들었다. 여성들은 곧 얼음장 같은 진흙과 물에 발목까지 잠긴 채 일하게 되었다. 인생의 대부분을 사무실과 교실에서 보내 육체노동에 익숙지 않았던 여성들에게 작업은 매우 고통스러웠다. 등허리와 팔다리가 쑤셔왔다. 잘 먹고 따뜻하게 차려입은 SS들은 모닥불을 피우고 그 주변에 웅크리고 앉아 있다가 누군가 잠시 일을 멈추기라도 할라치면 개를 풀어 뒤꿈치를 물게 하거나 직접 와서 주먹을 날렸다. 안개 낀 들판 곳곳에서 고함소리와 고통에 찬 울부짖음이 끊임없이 들려왔다. 줄을 지어 작업하는 여성들을 바라보며 샤를로트는 이들이 '빛을 등진 그림자 떼' 혹은 개미 떼처럼 보인다고 생각했다. 쾌활하고 강한 기질의 소유자였던 비바와 룰루는 다른 이들의 사기를 돋우기 위해 최선을 다했다. 그러나 삽은 점점 더 무거워졌고 여성들은 자제력을 잃어갔다. 어스름이 질 무렵 작업을 멈추라는 호각소리가 들려왔고, 그제야 비로소 그들은 또 하루를 살아냈음을 느꼈다. 폴란드 여성 중에는 사망자가 있었고, 시신들이 수거될 때까지 모두가 기

아우슈비츠의 간수들.

다려야 했다. 그런 뒤 여성들은 다시 두 시간을 걸어서 수용소로 돌아와 저녁 점호를 받았다. 몹시 어두워져서야 그들은 숙소로 돌아갈 수 있었다.

여성들이 비르케나우에 온 지 약 3주가량 되었을 무렵, 드랑시의 유대인들을 태운 기차가 도착했다. 기차에는 프랑스 여성들과 함께 26동에서 지내고 있던 마게리트 — 그녀는 유대인이 아니었다 — 의 딸, 유대인인 지젤 코틀러레프스키가 타고 있었다. 대부분은 가스실로 보내졌지만, 열아홉 살 지젤은 노동수용소에 수감되었다. 그날 밤, 지젤이 어머니를 찾아왔다. 그들은 서로를 끌어안고 눈물을 흘렸다. 그러다 말고 지젤은 갑자기 어머니에게 발칵 성을 내며 외쳤다. "나는 왜 유대인인가요? 왜 나한테 이런 일이 생긴 거죠? 엄마가 무슨 짓을 했는지 좀 봐요! 날 보라구요!" 마게리트는 원통하고 비참했다. 얼마 후, 다시 엄마를 보러 온 지젤은 SS에게 얻어맞아 코뼈가 부러지고 한쪽 눈이 심하게 멍들어 있었다. 마게리트는 어떻게 구했는지 가까스로 물을 조금 얻어와 딸의 얼굴을 씻겨주었다. 그러나 며칠 뒤 지젤은 죽었다. 마게리트는 먹기를 중단했고 이내 함께 죽었다. 엘렌 볼로는 그녀가 25동 바깥에 쌓인 시체 더미에 누워 있는 것을 보았다.

아침에 커피만 넣고 끓인 물 반 리터, 정오에 멀건 죽, 운이 좋으면 밤에는 마가린이 스치고 지나간 빵에 약간의 소시지나 치즈 혹은 잼. 이것으로는 여성들의 몸이 말라가는 것을 막아주거나 허기를 잠재울 만큼 충분한 양이 되지 못했다. 처음에는 지방이 사라졌고 그다음에는 근육이 사라졌다. 음식은 결코 다양하지 않았다. 굶주림으로 수감자들의 몸은 부풀어 올랐으며, 끊임없이 오줌이 나왔다. 배는 임신한 것처럼 부풀었다. 평생 굶주려온 세실은 계속해서 스스로에게 이 정도는 그리 나쁜 상황이 아니라고 되뇌었다. 그러나 건강하고 에너지가 넘쳤던 마리 알리종은 비르케나우에 온 뒤로 음식에 대한 갈망을 달래느라 심하게 괴로워했다.

어느 날 밤, 시몬은 꿈에서 말이 한 마리 나타나 자신에게 몸을 굽히는 것을 보았다. 너무나도 배가 고팠던 나머지 그녀는 칼을 들어 말의 살점을 떼어냈다. 그러나 말이 울기 시작했고 시몬도 함께 울음을 터뜨렸다. 여성들은 모두 앙상하다 못해 뼈가 돌출되어 보이기 시작했다. 깎여나간 머리카락은 마치 수염이나 덤불처럼 다시 자라고 있었고 — 시몬은 그것을 보고 고슴도치를 떠올렸다 — 얼굴은 수척하면서도 부어올랐고 더 길쭉해 보였으며 주름이 생겼다. 그들의 가슴은 아예 사라졌거나 주름처럼 늘어졌다. 머릿니와 벼룩이 들끓어 햇살 아래에서 보면 마치 이와 벼룩이 개미떼처럼 보일 지경이었다. 이들은 몸을 긁고 또 긁었다. 곪은 상처들이 많았고, 그마저 잘 낫지 않았다. 늪지를 걸을 때면 그들은 장기수감자들의 걸음걸이를 모방해 머리와 목은 앞으로 빼고, 마치 뒤에서 내켜지 않는 듯한 몸뚱이를 잡아당기려는 듯 움직이며 걸었다. 그들의 다리는 볼품이 없었고 입술은 추위로 검은 빛을 띠거나 잇몸에서 피가 나는 탓에 붉은 빛이었다. 음악성이 뛰어난 목소리로 사람들에게 희망을 주던 자클린 카르트르메르의 어깨에서 시작된 종양은 재빠르게 온몸으로 퍼져나갔다. 침상에 죽어 누워 있을 때 그녀의 몸은 온통 이로 뒤덮여 있었다.

샤를로트를 괴롭힌 것은 허기보다는 갈증이었다. 그치지 않는 목마름이 어찌나 그녀를 괴롭히던지 마치 치아가 뺨에 들러붙은 것처럼 느껴졌다. 여성들의 수용소에는 이제 1만 2000명의 수감자가 살고 있었지만 수도꼭지는 단 하나였고, 초록색 삼각형을 단 독일인 범죄자들의 살벌한 감시 아래에 있었다. 샤를로트는 점차 강박적인 행동을 보이게 되었다. 작업을 하러 늪지로 걸어가던 어느 날 아침, 그녀는 대열을 이탈해 얼음이라도 핥기 위해 개울로 향했다. 그걸 본 다른 여성들은 공포와 두려움에 질렸다. 그러나 다행히 SS는 그녀를 보지 못했다. 나중에 그녀는 늪지에 있는 진흙탕을 마시기도 했다. 밤이면 샤를로트는 숙소로 돌아와 작은 양의 빵을 한 컵의 차와 바꿨다. 그녀는 밤마다 오렌지 꿈을, 특히 그 즙이 목을 타고 흘러내려가는 꿈을 꾸었다.

그러던 어느 날, 샤를로트가 절박하다 못해 미쳐버리는 것이 아닌지 두려워하던 친구들은 비바와 룰루가 나무 심기 작업에 배정되었을 때 빵을 모두 모아 물 한 양동이와 맞바꿨다. 샤를로트는 마치 마구간의 말처럼 머리를 양동이에 넣고는 바닥이 드러날 때까지 물을 들이켰다. 배가 깜짝 놀랄 만큼 부풀어 올랐지만, 신기하게도 샤를로트는 기운을 차렸다. 그 후로 샤를로트는 자살에 관한 생각을 떠올렸다가도 금세 잊어버렸다. 이토록 끊임없이 죽음이 목격되는 곳에서 당장의 목표는 죽는 것이 아니라 사는 것, 충분히 먹고 마시는 것, 몸을 따뜻하게 유지하는 것이다. 이것이야말로 그녀가 생각했던 전부였다.

이제 프랑스 여성들은 저 멀리 수용소 끝자락에 놓인 굴뚝에서 피어오르는 연기에 관해 어떤 환상도 품을 수 없었다. 연기는 그들의 입과 목, 폐를 구역질나는 공기로 가득 채웠다. 그들은 유대인을 태운 수송열차가 도착한 지 한 시간 만에 4분의 3이 연기가 되어 굴뚝으로 나오는 것을 보았다. 마리엘리자 노르드만을 괴롭혔던 것은 그 열차 가운데 어머니가 타고 있을지도 모른다는 점이었다. 이제 여성들은 25동에서 화물차가 이미 죽은 사람들과 죽어가는 사람들을 싣고 가는 것을 보았다. 그리고 알았다. 아직 목숨이 붙어 있는 이들도 시체와 함께 곧장 불길에 던져진다는 것을. 후일 마들렌은 "이것은 끝이 나지 않는, 그리고 포기할 수 없는 나 자신과의 싸움이었다"고 말했다.

늪지에서의 긴 하루를 마치고 걸어 돌아가면서 세실은 굴뚝에서 나오는 시큼한 연기를 맡을 때마다 오늘은 더 이상 걷지 않아도 된다는 안도감과 함께 죄책감을 동시에 느꼈다. 밤이면 그녀는 연기와 냄새를 맡으며 죽은 동물의 살덩이를 끓이는 꿈을 꾸었다. 쇠약하고 아픈 동료들 대부분이 곧 죽을 것임을 알았던 세실은 시체 더미 속에 있는 자신을 보았다. "누군가 희망을 가진 이가 있었는지 나는 모르겠다. 그러나 그 희망을 나는 결코 갖지 못했다." 끝없는 공포 앞에서 더 이상 울음조차 나오지 않았다. 그러나 카포가 자신을 구타할 때 맞서 싸워준 조제 알론소가 자신을 대신해 너무나 야만적으로 두들겨 맞아 죽었을 때는 예외였다. 그토록 강하고 용감하던 조제마저 살아남지 못했는데, 어떻게 그녀가 이곳을 살아서 나갈 수 있을까.

‡

어느 일요일, 점호를 위한 호각 소리가 평소보다 더 일찍 울렸다. 시몬은 '경주'가 있었던 날부터 급격히 약해졌기 때문에 신발을 신는 데 평소보다 조금 더 오래 걸렸고, 그 결과 다른 사람들과 떨어져 폴란드 여성과 같은 줄에 서게 되었다. SS를 태운 트럭 한 대가 도열해 있는 그들 가운데 일부를 태웠다. 아홉 살쯤 되어 보이는 쌍둥이 소녀와 함께 있던 엄마는 아이들과 꼭 붙어 있으려 했지만, 홱 낚아채여 트럭에 떠밀려 올랐다. 트럭은 그대로 떠나버렸고 두 꼬마만이 홀로 남겨져 울고 있었다. 숙소로 돌아가라는 호각이 울리자 시몬은 양손에 한 명씩 손을 잡고 두 아이와 함께 걸으며 노래를 불러주었다. 그러나 SS 여자 대원 두 명이 개를 데리고 나타나 독일어로 명령을 내렸다. 개들은 두 꼬마에게 뛰어들어 목덜미를 물어뜯었다. 시몬은 마비된 듯 그 자리에 얼어붙었다. 개들이 물던 것을 놓자 소녀들은 그대로 쓰러져 죽었다. 그들의 얼굴은 형체를 알아볼 수 없을 정도로 참혹했다. 그때까지 시몬은 계속 그들의 손을 잡고 있었고, 시체가 된 아이들은 그녀의 양손에 힘없이 매달려 있었다. 그때 세실과 샤를로트가 무슨 일이 벌어졌는지 보고는 달려와 시몬을 잡아끌어 숙소로 데려갔다. 며칠간 시몬은 단 한마디도 하지 않았다.

이제 그런 장면은 일상적으로 벌어졌다. 어느 날 푸앵소의 부하들이 보르도 일제검거에서 체포한 베르트 라페이라드는 늪지 작업장에서 쓰러졌고, 일어나기를 거부했다. SS 하나가 삽을 들고 그녀를 두들겨 팼다. 그날 저녁, 룰루와 비바, 샤를로트와 세실은 그녀의 시신을 수용소까지 운반해야 했다. 점호에 머릿수가 일치하지 않으면 안 되었기 때문이었다. 그들은 베르트의 팔이 진창에 끌리지 않도록 가슴 위에 포개어두기 위해 계속해서 멈춰 서야만 했다. 비틀거리며 걸어가던 그들은 베르트가 더 이상 이러한 비참함 속에 있지 않다는 안도감과 동시에 무거운 그녀의 시신을 들고 수용소까지 운반해야 한다는 절망감 속에서 분열된 감정을 느꼈다. 얼마 후에 알리스 베렐롱은 팔에 인형을 안은 작은 소녀의 시신이 구덩이에 누워 있는 것을 발견했다. 격분한 알리스가 인형을 집어 들고 SS들이 있던 쪽을 향해 휘두르며 소리쳤다. "살인자들!" 한 SS 대원이 차분하게 권총을 꺼내 그녀를 쐈다. 그날 밤, 엘렌 볼로와 다른 여성들이 알리스가 숙소로 돌아오게끔 도왔지만, 그녀는 점호가 끝나자마자 죽었다.

어느 날 늪지에서 돌아오던 여성들은 특히 쇠약해 보이는 한 무리의 남자들 곁을 지나쳤다. 그들은 굶주림으로 너무나 말라 있어서 거의 인간이 아닌 것처럼 보였다. 남은 빵을 약간 가지고 있던 여성들이 남성들을 향해 빵을 던졌다. 그들은 즉시 서로의 손에서 빵을 빼앗아 먹기 위해 서로 다퉜고, SS가 그들을 향해 개를 풀었다.

살인과 죽음을 목격하지 않아도 되는 날은 많지 않았다. 그나마도 그런 날들은 기아와 비참함으로 채워졌고 이것은 여성들을 실성할 정도로 궁지에 몰았다. 여성들은 개떼들에게 공격받거나 SS에 의해 구타당하고 곤봉으로 얻어맞았다. 2월 20일, 라로셸에서 카페 '식민지의 닻'을 운영하며 수많은 레지스탕스들에게 은신처를 제공했던 아네트 에포는 몇 시간 동안 마실 것을 찾으며 애처롭게 울부짖던 25동의 한 여성에게 물을 가져다주었다. "물! 물! 물!" 아네트는 물을 한 컵 들고 가 창살 사이로 내밀었다. 그러나 그 모습은 마침 셰퍼드를 거느리고 곁을 지나가던 하세라는 SS 여자 대원에게 발각되었다. 셰퍼드가 달려와 아네트의 목을 물었고 그녀를 25동에 던져버렸다. 아네트는 기적처럼 언제나 지니고 다니던 아들 클로드의 그림을 간신히 펠리시엔 비에르주에게 넘길 수 있었다. 아네트는 그녀에게 자신을 대신해 아들을 돌봐달라고 부탁했다.

며칠 뒤 점호를 받는 동안, 친구들은 죽은 이와 병자를 싣고 화장 터로 가는 화물차에 서 있는 아네트의 모습을 볼 수 있었다. 친구들을 보자 아네트는 소리쳤다. "다니엘, 내 아들을 돌봐줘!" 이제 공포가 모든 여성들을 집어삼켰다. 더 추워질 거라는 공포, 개떼에게 물어 뜯기리라는 공포, 카포에게 얻어맞을지 모른다는 공포, 넘어질지 모른다는 공포, 이 모든 공포만큼이나 자신이 친구들과 떨어질지 모른다는 공포감이 컸다.

며칠이 지나자, 여성들은 이제 어떤 SS가 가장 두려운지 파악했다. SS는 남자 대원뿐 아니라 여자 대원도 엄격한 프러시안식 훈련을 받았고, 조금이라도 약하다는 신호를 내보이면 계급장을 박탈당하고 동료들 앞에서 굴욕을 당했다. 비르케나우에는 특히 잔인한 SS 여성 대원이 한 명 있었는데, 이름은 마르고트 드레슐러였다. 1942년 10월 30대 초반의 나이로 이곳에 온 그녀는 규칙에 조금이라도 어긋나는 사소한 일에 셰퍼드를 풀었고, 여성들을 가스실로 보내는 선별 작업에 자주 모습을 드러냈다. 드레슐러는 크고 돌출된 치아를 가지고 있었고, 여성들에게 '사신'으로 불렸다. 누구나 그녀를 두려워했다. 드레슐러는 종종 갈고리가 달린 막대를 들고 숙소 문 앞에 서서 가스실로 보낼 만한 사람들을 끌어냈다. 그녀와 다른 SS 대원들은 모든 숙소에서 잘 보이는 곳에서 줄무늬 옷을 입히고 속을 채운 인형을 개들에게 던져주고는 물어뜯고 찢으라고 소리치며 개를 훈련시켰다. 드레슐러의 조수 중에는 아주 예쁜 폴란드 소녀도 있었는데, 슈테니아라는 이름을 가진 그녀는 어린아이들만 골라 죽였다. 그녀는 소중한 물이 담긴 양동이를, 그것도 여성들이 막 물 양동이를 숙소로 가져왔을 때 건어차는 것을 즐겼다. 만약 양동이가 넘어지면 슈테니아는 고래고래 소리를 지르며 욕을 해댔다.

그리고 비르케나우에는 황소를 연상시킬 정도로 몸집이 큰 남성대원이 한 명 있었다. 이름은 아돌프 타우베, 직책은 보고자였다. 타우베는 특별히 약한 여성들을 사냥하기 좋아해서 점호 시간이면 그는 유대인 여성들에게 얼음장처럼 차가운 진창에서 무릎을 꿇고, 손을 머리 위로 가져다 대라고 시키곤 했다. 비르케나우가 프랑스 여성들에게 끔찍했다면, 유대인 여성들에게는 더욱더 끔찍했던 것이다. 끝을 알 수 없는 인격모독과 수많은 사람들 앞에서 벌거벗겨지는 것, 언어 학대에 무방비로 노출된 유대인 여성들에게 SS는 그들이 가진 사디즘을 마음껏 배설했다. 타우베는 그중 최악의 고문기술자였다. 체격이 좋았던 수잔 로즈는 몇 년간 레지스탕스에서 무거운 타자기와 등사기를 운반하는 데 단련되어 몸이 튼튼했다. 그러다가 비르케나우에서 병에 걸렸고, 여자들은 아픈 그녀를 침상 뒤에 숨겨주었다. 그러나 타우베가 숨어 있던 로즈를 발견했고, 죽을 때까지 때렸다. 로즈는 마들렌 디수브레가 루앙에서 네트워크를 운영할 수 있도록 도왔던 이다.

SS뿐 아니라 카포들 또한 악독하기는 마찬가지였으며, 여성 수감자 중 몇몇은 그들 못지않게 사악했다. 간호사였다가 투르에서 국경안내인 네크워크에 가담했던 레아 케리시가 독일인 범죄자 병동에 배정받았을 때 — 비르케나우에도 독일인 여성수감자들이 있었고, 그들이 거주하는 환경은 다른 곳보다 더 나았다 — 그녀는 한 여성 카포가 강요하는 성적 행위를 거부했다는 이유로 반복적으로 구타당했다. 레아를 괴롭히던 사람들은 티푸스를 앓고 있던 그녀를 곤봉으로 때려 죽였다.

2월과 3월에는 살로니카에서 온 유대인 여성들로 가득 찬 기차에 뒤이어 건강해 보이는 그리스 여자들을 태운 기차도 도착했다. 몇몇은 러시아 전선에서 독일군에 체포된 탓에 소비에트 낙하산병 군복을 입고 있었고, 다른 여자들은 밝은 색상의 드레스에 숄을 걸치고 있었다. 그리스 여성들은 올리브를 가져왔다. 시몬은 태어나서 한 번도 올리브를 먹어본 적이 없어 신기해했다. 푸페트는 그녀들이 얼마나 아름다웠는지, 비르케나우의 칙칙한 잿빛에 비해 그들의 옷이 얼마나 멋졌는지 기억하고 있었다. 그러나 그리스 여성들은 티푸스 보균자로 간주되어 며칠 만에 한 줌의 인원을 제외하고 모두 가스실로 보내졌다.

이른 봄에는 집시들 — 점령된 유럽 각지에서 붙잡힌 로마, 신티 집시 가족과 어린이들 — 을 태운 기차가 꼬리에 꼬리를 물고 도착했다. 그들은 특별 집시 가족 수용소에 수용되었다. 물도 전기 설비도 없는 그곳은 비르케나우 전체를 통틀어 생존율이 가장 낮았다. SS들이 집시 아기들을 벽에 처박아 머리를 으깨 죽이는 모습을 본 이후로 룰루는 몇 달간 그 기억에 시달렸다. 다른 이들은 굶주림으로 서서히 죽었다. 어느 날 아침 점호에서 샤를로트는 검푸른 얼굴이 한쪽으로 축 늘어져 죽은 것이 분명해 보이는 아기를 흔들어 달래는 한 집시 여인을 보았다. 나중에 샤를로트는 그 죽은 아기가 부엌 쓰레기 더미 위에 있는 것을 보았고, 아기의 어머니가 아기를 빼앗으려는 SS을 막으려 결사적으로 덤비다가 곤봉에 맞아 죽었다는 이야기를 들었다. 샤를로트는 나중에 이렇게 기록했다. "남아 있는 것이 뼈뿐이라면, 그가 집시였는지 그 누가 알 수 있을까?" 갑작스럽게 내리던 눈보라를 뚫고 숙소 뒤편을 걸으며 홀로 시간을 보내던 샤를로트는 창문가에서 분홍색 튤립 한 송이가 꽃병에 꽂혀 있는 것을 보았다.

여성들이 가장 두려워했던 것은 '특수진료소'였다. 전쟁을 위해 아우슈비츠의 생산성을 더 높이라는 명령이 베를린에서 내려오자, 건강한 수감자들을 살려두려는 미미한 시도들이 있었다. 그중 하나가 이론상으로 병자들이 건강을 회복할 수 있도록 진료와 간호를 받을 수 있도록 특수진료소에 넣을 수감자들을 분류하는 일이었다. 그러나 실제로 이 특수진료소는 25병동과 마찬가지로 죽음의 대기실이었다. 약도 붕대도 없는 그곳에는 종이부스러기뿐이었다. 이질이나 결핵에 걸린 이들이 같은 침상에 내동댕이쳐져 있어 지독한 악취가 풍겼다. 그곳의 쥐들은 죽은 사람뿐 아니라 살아 있는 사람들도 공격했다.

병을 이유로 특수진료소에 보내져 며칠간 늪지 작업에서 빠질 수 있는 기회는 어느 순간에라도 선별에 의해 바뀔 수 있었다. 타우베와 드레슐러 또는 다른 SS와 동행한 의사 한 명이 갑작스럽게 나타나 조사라는 명목으로 모든 환자들에게 옷을 벗고 침상에 서 있으라고 명령한 후, 회복하기 어렵다고 판단한 이들을 25동으로 보냈다. 몇몇은 독극물 주사로 직접 살해되기도 했다. '무슬림'*들처럼 걸어다니는 시체가 되지 않을까 하는 두려움이 유령처럼 모두의 머릿속에서 떠나지 않았다. '무슬림'은 기진맥진해 있고 무감각해져 있어서 어딜 가든 자신이 처벌받게 내버려두었고, 더 이상 고통조차 느끼지 못했기 때문에 스토브에 화상을 입기도 했다.

* 이 '무슬림'(Musulman)이라는 단어가 어디서 유래했는지는 확실치 않다. 몇몇은 이 단어가 아랍인들의 기도하는 이미지에서 나온 것이라고 말하고, 다른 이들은 무슬림이 커피를 너무 많이 마신 탓에 창백해지고 약해진 투르크인으로 묘사되는 대중적인 독일 노래에서 나왔다고도 한다. (원주)

26동의 창문으로 25동의 마당이 내다보였기 때문에, 프랑스 여성들은 언제나 죽은 여자들과 죽어가는 여자들의 모습을 볼 수 있었다. 그들은 묽은 수프 사발을 들고 침상에 앉아 창문 밖 마당에 쌓여 있는 벌거벗은 시체들을 보았다. 깎여나간 머리 위로 뻣뻣한 덤불처럼 자란 머리카락, 그로테스크한 자세로 얼어붙어 있는 푸르스름하고 흰 몸뚱어리. 그들의 발톱은 모두 갈색이었다. 시체들을 보고 샤를로트는 어린 시절 언젠가 한 번 가게 밖에서 보았던 재봉사의 마네킹―그때도 그녀는 마네킹이 벌거벗고 있음에 당황했다―을 떠올렸다. 샤를로트는 그들이 '어제의 동료들'이라고 애써 생각했다. 빵을 먹고 몸을 긁으며 탁하고 묽은 죽을 게걸스럽게 삼키던 자신과 똑같은 여성들, 굶주린 채 얻어맞던 여성들, 아주 빨리 달리지 못했다는 이유로 또는 얼굴이 잿빛이었다는 이유로 삶이 갑작스럽게 끝나버린 여성들. 시체 더미 속에서 아직까지 살아 움직이는 누군가가 있는 광경을 공포에 질린 눈으로 바라보는 샤를로트에게 세실은 말했다. "네 몫의 죽을 먹어. 저들은 더 이상 아무것도 필요로 하지 않으니까."

11장

삶의 맨바닥에서 부르는 노래

프랑스 여성들에게 아무런 자원이 없었던 것은 아니다. 라마르세예 즈를 부르며 비르케나우로 행군하던 여성들은 1942년 7월에 비르케 나우에 도착한 '45000번 수송기차'에 올랐던 프랑스 레지스탕스 남성 중 살아남은 이들을 우연히 만나 소식을 들을 수 있었다. 독일어에 능 숙했던 마리클로드는 비서로 지목되어 독일인 병동에서 일했고, 그 덕 에 프랑스 남성들과 접촉할 기회가 있었던 것이다. 그들은 마리클로드 에게 프랑스에서 온 1175명의 남자들이 8개월 만에 100명으로 줄었 다고 전해주었다. 참혹한 소식에도 여성들은 다만 친구들을 찾았다는 것과 새로운 소식을 들었다는 데서 약간의 희망을 느꼈다. 공산당원 동료들의 도움으로 차량 정비소와 정원에서 일할 수 있었던 몇몇 프랑 스 남성은 빈 아세틸렌 병에 쪽지를 넣어 빼돌릴 수 있었다.

SS 대원들과 특권을 누리는 일부 수감자를 위해 치과의사로 일하 고 있어 비교적 편안히 지낼 수 있었던 다니엘은 좀 더 중요한 자원을 가져왔다. 그녀는 새로운 기차가 도착할 때마다 유대인에게서 빼앗은 물품으로 풍족하게 넘쳐흐르는 건물을 일컫는 '캐나다'에서 여분의 옷과 약까지 얻을 수 있었다. '캐나다'라는 이름은 상상할 수 없을 정도로 풍요로운 땅이라는 그 국가의 이미지에서 따왔다. 남성들 또한 캐나다에서 따뜻한 옷과 약품을 물물 교환할 방법들을 찾아냈다. 엘렌 볼로에게 잘 낫지 않는 종양이 생겼을 때 남자들은 연고를 가져다주었다. 수건이나 칫솔같이 몇몇 귀중한 물품을 갖게 되자 이제는 어떻게 해야 그것들을 잃어버리지 않을까 하는 어려운 문제에 봉착했다. 그들이 가진 물건을 훔치려는 낯선 이의 손이 밤마다 얼굴을 스쳤다.

점호가 끝난 뒤 저녁이면, 다니엘은 다른 여성들을 찾아와 로맹빌에 있을 때처럼 격려와 위안을 건넸다. 수용소 내에 떠돌던 전염병을 극도로 두려워하는 SS와 지속적으로 신체적 접촉을 해야 했던 까닭에 다니엘은 언제나 청결함을 유지할 수 있었고, 깨끗한 옷을 입을 수 있었다. 에너지 넘치고 유쾌하며 단호한 다니엘의 성격과 그녀의 건강한 모습은 다른 이들에게 힘을 주었다. '우리에게 무슨 일이 생기더라도, 다니엘은 살아남아 우리에게 무슨 일이 있었는지 증언해줄 거야.' 그들은 서로에게 말하곤 했다.

다니엘은 조산원으로 일했던 마이가 병동에서 일할 수 있도록 자리를 마련해주었다. 몇몇은 바느질 작업반에 넣어주었다. 다니엘은 베티 또한 병동에서 일할 수 있도록 해주었다. 베티의 일은 살아 있는 환자들을 덮치는 쥐를 쫓고, 죽은 환자를 밖으로 옮기는 것이었다. 엘렌 솔로몽의 발이 감염으로 검게 변했을 때 다니엘은 그녀가 간호사로 일할 수 있도록 손을 써주었고, 훨씬 더 청결한 병동 환경 덕분에 감염된

발은 호전되었다. 저녁마다 친구들을 찾아오던 다니엘의 얼굴은 때때로 눈물로 젖곤 했다. 너무나 많은 친구들이 죽어갔고, 그녀는 자신이 친구들을 살리지 못했다는 책임감을 느꼈다. 다른 여성들은 다니엘만은 전쟁이 끝나는 날까지 살아남을 거라 확신했기 때문에 죽음이 가까이 왔다고 느껴지면 다니엘을 찾아와 남편에게 전해달라고 부탁하며 결혼반지를 건넸다. 대부분의 여자들에게 결혼반지는 가까스로 지닐 수 있었던 단 하나의 마지막 개인 소지품이었다.

프랑스 여성들 사이의 우의는 더욱 깊어졌다. 함께 숙소를 썼던 폴란드 여성들이나 독일 여성들과는 달리 프랑스 여성들은 고향에 있을 때와 마찬가지로 서로에게 친절했고 도움을 베풀려 했으며, 공손하고 친밀하게 지낸다는 사실에 자긍심을 느꼈다. 어둡고 축축한 침상에 웅크려 눕는 저녁이면 조르제트 로스탱은 친구들에게 노래를 불러주었고, 그녀의 단단한 목소리가 고요한 숙소 안에 퍼지면 여성들은 잠시 동안 모든 것을 잊고 기분이 더 나아지는 것을 느꼈다. 늪지에서 일해야 했던 작업 시간 동안, 시골 아낙이었던 마리잔 페넥은 무엇을 먹을 수 있고 무엇을 먹을 수 없는지에 관한 특유의 날카로운 감각으로 모두 함께 먹을 수프에 넣고 끓일 뱀을 잡아 오거나 민들레와 풀을 뜯어오곤 했다.

그들 각자는 자신의 생존이 다른 이의 생존보다 더 중요하다고도 덜 중요하다고도 여기지 않았다. 여성들은 특히 약해 보이는 누군가를 위해 자신이 배급받은 빵을 남겨두었고, 점호 시간에는 그런 이를 보호해주었으며, 주변에 타우베와 드레슐러가 있을 때면 주의를 주었다. 그들은 자신의 운명이 다른 이들의 손에 달려 있다는 것을 알고 있었다. 이기주의나 개인주의는 찾아볼 수 없었고, 생존의 맨바닥까지 떨어진 여성들은 모두 자신이 할 수 있을 것 같지 않았던 행동을 서슴지 않았다고 푸페트는 말했다. 세실은 "우리는 누구를 좋아하고 또 누구를 좋아하지 않는지를 스스로에게 물어가며 행동하지 않았다"고 말했다. "그것은 우정이라기보다는 연대감이었다. 우리는 어느 누구도 홀로 있게 두지 않았다."

샤를로트가 티푸스에 걸려 며칠간 거의 앞을 보지 못했을 때, 다른 이들은 샤를로트를 붙잡고 몇 날 며칠을 작업장에 데려다주고 손에 삽을 쥐여주었으며 SS가 곁을 지나가면 언제 그리고 어디를 파야 할지 일러주었다. 비르케나우의 다른 여성 수감자들이 서로에게 이런 친밀감을 보이는 일은 드물었다. 유대인 여성들은 친구와 가족들과 떨어진 데다가 가스실로 직행한 사람들을 잃은 슬픔에 잠길 새도 없이 극심한 공포의 안개에 갇혀 각자 홀로 슬퍼하며 기진맥진한 채 살아남으려 애를 쓰고 있었다. 마리엘리자는 이런 유대인 여성들에게 깊은 동정심을 느꼈다. "우리는 그들을 보았고, 그들이 얼마나 끔찍한 상황에 놓여 있는지 알았다. 그러나 우리는 그들을 도울 수 없었다."

수용소를 소독하는 공포의 일요일이면 모든 수감자는 벌거벗은 채 내쫓겨 벌판에 서 있어야 했다. 숙소 내부를 청소하는 동안, 여자들은 서로 관심과 애정을 담아 바라보고, 멍과 상처의 수를 헤아려주고, 머리카락이 뾰족한 덤불처럼 자라나는 모습을 놀림거리로 삼았다. 그때까지만 해도 여성들은 웃을 수 있었고, 외모에 대한 관심을 완전히 저버리지 않았다. 이들이 벌거벗은 바로 이때, 하녀를 찾는 SS 대원들은 자신들 마음에 드는 여성을 고르기도 했다.

샤를로트과 비바, 마이, 세실과 함께 특히 헌신적이었던 룰루와 카르멘 자매는 푸페트와 다른 어린 여성들을 돌보기 위해 할 수 있는 모든 것을 다했다. 늪지에서 작업 도중 휴식을 취하는 동안 여성들은 집에 돌아가는 것에 대해, 문학과 정치에 대해, 어떻게 하면 그들이 친구들과 함께 계속 남아 있을 수 있을지, 그리고 전쟁이 끝나면 무엇을 할지에 관해 이야기를 나눴다. 그러나 집에 남겨두고 온 자녀들에 관해서는 가급적 말을 아꼈다. 그것은 말하기에 너무나도 고통스러운 주제였다. 푸페트는 마치 스펀지처럼 그들이 말하는 모든 것을 받아들이려 노력했다.

이제 푸페트는 아직까지 자매가 모두 살아남은 몇 안 되는 경우에 속했다. 하지만 마리는 비르케나우에 와서 특히 약해져 있었다. 한때 긍정적이고 쾌활했던 마리는 이제 지워지지 않는 역겨움과 불신으로 그늘진 눈을 하고 있었다. 어머니의 죽음이 뇌리에서 떠나지 않았을 뿐 아니라 자신의 약혼자가 게슈타포의 손에 개죽음을 당한 것을 되새기며 마리는 계속해서 상처를 받았고, 누가 그들을 밀고했을지에 관해 생각했다. 그러나 마리와 푸페트는 서로를 바라보며 둘이 마치 한 사람처럼 떨어질 수 없이 연결되어 있다고 느끼고 있었다.

엘렌의 어머니 에마는 겨우 마흔둘이었지만, 아우슈비츠의 공포가 두 배로 견디기 어려웠다. 그녀 스스로도 두렵고 고통스러웠지만, 그 고통은 그녀가 딸을 생각하며 느끼는 아픔에 비하면 아무것도 아닐 정도였다. 에마는 매 순간 엘렌이 병에 걸려 아프지는 않을까 두려웠고, 아직은 어린 딸을 먹이거나 보호하기 위해 자신이 할 수 있는 것이 아무것도 없다는 사실에 처참해했다. 에마는 점점 엘렌을 부담스럽게 여기기 시작했다. 그러다가 2월에 에마는 이질에 걸렸다. 다른 사람들과는 달리 에마는 얼마간 버티는 듯했으나 점차 약해졌고 점점 더 쇠약해졌다. 어느 날 아침, 엘렌은 들판에서 어머니가 말발굽에 땅이 팬 자국에 고여 있던 진흙탕 물을 마시는 것을 보았다. 52일째에, 설사가 심해 더 이상 뭔가를 마시지도 못하던 에마가 죽었다. 엘렌은 이제 생존을 위해 푸페트와 시몬에게 매달렸다.

그들 중 누구도 혼자서 살아남을 수 있을 거라고는 믿지 않았다. 오로지 모두 함께할 때라야 절망을 물리칠 수 있다. 샤를로트의 머릿속에는 언제나 연극과 소설에 등장하는 인물들이 살아 숨 쉬고 있었으나, 비르케나우에 도착한 이래로 그 등장인물들은 침묵에 잠겼다. "인류가 고통을 받고 죽는 곳, 그곳에서는 극중 인물들도 살 수 없다." 사회가 없이는 극장도 없다. 아우슈비츠에서 사람들은 너무나 보잘것없어졌고 품위를 잃었으며 자아를 유지할 수 없었기 때문에 사회를 만들어내기란 불가능했다고 후일 샤를로트는 기록했다.

이따금 외부인이 함께했던 연대의 순간들도 있었다. 어느 날 숙소로 돌아가는 길에 시몬은 한 남성 수감자와 마주쳤다. 그는 비틀거림을 가장하며 무언가를 그녀의 발 부근에 떨어뜨렸다. 그가 누구인지는 전혀 알지 못했지만, 놀랍게도 그가 준 선물은 양모 스타킹이었다. 다른 날 샤를로트는 독일인 여성 수감자 구역에서 구역장으로 일하고 있어 깨끗한 옷을 입은 에스더라는 젊은 벨라루스 출신 여성과 마주쳤다. 그 뒤 에스더는 몇 주 동안이나 매일같이 샤를로트에게 자그마한 선물을 가져다주었다. 하루는 칫솔, 또 하루는 스웨터. 그러다가 어느 날 에스더는 사라졌다.

좀 더 놀라운 일은, 공산당원 남동생과 함께 독일군이 점령하던 초기 선전물을 숨기는 것을 도왔던 에메 도리다가 살아남은 이야기다. 특수진료소의 청소부로 일하던 에메는 사다리에서 떨어져 다리가 부러졌다. 부러진 다리는 감염되어 살이 썩어가는 괴저가 진행되고 있었다. 그러자 진료소 담당자였던 체코인 에르나가 에메를 남성 수용소로 이송했고 그곳에서 폴란드인 의사는 다리를 절단해야 한다고 말했다. 에메가 차라리 죽는 게 더 낫겠다고 말하자 의사가 물었다. "그렇지만 당신에겐 자녀들이 있지 않소? 아이들에겐 당신이 필요할 거요." 에메에게는 두 아이가 있었고 막내는 겨우 아홉 살이었다. 수술이 진행되었다. 에메가 회복하는 동안, SS 가운데 몇 안 되는 '인간'이었던 그 의사는 자신이 그녀의 용기를 높이 사니, 갖고 싶은 것을 하나만 이야기해보라고 말했다. "같이 이야기할 프랑스 친구 한 명이요"라고 에메가 대답했고, 베티가 불려와 그녀를 돌보는 일을 맡았다. 한 쌍의 목발이 캐나다에서 '조직'*되었고 에메는 다른 여성들과 합류할 수 있었다. 친구들은 이제 그녀를 한시도 떼놓으려 하지 않았고 그녀가 무력하게 남겨져 있지 않도록 신경 썼다. 수용소의 행정실에서 일했던 마리클로드는 수감자들을 가스실로 보내는 특별 선발에 관해 미리 알아낼 수 있었다. 그런 날이 오면 에메는 숨겨졌다. 이들 그룹은 너무나도 잘 뭉쳤고, 각각의 약점에 맞춰 대응했으며 주의 깊게 서로를 보호했다. 어

---

* 제대로 된 생필품의 배급이 이루어지지 않는 강제수용소의 상황에서, 수감자들은 절도, 암거래, 매수 등 다양한 방식으로 생필품을 얻었다. '조직하다'(organised)는 이를 가리키는 수용소의 은어였다. 이때 수감자들은 나치로부터 빼돌리는 것과 동료로부터 빼앗고 훔치는 것을 명확하게 구분했다. 테렌스 데 프레, 『생존자: 죽음의 수용소에서의 삶의 해부』 191쪽 참조. 이들의 '빼돌리기'는 단순히 규정 외의 물건을 얻는 데 그치는 것이 아니라 그들의 생존권을 위협하는 강제수용소의 규칙에 대한 '저항'이자 '불복종'이었다.

떻게 모두를 살아 있게 할 것인가를 계획하는 일은 그녀들의 일상이자 삶의 방식이 되었다.

✝

3월은 비를 몰고 왔다. 눈이 녹았고, 늪지는 진흙바다로 변했다. 수프를 담은 커다란 냄비를 운반하는 이들은 허벅지까지 오는 진흙바다를 가로질렀다. 비르케나우에 도착한 지 67일째, 여성들은 처음으로 신고 있던 스타킹을 벗었고, 도랑에 흐르는 물에 발을 씻는 것이 허락되었다. 여성들은 엄지발가락을 제외하고는 다른 발톱들이 모두 까맣게 죽어 있는 것을 보았다. 샤를로트는 욕조 세 개에 관한 꿈을 꿨다. 따뜻하고 부드럽고 비누거품이 가득한 물이 담긴 욕조에 차례로 오가는 꿈. 점호가 끝없이 계속되는 동안, 여성들은 게임을 하기도 했다. "만약 따뜻한 거품이 올려진 핫초콜렛 한 컵이랑 라벤더 비누로 하는 목욕이랑 따뜻하고 아늑한 침대 중 고르라면 뭘 고를래?" 언제나 대답은 똑같았다. 뜨거운 비누 목욕 또는 따뜻한 침대.

그러나 생존자의 수는 줄어들고 있었다. 이질이 돌았고, 여성들은 친구들의 눈앞에서 늙어갔다. 1941년 4월에 루블린 감옥에서 이송된 수감자들에 의해 처음 아우슈비츠에 들어온 티푸스는 수용소를 황폐화시켰다. 굶주림과 등골이 빠지는 노동, 혹심한 추위와 끝없는 감염 질환에서 살아남은 여자들은 하나둘씩 병으로 쓰러지기 시작했다. 점호 시간이 되면 그들은 회색빛 뺨을 꼬집어 건강해 보이려 애썼다. 밤이면 죽음이 날뛰는 소리가 침상 이곳저곳에서 들릴 정도였다. 여성들은 아침에 일어나 밤사이 얼굴이 부었는지, 움직이기에 너무 아픈 곳은 없는지 살펴보았다. 프랑스 여성들은 이제 SS가 더욱 잔인하게 대하는 유대인 여성들과 거의 같은 비율로 죽어가고 있었다. 어느 날에는 남아 있던 프랑스 여성들 가운데 아홉 명이 하룻밤 사이에 죽어 있기도 했다. 45000번 기차에서 살아남은 앙드레 몽타뉴라는 열아홉 살 소년이 작업 때문에 비르케나우에 파견되었다가 여자들의 숙소에 잠시 들렀다. 그는 그날 본 광경이 주는 공포를 결코 잊지 못했다. 오싹할 정도로 더럽고, 지나치게 밀집되어 있는 사람들과 병자들의 신음소리가 뒤섞여 있는 끔찍한 공포였던 것이다.

3월에 레몽드 세르장은 딸 지젤에게 곧 돌아가겠다고 약속했던 자신이 병에 걸렸음을 알게 되었다. 처음 몇 주간 레몽드는 매우 굳건했으며, 석방되기만 하면 투르 지방에서 온 여자들을 모두 생마르탱르보에 있는 자신의 카페에 초대해 전쟁이 끝나면 마시려고 숨겨둔 좋은 와인 몇 병을 나눠 마시겠다고 계획하고 있었다. 그러나 시간이 지나면서 그녀는 희망을 포기하는 듯했다. 어느 날, 다른 여성이 그녀에게 물었다. "정말 우리가 돌아가 그 와인을 마실 거라고 생각해?" 레몽드는 대답했다. "아니. 너나 나나 결국 그걸 마시지는 못할 거야." 그녀는 퉁퉁 부은 다리와 부종으로 피를 흘리며 특수진료소로 갔고, 이내 죽었다. 투르 지역에서 온 열일곱 명 중 마지막 생존자 엘렌 푸르니에에게 레몽드는 말했다. "내 남편과 지젤에게 내가 결코 잊은 적이 없다고, 내가 살아남으려 노력했다고 전해줘."

다니엘과 함께 간호사로 일하면서 진료소에서 상대적으로 안락하게 지내고 있던 마이는 어느 날 아침 윗입술에 종기가 생긴 것을 발견했다. 종기는 점점 더 커졌고 번져나갔다. 티푸스 진단을 받은 마이는 곧 열이 펄펄 끓었고 혼수상태에 빠졌다가 며칠 뒤 생을 마감했다. 로맹빌에서 애타게 엄마를 찾으며 울던, 무리에서 가장 어렸던 로자도 얼마 지나지 않아 티푸스에 걸렸다. 아프고 약해진 로자는 다시 어린 아이가 되었고 엄마를 찾아달라며 애원하다가 얼마 후 죽었다. 이런 죽음들, 특히 다른 여성들에게 충실했으며 격려를 아끼지 않았던 마이 그리고 모두가 딸처럼 아꼈던 로자와 같은 이들의 죽음은 남아 있는 생존자들이 감당하기에 너무나 끔찍한 일이었다.

어린 소녀들은 나이 든 여성들보다 오히려 회복력이 부족한 듯했다. 소녀들은 신체적으로 강하고 유능했지만 정신적으로는 더 약했고, 그러므로 더 취약했다. 스무 살이었던 앙드레 타미제는 흉부 감염은 다 나았지만 이질로 이미 약해져 있었다. 그럼에도 앙드레는 언니인 질베르트와 떨어져 있지 않으려 절박하게 노력했다. 그녀는 질베르트의 도움을 받아 끌려가다시피 습지에 갔다. 앙드레는 하루하루 숨쉬기가 조금씩 더 어려워짐을 느꼈다. 마침내 어느 날 아침, 앙드레는 질베르트에게 말했다. "더 이상 언니를 따라가지 못할 것 같아." 다른 여성들이 작업을 하러 떠나자, 그녀는 진료소에 들어가려고 줄을 선 여성들 틈에 끼어들려고 했다. 간수가 그녀를 발견하고 밀쳐버렸다. 앙드레는 다시 침상으로 기어들어와 숨었지만 카포가 그녀를 발견했고, 그녀를 밖으로 끌어내 마구 구타했다. 작업을 마치고 돌아온 질베르트는 진흙범벅의 멍투성이가 되어 반쯤 의식이 없는 여동생을 발견했다. 앙드레는 그날 밤 죽었다. 동이 트기 전에 질베르트는 동생의 시체를 밖으로 옮겼고 벽에 부드럽게 기대놓았다.

다음은 루앙에서 제르멘 피캉과 친구로 지냈던 클로딘 계랭의 차례였다. 비르케나우에서도 클로딘은 계속해서 의기가 충만하고 건강했으며, 다른 이들을 웃게 만들었다. 어느 날 그녀는 친하게 지냈던 제르멘 피캉을 만나러 갔다. 클로딘은 줄무늬 겉옷 안에 '캐나다'에 있는 누군가로부터 받은 실크 크레이프 원피스를 입고 있었는데, 어찌나 화사해 보이던지 제르멘이 알아보지 못할 정도였다. 그녀는 제르멘에게 말했다. "날 안아줘." 그날은 일요일이어서 제르멘은 그녀를 야외로 데리고 나가 신선한 공기와 햇살 아래 앉아 있었다. 며칠 뒤 클로딘은 들판에서 개구리 한 마리를 발견했고 그것을 제르멘과 함께 나누겠다고 고집했다.

얼마 뒤 소독하는 날이 되자 숙소에 있던 여자들은 모두 밖으로 쫓겨나 요를 터는 동안 발가벗은 채 밖에 서 있어야 했다. 여성들이 다시 숙소로 들어갔을 때 우연찮게 클로딘은 다른 프랑스인 친구들과 떨어지게 되었고, 다만 그들은 클로딘이 자그만 목소리로 끊임없이 "엄마, 엄마"라고 부르는 소리를 들었다. 그녀는 열여덟 번째 생일을 며칠 앞두고 죽었다.

여성들이 겪었던 일을 통틀어 가장 사기가 저하되고 타격을 입었던 일은 다니엘 카사노바가 티푸스에 걸렸을 때였다. 그녀가 매우 유능한 치과의사라는 것을 알고 있던 SS가 그녀에게 주사를 놔주고 레몬과 차를 주었지만 때는 늦었다. 다니엘도 죽었다. 샤를로트는 정원 작업반 가운데 한 명이 라일락 한 다발을 유리병에 꽂아 그녀의 침상에 가져다두고, 그녀의 손에 꽃가지를 쥐여둔 것을 보았다. 오랜만에 보는 건강한 사람의 시체였고 죽은 상태에서도 아름다웠다. 여성들은 프랑스로 살아 돌아가 자신들의 이야기를 전해줄 거라 여겼던 유일한 인물인 다니엘이 죽자 비통해했다. 그녀가 그토록 소중하게 돌보던 결혼반지들도 어디론가 사라지고 없었다. 다니엘과 유독 가까웠던 마리클로드는 슬픔에 휩싸였다.

비르케나우에 도착한 지 두 달 반이 지났을 무렵, 살아남은 프랑스 여성의 수는 80명으로 줄어들었다. 죽은 150명은 티푸스나 폐렴, 이질에 걸리거나 개에 물리고 구타당해, 또는 동상과 괴저에 걸려, 혹은 제대로 먹거나 자지 못해 죽었다. 몇몇은 가스실로 보내졌다. 너무나도 불결하고 춥고 위험했기 때문에 비르케나우의 거의 모든 것이 그들의 생명을 위협했다. 그럼에도 여전히 살아 있는 이는 더 강한 여성들이었다. 그들은 나이가 너무 많거나 어리지 않았고 새로운 세계의 질서 속에서도 굳건히 신념을 유지하고 있었으며, 어떤 때에는 그냥 단순히 운이 좋았던 탓에 살아남았다. 그러나 다른 이들의 도움이 없었다면 더 많은 수가 이미 죽었으리라는 점을 모두가 알고 있었다. 일요일이면 하늘이 파랗게 보이는 시간 즈음에 휴식시간이 주어졌다. 샤를로트는 지난 봄 일요일마다 센 강의 밤나무 아래를 걷던 기억을 떠올렸다. 그리고 이렇게 생각했다. "우리 중 누구도 이곳에서 살아 돌아가지 못할 거야."

12장

나 자신을 유지하기,
그리고 살아 있기

1943년 늦은 봄, 눈이 녹기 시작하고 철조망 너머의 초원이 초록빛으로 변했다. 노란 미나리아재비가 피어나고 벚나무가 하얀 꽃들로 물든 이때 아우슈비츠의 활동 또한 최고조에 이르렀다. 매일같이 프랑스, 독일, 네덜란드, 벨라루스의 프루자니, 체코의 테레지엔슈타트*와 폴란드의 자모시치의 게토에서 온 기차들이 수용소에 도착했다. 새로 도착한 이들은 열에 한 명꼴로 작업조로 뽑혀 갔고, 나머지는 가스실로 직행했다. 폴란드에서 온 1750명의 아이들도 도착하자마자 전원 가스실로 보내졌다. 눈이 녹기 이틀 전 도착한 그 아이들은 모두 열 살 미만이었다. 새로 지어진 화장터는 밤낮으로 돌아갔고, 화염은 어둑한 하늘에 대조되어 더욱 밝고 또렷하게 보였다. 베를린에서 온 SS의

---

* 테레지엔슈타트(Theresienstadt)는 체코 테레진의 요새를 이용해 세운 유대인 강제수용소다. 이곳으로 이송된 유태인 약 14만 4000명 중 1만 9000명만이 생존했다.

고위급 관리와 토프앤선즈 사의 감독관이 비르케나우에 공식 시찰을 나왔고, 시체 소각장이 효율적이라고 결론지었다.

서른 동의 숙소와 광막하게 비어 있던 격납고는 유대인들이 가져온 소지품으로 넘칠 듯이 찼다. 이들은 동쪽에서 새로운 삶을 꾸리기 위해 필요한 모든 것, 금과 귀금속뿐 아니라 전문적인 장비, 의약품, 모피코트, 여분의 옷, 비타민과 유모차까지 전부 챙겨오라고 독려받았다. 이들을 싣고 아우슈비츠에 도착한 기차는 그들에게서 빼앗은 물건을 가득 싣고 독일로 되돌아갔고, 약탈품은 제3제국 전체에 정교하게 퍼져 있는 조직으로 보내졌다.

아우슈비츠는 이제 제3제국을 통틀어 가장 큰 강제수용소이자 절멸의 수용소로, 넓고 복잡한 사무실, 창고, 작업장, 식당 들을 비롯해 3000명가량의 SS 대원이 거주하는 주택을 갖춘 복합단지가 되었다. 아우슈비츠에서 조금 떨어진 곳에 자리 잡은 서른아홉 개의 위성 수용소는 탱크, 화물차, 비행기, 대공포뿐 아니라 합성고무, 탄약, 시멘트와 군복을 저장해두는 곳으로 변모했다. SS는 IG파벤 사 또는 지멘스 사에 파견된 모든 노동자에게 하루에 마르크 세 개를 부여했다. 전문가, 숙련된 전기기술자 또는 용접공에게는 다섯 개의 마르크가 주어졌다. 만약 노동자들이 그들에게 할당된 1200킬로칼로리 또는 그보다 더 적은 열량으로 생산성을 올리지 못하면 비르케나우의 가스실로 보내졌다. 고용주들은 때때로 SS가 남자나 여자가 아닌 해골들을 보낸다고 불평하곤 했다.

살아남은 80명의 프랑스 여성들은 — 대다수는 지극히 허약했다 — 이제 자신이 여태까지 생존할 수 있었던 것은 전적으로 운이 좋았거나 그들이 계속해서 '조직'하고 적응하려고 노력했기 때문이라는 점을 분명하게 깨달았다. 명령에 너무 늦게 반응했다는 이유로 구타당하지 않기 위해 그들은 독일어를 비롯해 수용소에서 사용되는 조잡한 은어들을 필사적으로 익히려 했다. 수프가 든 냄비가 도착하면, 그들은 먼저 나서길 꺼렸다. 고기 부스러기와 야채들이 가라앉아 있는 냄비 바닥에서부터 퍼 올린 수프를 먹기 위해서였다. 그들은 또한 여분의 빵을 주는 대가로 울 스타킹 한 벌이나 상태가 괜찮은 신발을 훔쳐내올 가능성이 있는 '캐나다'에서 일하는 이들을 친구로 포섭하기 시작했다. 남은 이들은 친구들과 떨어져 있지 않고 함께 뭉쳐 서로가 서로를 보호해줄 수 있어야 한다는 것을 몸으로 배웠다.

여성으로서 그들이 가진 특별한 기술 덕분에 그들은 남성 수감자들보다 덜 취약했다. 다른 사람들을 보살피는 데 익숙하다는 것, 그리고 현실적인 사고에 익숙하다는 점은 가혹한 조건과 절망 속에서 그녀들을 보호해주었다. 적응은 필수였고, 체념은 치명적이었다. 여성들은 삶이란 것은 어때야 한다는 식의 꿈을 포기하지 못하는 것과 현실에 대처할 수 없는 무능력이 사람을 거의 죽은 것에 가깝도록 무감각하게 살아 있는 '무슬림' 상태로 이끌 수 있음을 절감했다. 여성들은 눈이나 얼음이 얼어붙은 시냇물로 얼굴을 씻거나 몸을 깨끗이 유지하기 위해 최선을 다했다. 그런 노력이 그들을 더 건강하게 만들어줄 뿐 아니라 인간으로서의 존엄성을 지킬 수 있게 한다고 믿었기 때문이다. 그녀들은 온 마음을 다해 열렬히 살기를, 이 전쟁에서 살아남기를 원했다. 그래서 온 세상에 자신들이 겪은 일과 목격한 일을 정확하게 묘사할 수 있기를 바랐다.

제르멘 피캉이 늪지에서 죽은 까마귀를 찾아냈을 때, 그래 봐야 나 눠먹기에는 고작 한입거리에 지나지 않았는데도 여성들은 성취감을 느꼈다. 샤를로트는 그녀대로 살아 있기 위해, 나 자신을 유지하기 위해 혼잣말로 시와 연극들을 암송하고 자신이 마치 다른 곳에 와 있다고 가정하면서 극도의 추위와 피로감에 맞서 싸웠다. 그런 노력이 그녀의 주변에서 일어나는 일들을 완전히 없애주지는 못했지만, 미약하나마 공포를 넘어선 승리감을 느낄 수 있게 해주었다.

그런 노력이 무색하게도 4월이 되자 대부분의 여성들은 마음속에서 살아남아 전쟁의 끝을 볼 수 있을 거라는 믿음을 지워나가기 시작했다. 비르케나우 여성 수용소의 상황은 이미 아우슈비츠 복합단지의 어느 곳보다 나빴다. 인구가 과잉 밀집해 있고 물이 귀한 그곳의 상황은 점점 더 악화되고 있었다. SS와 카포들이 시도 때도 없이 휘두르는, 가늠하기 힘든 잔인한 행위들을 계속 피할 수 있을 거라고 자신하는 사람은 거의 없었다. 시체들은 하얗고 통통하게 살찐 이로 뒤덮였다. 사람들은 하나둘씩 지쳐 주저앉았다. 늪지에서 기나긴 낮을 보낸 뒤 걸어 돌아오면서, 그토록 강하고 천성적으로 긍정적이었던 세실마저 자신이 한계에 도달했으며 어떤 희망도 없다는 생각만 머릿속에 맴돌 정도였다.

그러나 바로 그때, 전혀 기대하지 못한 일이 일어났다. 삶과 죽음을 가르던 궁극의 심판자인 운명이 자세를 바꾼 것이다.

✢

우크라이나와 벨라루스에서 독일군은 고무민들레 — 중앙아시에서 나는 민들레로, 뿌리와 즙에 라텍스 성분을 포함하고 있어 러시아군은 이 식물에서 고무를 추출했다 — 가 자라나는 들판을 보았다. 고무가 절박하게 필요했던 독일군은 아우슈비츠의 습지에서 고무민들레를 경작할 수 있을 거라고 생각했다. IG파벤 사의 후원을 받아, 농학 박사학위를 소유한 SS 중령 요아힘 케자르가 연구소 운영자로 지명되었다.

처음 그의 밑에서 일하게 된 사람들은 비르케나우에서 온 폴란드 여자들이었다. 그러나 3월이 되자 수용소의 행정 사무소에서 일하는 덕에 새로운 소식을 자주 접하던 마리클로드에게 케자르가 생물학자를 찾고 있다는 이야기가 들려왔고, 화학자였던 마리엘리자 노르드만과 마들렌 드샤바신이 자원했다. 당시 마리엘리자는 폐렴으로 열이 심해 거의 일어설 수도 없는 상황이었지만 간호사가 90퍼센트 알코올과 약간의 커피를 섞어 열을 내리는 데 즉각적인 효과가 있는 약을 제조해주어 의료검진 직전에 간신히 회복했다. 마리엘리자와 마들렌처럼 과학 전문가라고 주장한 프랑스 여성 열다섯 명이 라스코 수용소*의 실험기지로 출발했다. 이들 가운데 세실, 샤를로트, 제르멘 피캉, 룰루와 카르멘이 있었다. 나중에 룰루는 사실 자신은 감자와 당근도 제대로 구별할 줄 몰랐다고 말했다.

이제 겨우 티푸스에서 회복된 엘렌 솔로몽은 단순한 감기였다는

---

* 1943년 6월 오시비앵침 근처의 라스코(Raisko)에 세워진 수용소로, 약 300명의 여성이 수용되어 있었고, 대부분은 농업노동을 배정받았다.

의사의 확진을 받아낸 후에야 간신히 무리에 합류할 수 있었다. 티푸스를 앓고 있던 비바는 진료소에서 간신히 목숨을 부지하고 있었다.

오래된 학교 건물을 이용해 세운 라스코 수용소에는 들판과 온실이 많이 있었고 비르케나우와 3킬로미터가량 떨어져 있었다. 철조망으로 둘러싸여 있기는 이곳도 매한가지였지만 철조망에 전기는 흐르지 않았고, 총을 들고 감시하는 SS도 없었다. 케자르는 SS를 두려워했을 뿐 아니라 얼마 전에 티푸스로 아내를 잃은 터라 전염병에 감염될까 봐 두려워했기 때문에 자신 밑에서 일하는 여성들은 깨끗하고 건강해야 한다고 주장했다. 거의 석 달간 오물 더미 속에 살았던 프랑스 여성들은 샤워를 하고 깨끗한 새 블라우스와 신발다운 가죽신을 받자 믿을 수 없어 했다. 비록 음식은 전과 같았지만 수프는 좀 더 진했고, 그곳에는 SS를 위해 키우고 있는 채소들을 주변의 들판에서 몰래 가져오는 등 물자를 '조직'할 수 있는 가능성이 무궁무진했다.

그들이 거주할 새로운 막사가 지어질 때까지 여성들은 매일 밤 비르케나우로 돌아가야 했다. 수용소는 여전히 얼음덩어리 천지였고, 달이 빛날 때면 서리로 뒤덮인 철조망이 반짝였다. 미끄러지지 않으려 조심하면서 서로를 붙잡은 채 그들은 고요하고 정지된 세계를 가로질러 걸었다. 얼마 후 그들은 라스코의 숙소로 옮겨 갔다. 그곳에서 여성들이 각자 지푸라기 요를 깐 침상을 하나씩 받았다. 그곳에서는 온수로 샤워를 할 수도 있었다. 친구들을 그렇게나 많이 죽였던 점호는 아침저녁으로 몇 분 이상 걸리지 않는 정도로 대폭 축소되었다. 벼룩도 훨씬 덜했다. 시저는 수하로 부리는 여자들을 괴롭히는 일보다는 자신을 동부전선으로 파견되지 못하게 막아줄 실험결과를 얻는 데에 더욱 관심을 쏟았다. 그는 과학자인 여성 수감자들을 거의 동료처럼 대하기도 했다. 이곳에서 여성들은 가벼운 병에 걸려도 라스코 진료소 명부에 적은 뒤 쉴 수 있었다. 날씨가 점점 더 따뜻해지자 SS 가운데 한 명은 양심에 따라 멀리 떨어진 곳에서 감시하면서, 여성들이 호수에서 목욕을 하고 옷을 빨도록 해주었다. 그는 자신이 빨리 아우슈비츠에서 멀리 떨어진 곳으로 파견되지 않는다면 자살하고 말 거라고 여성들에게 말하곤 했다.

일은 그리 고되지 않았다. 그들 가운데 좀 더 기술이 있는 사람들, 예를 들어 마리엘리자와 마들렌 같은 이들은 루트 바이만이라는 젊은 독일인 화학자 밑에서 일하게 되었다. 이들은 연구실에서 시간을 쪼개 바이만의 박사논문에 필요한 실험을 도왔고, 실험결과가 긍정적으로 나오는 데 기여해 라스코의 존재가 연장되게 했다. 다른 여성들은 고무민들레 들판에서 일을 했고, 식물들을 분류하거나 실험을 보조했다. 이따금씩은 티푸스로 죽은 SS들의 장례식 화환을 만들라는 명령을 받기도 했다.

라스코에 도착하자마자 마리엘리자는 전쟁 전에 알고 지내던 친구이자 동료인 클로데트 블로크를 만날 수 있었다. 블로크는 마리엘리자에게 45000번 기차로 이곳에 온 프랑스 남성 수감자 가운데 몇 명이 라스코에서 정원사로 일하고 있다고 일러주었다. 비르케나우에서처럼 남성들은 새로운 소식들을 알아냈고, 심지어 신문을 손에 넣기도 했다. 그들은 신문을 안전한 곳에 잘 숨겨달라며 여성들에게 넘겼다. '캐나다'에서 가져온 지도책을 이용하거나 연구실 위 다락에 숨겨둔 신문을 통해 마리엘리자와 샤를로트를 포함한 다른 여성들은 동부전선에서 나치가 패전하고 있음을 알게 되었다.

얼마 후 케자르는 루트 바이만과 결혼했다. 여성들에게는 신랑신부를 위해 그다지 멀지 않은 곳에서 SS들을 위해 기르는 거위와 오리에게서 깃털을 모아다가 이불을 만들라는 지시가 떨어졌다. 그들은 더 날카로운 꽁지깃을 얻을 수 있다는 데서 큰 기쁨을 느꼈다. 음식과 온기는 삶에 새로운 재미를 가져왔다. 매 시간 생존만을 생각하며 움츠러들었던 이들은 다시금 오락거리를 찾았다. 그들은 러시아인 정원사들과 양배추, 감자, 콩 등을 협상하는 데 도가 튼 폴란드 여성들을 본떠 물물교환을 하기 시작했다. 여성들은 배급받는 빵을 아껴두었다가 설탕 한 줌, 국수 한 봉지, 심지어 바늘과 실 또는 펜과 맞바꿀 수 있었다. 여성들은 친구들이 서서히 삶을 되찾는 것을 보았다. 피폐해져 해골처럼 보이던 모습이 나아지고 다시금 웃기 시작하는 친구들을 보는 것은 모두에게 큰 기쁨이었다. 어느 날, SS가 와서 여성들의 막사에 있던 모든 것을 압수해갔다. 여자들은 모두 함께 모여 나지막한 목소리로 숨죽여 라마르세예즈를 불렀고, 다음날 잃어버린 물건들을 되찾는 일에 착수했다.

몇몇 프랑스 여성이 일하고 있는 근처의 위생 연구소가 좀 더 정교한 장비를 갖추고 있고, 라텍스 샘플들을 원심분리할 필요가 있다는 구실을 들며 마리엘리자와 엘렌은 헐렁한 속바지 안에 토마토를 숨겨가서 잼 혹은 혈액과 맞바꾸었다. 혈액은 나중에 만들 소시지에 넣어 먹기 위한 것이었다. 이런 거래는 모두에게 엄금되어 있어 매우 위험했지만, 그랬기 때문에 오히려 여성들은 자신이 아무런 힘도 없는 것은 아니라는 느낌을 받았다. 이러한 느낌은 그들에게 자그마한 사보타주 행동들, 예를 들어 증식시킬 뿌리를 고를 때 일부러 약한 뿌리를 고른 다거나 여러 개의 식물 다발들을 뒤섞어놓는다거나 식물성장을 저해 하는 화학물질을 뿌린다거나 하는 일들을 해내는 데 영감을 주었다.

여성들은 점차 도둑질에 능숙해졌다. 라스코에서 SS를 위해 요리사 로 일하던 샤를로트 데콕은 손에 닿는 것은 무엇이든 빼돌렸다. 와인, 밀가루, 달걀, 절인 돼지고기 등등. 비록 나중에 가서 돼지고기 단지를 없애버리기가 거의 불가능하다는 사실을 깨닫기는 했지만 말이다. 샤 를로트 데콕은 비르케나우에서 지낸 몇 달간 밝고 긍정적인 성격을 유지한 몇 안 되는 여성 중 하나였다. 모두가 그녀를 사랑했고, 그녀의 존재로부터 위안을 얻었다.

저녁이면 여성들은 침상에 앉아 바느질을 하거나 그림을 그렸으며, 심지어 수를 놓으면서 어떻게 하면 빨간 순무가 든 러시아식 보르시 치 수프를 만들 수 있을지 논의했고, 크림만 약간 얻을 수 있다면 그 수프가 맛이 훨씬 더 좋아질 거라는 이야기를 나눴다. 제르멘 피캉이 양파를 몰래 빼내 비르케나우에 있는 친구들에게 보내려다 붙잡혀서 처벌로 도로 비르케나우로 보내지지만 않았더라면, 그들은 더욱 대담 해졌을지도 모른다. 비록 케자르가 여성들에게 그들의 환경을 향상시 키기 위해서 할 수 있는 것들을 하라고 격려했고 심지어 선글라스를 낀 채 들판에서 일하는 여성들을 발견해도 그들을 처벌하거나 괴롭히 지 않았지만, 그렇다고 해서 그가 수감자들을 구해주거나 한 것은 아 니었다. 릴리라는 소녀의 약혼자였으며 정원사로 일하는 한 남자 수감 자는 다음과 같이 적은 쪽지를 들켜 총살당했다. "우리는 생명과 활력 으로 가득한 나무들, 성장하고 살아가길 원하는 나무들과 같다. 그런

데 나는 이 식물들이 살아가기 위해 존재하는 것 같지가 않다는 생각을 지울 수 없다."

라스코에도 SS가 있다는 것은 변함없는 사실이었고 그들의 존재는 위협적이었다. 잘려나간 여성들의 머리카락은 다시 자라났고 즉시 도로 깎이지는 않았기 때문에, 마리엘리자의 머리카락은 매우 곱슬곱슬하게 자라기 시작했다. 의심스러운 눈초리로 그녀를 바라보던 SS 가운데 한 명은 그녀에게 매우 유대인처럼 보인다고 말하기도 했다. 하지만 아무도 그녀에게 가혹한 처분을 내리지는 않았다.

여성들을 괴롭혔던 SS 가운데 한 명은 이르마 그레제였다. 그녀는 농부의 딸로 열여덟에 SS에 입대한 뒤 열아홉에 아우슈비츠로 왔다. 그레제는 한 손에 채찍을 들고 비싼 향수 냄새를 강하게 풍기며 수용소 안을 이리저리 걸어다녔다. 그녀는 푸르고 순진하게 큰 눈과 천사 같은 얼굴에 특출나게 예쁜 소녀였는데, 언젠가는 스타 영화배우가 되겠다는 꿈을 꾸고 있었다.

✝

갑작스러운 운명의 전환으로 비르케나우에 남겨진 여성들의 처지 또한 더 나아졌다.

늦은 봄 어느 날, 티푸스 회복 차 진료소에 있던 마리클로드는 한 SS 대원과 폴란드 의사 간의 대화를 엿듣게 되었다. 의사는 SS에게 프랑스 여성들이 폴란드의 기후를 잘 견디지 못한다고 말하고 있었다. 정말로 그들은 '마치 하루살이처럼' 죽어가고 있었다. 그는 여성들을 모두 라벤스브뤼크로 이송시킬 것처럼 말했다. 그런 일이 실제로 일어나지는 않았지만, 수용소 당국이 어떤 방식으로든 유대인이 아닌 프랑스 수감자들에 관해 신경 쓰고 있다는 것은 분명해 보였다.

4월이 저물어갈 무렵, 프랑스 지하조직에서 기거하고 있던 파리 공산당 전 시의원 에마뉘엘 플뢰리는 동료 레지스탕스 멤버들이 전달해준 전보를 한 장 받았다. 전보는 그의 아내 마리테레즈가 '아우슈비츠 병원'에서 심장병으로 사망했음을 알리는 것이었다. 전보의 주소지는 아내의 부모 앞이었다. 이런 '사망 통지서'는 그로테스크한 아우슈비츠 관료제의 일부였다. 이론적으로는 각각의 진료소의 담당 비서가 모든 시체에 새겨져 있는 번호를 기록하고, 가족들에게 통지할 사망원인을 적어야 했다. 그러나 실제로는 시신에서 문신으로 새겨져 있는 번호 부근을 쥐가 갉아먹는 경우가 많았기 때문에 기록에서 누락되는 경우가 허다했다.

프랑스 연방우편국의 사무보조로 일했던 마리테레즈는 체포되어 로맹빌로 보내지기 전까지 남편과 함께 적극적으로 레지스탕스에서 활동했다. 전보가 도착하던 순간까지, 프랑스에 있던 어느 누구도 1943년 1월 24일 콩피에뉴에서 떠난 230명의 여성들의 운명에 대해 알지 못했다. 그녀들이 나무로 된 가축트럭 틈새로 던진 쪽지를 선로에서 작업 중이던 철도노동자가 발견해 가족에게 보내면서 동쪽에 있다는 노동수용소에 대한 루머가 돌기는 했다. 그러나 여성들의 행방을 둘러싼 끔찍한 침묵은 역설적으로 '밤과 안개' 작전의 위력이 대단했음을 증명해주었다.

독일당국이 실수로 발송한 마리테레즈에 관한 전보는 런던에 머물던 프랑스 레지스탕스들에게 물꼬를 터주었으며, 이 소식은 프랑스어로 방송되는 BBC 정규방송을 통해 알려졌다. 질문들이 쏟아져 나오기 시작했다. 정말 그 여성들은 모두 어디로 갔는가? 그들 중 얼마나 많은 수가 죽었는가? 플뢰리 부인은 '아우슈비츠 병원'에서 무엇을 하고 있었는가? 도대체 아우슈비츠가 뭔가?

1943년 봄까지 이미 많은 사람들이 점령지 폴란드에 세워진 강제수용소에 관해 글을 쓰고 이야기해왔다. 사실상 1942년 1월 반제회의(Wannsee Conference)에서 유럽 유대인 문제의 최종 해결과 대량학살 집결지에 관한 나치의 계획들을 둘러싸고 이야기가 불거졌다. 탈옥에 성공한 수감자, 사업가, 여행가, 노동자, 성직자, 유대인 조직 들이 전하는 정보를 바탕으로 한 보고서들이 속속 연합정부로, 바티칸으로, 제네바에 있는 국제적십자위원회로 도착하기 시작했다. 그런데도 1942년 10월에 국제적십자위원회는 공식 발표에 부정적이었다. 이것이 전쟁포로들을 더욱 위험에 빠뜨릴 것이며 '목적을 다하지 못할 것'이라는 게 이유였다. 그러나 같은 해 12월에 다시 의문이 제기되었고, 런던과 워싱턴에서 강제수용소의 존재에 대해 공식으로 문제를 제기했다. 그러나 군사적 행동은 고려되지 않았고 전쟁을 끝내는 방향으로 모든 자원이 투입되어야 한다는 견해가 지배적이었다. 아우슈비츠 부근의 공장들에 폭탄을 투하하는 폭격기들은 철도 또는 철도가 이어진 수용소 쪽으로 방향을 바꾸지 않았다.

연합군 사령관들에게 전달된 공포와 경고의 메시지에 따르면 사람들을 가스실로 끌고 가는 죽음의 수용소의 중심지는 대개 소비보르나 베우제츠 및 트레블링카로 지목되었다. 비르케나우 가스실에 대한 연합군의 보고서에서도 아우슈비츠는 주요 장소로 거론되지 않았다. 막대한 산업 복합단지에다 위성 공장을 갖춘 수용소의 규모와 특성이 거기에 숨겨진 치명적인 의도를 가렸을 수도 있다. 아우슈비츠는 노예노동의 장소이지 대량살육을 위한 곳은 아니라는 것이었다. 드랑시에서 기차에 오른 유대인들은 계속해서 '폴란드의 어딘가, 알려지지 않은 목적지'로 향하고 있다는 이야기를 들었다.

마리테레즈를 비롯해 31000번 기차에 올랐던 230명의 프랑스인 어머니, 아내, 자매, 딸의 가족들은 이제 새로운 소식을 얻기 위해 그들이 살고 있던 지역의 성당과 적십자를 찾아가고 비시정부와 접촉하기 시작했다. 소식을 문의했던 몇몇 가족은 직접 게슈타포의 사무실로 찾아가기도 했다. 푸페트와 마리 알리종의 가족이 보내온 한 통의 편지에는 알리종 부인이 두 딸의 생사와 행방을 알 수 없어 '절망으로 억장이 무너져' 사망했다고 적혀 있었다. 하나둘씩 '사망통지서'가 아우슈비츠에서 프랑스로 도착하기 시작했다. 보르도와 지롱드 출신 여성 열아홉 명의 사망 소식에 경찰청은 그들이 '열악한 위생 및 영양 상태 때문에' 사망했다고 발표했다. 그러나 진실은 다소 달랐다. 아맹트 기용은 2월 10일의 '죽음의 경주' 때문에 사망했고, 엘리자베스 뒤페롱과 아네트 에포는 가스실로 보내졌으며, 스무 살의 오로르 피카는 갈증으로, 스물한 살의 앙드레 타미제는 구타당해 사망했다. 그들은 모두 합해 여섯 명의 아이를 남겼고, 가장 어렸던 엘리자베스의 딸은 이제 고작 다섯 살이었다.

레지스탕스 국민전선은 프랑스에서 찾아낼 수 있는 사실을 모두 종합해, 기차에 타고 있던 다니엘 카사노바, 마리엘리자 노르드만과 다른 여성 몇몇의 이름을 적어 이들이 지금 실종 상태에 있다는 광고를 냈다. 가스실을 이용한 대량학살에 관한 보고서들이 돌았다. 런던에 머물던 프랑스 특파원 페르낭 그르니에는 '프랑스 젊은 여성 살인사건'을 취재해 8월 17일에 꽤 긴 분량으로 보도했다. 살해된 여성들 가운데 스물여섯 명은 레지스탕스 투사들의 미망인이었다. 방송은 페탱과 비시정부가 그들의 죽음에 책임을 져야 한다고 주장했다.

그는 마이 폴리처, 엘렌 솔로몽과 마리클로드에 관해 말했고 아우슈비츠에 대해 전반적으로 정확하게 묘사했다. 그러나 그는 수도꼭지 하나당 배정된 여성들의 수가 5000명이라는 사실을 믿을 수가 없어서 500명으로 정정했다. "이 침묵을 반드시 깨야 한다"고 그는 마무리지었다. BBC 해외 지부들도 잇달아 그르니에의 취재를 보도했고, 이것은 다시 영국과 미국의 신문에 게재되었다. 사망자 가운데 다니엘이 있다는 이야기를 들은 한 무리의 파리 여성들은 페탱에게 공개서한을 보냈다. "우리는 진실한 프랑스 여성들의 죽음에 대한 책임을 당신에게 묻는다."

프랑스, 폴란드, 독일의 기록보관소 그 어디에서도, 혹은 아우슈비츠에서 나온 기록에서도 그다음에 무슨 일이 일어났는지 밝혀주는 서류는 더 이상 발견되지 않았다. 전쟁범죄에 연루되어 유죄로 밝혀진 이들은 모두 결국 '혹독한 처벌'을 받게 될 것이라고 발표한 미국, 소련, 영국 때문이었을까. 아니면 독일이 패할 경우, 인간성에 반하는 범죄들에 대해 자신이 책임을 지게 될 것이 분명하다는 사실을 히틀러가 더 이상 무시할 수 없게 된 탓일까. 혹은 이제 여성들을 구금한 장소가 더 이상 비밀이 아니게 되어 '밤과 안개' 정책의 공포가 작동하지 않게 되자 더 이상 프랑스 레지스탕스들을 죽이지 말라는 명령이 베를린에서부터 내려온 것일까. 이유가 무엇이었든 간에, 갑작스레 마리클로드가 수용소 내의 게슈타포 사무실로 호출되었다. 겁에 질린 그녀는 그곳에서 처벌을 받을 거라고 예상했다. 그러나 평소 가스실 처형에 참석하길 좋아한다고 알려져 있던 SS 남성 대원 슐츠는 그녀에게 국제적십자위원회가 그녀에 관해 문의를 해왔다고 알려주고는 가족에게 편지 한 통을 쓰게 했다. 편지는 열다섯 줄 미만이어야 했고, 독일어로 써야 했으며, 처한 환경에 대한 어떤 비판도 담겨서는 안 되었다. 그녀뿐 아니라 살아남은 프랑스 여성들과 45000번 기차의 남성 생존자들은 모두 누군가가 독일어로 편지를 번역한다는 조건으로 가족들에게 편지를 쓸 수 있게 되었으며 소포도 받을 수 있게 되었다.

게다가 여성들은 25동을 벗어나 수용소 담 바깥에 있던 검역소로 이송되었다. 이제 더 이상 공장이나 늪지에서의 작업도 없었고, 새벽이나 어스름 무렵에 몇 시간씩 계속되었던 점호도 사라졌다.

라스코로 떠난 무리를 제외하고 31000번 기차로 비르케나우에 온 여성들 가운데 살아남은 인원은 이제 서른일곱 명으로 줄어 있었다. 이들은 대부분 자신이 거의 죽음에 다다라 있다는 사실을 잘 알고 있었다. 엘렌 볼로는 몸무게가 겨우 32킬로그램이었고, 설사가 멎지 않아 힘겨워하며 더러운 담요를 두른 채 몸을 질질 끌며 돌아다녔다. 시몬 상페는 끊임없이 찾아오는 질병을 떨치기 위해 노력하고 있었다. 그녀가 진료소에서 건강을 회복하고 있을 때 병자들을 수집해 가스실로 보내려는 화물차가 도착했고, SS의 손을 깨물어 도망친 시몬은 근처에서 도랑을 파던 여자들 틈으로 숨어들었다. 그녀가 스무 번째 생일을 맞던 날, 동료 수감자 둘은 그녀에게 비누 한 조각과 자그마한 향수 병이 담긴 작은 가방을 건네주었다.

✝

그러나 마리 알리종에게 검역소로의 이동은 이미 때늦은 일이었다. 초여름 내내, 끔찍한 굶주림과 음식에 대한 갈망에서 결코 벗어나지 못했던 마리는 점점 더 약해졌으며 이질에 걸려 탈진한 상태였다. 다리가 너무나 부어 잘 걷지도 못했다. 그녀는 슬픈 목소리로 푸페트에게 말했다. "기도가 충분치 않았나봐." 곧 그녀는 음식을 삼키지도 못하게 되었고, 목소리는 어린애처럼 변했으며 푸페트에게 매달렸다. 귀가 감염되자 마리는 진료소로 이송되었다. 푸페트가 마지막으로 본 마리는 입술이 검게 변한 채 더러운 시트 밑에서 발가벗은 채 누워 있었다. 그녀는 혼수상태에 빠져 있었고, 귀는 고름으로 가득 찼으며, 쥐가 물어뜯은 흔적이 있었다. 마리는 스물두 번째 생일이 지나고 며칠 지나지 않아 죽었다. 푸페트는 망연자실했다. 언제나 자신을 돌봐주던 언니가, 모두에게 그토록 잘해주던 언니가 더 이상 없다는 사실을 푸페트는 받아들일 수 없었다. 샤를로트는 팔을 둘러 그녀를 꼭 껴안아주었다. 마리클로드는 푸페트가 라스코로 이송되어 생물학자 팀에 합류할 수 있도록 손써주었다.

운명의 전환은 비바 네니에게도 너무 늦은 일이었다. 그녀와 특히 가깝게 지냈던 샤를로트는 비바가 치명적인 티푸스의 공격에서 회복하는 듯이 보여 안도하고 있던 차였다. 어느 날 샤를로트가 그녀를 만나러 진료소에 갔을 때, 비바는 거의 부자연스러울 만큼 좋아보였다. 비록 너무나 말라 어깨뼈가 불거질 정도였지만, 검고 굵은 곱슬머리가 다시 자라고 있었다. 둘은 비바의 아버지 피에트로 네니가 이탈리아 네투노에 상륙한 연합군의 소식을 들으면 얼마나 기뻐할지를 두고 이야기를 나눴다. 그러다 갑자기 비바는 샤를로트에게 자신이 곧 언니가 기다리고 있는 프랑스로 이송될 것이라고 했다. 티푸스의 환각이 시작된 것이었다. 비바는 곧 의식을 잃었고, 며칠 뒤 사망했다. 영원히 변하지 않을 유대감을 공유하며 너무나도 많은 일을 함께 겪어온 그들에게 친구의 죽음은 견디기 어려운 고통이었다.

키가 크고 당당한 프랑스 롱도, 기도할 때를 빼고는 중얼중얼 레시피를 외우며 스스로를 달랬던 31000번 기차의 몇 안 되는 독실한 기독교도였던 그녀에게도 이런 변화는 때늦은 일이었다. 그녀의 피부는 쇠약해진 몸 위로 탄력 없이 늘어졌다. 그러나 적어도 프랑스는 자신이 티푸스로 죽는 순간까지 어린 딸이 프랑스에서 비극적인 죽음을 맞았다는 소식을 알지 못했다.

✝

살아남은 여성들은 자신들의 운이 변화했다는 데 대단히 안도감을 느끼며 한두 가지 개인 소지품을 들고 철조망 밖에 있는 그들의 새 숙소를 향해 수백 야드를 걸어갔다. 후에 그들은 입을 모아 말했다. 그때 숙소를 이동하지 않았더라면, 그들 가운데 누구도 살아남지 못했을 거라고. 엘렌 푸르니에는 심하게 말라 걸을 때마다 살점이라곤 없는 허벅지 뼈가 맞부딪히는 느낌마저 들었다.

이제 여자들은 편지를 쓰기 시작했고, 프랑스에 있는 가족에게 자신들이 이곳에서 정말로 무슨 일을 겪고 있는지 전달하기 위해 역사적 사건을 활용하거나 암호를 만들어냈다. 마리클로드는 즉시 그들의 별명을 사용해 다니엘과 마이의 죽음을 알리는 소식을 보냈다. "호르텐스(다니엘)가 아버지 곁으로 가서(그녀의 아버지는 1937년에 돌아가셨다) 매우 슬퍼요. 불쌍한 어린 미미(이제 고아가 된 마이의 아들의 별명)에 대해서도 많이 생각해요." 그녀는 하데스와 단테의 지옥에 관해 쓰면서 자신에게 이것은 '마치 에우리디케*가 편지를 받는 것'과 같다고 적었다. 또한 그녀는 자신이 이를 두 개 잃었다는 것과 서른한 살의 나이에 벌써 흰 머리칼이 쉰 가닥쯤 났다고도 적었다.

베티는 이모에게 보내는 편지에 로제트(프랑스여성청년단 지부의 설립자인 블랑의 별명)가 호르텐스와 함께 떠나서 슬프지만, 푸메(마리클로드의 별명)의 건강이 좋다는 이야기를 전할 수 있어서 기쁘다고 적었다. 그녀는 또한 모니크(자신의 별명 중 하나)가 다른 학교로 전학을 간다는데, 그곳에서 좀 더 행복하게 지낼 수 있을 것 같아 기쁘다고 덧붙였다.

이본 누타리는 언니에게 편지를 써 자신보다 먼저 체포된 남편 로베르의 소식을 물었다. 누타리가 받은 답장은 수용소로 날아온 최초

---

* 그리스 신화에 따르면, 에우리디케가 뱀에 물려 죽자 남편 오르페우스는 저승으로 찾아가 죽음의 신 하데스에게 아내를 돌려달라고 애원한다. 그의 간청에 하데스는 에우리디케가 그의 뒤를 따라갈 것이라고 약속하면서, 대신 이승으로 나가기 전까지 절대로 뒤를 돌아보지 말라고 이른다. 그러나 오르페우스는 지상으로 통하는 출구 바로 앞에서 약속을 잊은 채 뒤를 돌아보았고, 그 탓에 에우리디케는 다시 저승으로 빨려 들어갔다.

의 편지 중 하나였다. 그러나 편지에는 '소식을 보낼 수가 없다'고 적혀 있었다. 그녀의 언니가 차마 적을 수 없었던 말은 로베르가 게슈타포에 의해 처형되었다는 것이었다. 이본은 어머니에게 보내는 편지에 "행복한 날들이 다시 피어날 거예요"라고 썼다가 이 문구가 나치 치하의 악몽이 견딜 수 없음을 암시한다는 이유로, 한 달간 징계를 받았다. 그녀는 새벽 4시에 작업을 위해 출발했다가 밤 10시가 넘어서야 돌아올 수 있었다. 친구들은 배급받은 자기 몫의 빵을 아껴두었다가 그녀에게 주었다.

이본의 경우를 거울삼아 다른 이들은 매우 온화한 어조로 편지를 썼다. 룰루가 쓴 편지는 모두 자신의 사랑을 아들 폴에게 보낸다거나, 그의 사진이나 소식을 물어보는 등 온통 아들에 관한 것뿐이었다. "온 마음을 다해 당신과 우리 폴에게 키스를 보내요. 폴이 더 이상 아기가 아니라는 걸 받아들이기가 너무나 힘들어요. 우리 아기와 함께 살지 못한 날들이 언제나 아쉬울 거예요." 폴이 얼마나 자랐는지, 무엇에 관해 이야기하는지, 무얼 가지고 노는지 그녀는 물었고, 아우슈비츠에 관해서는 한마디도 하지 않았다.

아우슈비츠에서 보낸 편지들이 속속 프랑스에 도착하기 시작했고 암호들은 대부분 해독되었다. 엘렌 볼로의 이모는 "이제부터 이모가 나의 작은 어머니예요"라고 적힌 편지를 받고서 에마가 죽었다는 것을 알아차렸다. 하지만 몇몇 암시는 모호하게 남아 있었다. 왜 여성들이 양파와 마늘을 찾는가? (괴혈병 회복에 좋았다.) '오제유 잎은 보내지 말라'는 세실의 말은 무슨 의미인가? 그것은 프랑스 속어로 돈을 의미했지만, 가족들에게는 '상추'로 번역되었다. 또한 암호로 수많은 '오븐 속의 사과'*를 묘사했을 때 가족들은 그것을 무엇으로 이해했을까?

가족들은 계속해서 정부에 불평을 쏟아냈고, 아라공은 다음과 같은 구절의 시를 적었다. "나는 당신에게 경의를 표하오. 수백의 얼굴을 한 프랑스의 마리아여." 소포들이 속속 아우슈비츠에 도착했다. 비록 여성들이 절박하게 필요로 했던 음식들은 결코 그들의 숙소로 전부 도달하지는 않았지만, 일단 약간의 음식이라도 여성들에게 전달된다면 그것은 세심하고도 정확하게 분배되었다. 엘렌 볼로의 이모는 오일, 초콜릿, 비스킷, 말린 자두, 설탕, 잼, 연어, 카술레 요리, 머스타드와 양파가 담긴 소포를 보내주었다. 오랫동안 맛보지 못했던 다양한 음식은 유달리 맛있었다. 처음으로 부모로부터 소포를 받았을 때 베티는 울음을 터뜨리고 말았다.

라스코에 있던 마리엘리자는 어느 날 꿀이 든 단지를 받았다. 소포에 담긴 내용물을 공유하기로 했을 때 모두가 동의한 것처럼 소포의 주인으로서 그녀는 단지의 바닥에 남아 있는 것을 핥아 먹을 수 있었다. 꿀단지를 핥던 마리엘리자는 단지 바닥에 작은 종잇조각이 붙어 있는 것을 발견했다. 그것은 그의 어린 아들 프랑수아의 사진이었다. 그것은 정말 믿지 못할 순간이었다. 바로 그 순간, 그녀는 자신이 살아서 집으로 돌아갈 거라고 느꼈다. 아들을 다시 봐야만 했기 때문이다. 사진은 여전히 금지되어 있어 발각되면 처벌을 받을 위험이 있었는데도, 그녀는 사진을 언제나 몸에 지니고 다닐 방법을 찾아냈다. 다른 여성들도 마리엘리자의 강렬한 기쁨에 함께 즐거워했다.

* 프랑스어로 사과를 뜻하는 'pomme'은 사람의 얼굴 또는 머리를 의미하기도 한다.

그러나 고향으로부터 온 소식들은 대체로 심란했다. 푸페트는 어머니가 사망한 후 아버지가 훨씬 나이 어린 여성과 사랑에 빠졌고 재혼할 생각이라는 소식을 접했다. 그전까지 알고 있던, 또 이해하고 있던 세계로부터 멀리 떨어진 채 그토록 오랫동안 고립된 후였기에 단지 바깥세상과 다시 접촉을 한다는 것, 그리고 거기에 다시 적응한다는 것은 그 자체로 매우 당황스럽고 힘겨운 일이었다. 고향과 소식을 주고받는 것은 저 바깥에는 사랑과 온기가 가득한 또 다른 세상이 있다는 것을 깨우쳐주고, 이곳에서 사람들이 무감각하게 변하는 것을 막아주었다는 점에서는 전혀 나쁜 일이 아니었다고 마리클로드는 말했다. 하지만 그것은 또한 여성들로 하여금 자신들이 바깥세상과 얼마나 멀리 떨어져 있는가를 깨닫게 해주었다고 그녀는 덧붙였다. 바깥은 완전히 다른 세상이었고, 이곳에서 그들은 전혀 다른 사람이 되어 있었다.

모든 것이 달라졌다는 생각을 모두가 이해했던 순간은 어느 날 갑자기 올가 멜랭이 비르케나우의 철도선에서 일하고 있던 남편의 모습을 보았을 때였다. 올가는 자신이 나르고 있던 커다란 수프통을 내려놓고는 남편에게 말을 건네기 위해 달려갔다. 엄청난 행운이 도운 덕에 다행히 SS에 들키지 않고 무사히 되돌아왔을 때, 올가는 남편이 전쟁 포로 수용소에서 탈옥을 시도하다가 아우슈비츠에 오게 되었다고 말했다. "이혼은 어떻게 되고?" 전쟁이 벌어질 무렵, 둘이 막 이혼하려고 결정했다는 것을 아는 다른 사람들이 물었다. "다시 합치려고요." 소아마비로 불구가 된 그녀의 아들은 지금 올가의 어머니와 함께 살고 있었다. 멜랭의 가족은 유대인들이 군사분계선을 넘어갈 수 있도록 돕곤 했다.

✝

비르케나우에서 또다른 운명의 전환점을 맞은 이가 있었다. 알자스에서 온 정신과 의사인 아델라이드 오트발은 유대인 가족을 함부로 대하는 독일 군인을 나무란 죄로 끌려왔다. 다소 엄격하고 과묵한 성격의 아델라이드는 다른 여자들과 가까이 지내는 데 별로 소질이 없었지만, 그녀는 아우슈비츠에서조차 자신이 가진 도덕적 명확성을 저버리지 않아 널리 존경받았다.

수용소에 도착한 지 오래지 않아 아델라이드는 독일인 진료소에서 의사로 일하게 되었다. 그곳은 '반사회적 인물'로 분류되는 독일인 범죄자들과 매춘부들이 병에 걸렸을 때 가는 곳이었다. 비록 다른 진료소 병동보다 좀 더 지원이 잘 되어 있었지만, 그곳 또한 대담하게도 여성 환자들을 공격하는 거대한 쥐떼의 위협을 받고 있었다. 진료소는 또 다른 종류의 지옥이었다. 그곳에는 비누도 깨끗한 시트도 없었으며, 물도 거의 없어서 곪은 상처와 염증은 잘 낫지 않았다.

아델라이드는 다른 프랑스 여성들을 돕기 위해 약과 음식을 훔치며 최선을 다했다. 그럼에도 구할 수 있는 것이라곤 고작해야 아스피린 몇 알뿐일 때도 적지 않았다. 전쟁 전 다니엘의 어린 동료였던 폴레트 프루니에르가 늑막염으로 진료소에 왔을 때, 그녀는 자신을 위해 체코인 의사가 훔쳐온 약간의 인슐린을 손에 넣을 수 있었다. 아델라이드는 끊임없이 누군가는 살리고, 누군가는 죽어가도록 내버려두는 결정을 해야 한다는 사실에 고통스러웠다. "환자는 수백 명인데 앰플은 하나뿐이다. 이 약을 어떻게 사용해야 할까? 누가 이 약을 받아야 하는가? 동전을 던져서?" 하루는 '캐나다'에서 일하는 남자 하나가 유대인을 가득 싣고 막 도착한 기차에서 내린 물품 더미에서 약상자 하나를 훔쳐 그녀에게 가져다주었다. 아델라이드는 약상자를 숨겨두고 비밀스럽게 약품을 가져다 썼다. 그러다 SS 의사에게 발각되었고 그에게 약을 모두 빼앗겼다. 아델라이드는 너무 화가 나 울어버렸다.

아델라이드의 엄격한 태도에 당황한 독일인 병동의 환자들은 그녀를 좋아하지 않았다. 만약 정의감이 남달랐던 전직 매춘부이자 구역장인 한 여성이 그녀를 보호해주지 않았더라면, 아델라이드는 그들에게 해코지를 당했을 것이다. 아델라이드가 티푸스를 앓을 동안 그녀를 돌봐준 것도 이 여자 구역장이었다. 고열이 계속되는 가운데 아델라이드는 한 남성이 시체 소각장 앞에 서서 그녀를 향해 삽을 치켜들고 '네가 어떻게 죽을지 보여주마'라고 외치는 꿈을 꾸었다. 아우슈비츠에 도착하고 두 달 반이 지났을 무렵, 아델라이드는 산부인과에서 일하게 될 것이며 실험동으로 이감될 것이라는 통보를 받았다. 그곳에서 무슨 일이 벌어지고 있는지 직접 자신의 눈으로 봐야 했던 그녀는 이감에 동의했다. 그녀는 전쟁이 끝난 후 자신이 이 모든 일들에 관해 증언할 수 있도록 살아남길 바랐다. 아우슈비츠의 입소자들에게 실험동은 루머와 악몽의 장소였다. 수감자 의사들은 노골적으로 타협할 것과 공모할 것을 요구받았다.

나치의 생체실험은 의학을 통한 우생학적 정화라는 기나긴 과정의 중심에 놓여 있었다. 1933년 여름부터 단종법(斷種法)과 함께 수많은 유전병 가운데 정신분열, 간질, 알코올 중독이 독일 인종의 순수성을 위협한다고 결론지어지자, 죽음의 수용소의 전조로서 안락사 프로그램이 도입되었다. 이 프로그램은 정신적 또는 육체적으로 결함을 가진 이들을 선별해 절멸시키는 것을 목적으로 했다. 아우슈비츠는 피와 약물에 관한 연구 및 외과수술이 진행되는 곳일 뿐 아니라 나치의 실험 연구의 범위를 유전학으로까지 확장시키려는 야심만만한 의사들의 활동무대가 되었다. 거기서 인간의 시신은 동물의 사체보다 더 쉽고 싸게 이용할 수 있었기 때문에, 인간 기니피그가 흔하게 사용되었다. '소모된 재료'는 방금 수송되어 끌려온 '신선한 재료들'로 즉시 손쉽게 대체되었다. 실험재료로 사용되길 기다리고 있는 그리스 유대인들의 긴 줄을 바라보며 마리클로드는 그들이 앞으로 자신들에게 무슨 일이 일어날지 전혀 모르고 있다는 것을 깨달았다. 그녀는 "그러나 나는 알고 있었다"라고 짧고 간결한 문장으로 기록했다.

가장 중요한 실험동은 아우슈비츠 수용소의 중앙에 있는 10동이었다. 10동의 창문은 덧문으로 닫혀 있었고 빗장이 걸려 있어 외부와의 의사소통이 일절 불가능했다. 이는 10동에 대해 떠도는 좋지 않은 소문을 더욱 키우는 역할을 했다. 10동의 창문은 11동의 마당을 향해 나 있었는데 이 마당은 도주하려다 붙잡힌 수감자를 벽에 세워놓고 총살하는 곳이었다. 아델라이드는 어쩔 수 없이 이러한 처형을 목격해야 했으며 SS 연구자들이 총살된 사체의 일부를 해부하기 위해 절단하는 광경을 보아야 했다. 10동은 SS와 특권이 있는 수용소 입소자들을 위한 매춘굴로 이용되었다. 그곳은 다리를 높이 들어 행군하는 SS를 흉내 내곤 했던 금발에 푸른 눈동자를 가진 여섯 살 남자아이 피터를 딴 마스코트도 가지고 있었다. 아델라이드는 바로 그런 곳에 오게 된 것이다.

네 개의 수술 실험실과 정교한 엑스레이 장비를 갖춘 10동을 관할하는 이는 북부 실레지아에서 온 SS 준장 클라우베르크 교수였다. 거세와 불임 전문인 그는 키가 작고 대머리에 매우 야심이 넘치는 인물로, 깃털 달린 티롤리안 모자와 부츠를 신고서 수술을 집도하곤 했다. 히믈러는 그의 연구에 특별한 관심을 보이며 그에게 "유대인 여자 1000명의 불임 수술을 하는 데 시간이 얼마나 걸리느냐"고도 물었다. 클라우베르크의 실험쥐가 된 이들은 모두 결혼해 아이를 낳은 적이 있는 스무살에서 마흔 살 사이의 유대인 여성들이었다. 그는 기차에서 실험대상을 바로 골랐으며 어쩌면 살려둘 수도 있다는 식의 모호한 약속을 하기도 했다. 여성들은 수술을 두려워하는 것만큼이나 비르케나우로 수송되는 것을 두려워했고, 가스실은 더욱 두려워했다.

클라우베르크의 실험은 나팔관을 막기 위해 자궁경부에 직접 가성물질을 주사하는 것으로 이루어졌다. 이 과정은 극도로 고통스러우며 고열과 염증을 동반했고 이 과정에서 살아남는다고 해도 여성들은 신체적이고 정신적인 상흔을 입었다. 비명소리가 몇 동 너머까지 들리도록 악을 쓰는 여성들을 잡아 누르기 위해 보통 남자 재소자 두 명이 동원되었다. 실험대상이 완전히 넋을 잃어 '노동이 불가능한지' 확인해달라고 호출을 받을 때마다, '그렇다'고 대답하면 이들이 즉시 가스실에 끌려간다는 것을 알고 있었던 아델라이드는 그들이 틀림없이 회복된다고 주장하곤 했다.

여성들이 생리 기간일 때에는 수술을 받지 않기 때문에, 아델라이드는 가능한 한 자주 그들이 생리중이라고 보고했다. 사실 비르케나우에 있는 여성들은 모두 영양결핍으로 생리가 끊긴 지 오래였다.

그녀는 자신이 하는 일이 갖는 도덕적 모호성이 견디기 어렵고 고통스럽다고 느끼고 있었다. 어느 날 아델라이드는 낙태죄로 '초록 별'을 달고 있던 독일인 여성 수감자가 수용소에서 태어난 아기들을 물통에 빠뜨려 죽인다는 끔찍한 사실을 알게 되었다. 그녀는 아기 한 명이 죽는 데에 약 20분이 소요된다고 설명했다. 이 독일 여성마저 죽은 뒤에는 그 일을 대신할 사람이 없었기 때문에 수용소의 갓난아이들은 살아남았지만 기아와 무관심으로 금세 죽어갔다. 산모를 살리기 위해, 산모의 친구들이 갓난아기를 죽이는 경우도 있었다.

5월에 내과의사이자 SS 장교인 요제프 멩겔레는 눈과 유전, 그리고 인종에 관한 실험을 계속하기 위해 아우슈비츠로 왔다. 드레슐러와 타우베의 도움을 받으며 요제프는 직접 기차에서 바로 쌍둥이들과 난쟁이들을 실험대상으로 선별했다. 유전적으로 우월한 인종을 만들어내려는 멩겔레의 집착은 쌍둥이들의 장기를 떼어냈고, 그들의 눈을 멀게 했으며, 치명적인 질병균을 그들에게 주사해 약물을 시험했다. 아델라이드는 멩겔레와 함께 일하게 될 것이라는 소식을 듣고는 항의했다. 그녀는 확정된 명령인지 물었고, 물론, 이라는 대답이 돌아왔다. 모든 명령은 최종적이었다.

멩겔레의 실험동에서 아델라이드는 그의 독특한 선별 방식을 목격했다. 그는 재소자들에게 벌거벗은 채 자신의 앞을 걸어보라고 명령했다. 그는 몇몇에게는 병동으로 돌아가라고 지시하고 나머지 사람들은 특별방으로 보내 그들을 가스실로 싣고 갈 화물차를 기다리도록 했다. 선별이 진행되는 동안, 아델라이드와 다른 수감자 의사들은 화물차에 실리게 될 사람들의 비명소리가 들려오는 방에 갇혀 있었다. 아델라이드는 흐느꼈다. 엘리라는 이름의 간호사는 그녀에게 이러한 선별에 적극적으로 개입하는 것과 그저 앉아만 있으면서 아무것도 하지 않는 것 사이에는 그다지 차이가 없어 보인다고 말했다. "그것은 사실이었다"고 아델라이드는 적었다. "그녀의 말이 전적으로 옳았다. 만약 우리가 좀 더 용감했더라면 더 많이 저항했을 것이다." 그녀는 의료적 잔학행위에 얽매여 자신이 몸을 숨겼던 회색지대에 관해 괴로워했다. 만약 자신이 그런 선별 과정에 훼방을 놓았더라면 어떻게 되었을까? "소용없는 짓인가? 어쩌면 그럴지도. 그러나 그건 분명치 않다. 단순한 행동 하나가 다른 이에게 용기를 불어넣을 수도 있다. 그러나 우리 중 누구도 그런 예를 만들어내지 못했다."

그곳에는 인종이론을 연구하는 또 다른 의사가 있었다. 키가 크고, 넓은 어깨를 가진 호르스트 슈만은 심하게 잔인했고 자궁의 전암 상태, 즉 암이 되기 직전의 상태에 관심을 갖고 있었다. 큰 키에 날카로우면서 위협적인 목소리를 가진 아우슈비츠의 또 다른 의사인 에두아르트 비르츠 장교 역시 이 관심사를 공유하고 있었다. 슈만은 엑스레이가 피부조직을 파괴하는 데 얼마나 효과적인지 확인하기 위해 난소를 제거했는데, 때때로 이 과정에서 여성 수감자들은 심하게 화상을 입었다. 그는 자신의 수술대를 마치 조립라인처럼 배치해두고, 상해를 입고 울부짖는 여성들의 긴 줄을 만들어내며 한 수감자에서 다른 수감자로 바로 넘어갔다. 수감자 의사 중 오스트리아인 데링은 유대인 환자들에게 마취제를 주기를 거절했다.

5월에 SS 소속 연구 과학자 한 명이 인종에 관한 이론들을 검증하기 위해 비르케나우로 왔다. 그는 나이에 상관없이 여자들을 모두 발가벗긴 채 자신 앞에 줄을 세워두고 치수를 측정했다. 그는 수감자들에게 비르케나우보다 더 나은 수용소로 이감시켜주겠다고 말하며, 몇몇 죄수번호를 부르고 방향을 지시했다. 후에 아델라이드는 호출된 이들이 모두 총살되었으며, 그들의 뼈는 보존되어 추가 연구를 위해 스트라스부르에 있는 연구소로 보내진다는 것을 알게 되었다. 살려달라고 애걸하는 사람들을 앞에 두고 그가 선별을 계속하는 동안, 그의 옆에 서 있어야 했던 아델라이드는 자신이 하는 일에 진저리를 쳤다. 그것은 마치 '사냥되는 동물들'을 보는 것과 같았다.

어느 날 쾰른 출신의 유대인 남성 막시밀리안 사무엘이 강제추방되어 아우슈비츠로 왔다. 산부인과 교수였던 그는 슈만의 조수가 되었고 아델라이드에게 여성의 자궁에 관한 실험을 보조할 것을 명했다. 그녀는 사무엘의 직업적 열정이 혐오스러웠고, 현실을 직시하지 못하는 그의 무능함이 경멸스러웠다. 하루는 열일곱밖에 되지 않은 그리스 소녀의 수술 준비를 도우면서, 아델라이드는 다시는 이 일을 하지 않겠다고 맹세했다. 그녀는 사무엘에게 자신은 더는 함께 일하지 않겠으니 슈만에게 그리 알리라고 말했고, 사무엘은 SS에 보고했다.

아델라이드를 호출한 비르츠는 아우슈비츠의 기준으로 봤을 때 사악한 사람은 아니었다. 사실 그는 수감자들이 처해 있는 열악한 조건을 개선시키기 위해 여러 가지로 노력해오기도 했다. 그는 아델라이드에게 유대인은 다르다는 것을 모르겠냐고 물었다. 네, 그녀는 대답했다. 세상에는 실제로 그녀와 너무도 다른 사람들이 있었다. 비르츠를 시작으로 해서. 아델라이드는 자신은 더 이상 실험들을 보조하지 않으리라고 마음먹고 있었다. 그녀는 이제 다른 이들에게 자신이 정말로 아우슈비츠를 살아서 떠날 수 있다고 기대하지 않는다고 말하며, 불가피하게 닥칠 일에 대비했다. 이제 그녀에게 삶의 목표는 '남아 있는 짧은 시간 동안 인간답게 행동하는 것'이었다. 그녀는 용기를 되찾았고 결단을 내렸다. 그러나 그런 뒤에도 아델라이드는 걱정을 떨칠 수 없었다. 그녀가 '선한 양심'을 지키는 동안 자신이 거부한 일은 간단히 다른 이에게 강요될 것이고, 그 일은 자신과 마찬가지로 그들에게도 힘든 일이 되리라는 것을 알았기 때문이었다.

그날 밤, 몇 년간이나 이곳의 수감자였고 여성 수용소의 실험보조로 일하며 아델라이드와 친하게 지내던 오를리가 아델라이드의 경우와 같은 '특수 사건'을 다루기 위해 다음날 한 소대의 군인들이 올 거라는 이야기를 들었다고 전해주었다. 오를리에게는 한 가지 계획이 있었다. 그녀는 아델라이드에게 강한 수면제를 주고 진료소에 침상을 하나 배정해준 뒤, 그녀 대신 시체 한 구를 두고 그녀가 밤사이에 죽었다고 보고했다. 그 계책은 효과가 있었다. 아델라이드는 일어나 몰래 비르케나우로 돌아갔다. "생존, 그 이상의 가치를 지킬 기회를 얻은 나는 행운아였다."

✝

가을에는 프랑스 여성들 모두가 무사했다. 그러나 고작 여섯 달 동안, 프랑스 여성 177명이 죽었다. 살아남은 이들은 결단력 있고 유능한 여성들로 육체적으로도 정신적으로도 매우 강인했다. 몇몇을 제외하고 살아남은 이들은 모두 정치적으로 활발하게 활동하며 더 나은 미래를 준비하겠다는 신념을 공유하는 데 헌신적이고 고난과 규율에 익숙했던 이들이었다. 이것은 우연이 아니다. 그들은 모두 거의 비슷한 나이로, 20대 후반이거나 30대 초반이었다. 푸페트와 시몬을 제외하고 어린 소녀는 거의 살아남지 못했다. 더 나이가 든 여성들도 예외 없이 모두 죽었다. 푸앵소와 그의 부하들에 의해 지롱드와 샤랑트에서 체포된 마흔일곱 명의 여성 중 채 열 명도 되지 않는 인원만이 살아남았다. 프랑스 여성청년단에서 전단지를 배포하던 젊은 여성들과 인쇄를 맡았던 파리에서 온 지식인 레지스탕스들은 대부분 생존하지 못했다.

아우슈비츠에 몇 가지 변화가 일어났다. '캐나다' 구역을 담당하던 SS가 저지른 막대한 절도행각이 발각된 후, 회스 대신 약간 덜 야만적인 사령관으로 교체되었다. 아서 리베헨셸은 부임 후 부패 억제와 함께 자신이 보기에 지나치게 잔인하다고 여겨지는 아우슈비츠의 간수들을 전근 보내는 데 착수했다. 리베헨셸은 특히 음악을 좋아해 뛰어난 음악가였던 여성 수감자들로 이루어진 오케스트라의 연주를 듣곤 했다. 이들은 행사가 생기면 언제든지 흰색 블라우스와 주름치마를 입고 불려나와 연주해야 했다. 명령에 따라 오케스트라는 수용소의 아침과 저녁, 작업이 시작되고 끝날 때마다 연주를 했고, 5열로 늘어선 재소자들은 슈트라우스와 오펜바흐의 선율을 들으며 그 옆을 지나갔다.

라스코에서 얼마간 신체적 건강과 마음의 평정을 되찾은 여성들은 무언가 말하고 이야기를 주고받아야 한다고 생각했고 무엇보다 서로를 웃게 만들고 싶었다. 하지만 언제든 너무 친밀하거나 고통스러운 기억들을 건드리지 않도록 주의가 요구되었다. "우리는 결코 사랑에 관해서는 이야기하지 않았다"고 샤를로트는 기억했다. 그 대신 여자들은 전쟁이 끝나면 무엇을 할 것인가에 관해 이야기를 나눴다. 그러다 보면 지금이라도 당장 고향으로 돌아갈 수 있을 것만 같았다. 심신의 안정에 가장 좋은 것은 문학이나 연극을 가지고 무언가를 해보는 것이었다. 마리엘리자의 친구이자 화학자였던 클로데트 블로크가 몰리에르의 희곡 『상상으로 앓는 환자』를 거의 암기하고 있다는 것이 알려지자 여자들은 곧장 연극을 올릴 준비에 착수했다. 대사가 한 줄한 줄 떠올랐고, 순간순간 기억이 돌아왔으며, 한 장면이 끝나면 또 다른 장면이 떠오르는 식으로 극은 여성들 곁으로 천천히 다가왔다. 샤를로트가 감독을 맡았고, 로맹빌에서와 마찬가지로 세실이 다시 한번 무대의상을 맡았다. 세실은 날카롭고 신랄한 말을 자주 했지만, 다른 이들을 웃게 만드는 재주가 있었다. 카르멘은 소도구를 맡았다. 연기하는 것을 좋아했던 룰루는 주인공 '아르강' 역을 맡았다. 앞치마는 의사 가운으로 바뀌었고, 얇은 명주 그물을 연구소에서 빌려와 주름을 만들었으며, 나무 조각은 가발이 되었다. 하루 일과를 마친 저녁이면 한 시간가량 리허설을 했다.

연극 공연은 일요일로 잡혔고, 여성 수감자 구역에 있는 모든 사람들이 참석했다. 샤를로트는 이렇게 적었다. "그것은 정말로 멋진 일이었다. 굴뚝이 내내 사람의 살을 태운 연기를 내뿜는 바로 그 공간에서 연극을 하는 두 시간 동안 우리는 극중 세계에 있었기 때문이었다." 한참만에야 연극과 책 속 등장인물들이 다시 샤를로트의 마음속에 찾아왔고, 샤를로트는 그 인물들을 묘사하며 다른 이들을 즐겁게 해주었다. 샤를로트는 마담 보바리, 안나 카레니나, 라스티냐크*를 공허한 눈빛으로 바라보았다. 그러나 프루스트만큼은 그녀에게 기쁨을 주었다.

크리스마스이브에는 오후 4시에 작업을 마쳐도 좋다는 허락을 받았다. 여전히 생존해 있는 여성들은 그 모든 역경 속에서도 자신들이 아직 죽지 않았다는 단순한 사실을 축하하기 위해 저녁식사를 함께 하기로 했다. 그들은 머리카락이 조금씩 다시 자라고 있다는 사실에 기뻐했고, 서로 머리를 감겨주며 덤불처럼 새로 자란 머리카락을 빗겨주었다. 몇몇은 '캐나다'로부터 스타킹을 얻었고, 셔츠들이 '조직'되었다. 여자들은 이 셔츠를 잘라 모두를 위해 깨끗하고 흰 칼라를 만들었다. 침대보를 식탁보로 활용하고, 식당의 테이블은 편자 모양으로 옮긴 뒤 장식을 했다. 그들은 종이를 구겨 꽃을 만들었고, 화학자들은 실험실에 있는 가루를 이용해 립스틱과 연지를 만들었다. 프랑스에서 온 소포에서 아껴둔 음식들과 정원에서 훔쳐온 채소들로 양파 소스와 양귀비 씨앗을 곁들인 콩과 양배추, 감자 요리가 차려졌다. 먹는 습관을 잃은 지 오래된 여성들은 조금밖에 못 먹었지만, 음식이 많이 놓여 있는 풍경은 그들을 기쁘게 했다. SS의 부엌에서 훔쳐온 달콤한 흑맥주를 마시며 그날의 식사를 끝낸 후에는 전등을 끄고 촛불을 켰다. 폴란드 여성들은 서로에게 '집으로 돌아가자'고 말하며 찬송가와 발라드를 불렀다. 그리고 서로 비누 한 조각, 줄을 꼬아 만든 벨트, 가스실 부근에서 주운 곰 인형, 양파 한두 알 등을 선물로 주고받았다.

---

* 오노레 드 발자크의 『고리오 영감』에 등장하는, 부와 출세를 꿈꾸는 인물.

✝

　새해 벽두부터 SS가 명단 하나를 들고 라스코에 나타났다. 명단에
올라 있는 대부분의 프랑스 여성들은 즉시 비르케나우로 돌아가야 했
다. 이 명령으로 프랑스 여성들은 자신들이 전멸하는 게 아닐까 하는
극도의 불안과 두려움에 떨며 각자 칫솔과 비누조각 등 귀중한 물건
을 담아 자그마한 가방을 꾸렸다. 숙소를 떠나면서 그들은 라마르세예
즈를 부르기 시작했고, 그들이 내딛는 걸음마다 노랫가락이 새겨졌다.
노래를 가장 많이 알고 있는 카르멘이 이끄는 대로, 여성들은 차량에
탑승한 뒤에도 계속해서 노래를 불렀다. 눈앞에 다시 가시철조망과 연
기가 피어오르는 굴뚝이 나타나자 심장이 멎는 듯했다.

　그러나 의외로 새로운 소식은 좋은 것이었다. 프랑스 여성들 가운
데 몇몇이 베를린 북쪽에 있는 라벤스브뤼크 수용소로 이송될 예정이
었다. 샤를로트, 세실, 푸페트, 마도, 룰루, 카르멘과 몇몇에게 좀 더 깨
끗하고 입을 만한 옷을 찾을 때까지 벗은 채 있으라는 명령이 떨어졌
다. 그러고 나서, 그들이 처음 이곳에 가지고 왔던 짐 가방이 도로 주
어졌고 정말 놀랍게도 여전히 안에는 몇몇 소지품이 들어 있었다. 그
뒤 여자들은 아우슈비츠에서 목격한 일에 관해 절대 발설하지 않겠다
고 약속하는 증서에 사인하라는 요구를 받았다. 더욱더 놀라운 일은,
그토록 여성들에게 잔인하게 굴던 타우베가 카르멘의 신발끈을 고쳐
매어주느라 바닥에 무릎을 꿇었던 것이다. 마치 꿈을 꾸는 것처럼 그
들은 역으로 행군해갔다. 몸에 맞지 않는 줄무늬 옷을 입고, 발에 맞
지 않는 신발을 신은 채 평범한 기차에 올라타, 일상을 영위하는 평범

한 사람들을 창문 너머로 힐끔힐끔 쳐다보았다. 마치 아우슈비츠란 곳은 결코 존재하지 않는다는 듯이. 연합군의 폭격으로 크게 피해를 입은 독일 마을들을 보자 만감이 교차했다. 기차는 동부전선으로 향하는 기갑부대 탱크들이 줄지어 선 곳을 지나쳐 갔다. 무엇보다 이들을 놀라게 한 것은 자신들이 주변의 호화로운 환경에도 별반 놀라지 않았다는 점이었다. 마치 문 뒤에 걸어두었던 외투를 다시 꺼내듯, 그들은 결코 그 곁을 떠난 적이 없었다는 듯이 옛날의 자기 자신으로 되돌아온 것 같았다.

기차를 갈아타기 위해 베를린에 도착한 여자들은 폐허가 된 도시를 보고 '순수한 기쁨'을 느꼈다. 간수들은 그들이 여자 화장실에 다녀와도 좋다고 허락했고, 그곳에서 거의 1년 만에 처음으로 자기 모습을 거울에 비춰보았다. 그들은 깡마르고 초췌해진 얼굴과 마구잡이로 자란 머리카락을 믿을 수 없다는 듯 바라보았다. 잠시 그들은 도주를 생각했으나, 자신들이 입고 있는 특이한 줄무늬 옷으로는 성공할 가능성이 거의 없어 보였다. 그리고 지금 그들이 있는 곳은 부드러운 가죽 코트를 입은 게슈타포들과 장교들로 가득 찬 이등칸 객차였다. 객실에서 샤를로트는 어린 소녀를 데리고 있던 한 젊은 여성이 자리를 양보하자 깜짝 놀랐고 감동을 받았다. 여전히 이 세상에는 예의와 동정심이라는 것이 존재한다고 느낀 것이었다.

5월부터 매일같이 수만 명씩 도착하던 헝가리 유대인들을 절멸시키는 작업을 가속화하기 위해 회스가 사령관으로 다시 임명되었을 때, 남아 있던 프랑스 여성들은 여전히 비르케나우 철조망 너머의 검역소에 머무르고 있었다. 이제 비르케나우는 자체적으로 가스실과 화장터로 향하는 철도를 세우고 있었다. 이곳은 전례 없는 속도와 규모로 죽음을 찍어내는 공장이 되었다. 어느 날 밤, 마리클로드는 귀를 찢는 듯한 비명소리를 들었다. 다음 날, 그녀는 가스실에 치클론 B 알약이 바닥났기 때문에 어린아이들이 산 채로 화염 속에 던져졌다는 사실을 알게 되었다. "우리가 이런 일들에 관해 말하면 믿어줄 사람이 있을까?"

프랑스 여성들은 집시 가족 수용소가 완전히 비워지고, 굶주림으로부터 기적처럼 살아남은 어린아이들이 결국 부모와 함께 가스실로 보내졌을 때에도 그곳에 있었다. 여성들은 한 국제인권단체가 아우슈비츠를 방문해 그곳의 진짜 목적을 제대로 파악하지 못한 채 속아 넘어가는 동안에도 여전히 자신들의 향방에 대해 어떤 소식도 듣지 못했다. 위원회가 떠난 후에 여성들은 독일로 일하러 가겠느냐는 질문을 받았다. 이것이 함정일 것이라고 예상한 여성들은 거절했고, 그들은 비르케나우에 남았다. 새로 온 입소자들을 위한 줄무늬 옷감이 부족해졌기 때문에 프랑스 여자들에게 평상복에 십자 표시를 다는 일이 배정되었다. 그들은 이 옷을 입게 될 사람들이 도주할 기회를 찾을 수 있길 바라면서 아주 느슨하게 바느질했다. 그들이 머물던 철길 근처 나무 숙소에서는 끝없이 밀려드는 헝가리 유대인들의 행렬을 볼 수 있었고, 어머니에게서 강제로 자식을 떼어내는 가슴 찢어지는 장면들이 눈앞에서 지칠 줄 모르고 되풀이되었다.

여름 내내 루돌프 회스의 아이들은 저택 정원의 잔디 위에서 공을 가지고 놀았다. 장미는 활짝 피어났으며, 창문가에 둔 상자에선 베고니아가 자라났다. 가시철조망이 쳐진 울타리와 한 줄로 늘어선 장미

덤불 사이로 화장터로 향하는 길이 있었고, 하루 종일 그곳으로 죽은 자를 실어 나르는 들것들의 행렬이 끝도 없이 이어졌다.

그러나 비르케나우에 남아 있는 여성들에게도 새로운 수용소로 이감될 기회가 찾아왔다. 마리클로드, 마리엘리자, 아델라이드, 제르멘 피캉과 시몬 상페는 라벤스브뤼크로 가는 기차에 올라탄 첫 번째 무리에 속해 있었다. 며칠 뒤에 제르멘 르노댕과 엘렌 솔로몽이 그들의 뒤를 따랐다. 이들은 31000번 기차로 함께 이곳에 왔던 마리잔 바우어를 홀로 두고 떠나야 했다. 마리잔은 티푸스와 종양이 재발하는 가운데 살아남았으나 이제는 악성 결막염에 걸려, SS는 그녀가 떠나는 것을 허락하지 않았다. 어느 날 마리잔은 자신이 네 구의 시체와 한 침상을 나눠 쓰고 있다는 것을 깨달았다. 모두가 떠나고 홀로 남겨진 그녀가 느낀 상실감과 고독은 이루 말할 수 없을 정도였다.

자매가 함께, 또는 엄마나 이모와 함께 비르케나우에 왔던 여성들 중 둘 다 살아남은 경우는 거의 없었다. 푸페트는 언니 마리를 잃었고, 엘렌 볼로는 어머니 에마를 잃었으며, 욜랑드 피카도 언니인 오로르를 잃었다. 31000번 기차로 이곳에 온 이들 가운데 라스코에 머물던 여성들은 모두 살아남았고, 몇 달간 검역소에서 지냈던 나머지 여성 중에서는 다섯 명이 목숨을 잃었다. 그중 열일곱 살 실비안 쿠페는 진료소에서 이에 뒤덮인 채 발견되었다. 그녀가 눈을 감자 카르멘은 그녀에게 부드럽게 키스를 해주었다. 카르멘은 함께 실비안을 만나러 온 샤를로트에게 말했다. "너도 실비안에게 키스해." 해골 같은 몸에 얇아진 피부, 분홍빛이 도는 침으로 뒤덮인 입술을 본 샤를로트는 두려움에 질려 뒷걸음질을 쳤다. 나중에도 그 순간을 떠올릴 때마다 샤를로트는 부끄러웠다.

남은 사람은 이제 52명이었다. 놀라운 것은 얼마나 많은 수의 여성들이 사망했는가가 아니었다. 놀라야 할 것은 그렇게나 많은 수가 살아남았다는 점이었다.

13장

처분되는 사람들

샤를로트, 푸페트, 세실과 다른 여성들을 태우고 라벤스브뤼크로 향하던 기차는 퓌어스텐베르크 역에 멈춰 섰다. 그곳에서부터 하얀 모래 언덕을 넘어, 호수와 자그마한 오두막들이 늘어선 곳에 이를 때까지 그들은 메클렌부르크의 평지와 나무가 우거진 숲을 따라 7킬로미터를 걸었다. 벽돌로 된 높은 벽과 돌로 된 으리으리한 건물, 그리고 높다란 담장이 눈에 들어왔다. "전기가 흐르는 철조망보다는 덜 무서운 걸." 푸페트가 다른 여성들에게 말했다. SS가 지키고 선 대문으로 들어가자, 석탄이 타고 남은 검은 덩어리들이 놓인 거대한 들판에서 여성들에게 비르케나우에서처럼 숙소 앞에 열 맞춰 서라는 명령이 떨어졌다. 그러나 그곳에는 화장터로 향하는 선로나 겁에 질린 가족들을 가스실로 실어 보내는 기차도 없었으며, '선별'의 기미도 없었다. 무엇보다 그곳에는 물이 있었다. 수도꼭지가 숙소마다 하나씩 달려 있어 그들이 마침내 옷을 빨고, 원하는 대로 마음껏 물을 마실 수 있을 것이었다. "여기서라면 우리는 살아남을 수 있을 거야." 마도가 말했다.

라벤스브뤼크는 적어도 이론상으로는 강제노동을 위한 수용소이지 절멸의 수용소가 아니었다. 그럼에도 모든 것은 겉보기와 사뭇 달랐다. 독일인 레지스탕스를 가둬두기 위해 1939년 늪지대를 매립해 세운 이 여성 수용소는 3년 만에 12개동에서 32개동으로 늘었다. 그러고도 수용소는 계속해서 확장되고 있었다. 동쪽에서 러시아군이 계속 진격해왔기 때문에 독일의 강제수용소는 괴멸되고 있었고, 그곳에 수감되어 있던 재소자들은 라인 강 내륙지역을 향해 오랜 시간에 걸쳐 이동해야 했다. 풍족해 보이는 물은 하수와 오물을 비롯해 수용소 안팎으로 우후죽순 늘어가는 공장의 폐수로 오염되어 있었고, 각각의 숙소는 이미 이론상 최대 수용 인원의 네 배를 초과했다. 담요는 바닥난 지 오래였고, 아우슈비츠에서와 마찬가지로 벼룩은 고질적인 문젯거리였다. 누구도 벼룩의 공포를 극복하지 못했다. 남는 양말은 없었고 신발도 부족해 많은 여성들이 맨발로 다녀야 했다. 숟가락도 충분하지 않았고, 오래된 주석 깡통이 식기로 쓰였다. 발트해에서 내려오는 얼음장 같은 추위 때문에 지역주민들이 '맥켄버그의 작은 시베리아'라고 부르는 기나긴 겨울이 지나갈 동안, 유리 하나 온전한 창문이 거의 없던 숙소는 대부분 영하권에 머물렀다.

등록을 마친 뒤에는 샤워를 할 차례였다. 다음은 수치스럽고 비위생적인 산부인과 검진이 뒤따랐다. 여의사는 여자들을 검사하는 동안 고무장갑을 바꿔 끼는 수고를 결코 하지 않았다. 라벤스브뤼크에서도 줄무늬 옷감은 다 떨어졌기 때문에, 새로 끌려온 사람들의 짐 가방에서 빼앗아 앞뒤로 선명하게 십자 표시를 달아놓은 옷이 지급되었다. 옷을 받은 후 프랑스 여성들은 다시 한 번 상대적으로 안전하고 편안한 검역소에서 지내게 되었다. 룰루가 가족들에게 보낸 편지에 적은 것처럼 그들은 이제 고향에 조금 더 가까이 간 듯했다.

4주 후, 여성들은 전쟁포로로 수감 중인 러시아 여성 재소자들이 머무는 곳으로 이감되었다. 러시아 여성들은 독일군을 위해 군수품 생산 공장에서 일하기를 거부한 까닭에 음식도 배급받지 못한 채 숙소 밖에 온종일 서 있는 처벌을 받고 있었다. 독일 선전장교는 체포 당시 그 여성들이 마치 볼셰비즘이 여성에게 끼친 영향을 보여주는 산 증인이라도 되는 양 히스테릭했으며 '아마존의 여전사들' 같았다고 묘사했다. 이 러시아 여성들은 라벤스브뤼크까지 강제로 행군해 오느라 도착했을 때는 많은 수가 부상을 입은 상태였다.

31000번 기차의 친구들 여덟 명은 곧 수용소에 먼저 와 있던 다른 프랑스 여자들을 발견했다. 그중에는 프랑스 레지스탕스로 활동할 당시부터 알고 지내던 사람들도 있었다. 막 도착한 여성들은 그들로부터 새로운 땅이 품은 혼란스러운 거짓말에 관해 알게 되었다. 이곳에서는 인종, 국적, 종교와 계급이 서로 다른 여성들이 서로 다른 언어와 방언을 사용했으며, 비르케나우와 마찬가지로 수감자들의 옷에는 서로 다른 모양의 기호들이 조합된 채 달려 있었다. 그들에게 배정된 것은 예전과 마찬가지로, 정치범을 뜻하는 빨간색 삼각형이었다.

그들은 라벤스브뤼크를 관할하는 이가 사령관 프리츠 주렌이라는 이야기를 들었다. 그는 술에 일가견이 있는 남자로 겉보기엔 군인 같지 않았지만, 유능한 행정관이었으며 특히 소비에트 수감자들을 처형시키겠다는 굳은 의지를 가지고 있었다. 그의 휘하에는 SS 장교가 마흔 명쯤 있었고 수천 명의 간수가 있었다. 간수는 대부분 여성이었다. SS나 그들을 보조하는 이들은 대개 전쟁으로 징집되었고, 장래에 관한 약속과 협박이 뒤섞인 회유에 종속되어 일을 계속했다. 제아무리 상냥하고 유쾌한 성격일지라도 거칠고 앙심을 품은 간수가 되는 데에는 며칠이면 충분했다. 라벤스브뤼크는 흉포한 개들을 이용하는 것으로도 악명이 높았다. 원형으로 둘러싼 울타리를 순찰하는 개들은 히믈러의 명령에 따라 도주가 의심되는 사람이면 누구든지 찢어놓는 훈련을 받았다.

1944년 초, 수용소는 여성 억류자 2만 명을 수용하고 있었다. 그곳에는 독실한 기독교인이거나 공산당원이었기에 나치의 국가사회주의에 반대했던 독일인들이 있었고, 믿음을 포기하겠다고 맹세만 하면 석방해주겠다는 말을 들은 여호와의 증인들도 있었다. 그뿐 아니라 이곳에는 매춘부와 범죄자, 낙태시술사로 이루어진 5000명가량의 '반사회적 인물들'도 있었다. 여기에는 '위험한 상습범들', 나치 독일이 '노동을 통한 절멸'을 명한 유대인, 러시아인, 우크라이나인을 비롯해 유대인과 결혼해 독일 인종을 오염시킨 여성들도 포함되어 있었다. 라벤스브뤼크에는 이탈리아인, 유고슬라비아인, 스페인인, 노르웨이인, 알바니아인과 소수의 이집트인, 아르헨티나인, 중국인, 그리스인, 영국인과 미국인이 있었다. 그리고 점령지 유럽 전역에서 잡혀온 과학자, 교수, 저널리스트, 여배우와 학생 들을 포함해 로테르담에서 온 다이아몬드 상인의 부인과 딸들도 있었다.

가장 큰 무리는 향토방위대였거나 여러 다른 정치적 분파에 속해 있다가 끌려온 폴란드인이었다. 이들은 수세를 이용해 강한 규율과 동지애를 자랑했을 뿐 아니라 부엌과 창고, 진료소와 같은 수용소 내의 요지에서 우위를 선점했고 그 자리를 지키려 격렬하게 방어했다. 프랑스 여성들은 이곳에서 가장 멸시받는 이들이 나이 든 소작농이거나 의사 또는 선생으로 이루어진 러시아인 무리라는 것을 알게 되었다. 그다음으로 멸시받는 이들은 이제 몇천 명에 달하는 프랑스인들이었다. 프랑스인들은 만성적으로 규율이 없으며 SS의 규율 체계에 대해 가장 분개하는 이들로 간주되었다.

프랑스인들은 폴란드 여성들이 극단적인 이기주의와 범죄적일 정도로 모든 사회적 양심을 결핍한 상태로 수용소를 운영하고 있다고 말하곤 했다. 그러나 사실 샤를로트 일행이 라벤스브뤼크에 도착했을 때에는 잘 교육받은 독일 여성과 오스트리아 여성 몇몇이 수용소 행정실에서 요직을 맡고 있었다. 대부분 공산당원이었던 그들은 자신들이 속한 그룹을 돌보았다. 이러한 돌봄은 생존에 매우 소중했다. 샤를로트 일행 가운데 정치적 신념이 그다지 강하지 않은 여성은 군사분계선 월경을 돕던 푸페트와 내향적인 시골 아낙이었던 마리잔 페넥— 비르케나우에 있는 동안 그녀는 늪지에서 먹을 만한 것들을 찾아온 덕분에 많은 이의 목숨을 살렸다—뿐이었다.

그곳에는 집시 여성도 여럿 있었다. 날씨가 좀 더 따뜻해지자 집시 여성들은 날이 어두워진 틈을 타 수용소 주변을 어슬렁거리며, 자신이 발견하거나 훔친 물건을 빵과 교환하곤 했다. 이곳에 도착하고 얼마 안 되어 샤를로트는 라루스 사에서 출판된 몰리에르의 『인간 혐오자』를 손에 넣었고, 숙소 뒤편에서 자신에게 약간씩 빵을 떼어주는 다른 여성들을 위해 이 책을 소리 내어 읽어주었다. 기억을 점점 잃어가는 게 두려웠던 샤를로트는 이 책을 암기하기 시작했고, 매일같이 혼 잣말로 장면들을 암송했다. 몇 달에 걸쳐 그녀는 자유로웠던 시절에 그녀가 사랑했던 시 57편을 기억 속에 되살려내 암송하곤 했다.

라벤스브뤼크의 주요 동 부근에 남성 수감자들을 수용한 작은 건 물이 있었다. 그곳에는 독일인, 오스트리아인, 유대인을 포함한 폴란드 인이 많이 있었고 분홍색 삼각형을 단 동성애자도 있었다. 그들은 수 용소 안팎과 주변에서 계속되고 있는 수용소 확장을 위한 건설노동자 로 활용되었다. 아주 기본적인 도구들을 가지고 장시간 노동해야 하 는 형벌이었기 때문에 이들의 사망률은 극도로 높았다.

✝

1939년 처음 문을 연 라벤스브뤼크 수용소는 그동안 매춘부, 상습 범, 동성애자와 같은 '인종 오염원'을 재교육시키는 장소로 인식되었다. 하지만 독일 전시경제의 필요성이 증가함에 따라 재교육은 노예노동 으로 재빨리 바뀌었고, 샤를로트와 다른 여성들이 수용소에 도착할 즈음 라벤스브뤼크는 서른세 개의 위성 공장을 거느린 수용소의 중 심지로서 탄약을 비롯해 전투기 메서슈미트의 예비 부품까지 거의 모 든 전쟁 물자를 생산하고 있었다. 상대적으로 고립되어 있으며 주변에 호수와 숲이 있으면서도 동시에 철도망이 잘 갖춰져 있던 이곳의 위치 는 이상적이었다. SS 분대장이자 SS 경제사무소의 수장이었던 오스발 트 폴은 독일제국이 이 여성 수감자들을 필요로 한다고 말했다. "그들 은 우리의 팔과 다리가 되어 독일 국민의 위대한 승리를 가져오는 데 반드시 기여해야 한다." 독일은 계속해서 유대인을 가스실로 보냈고 러시아 전쟁포로들을 살육하며 노예노동자들이 질병과 굶주림, 잔인한 처우로 죽어가도록 내버려두었기 때문에, 노동력이 부족해질지도 모른다는 것을 끊임없이 두려워했다. 그럼에도 여전히 이곳에서의 작업은 사람을 완전히 소진시키는 것이었으며, 감당하지 못할 정도의 노동과 굶주림으로 쓰러져 죽을 때까지 아무도 여성 수감자들이 얼마나 약해졌는지에 관심 갖지 않았다.

지멘스 사는 수용소 내에 전보, 라디오를 비롯해 정밀한 공구의 부품을 만드는 공장을 하나 가지고 있었다. 이런 기업들은 비르케나우와 마찬가지로, 자신들이 원하는 여성 재소자들을 선별하고 검사하기 위해 관리자를 파견했다. 그것은 "마치 노예시장과 같았다. 그들은 여성들의 근육을 만져보고 건강 상태를 체크한 뒤 마음에 드는 여성을 지목했다." 이 같은 과정이 끝나면 여성들은 다시 한 번 발가벗은 뒤 수용소 의사에게서 검사를 받았다. '기력이 없다'고 판단된 여성들은 재빨리 되돌려보내져 다른 이로 교체되었다.

왜 이곳을 '여자들의 지옥'이라 부르는지 이해하기까지는 그리 오래 걸리지 않았다. 숙소는 인원초과로 마치 르네상스 시대의 지옥도를 보는 듯했고, 뼈밖에 남지 않은 반쯤 벌거벗은 여자들이 가득 들어찬 나무 상자가 층층이 쌓여 있는 이곳은 제아무리 강인한 사람이라도 끔찍한 분노를 품지 않을 수 없었다. 살아남는다는 것은 공간과 음식 그리고 물을 얻기 위한 투쟁이었다. 밤에는 신음하고 말다툼하며 코를 골고 뼈만 남은 몸이 딱딱한 나무 바닥에 닿을 때마다 고통스러워 새된 비명을 지르는 여성들의 소음으로 가득 찼다.

곧 샤를로트와 세실 일행은 숙소를 배정받았고 독일군복을 바느질하는 조에 배정되었다. 그들은 컨베이어벨트 앞에 앉아 환기구도 없고 빛도 거의 들지 않는 오두막에서 열두 시간 교대조로 일해야 했다. 여성들은 스스로 잘 알고 있듯이 이미 심각하게 쇠약해져 있었고 시력 또한 나빠져 있었다. 그들은 끊임없이 기침을 해댔다. 모든 작업이 끔찍했지만 그중에서도 가장 불쾌한 일은 동부전선에서 전사한 군인들의 피 묻은 군복에서 바늘땀을 풀어내는 일이었다. 만약 그날의 목표량이 달성되지 않으면 빈더라는 여자 대원이 불같이 화를 내며 득달같이 달려와 닥치는 대로 이들을 두들겨 팼다.

어느 날 오후, 작업을 멈추고 오두막 밖에서 줄을 서라는 명령이 떨어졌다. SS 의사 한 명이 나와 그들에게 신발과 스타킹을 벗고 치맛자락을 들어 올리라고 지시했다. 서둘러 푸페트를 비롯한 나이 어린 여자들이 나이 든 여자들을 방어하듯 중앙에 두고 가장자리에 둘러섰다. 큰 원을 그리며 둘레를 걸으라는 명령에 따라 여자들이 줄지어 지나가자 의사는 다리가 부어 있거나 부종으로 발 모양이 일그러진 사람들을 끌어냈다. 한 바퀴 두 바퀴 돌 때마다 줄이 계속해서 줄어들었다. 샤를로트에 따르면 그녀들은 '마치 대성당 정문에 조각되어 있는 저주받은 사람들처럼' 걸었다. 프랑스 여자들은 무사했다. 그들은 끌려간 여자들이 근처에 있는 '금식 수용소'로 가게 된다는 것을 알았지만 그것이 무엇을 의미하는지는 오로지 짐작만 할 뿐이었다.

비록 공식적으로는 절멸 수용소가 아니었지만 라벤스브뤼크의 신조는 박탈이었다. 음식과 온기와 잠 그리고 새로운 소식의 박탈. 그곳에 있는 모든 사람이 배가 고팠고 음식에 집착했으며 두려워했다. 예측 불가능성이 지배하는 세상이었다. 신발을 묶을 끈은 없었지만, 신발이 벗겨지면 처벌을 받았다. 빗이나 스카프는 없었지만, 머리를 뒤로 넘겨 핀으로 고정해두지 않으면 처벌받았다. 새벽 3시 30분에 사이렌이 울리면, 여성들은 1천여 명의 여성들이 열 개의 화장실을 나눠 써야 하는 곳에서 수건도 비누도 없이 몇 분 만에 작업하러 나갈 준비를 마쳐야 했다. 아우슈비츠에서처럼, 점호는 사악한 추위와 이빨을 드러내고 위협하는 개들을 견디는 시간이었다.

이들이 라벤스브뤼크에 도착한 뒤 얼마 지나지 않았을 때 다른 숙소에서 지내던 젊은 프랑스 여성 두 명이 도주를 시도했다. 그중 오데트 파비우스는 붙잡혀 고문을 당했고, 그날 수용소에 있는 프랑스 여성들은 모두 불려나와 석탄이 타고 남은 날카롭고 거친 검은 덩어리들 위에서 무릎을 꿇고 손을 든 채 하루 종일 있어야 했다. 많은 이들이 기절했다.

이미 과도한 인원을 수용하고 있음에도 계속해서 새로운 입소자들이 도착했고 이들이 만들어내는 혼란 때문에 여성들은 때로 라벤스브뤼크의 위성 수용소로 작업을 나가는 대신 '폐기되는 사람들', 즉 아프거나 허약한 사람과 '밤과 안개' 수감자, 나이 든 여자 들 틈에 섞여 수용소에 남아 있을 수 있었다. 이들은 작업에 나가지 않는 대신 갑작스러운 소집에 호출되거나 불쾌한 일에 동원되었다. 그중 최악의 것은 새 도로를 만들기 위해 고대의 노예처럼 일하는 것이었다. 여성들은 마치 멍에를 멘 소처럼 몸에 강철로 된 롤러를 연결하고 울퉁불퉁한 땅 위로 롤러를 끌고 가야 했다. 하지만 수용소에 남아 있으면 버섯이나 민들레 몇 줄기를 찾아낼 가능성이 있었던 것이다. 샤를로트 일행

라벤스브뤼크 수용소에서 한 수감자가 그린 그림.

은 체력을 보존하기 위해 숙소 뒤나 화장실 또는 서까래 안에 숨어 있어야 한다고 결정했고, 함께 작업을 피하는 기술을 익혔다. 그들은 때때로 '장신구'들 — '무슬림'과 유사하게 모든 희망과 에너지를 잃은 채 수용소 주변을 무감각하게 떠돌아다니는 여성들을 지칭하는 말 — 사이에 몸을 숨기기도 했다.

모두 함께 뭉쳐야 한다는 사실을 다시금 깨달았다. 그녀들의 삶에 가장 중요한 단 한 가지 사실은 친구들이 없다면 누구도 이곳에서 살아 돌아가지 못하리라는 점이었다. 그래서 마리잔 페넥이 갑자기 체코슬로바키아에 있는 공장의 작업조로 배정되어 떠나게 되었을 때 모두 엄청난 타격을 입었다. 마리잔은 다른 누구와도 특별히 가깝게 지내지 않았고 다소 고독하며 비밀스러움을 유지하고 있었지만, 그럼에도 모두가 그녀와의 이별을 불길한 징조라고 여겼다.

저녁이면 남아 있는 여섯 명, 샤를로트, 푸페트, 세실, 카르멘, 룰루와 마도는 다 함께 모여 배급받은 음식을 모았다. 매일같이 나오는 수프는 근대와 흰 당근과 풀을 넣은 푸르스름한 잿빛의 멀건 액체에 지나지 않았고 그마저도 양이 매번 줄고 있었지만, 그들은 고기 건더기가 숨어 있지는 않을까 해서 매의 눈으로 한 국자 한 국자 지켜보았다. 말린 채소와 함께 지방도 자취를 감췄다. 일주일에 한 번씩 한 사람 앞에 잼 한 스푼과 작은 치즈 한 조각이 주어졌다. 아주 가끔 주어지는 소시지 조각은 어둠 속에서도 빛이 나는 듯 기이해 보였다. 그들은 말 그대로, 천천히 굶어 죽어가고 있었다. 가끔씩 음식에 관한 이야기도 오갔다. 메뉴와 레시피를 주고받으며 언젠가는 다시 한 번 먹었으면 하는 음식들을 꿈꾸면서. 동시에 여성들은 물자를 조달하는 데 도가터 작은 철사 조각이나 옷감 또는 고무 조각을 이용해 아주 창의적으로 빗이나 칫솔을 만들어냈다. 흔적만 남은 자존심과 수치심, 존엄성일지라도 놓을 수가 없었다. 그러나 벼룩을 잡겠다는다는 규칙은 점점 더 지키기 어려워졌고, 석 달 동안이나 갈아입을 속옷도 없이 지내야 했다.

샤를로트는 라벤스브뤼크에서 최대한 자기 자신을 유지하려 노력하는 다른 이들을 발견했다. 누더기를 두른 채 이리저리 걸어다는 해골로 변해버린 여성들 사이에서 '말하는 신문'이 생겨났다. 바깥세상의 소식과 수용소 내의 정보뿐 아니라 심지어 시까지 담고 있는 이 신문은 입에서 입으로 전달되고 유통되었다. 샤를로트가 6월의 노르망디 상륙에 관해 알 수 있었던 것도 바로 이 신문 덕분이었다. 소식을 들은 수용소 전체가 크게 기뻐했고 작은 행동들로 축하를 표했다. 교사들은 문학과 역사에 관한 교실을 열었다. 수학자들은 모래 위에 수학 문제들을 적었다. 토끼를 기르는 문제에서 난해한 철학적 질문에 이르기까지 모든 것에 관해 토론하는 그룹이 생겨났다. 책과 종이는 부족했지만, 그곳에는 지식을 향한 크나큰 갈망이 있었다. 특히 언어를 배우려는 사람이 많았다. 물론 독일어를 배우겠다고 나서는 이는 거의 없었다.

가능하다면 언제든지 여자들은 노래를 불렀다. 한 번 들으면 뇌리에서 떠나지 않는 절절하고 비통한 러시아 노래가 가장 인기 있었다. 어떤 애국적인 노래도 불러서는 안 된다고 금지하자 여성들은 휘파람을 불었지만 그마저도 금지되었다. 독일어로 노래를 부르라는 명령을 받은 여자들은 조롱조로 무의미한 음절들을 목청껏 외쳤다. 이처럼 자그마한 반항의 행동들은 이들에게 기운을 북돋아주었다. 7월 14일, 14동에 있던 프랑스 여성들은 옷에 프랑스 국기 빛깔의 꽃을 달고 SS가 곤봉을 들고 달려들 때까지 라마르세예즈를 불렀다. 살아남기 위해서는 자신들이 인간으로 남아 있어야 한다는 것을 그녀들은 본능적으로 알았다. 인간으로 남는다는 것은 예의와 문화와 풍요로움이 존재하는 또 다른 세상이 있다는 것을 기억하는 고통스러운 일이었다.

라벤스브뤼크에 먼저 도착한 여섯 명은 프랑스에서 기차를 타고 이곳으로 오는 신참 여성들의 숙소에 잠입해 그들에게 해야 할 일과 피해야 할 일에 관해 짧게 설명해주는 일이야말로 자신들이 꼭 해야 한다고 생각했다. "우리는 그들에게 말해주었다. 결코 자신이 유대인이라고 인정해서는 안 된다는 것과 피곤하다거나 아프다는 말을 해서는 안 된다는 것, 그리고 그들이 젊고 건강해 보이기 위해서 할 수 있는 모든 것을 다 해야 한다는 것을. 그리고 중요한 것은 서로서로 돌보는 일이라는 것을. 그것이야말로 그들이 생존할 수 있는 단 한 가지 방법이었기 때문이다."

╬

8월 초, 31000번 기차를 타고 온 사람 중 남은 생존자들은 한 명을 제외하고 전원이 두 그룹으로 나뉘어 아우슈비츠를 떠났다. 마리 잔 바우어는 몸이 아파서 움직일 수가 없었기 때문에 여성들은 그녀를 뒤에 남기고 출발해야만 했다. 친구들과 함께 올라탄 가축 트럭이 움직이자, 마리클로드는 18개월 전 그들이 노래를 부르며 비르케나우

정문을 통해 행군해 들어오던 날과 지금은 죽고 없는 친구들의 얼굴을 떠올렸다. "우리는 지금 지옥을 떠나고 있다. 처음으로 나는 살아서 다시 세상을 볼 수 있으리라는 희망이 반짝이는 것을 보았다." 남은 여성 52명은 이제 라벤스브뤼크로 이송되고 있었다. 누구도 다시 볼 수 있을 거라 생각하지 못했던 친구들과의 재회는 마치 축복처럼 느껴졌고, 먼저 와 있던 샤를로트 일행은 친구들에게 이곳에서 살아남을 수 있도록 도와줄 생존의 기술을 재빨리 가르쳐주었다. 1월 이후 라벤스브뤼크의 규모는 거의 두 배로 불었고, 매일같이 더 많은 여성들이 도착하고 있었다. 그곳은 온갖 혼란으로 가득했다.

몇몇 사람에게 라벤스브뤼크로의 이송은 그동안 혹시나 하며 두려워했던 최악의 소식을 확인하는 계기가 되었다. 놀랍고 기쁘게도 욜랑드는 이곳에서 어머니 셀레스트를 만날 수 있었다. 하지만 욜랑드는 스무 살이었던 동생 오로르가 죽었다는 소식을 어머니에게 전해야만 했고, 어머니로부터 아버지가 독일군의 손에 처형되었다는 소식을 들어야 했다. 그러나 이때도 모녀는 욜랑드의 남편 아르망이 마키 대원으로 독일군과 싸우다가 얼마 전에 전사했다는 사실은 알지 못했다. 제르멘 피캉는 라벤스브뤼크에 도착한 지 얼마 되지 않은 뤼시 게랭에게 열여덟 살짜리 딸 클로딘이 죽었다는 소식을 전해야 했다.

사실상 그들이 어디에 있는지는 더 이상 비밀이 아니었지만, 여전히 '밤과 안개' 수감자들은 따로 분류되었다. 프랑스 여성 중에서는 마리엘리자, 마리클로드, 그리고 아델라이드가 '밤과 안개' 수감자에 해당했다. 검역소에서의 의무기간을 마친 후 32동을 숙소로 배정받은 그녀들은 점령지 유럽 각지에서 비밀리에 이곳으로 끌려온 다른 여성 수감자들을 만났다. 그들 가운데 많은 수가 공산당 지도부 출신의 강하고 유능한 여성이었던 터라 미래의 공산당원들을 기쁘게 맞아들였다. 이들 가운데 장군이자 민족지학자인 제르멘 티용의 조카인 동시에 레지스탕스 활동으로 체포된 뒤에 파리에서 라벤스브뤼크로 곧장 끌려온 주느비에브 드골과, 교육을 많이 받은 스무 살의 아네트 포스텔비네가 있었다. 얼마 지나지 않아 게슈타포에 의해 체포된 제르멘 티용의 어머니도 라벤스브뤼크에 도착했다. 그녀는 온화하고 고상한 60대 여성이었다.

이 여성들은 몇 달간 라벤스브뤼크에 머무르고 있었고, 수용소 내 함정들을 피해 돌아다니는 데 능숙했다. 그들은 SS 전용 식당을 청소하는 오스트리아 여성들을 설득해 신문을 발견하면 체코인 친구에게 넘겨주어 그들의 손에 도달할 수 있도록 했다. 그 덕분에 전쟁의 진행 상황과 러시아 군대의 진격에 관한 소식이 공유되었다. 아네트는 아델라이드처럼 알자스에서 왔고 독일어에 능했다. 숙소 한쪽 끝에서 머물던 나이 든 러시아 여성들은 수프에서 순무 부스러기만 발견해도 성호를 그었다. 어느 날, 아네트는 독일 군복의 실밥을 풀다가 접힌 옷감 안쪽에 숨겨진 실크로 된 지도를 발견했다. 이를 통해 그들은 연합군이 어느 정도 진격했는지 알 수 있었다. 이 일은 여성들에게 승리할 수 있다는 가능성을 느끼게 해주었다.

32동은 '작은 토끼들'이라 불리는, 라벤스브뤼크 고유의 치명적인 생체실험 생존자들이 머무는 곳이기도 했다. 그들은 독일 적십자의 회장이자 베를린대학교 정형외과 전문의인 게브하르트 교수에게 다리 수술 실험을 받은 폴란드 소녀들이었다. 게브하르트가 관할하는 사설

요양소는 라벤스브뤼크 수용소와 그리 멀지 않은 곳에 있었다. 게브하르트는 총상을 입은 게슈타포 수장 하이드리히를 치료하기 위해 이곳에 왔으나 상처가 가스 괴저에 감염된 터라 그의 목숨을 구하지는 못했다. 동부전선에서 수백 명의 독일군이 가스 괴저로 죽어나갔기에 독일군은 괴저를 치료해야 할 절박한 필요성을 느꼈다. 하이드리히에게 세균 감염증 치료 신약인 설파노마이드를 사용하지 않았다는 점을 비난받은 데다가 그를 살리지 못해 실추된 명예를 회복하고자 게브하르트는 라벤스브뤼크에서 폴란드 소녀 75명의 근육과 뼈를 제거하고 상처에 파상풍, 괴저, 연쇄상구균을 주사한 뒤 약물들을 시험했다.

고통스러운 첫 번째 수술이 끝난 뒤, 소녀들은 두 번째 수술을 받지 않으려 저항했다. 그러나 그들은 제압당해 마취제도 없이 수술을 받아야 했다. 군복을 입고 수술을 집도하는 게브하르트는 청결함을 유지하려는 노력을 전혀 하지 않았다. 소녀들은 나중에 풀려날 수 있다는 약속으로 수술을 회유받았지만 실제로 그 소녀들 중 어느 누구도 풀려나지 않았다. 다섯 명이 죽었고 여섯 명이 총살당했으며 살아남은 소녀들은 엄청난 고통 속에서 절뚝거리며 수용소 주변을 돌아다녔다. 32동의 프랑스 여성들은 그들이 할 수 있는 한 최선을 다해 이 소녀들을 보살폈다. 가장 어린 소녀는 열네 살이었다. 32동에는 도둑질이 드물어 침상 위에 빵 조각을 올려두고도 나중에 그 빵이 그대로 있는 것을 볼 수 있었다. 여성들은 32동을 깨끗하게 유지했고, 벼룩이 없는 곳으로 만들었으며 가장 적은 양의 배급을 받은 사람과 자신의 몫을 나누었다. 그러나 모두가 동시에 독일군이 사실상 32동의 어느 누구도 살아남도록 내버려두지 않을 것이라는 점을, 그래서 누구도 이 생체실험의 증언자가 되지 못하게 만들 것이라는 점을 분명하게 알고 있었다.

✝

새로 도착한 프랑스 여자들은 수용소의 다양한 작업장에 배치되었다. 배정을 담당하는 간수는 수용소 내에서 널리 두려움을 사는 스물네 살의 몸집이 크고 흉포한 한스 플럼이었다. 수감자들은 퓌어스텐베르크에서 간수들의 자택을 데울 석탄을 용광로로 운반하는 작업에 배정되거나, 때때로 SS의 자녀들이 그들을 향해 침을 뱉는 정원에서 일했다. 또한 나무를 자르고 호수에서 모래를 나르는 일도 주어졌다. 샤를로트와 푸페트에게는 독일군복을 수선하는 작업이 배정되었다. 이따금 그들은 다른 나라에서 약탈해온 철이나 나무가 실려 있는 마차의 짐을 내리는 작업에 파견되기도 했다.

마리클로드는 처음엔 모래를 날랐으나 나중에는 진료소에서 비서로 일할 수 있었다. 그러나 진료소에서 카포 한 명과 말다툼을 벌인 뒤로 수용소 내에 길을 닦는 작업에 투입되었다. 그녀는 이 작업을 훨씬 더 좋아했다. 엘렌 볼로에게는 오스트리아에서 인질이 되어 라벤스브뤼크로 끌려온 다수의 저명한 여성 인사를 도우라는 지시가 떨어졌다. 이 여성들은 특권층 숙소에서 상대적으로 안락하게 지내고 있었다. 그들은 음식이 든 소포를 받을 수 있었기 때문에 수용소에서 주는 수프를 먹으려 하지 않았고, 그래서 엘렌은 매일 저녁 그들의 배급을 받아 와 친구들과 함께 나눠먹었다. 베티는 다시 한 번 간호사로 일하게 되었다.

그들이 모두 놀란 것은 라벤스브뤼크가 지옥인 것은 맞지만 비르케나우와는 또 다른 종류의 지옥이라는 점이었다. 비르케나우의 주요 목표는 입소자들을 절멸시키는 것이었기 때문에 수감자들이 도착하면 가능한 한 빨리 대부분을 가스실로 보내버리거나 죽을 때까지 노역을 시켰다. 반면 이곳은 상업적 운영의 성공에 초점을 맞추고 있었고 입소자들의 죽음은 목표라기보다는 단순히 목표의 부산물이었다.

프랑스를 떠난 지 18개월 만에 처음으로 31000번 기차의 여성들은 끝까지 생존할 가능성에 관해 진지하게 생각하기 시작했다. 그러나 경계를 늦추는 순간 치명적인 결과가 닥쳐올 것이며, 비르케나우에서 그들을 생존할 수 있게 해주었던 그 모든 법칙들, 즉 청결 유지, 경계하기, 유머감각, 끈끈한 우애를 고수하는 것이 무엇보다 중요하다는 점을 잘 알고 있었다. 이 여성들 사이의 우애는 그녀들이 예전에 알았던 그 어떤 것보다 더욱 강렬했다. 우애야말로 이들을 설명하는 단어이자 이들의 신조였다.

매일 저녁 여성들은 침상에 웅크리고 앉아 배급을 나눠먹은 뒤 다른 숙소에서 지내고 있는 친구들을 만나러 가 새로운 소식과 격려를 주고받곤 했다. 여전히 가족들, 특히 자녀에 관해서는 말을 아꼈다. 누구도 집으로부터 편지 한 장 받지 못했고, 끊임없이 가족에게 무슨 일이 벌어지지는 않았는지 공포에 떨었다. 두 살도 채 되지 않은 아들 폴을 두고 온 룰루는 적어도 아들이 안전하게 지내고 있는 데 안심했지만, 아들의 유아기를 놓쳤다는 생각에 너무나 마음이 아팠다. 이따금씩 편지를 쓰는 것이 허락되면, 그녀는 제발 폴에 관한 소식을 알려달라고 애원했다. 그녀의 편지들은 조심스러운 어조였지만, 마음속 깊은 곳에서 터져 나오는 울음이 배어 있었다. "그 애가 더 이상 아기가 아니라는 사실을 깨닫는 것이 너무 힘들어요. 곁에 있어주지 못한 날들을 언제나 후회할 거예요." 어린 딸들을 남겨두고 온 세실과 제르멘 피캉은 어머니가 아이들을 어떻게 키우고 있을지 전혀 모른 채 몇 개월을 보내야 했다.

뒤늦게 도착한 31000번 기차의 여성들은 라벤스브뤼크에 와 있는 5000명가량의 프랑스 여자들이 프랑스를 대표한다는 것을 깨달았다. 이에 따라 이론상 프랑스인의 약 4분의 1이 '범죄자'였다. 그들은 독일군을 성병에 감염시킨 매춘부이거나 암시장에서 활동했거나 독일의 군수물자 공장노동자로 자원했다가 범죄를 저지른 여성들이었다. 나머지는 모두 '정치범'이었다. 그중 일부는 게슈타포가 잡아들이려 했던 레지스탕스의 건물 관리인 혹은 누이였을 뿐이거나 질투에 찬 이웃의 고발로 붙잡힌 사람들이었다. 공산당원, 브르타뉴의 가톨릭 신자, 지적인 부르주아와 같은 사람들은 협동의식이 있으며 함께 지내기 쉬운 반면 '파리의 유명인사들'이었던 부자들은 가장 더러웠고 가장 불친절했다. 그러나 한 민족으로서 프랑스인들은 다른 민족보다는 좀더 응집력이 있었고 스스로를 돌보는 경향이 있었다.

독일어를 할 줄 알았기 때문에 수용소의 다양한 사무실에서 안정적인 지위를 누렸던 다른 입소자들의 도움을 받아 새로 입소한 프랑스 여자들의 생활은 전보다 더 나아졌다. 아우슈비츠에서처럼 거대한 옷더미를 분류하는 일을 맡은 사람은 온갖 수단을 동원해 스웨터를 빼돌렸다. 그녀는 매일 아침 작업하러 가기 전에 얇은 원피스 안에 아무것도 입지 않은 채 작업장으로 가 스웨터들을 옷 속에 숨겨 왔다. 숲에서 일하던 여성은 나뭇가지를 모아 와 숯을 만들었다. 숯은 설사를 막는 효과가 있었다. 각각의 여성들은 옷감 자투리를 모으고 바느질해서 작은 가방을 만들어 다녔다. 이 가방 안에는 칫솔과 같이 귀중하고 한시라도 눈을 떼어서는 안 되는 물건들이 담겼다.

이들이 라벤스브뤼크에 도착했을 때에는 작센하우젠 수용소에서 데려온 남성 수감자들에게까지 실시되었던 설파노마이드 실험은 끝나 있었다. 단종 수술은 여전히 계속되고 있었다. 여기에 아우슈비츠에서 클라우베르크가 하던 연구를 계속하자는 계획이 세워졌다. 아델라이드는 곧 실험이 실행되는 특수진료소로 호출되었다. 친구들의 묘사처럼, 그녀는 다시 한 번 완전히 감정을 배제한 채 얼음장 같은 태도로 그런 실험에서 자신은 어떤 역할도 하지 않겠다고 거부했다. "나의 신념은 이제 확고하다. 나는 더 이상 명령에 따르지 않을 것이다. 나는 차라리 내 다리에 종양이 퍼지도록 내버려두겠다." 그녀는 또 다른 진료소에서 생명을 구하는 의사로서 일할 수 있도록 보내졌다. 또 한 번, 그녀는 운이 좋았다.

그러나 생명을 구하는 일은 쉽지 않았다. 1944년 여름 라벤스브뤼크의 진료를 담당하던 의사는 퍼시발 트라이테라는 군의관이었다. 그는 정확한 성격이었지만 냉담하고 냉혹했다. 얼마 지나지 않아 아우슈비츠에서 온 의사 아돌프 빙켈만이 그와 함께 진료를 담당하게 되었다. 긴 갈색 가죽코트를 입고 수용소를 성큼성큼 걸어 다니던 빙켈만은 이곳에서 엄청난 두려움과 증오의 대상이었다. 때때로 그는 기관총을 든 채 오토바이를 몰았다. 라벤스브뤼크의 수간호사는 몸집이 크고 뻣뻣하며 백발인 엘리자베스 마샬이라는 여성이었다. 이들 셋은 죽어가는 것이 분명하지만 당장 죽을 것 같지는 않은 매우 병든 여성들, 언제고 '선별'될 수 있는 여성들을 끊임없이 찾아내 독극물이 든 주사를 찔렀다.

매일 아침 진료소 바깥에 냄새나는 여성들의 긴 행렬이 생겨났다. 여성 수감자의 수는 점점 더 늘어났고 냉혹하게 번져가는 감염성 질병과 함께 심각한 영양결핍 상태에 있는 여성들은 끊임없이 기침을 해대며 이곳저곳을 긁적이고, 곪은 상처들로 뒤덮인 다리와 발을 질질 끌며 걸어다녔다. 모두가 가장 두려워하는 것은 화장터로 알려진 10동으로 보내지는 것이었다. 그곳은 결핵에 걸린 이들을 수용하는 곳이자, 그 누구도 살아날 것이라고 기대하지 않는 상태에 놓인 여성 수백 명을 모아둔 채 어떤 치료도 해주지 않는 곳이었다. 10동을 관리하던 카르멘 모리는 가장 악독한 카포 중 한 명이었고, 여자들을 혼수상태에 빠질 때까지 두들겨 패곤 했다.

자신의 눈앞에 선 너무나도 많은 여성들을 바라보며 아델라이드는 빙켈만의 선별로부터 그들을 보호하겠다고 결심했다. 그녀는 여성들이 질병을 앓은 기간을 거짓으로 기재했고, 차트에 체온을 바꿔 적거나, 진료소에서 사용되는 붉은 색 연필로 반죽을 만들어 여성들의 회색빛 뺨을 칠하는 등 다양한 속임수를 사용했다. 베티가 팔 밑에 자라나 온몸에 퍼진 결합조직염으로 고통스러워할 때, 아델라이드와 폴란드 의사는 마취제도 없이 수술을 진행했다. 그런 후 베티에게 어떻게 팔을 들어야만 SS의사가 검사하는 동안 그녀의 긴 수술자국이 보이지 않을지 알려주었다. 폴란드에서 약탈된 물품을 실은 짐마차를 하역하는 일을 하게 된 수감자 의사가 품 안에 가득 의약품을 담은 채 돌아온 날도 있었다. 그런 날은 믿을 수 없게 놀랍고도 행복한 날이었다. 그는 약품을 몰래 모래 속에 파묻었고, 매일같이 그 길을 지나는 여성들이 양말 속에 약품을 꼬깃꼬깃 접어 숨겨오는 방식으로 조금씩 약을 가져왔다. 한동안 많은 사람이 목숨을 구할 수 있었다. 다시 한 번, 아델레이드는 자신이 선택을 해야 한다는 사실에 괴로웠다. "나는 악마의 시스템에 포섭되었다. (…) 우리는 모두 어떤 방식으로든 이 시스템에 참여하고 있으며, 나는 언제까지나 수치스러울 것이다."

라벤스브뤼크의 수감자들이 전부 타락한 존재이며 열등하다는 가정을 주입받은 SS들은 수감자들의 행동에 대해 그것이 얼마나 사소한 일이든 간에 흉포하고 잔인하기 이를 데 없는 방식으로 처벌했다. 탈출하려 하거나 간수에게 덤빈 여성들은 총살당했고, 총알은 대개 그들의 뒤통수를 관통했다. 잡담을 하거나 반듯하게 줄을 서지 않았거나 또는 너무 느리게 이동하는 입소자들에게는 주먹을 날렸다. 수감자들이 반항적이거나 단순히 명령을 이해하지 못했을 때에도 마찬가지였다. SS들은 대개 큰 은색 반지를 끼고 있었는데, 그 반지에는 해골모양의 조각이 달려 있어 수감자들의 이나 코를 부러뜨리기에 제격이었다. 수감자들은 채찍질을 당하기도 했다. 채찍질 50대면 죽을 수도 있었고 75대를 맞으면 죽음을 피할 수 없었다. 채찍질은 카포가 맡았는데, 그들은 음식을 추가로 배급받는 조건으로 자원해서 그 일에 나서곤 했다.

가장 두려운 것은 처벌동이었다. 그곳은 수용소 내의 감옥으로, 간수들과 개들의 야만성을 견디지 못하고 미쳐버린 여자들이 수감되는 정신병동이었다. 스물넷의 도로시아 빈츠는 예쁜 금발머리 소녀로 전에는 부엌에서 시중을 드는 일을 했지만 지금은 뒤틀린 얼굴로 재빠르게 승진해 처벌동 감방 78개를 관할하고 있었다. 발목까지 물이 차 있는 이곳은 1944년 7월의 히틀러 암살 음모에 연루된 여자들이 기력이 쇠한 채 머물고 있는 곳이기도 했다. 도로시아 빈츠는 예비검속 수용소장이자 몸집이 거대하고 상스러운 사내인 에드문트 브라우닝의 연인이었다고 한다. 그녀는 여성들을 벌거벗긴 채 눕지도 일어서지도 못하는 크기의 처벌상자에 가둔 뒤 음식도 주지 않는 처벌을 일삼았다. 수용소에서 도로시아 빈츠를 두려워하지 않는 사람은 없었다. 그녀가 도무지 끝날 것 같지 않은 점호시간에 도열해 있는 여성들의 앞을 천천히 걸어 내려가면, 모두가 공포에 질렸다.

✝

이제 프랑스 여성들이 오랫동안 두려워하던 일, 즉 서로 뿔뿔이 헤어지는 일이 벌어지고 있었다. 처음으로 떠난 무리는 세실, 푸페트, 룰루와 그녀의 자매 카르멘, 그리고 비르케나우에서 구타당해 사망한 앙드레의 자매 질베르트였다. 그들에게 이별은 참아내기 힘든 일이었다. 플럼은 이들을 불러 독일 니더작센 주 벤도르프에 위치한 공장에서 미사일 V1과 V2를 만들게 될 것이라고 말했다. 세실에게 이 소식은 마치 친자매처럼 가깝게 지내던 샤를로트와 헤어져야 한다는 것을 의미했다.

오래된 소금광산인 벤도르프는 지하 600미터 아래에 위치해 있었기 때문에 연합공군 레이더망에 걸리지 않았고, 그래서 독일군은 이곳에 새로운 무기고를 세우고 있었다. 2500명의 여성 노동자 중 600명이 강제수용소에서 끌려온 재소자들이었고 그 가운데 200명이 프랑스인 또는 벨기에인이었다. 여성들은 3킬로미터가량 떨어진 '덩어리'라고 불리는 격납고에서 숙식하면서 매일같이 점호를 마친 후 광산으로 향하는 통로로 행군했다. 그곳에서 여성들은 갱도를 오르내리는 승강기를 타고 땅속 깊은 곳으로 내려갔다. 광대한 동굴이 펼쳐져 있는 아래쪽에는 공장이 지어지고 있었다. 여성들은 발에 맞지 않는 나막신을 신은 채 소금을 나르는 레일에 걸려 넘어지지 않으려 애쓰며 어둡고 위험한 통로들을 돌아다녔다. 소금은 긁힌 상처와 벌어진 상처, 곪아서 터진 여성들의 상처를 더욱 악화시켰다. 엄청난 메아리가 울리는 동굴 속에서 소금은 눈이 부시도록 하얗게 빛났고 공장은 아주 작아 보였다.

여성들은 일주일에 엿새 동안, 하루에 열두 시간씩 밤낮으로 번갈아 일했다. 낮 근무자들도 햇빛을 전혀 볼 수 없었다. 여성들은 뿔뿔이 흩어져 서로 다른 작업반에 속했다. 푸페트는 신랄한 독설가라 별로 좋아하지 않았던 세실과 같은 조가 되었고, 베로니크라 불리는 유대계 헝가리인 소녀와 새롭게 친구가 되었다. 그녀는 어머니와 함께 벤도르프에 끌려왔지만 어머니는 진료소에서 사망하고 말았다. 이제 겨우 아홉 살이었던 베로니크는 푸페트에게 자신은 외동딸이며, 부다페스트의 넓은 집에서 부모와 가정교사들과 함께 살았고, 그녀의 아버지는 독일군에게 끌려갔다고 말해주었다.

31000번 기차의 여자들은 즉시 작은 사보타주 행동들을 실행하는 데 착수했다. 여전히 강인한 정신력을 가지고 있었고, 이제 전쟁이 막바지에 이르렀다는 것을 인식하고 있었기에 가능한 일이었다. 기름 여과기를 조정하거나 부품을 조립하는 작업에 배치되면 여자들은 지시와는 정반대로 행동했다. 무언가에 나사를 단단히 조이라는 명령을 받으면, 나사를 느슨하게 풀어두었다. 기름을 아껴 칠하라는 명령이 떨어지면, 그들은 기름을 아낌없이 퍼다 발랐다. 노동의 많은 시간이 똑같은 작업을 다시 하고 또 하고, 나사를 조였다가 푸는 일들로 채워졌다. 세실은 나사가 들어가야 할 구멍을 약간 더 크게 만들어 나사가 구멍에 겉돌도록 했다. 결국 독일인 간수는 그녀 뒤에 서서 그녀가 작업하는 모습을 계속해서 세세히 관찰했다. 룰루는 소금 알갱이를 조금 모아다가 기름에 섞어두었다. 모든 여성들은 깨지기 쉬운 물건들을 떨어뜨리거나 기름이 든 캔을 엎지르는 등 갖가지 방법을 찾아냈다. 그들이 공장을 떠나기 전까지 한 달 안에 열 명 중 일곱 명이 공장의 모터를 완전히 태워버리는 데 성공했다.

작업의 진행이 더딘 데 격분한 감시자들은 생산성을 높이기 위해 여성들을 회유하려고 했다. 그들은 음식을 더 주겠다며 유혹했고, 팔에 음식을 안겨주면서 먹으라고 강요했다. 비록 언제나 배가 고팠으며, 이제 매일같이 나오는 배급은 멀건 국물에 지나지 않았음에도 여자들은 유혹을 거부했고 음식을 받지 않으려고 팔을 몸 쪽으로 그러모았다. 다음 작업조가 공장에 도착하자 유혹을 거절하라는 속삭임이 전달되었다. "다시 말해 우리는 지적으로 무능하고 서투르기 위해 할 수 있는 모든 일을 했다."

이런 행동에 위험이 따르지 않은 것은 아니었다. 기계들은 면밀하게 감시되고 있었고, 사보타주 행위를 하는 이들은 종종 처형되었다. 라벤스브뤼크에서부터 여자들과 동행한 SS들은 수용소에서 그랬던 것만큼 이곳에서도 잔인하게 굴었다. 옷을 빨아 널어둔 탓에 아파 누워 있는 여성에게서 옷을 빌려 입은 푸페트는 발각되어 구타당했다. 민간인 남성 노동자와 이야기 나누는 것이 발각된 한 젊은 독일 여자는 너무나 심하게 맞아 얼굴을 알아보기 힘들 정도였다. 가을 동안 독일인 노동자 열네 명이 총살되었고, 시체는 종이 자루에 넣어 내동댕이쳐졌다.

31000번의 여성들이 도착한 후 얼마 되지 않아, 폴란드 여자 둘이 도주했다. 그날 밤, 세실, 푸페트, 그리고 다른 여성들은 3킬로미터를 뛰어 그들의 숙소로 돌아와야 했다. 숙소에서 그들은 SS에게 얻어맞고 걷어차였으며, 비가 내리는 바깥에 서서 음식배급도 받지 못한 채 밤을 새우라는 명령을 받았다. 다음날 저녁, 다시 한 번 뜀박질로 숙소로 돌아와 보니 도주자들이 붙잡혀 와 있었다. 그들은 겁에 질려 몸을 떨면서 홀에 서 있었다. 한 명은 몸집이 크고 온화해 보이는 중년 여성이었고, 곁에 선 예쁘장한 젊은 여성은 그녀의 며느리였다. 다른 여성들에게는 서서 지켜보라는 명령이 떨어졌고, 붙잡힌 두 명은 구타당했다. 그들이 몸을 피하면 간수들은 그들의 머리채를 잡고 질질 끌고 왔다. 마침내 그들은 쓰러져 꼼짝도 하지 못했다. 지켜보던 다른 여성들은 그제야 침상으로 돌아갈 수 있었다. 뿌리째 뽑힌 그들의 갈색과 금색 머리카락이 다발로 흩어져 있는 바닥에 피를 흘리며 누워 있는 두 여성들을 내버려둔 채. 두 여자는 죽지 않았다. 그러나 그들은 이내 사라졌고 어디로 갔는지 아는 사람은 아무도 없었다.

다섯 명의 31000번 친구들은 굳건하게 남아 있었다. 1차대전 종전 기념일인 11월 11일, 그들은 창고에서 색깔이 있는 철사를 빼내 와 프랑스 국기를 상징하는 붉은색, 흰색, 푸른색으로 꽃을 만들었다. 여자들은 약속한 시간에 작업도구를 내려놓고 라마르세예즈를 불렀다. 11월 7일, 러시아혁명 기념일에도 했던 일이다. 벤도르프에 도착한 뒤 얼마 후, 그들은 혁명가를 불러 공산당원 동료들과 사회주의자들과 접촉할 수 있었고, 공장 작업반에 배정된 민간인 남성 노동자 몇몇이 음식을 몰래 숨겨 들어왔다. 푸페트는 스무 번째 생일에 한 남자로부터 샌들 한 켤레를 선물받았다. 샌들에는 그녀의 이름이 새겨진 쇠로 만든 하트모양이 달려 있었다. 친구들은 배급받은 음식을 그녀에게 선물로 나눠주었다. 어느 날, 누군가가 약간의 천을 손에 넣는 데 성공했고, 그것으로 모두를 위해 브래지어를 만들자는 제안을 떠올렸지만, 스스로를 바라본 여성들은 자신들의 가슴이 소년처럼 납작한 것을 보고 새삼 놀랐다.

여성들에게 허기는 여러 가지 방식으로 나타났다. 몇몇은 재료 하나하나의 맛을 음미하며 마음속에 레시피를 되새겼다. 다른 이들은 스스로가 무엇으로도 채울 수 없는 텅 빈 자루 같다고 느끼기도 했다. 굶주림은 여성들 몸속의 지방뿐 아니라 근육까지 앗아갔다. 10~20킬로그램씩 빠진 어린 소녀들은 해골처럼 보였고, 특히 한때는 통통했던 중년 여성들은 탄력을 잃은 피부가 몇 겹으로 늘어져 접혀 있었다. 그들의 가슴은 위장으로 내려앉았고, 위장은 그들의 골반 즈음에 걸려 있었으며, 팔꿈치와 무릎은 늘어져 살에 가려져 있었다. 예외 없이 사실상 거의 모든 여성들이 진작 생리가 멎어 있었고 손톱과 머리카락은 더 이상 자라지 않았다.

31000번 기차의 생존자들을 괴롭혔던 것은 어느 순간 자신이 다른 이들과 떨어져 혼자 남을지 모른다는 것이었다. 다섯 명이 벤도르프로 떠난 후, 엘렌 솔로몽 — 그녀의 남편 자크는 조르주 폴리처와 함께 《뤼니베르시테 리브레》를 편집하다 잡혀 총살당했다 — 은 베를린 부근에 위치한 보쉬 공장에 보내져 간호사로 일해야 한다는 말을 들었다. 사실 그녀는 라벤스브뤼크에 있는 다른 프랑스 여성 스무 명과 함께 이송되어 가스 마스크를 만드는 무리에 섞여들 예정이었지만, 그때는 전혀 알지 못했다. 후에 그녀는 기록한다. "그때 나는 처음으로 울었다. 지난 2년간, 나는 친구들, 특히 나처럼 남편을 잃은 베티, 샤를로트와 떨어져 지낸 적이 없었다." 비록 비르케나우에서 마이와 다니엘을 잃었지만 저널리스트, 편집자와 인쇄공으로 이루어진 파리지앵 그룹의 얼마 남지 않은 생존자들은 서로를 단단히 붙들고 있었다. 서로의 온기와 보호만이 그들을 살아남게 하리라는 점은 확실했다.

이제, 베를린으로 떠나는 기차에 홀로 오르며 엘렌은 아득했고 고독했다. 엘렌 자신이 홀로 생존할 확률은 희박해 보였다.

✝

라벤스브뤼크에서의 상황은 더욱 악화되고 있었다. 점점 더 많은 여성들이 이곳으로 끌려왔고, 강제수용소는 동쪽으로 대피하고 있었으며 점령지 유럽의 여러 지역이 연합군에 의해 해방됨에 따라 배급은 계속해서 줄어들었다. 더 이상 공간도 물도 없었고 전기 공급도 부족했다. 음식과 편지가 든 소포도 끊겼다. 모든 화장실과 변기는 끈적거리는 진흙과 배설물로 범벅된 채 뒤덮여 있었다. 화장터는 과잉 사용으로 전소되었고 시체를 놓아둘 장소가 없었기 때문에 시체가 분지에 무더기로 쌓여 있는 일이 흔했다. 어느 날 아침, 누군가가 몸을 씻으러 분지에 나왔다가 시체들에 둘러싸인 채 혼자 노래를 부르고 있는 수감자의 노랫소리를 들었다. 섬뜩함은 일상이 되었다.

새로 도착한 이들의 대다수가 재빨리 위성 수용소로 이송되는 사이 노동자 수요는 줄어들고 있었고, 점점 더 많은 입소자들이 걸레만도 못한 옷을 입은 채 수용소 주위를 돌아다니고 있었다. 샤를로트와 세실을 비롯한 다른 여성들은 작업을 피하기가 한결 쉬워졌다. 그러나 SS들은 노동 가능한 수감자들을 찾으러 다니는 일을 게을리 하지 않았다. 숨어 있다가 발각된 여성들은 처벌받았다. 어느 날, 샤를로트는 SS가 그녀가 숨어 있던 구역의 출입을 예상치 못하게 봉쇄했을 때, 간신히 붙잡히지 않고 피했다. 그녀는 숙소로 돌진해 침상 사이의 좁은 틈에 몸을 숨겨 무사할 수 있었다. 이들은 이미 많은 수의 프랑스 여성들이 포함되어 있는 작업반에 들어가 비행기를 숨기는 용도로 숲을 개간하는 작업에 뽑혀 나무를 베야 하거나, 활주로를 내기 위해 고원을 깎아 활주로를 만드는 작업에 나가게 될까 봐 걱정했다. 눈은 이르게 찾아왔다. 여성들은 얼어붙은 진흙이 발목까지 오는 곳에서 일해야 했던 탓에 많은 여성이 죽어갔다.

다섯 명의 친구들이 벤도르프의 소금광산으로 떠난 뒤 얼마 지나지 않아 다른 여성은 수용소의 한쪽 끝에 위치한 습지에 거대한 텐트가 세워지는 광경을 보았다. 군대에 의해 배달된 텐트는 50미터가량 뻗어 있었다. 텐트는 석탄이 타고 남은 날카로운 찌꺼기 덩어리 위에 얇게 흩어놓은 지푸라기를 제외하고는 텅 비어 있었다. 그러나 곧 파괴된 바르샤뱌의 게토에서 살아남은 여성들과 아이들, 쇠약하고 겁에 질리고 완전히 침묵에 잠긴 헝가리인들, 아우슈비츠로 추방된 헝가리의 유대인들이 수없이 도착하기 시작했다. 몇몇은 30킬로그램도 채 되지 않았고, 팔다리는 막대기처럼 보였다. 곧 텐트 안은 사람들로 가득 찼다. 그 부근을 지나가던 샤를로트와 그녀의 친구들은 따뜻한 옷이나 담요도 없이 여성들이 방치된 텐트에 아주 적은 음식과 물이 배달되는 것을 보았다. 수프가 든 통이 도착하자, 여성들은 소리를 지르며 서로 먹겠다고 싸웠다. 자녀와 함께 있는 여성들은 아이들을 살리기 위해 안간힘을 썼다.

1941년 겨울부터 수용소 당국은 라벤스브뤼크를 정말로 생산적으로 만들기 위해서는, 약하고 아프며 나이 든 여성들을 제거해야 한다는 것을 분명하게 깨달았다. 곧 의사들의 위원회가 진료소를 방문해 환자들을 검사하기 시작했다. 의사들이 감염을 두려워했기 때문에 검사는 멀리 떨어져서 진행되었다. 그 뒤 몇몇 환자를 베른부르크 잘레 강변에 있는 '요양원' ─ 사실은 가스실이었던 ─ 으로 이송할 것을 제안했다. 어디로 이송되는지 알고 싶어 하지 않는 사람들은 듣기 좋은 말로 구슬려졌다. 마찬가지로 대부분의 입소자들도 완곡한 표현을 사용해 이것을 '검은 이송'이라고 불렀다. 이송된 사람들의 안경과 옷, 칫솔을 비롯해 심지어 틀니까지 라벤스브뤼크로 돌아왔을 때 이것이 무엇을 의미하는지 알아채지 못하는 사람은 없었다.

1944년 10월, 주렌은 히믈러로부터 한 달에 2000명에 달하는 여성을 처형하라는 명령을 받았다. 간수인 플럼은 광기에 사로잡혀 도망치려는 여성들의 뒤를 쫓아 옷이나 뒷덜미를 낚아챘다. 아델라이드와 다른 수감자 의사들은 그들의 환자가 적어도 회복되어가는 것처럼 보이도록 하기 위해서 두 배로 애를 썼다. 조부모로부터 전해 내려오는 모든 종류의 민간요법이 시도되었다.

라벤스브뤼크의 여성 수감자 가운데 몇몇, 특히 수용소에서 몇 년씩 머물렀던 여성들은 비교적 자원이 풍부했다. 이곳에 막 도착한 헝가리인들과 바르샤바에서 온 사람들은 산더미 같은 옷과 모피, 자질구레한 세간들에 심지어 인형까지 가져왔고, 이 물품들을 분류하는 여성들은 SS의 철저한 감시에도 모든 종류의 속임수를 능란하게 펼쳤다. 스웨터는 단일품목으로는 가장 인기 있는 물품이었다. 줄무늬 옷이 모두 동이 났기 때문에 새로 입소한 이들은 앞부분에 눈에 띄는 큰 십자표시가 그려진 옷을 지급받았다. 대개 가능한 한 따뜻하게 입으려 했기 때문에, 물품 분류를 맡은 이들은 페인트를 한 통 빼돌려 유용해 보이는 모든 옷에 십자표시를 그렸다.

크리스마스가 다가올 무렵, 피아노 한 대가 수송물자에 섞여 라벤스브뤼크에 도착했다. 피아노가 하역되는 것을 본 한 러시아 소녀가 감탄했다. "세상에, 내가 피아노를 연주할 수만 있다면!" 그날 물품 분류조장이었던 젊은 독일인 여성 소피가 관할 SS에게 물었다. 그는 어린 러시아 유대인 소녀가 피아노를 칠 줄 안다는 것을 기이하게 여겼다. 그러나 어쨌든 피아노는 평평한 땅 위로 옮겨졌고, 러시아 소녀는 피아노 앞에 앉았다. 연주는 훌륭했다. 피아노 소리가 수용소 너머 곳곳으로 퍼져나갔다. 여성 수감자들은 하던 모든 일을 멈추고 음악 소리를 들었다.

프랑스 여성들이 독일군 수용소에서 맞는 두 번째 크리스마스가 다가왔다. 다시 한 번 그들은 서로에게 주려고 만들거나 훔치거나 아껴두었던 작은 선물들을 준비했다. SS 사무실에서 일하는 여성들이 알려준 전쟁 형국은 올해가 그들이 수용소에서 보내는 마지막 크리스마스일 것이라는 희망을 주었다. 숲에서 베어 온 크리스마스트리가 조달되었고, 여자들은 공장에서 철사 조각 약간과 자투리 실 몇 가닥을 훔쳐와 트리를 장식했다. 이제 저녁이면 프랑스 친구들은 어떻게 종전된 프랑스를 재건할 수 있을지 그리고 어떻게 하면 독일이 결코 다시는 타국을 침략할 수 없게끔 만들 수 있을지를 두고 이야기를 나눴다. 몇몇은 최근 이곳에 도착한 어린아이들을 위해 인형극을 만들었고, 심지어 SS들도 인형극을 보러 왔다. 그러나 굶주리고 두려움과 추위에 질린 아이들은 빤히 쳐다만 볼 뿐, 웃지 않았다.

여전히 많은 수의 여자들이 이곳으로 실려 오고 있었다. 두텁게 내리는 눈발은 독일의 많은 곳을 뒤덮었고, 헐떡거리는 나막신을 신었거나 혹은 맨발로 강요된 행군을 하며 이곳으로 온 많은 이들이 동상에 걸려 있었다. 라벤스브뤼크에 있던 몇 달 동안 31000번 기차의 여성 52명 가운데 다행히 죽은 사람은 아무도 없었다. 그러나 시몬 로슈는 심하게 앓아 누웠고 플럼의 선별에서 그녀를 보호하기 위해 여성들은 그녀를 수용소 이곳저곳으로 끊임없이 옮겼다. 시몬 상페는 비르케나우에 있을 때부터 몸이 좋지 않았고, 함께 기차에 탔던 폴란드 여성 여섯 명 중 마지막까지 살아남은 쥘리아 슬루사르크직은 흉막염에 걸려 아델라이드의 간호를 받고 있었다. 수용소가 인구과잉에 시달리는 데다가 독일군이 패할지 모른다는 가능성이 점차 커지자 SS들은 눈에 띄게 불안해하거나 짜증을 부렸다. 혼란이 번져나갔다. 문제는 얼마나 많은 사람들이 그들을 막 집어삼키려 하는 이 소용돌이 속에서 살아남느냐 하는 것이었다.

14장

귀향, 적막한 혼란

1943년 겨울, 라벤스브뤼크에는 다양한 연령대의 수많은 아이들이 살고 있었다. 일부는 고아였고 나머지는 어머니와 함께 수용소로 온 경우였다. 샤를로트와 친구들은 가끔씩 막사 복도에서 아이들이 점호, 벌받기, SS나 카포 흉내 내기 등의 놀이를 하는 모습을 바라보곤 했다. 누군가는 이 아이들을 두고 '웃는 법을 배우지 못했다'고 말했다. 특히 자녀들을 집에 두고 온 세실과 이본 누타리는 이 허약하고 더럽고 굶주려 있고 경계하는 아이들의 모습을 볼 때마다 괴로웠다. 마르고 쇠약한 이 아이들은 종종 남자애인지 여자애인지 분간하기도 어려울 정도였다.

라벤스브뤼크에 맨 처음 입소한 아이들은 1939년 가을에 어머니를 따라 이곳으로 온 로마와 신티 집시의 아이들이다. 그 후로 5년간, 점령지 유럽 각지에서 붙잡힌 유대인 아이들이 들어왔고, 아우슈비츠에서 보낸 헝가리 아이들이 뒤따랐다. 바르사뱌의 어린이 생존자들도 줄

지어 입소했다. 아이들의 숫자는 881명에 이르렀고 출신 국가만 해도 18개국에 이르렀다고 한다. 인형을 빼앗기고 책이나 학교 수업도 듣지 못한 이 아이들은 하루 종일 어머니가 작업에서 돌아오길 기다리며 시간을 보냈고 침상에 눕기 전까지 도무지 끝날 것 같지 않은 점호라는 시련을 넘겨야 했다.

아이들은 언제나 배가 고팠다. 묽은 수프 통이 도착하면, 으레 강한 아이들 사이에서 싸움이 벌어지곤 했다. 아주 어린 아이들은 끊임없이 음식을 구걸하며 다녔다. 네 살짜리 여자아이 하나는 춤을 추면 빵을 한 조각 주겠다는 말을 듣자마자, 퍼붓는 공습에도 아랑곳하지 않고 곧장 일어나 춤을 추기 시작했다. 프랑스 여성들은 수용소에 있던 다른 이들과 마찬가지로 각자가 배급받은 몫의 일부를 아이들에게 떼어주었고, 아이들에게 따뜻한 옷이나 먹을거리를 찾아주려 애썼다. 살아남은 아이들은 열두 살이 되면 성인과 마찬가지로 작업반에 배당되었고 공장에서 열두 시간씩 근무해야 했다. 그들의 음식은 어머니들 것과 동일했고 비타민이 심각하게 부족했다. 유아의 사망률은 높았다. 이본은 어느 유대인 의사의 아들과 친구가 되었다. 명민하고 잘 교육받은 일곱 살의 이 어린 소년은 부모님이 실종된 뒤 수용소 이곳저곳을 비참하게 방황하다가 그녀에게 발견되었다. 자녀에 관한 이야기를 하는 것을 너무나도 고통스럽게 여겼던 다른 여자들과 달리, 이본은 자신의 어린 두 자녀에 관해, 다시 한 번 자신의 팔로 그 아이들을 안을 때의 기분이 어떨지 끊임없이 이야기하곤 했다. 그녀는 돌아올 막내의 생일 축하 파티에 마리클로드를 초대하고는 꼭 오겠다는 약속을 받아내기까지 했다.

아델라이드의 오랜 적인 의사 슈만은 단종 실험을 계속하려는 목적으로 아우슈비츠에서 라벤스브뤼크로 옮겨 왔다. 그는 120명이나 되는 어린 집시 소녀들, 여덟 살밖에 되지 않은 어린 여자아이들까지도 선별해 실험대상으로 삼았다. 이번에도 슈만은 화상을 입게 하는 엑스레이를 사용했고, 이 실험으로 즉사하지 않은 소녀들은 곧 수용소에서 사라졌다.

수용소가 여전히 재교육을 위한 장소로 간주되던 라벤스브뤼크의 초기에는 임신한 여성들의 출산이 허락되었다. 태어난 아이들은 입양을 위해 나치에 보내졌다. 그러나 1942년, 라벤스브뤼크의 성격이 변화하고 노동수용소가 되면서 임신한 여성들은 낙태를 강요받았다. 1943년, SS 군의관 트라이테가 진료를 담당하게 되자 정책은 다시금 변했다. 이제 여성들에게 아이를 낳는 것이 허락되기는 했지만, SS는 새로 태어난 아기를 익사시키거나 목을 졸라 죽였고 그런 행각은 종종 산모의 눈앞에서 자행되었다.

여덟 명의 31000번 프랑스 여성들이 라벤스브뤼크에 처음 도착했을 무렵에는 아이들을 살려두라는 정책이 시행되고 있었다. 그러나 산모나 신생아를 위한 지원은 전혀 없어서 산모와 아기들은 계속해서 과다출혈과 감염 또는 굶주림으로 죽어갔다. 아무도 거들떠보지 않고 난방도 되지 않는 차디찬 방에 산모들이 누워 있고 그 곁에 헐벗은 갓난아기가 벼룩으로 뒤덮여 있기가 다반사였다. 저녁이면 공장에서 돌아온 엄마들은 아이에게 젖을 물렸다. 모유가 나오는 경우는 많지 않았다. 아기들은 잿빛으로 변하거나 엄마의 눈앞에서 시들어갔다.

아기들의 운명은 라벤스브뤼크로 끌려온 여성들에게 끊임없이 고통을 안겨주었다. 1944년 가을, 트라이테는 11동에 특별구역으로 아이들을 위한 방을 만들었다. 새로 태어난 아기들을 위한 기저귀와 우유를 확보하려는 노력이 시작되었다. 체포되어 추방될 때 네 살배기 아들을 두고 와야 했던 시몬 로체는 친구들의 도움으로 악독한 10동에서 살아 나와 11동에 몰래 잠입하는 데 성공했다. 그러나 이곳에서는 가슴이 찢어지는 장면을 목격해야 했다. 모유가 나오지 않는 엄마를 둔 아기들은 수술용 고무장갑 손가락을 잘라 만든 젖꼭지에서 나오는 소젖과 으깬 곡식의 혼합물을 먹은 뒤 포대기로 감싸여 침상에 일렬로 누워 있었다.

아기들은 영양이 결핍된 탓에 너무나 약했고 잘 먹지 못했다. 이곳에는 모두에게 돌아갈 만큼 충분한 젖꼭지나 젖병이 없었기 때문에 여성들은 차례를 기다려야만 했다. 여성들은 자신의 아기에게 젖을 먹이기 전에 어느 순간에라도 점호 명령이 떨어지거나 공장으로 일하러 가라는 호출이 있을지 모른다는 것을 알았기 때문에 자신의 차례를 기다리다가 미칠 지경이 되었다. 석탄을 훔쳐오고 채우려는 온갖 노력에도 11월에 눈이 내린 뒤 기온이 영하 30도로 떨어진 숙소 안은 마치 극지방 같았다. 기저귀를 하나라도 내려놓는다면 즉시 누군가가 훔쳐갈 것이었기 때문에 어머니들은 몸에 기저귀를 걸치고 다니거나 들고 다니면서 말렸고 기저귀가 정말로 참을 수 없을 만큼 더러워졌을 때에만 갈아주었다. 막사 안에서는 끊임없이 쥐들이 나타났다.

하나둘 유아들이 죽어나갔다. 어떤 아기들은 몇 시간 또는 며칠간 살아 있었고, 몇 달간 생존한 아기들도 있었다. 그 이상 살아남은 유아는 거의 없었다. 의학을 전공한 주느비에브 드골은 11동에서 일하게 되었고, 마리클로드와 다른 프랑스 여성 수감자들에게 그곳에 관해 이야기해줄 수 있었다. 11동의 사람들은 매일같이 죽은 아기들에게서 옷을 벗기고 걸레로 그 자그마한 시신을 감싼 뒤 영안실에 내려가 벌거벗은 시신 더미 위에 올려놓았다. 주느비에브는 숨겨둔 비밀노트에 이렇게 적었다. "끔찍했다. 이 작고 부드러운 피부의 아기들을 만지는 내가 혐오스럽다. 나는 매일같이 새로 죽은 아기를 들고 시체들이 누워 있는 곳으로 간다. 매일매일 결코 끝나지 않는 계단을 내려가고 있는 것 같다." 전쟁이 끝난 후 전범재판에 증인으로 섰을 때 그녀는 라벤스브뤼크에서 태어난 신생아의 수가 500명에서 550명에 이른다고 추산했다. 그 가운데 살아남은 아기는 없었다.

여전히 수많은 여성이 동쪽의 수용소에서 이곳으로 이송되고 있었다. 이제 라벤스브뤼크에는 약 4만 5000명이 있었고 이 혼란스럽고 폭력적이며 불결한 수용소에는 사람들이 너무나도 많아 어느 누구에게도 누워서 잘 수 있는 공간이 없었다. 분지와 변기는 배설물로 막혀 있거나 넘쳐흘렀기 때문에 SS들은 점점 더 먼 곳으로 그들의 숙소를 옮겨갔고 따라서 수용소를 관할하는 권력의 많은 부분이 카포에게 넘어갔다. 끊임없이 공중 폭격이 있었다. 몇몇은 너무 약해서 묽은 죽 사발을 들어 입으로 가져갈 힘이 남아 있지 않았다. 다른 여성들은 계속해서 음식과 공간과 따뜻한 옷을 위해 싸웠다. 수용소에는 루머가 나돌고 있었다. 31000번 기차의 프랑스 여성 서른아홉 명은 서로가 어디에 있는지 끊임없이 확인했다.

1945년 1월이 저물 무렵, 라벤스브뤼크에서 2킬로미터가량 떨어진 곳에 위치한 수용소가 비워졌고 새로운 입소자들을 맞을 준비를 마쳤다. 그곳은 1941년 독일의 '퇴폐자'들을 청소하는 프로그램의 일환으로 청소년 범죄자들을 수감하기 위해 세운 청소년수용소였다. 라벤스브뤼크의 병자와 노약자들이, 점호가 없고 더 나은 환경이 기다리고 있다는 말에 현혹되어 이곳으로 보내졌다. 아델라이드는 이 이송에 적합한 여성 수감자들의 이름을 적어내라는 명령을 받았다. 그들이 어디로 보내지는지 알아차리기 전까지 그녀는 이 일을 성실히 수행했었다. 그러나 목적지를 알게 되자 아델라이드는 자신의 환자들에게 허리를 꼿꼿이 펴서 앉고 머리모양을 정돈해 가능한 한 젊고 건강하게 보이라고 말하고는 이송에 관한 모든 감언이설을 물리쳤다.

처음에 여성들은 자발적으로 옮겨 가겠다고 나섰고 새로운 환경에 기뻐했다. 소나무 숲 개간지였던 그곳은 풀 한 포기 자라지 않는 라벤스브뤼크의 그을린 외관과는 달리 쾌적해 보였기 때문이었다. 그러나 곧 그들은 자신들이 또 다른 종류의 지옥에 와 있음을 깨달았다. 바깥에는 엄청나게 눈이 퍼붓고 있었지만 수용소 안에는 덮거나 깔 담요가 없었다. 배급은 반으로 줄었고, 이송된 여성 3672명은 몇 주간이나 매일같이 하루에도 대여섯 시간씩 바깥에 선 채 방치되었다. 아우슈비츠에 있을 때 사다리에서 떨어져 골절상을 입은 뒤 환부에 괴저가 생겨 다리를 절단했던 에메 도리데는 청소년수용소로 보내졌으나 한 카포가 예상치 못하게 동정심을 발휘해 그녀를 도로 라벤스브뤼크로 데려왔다. 그녀를 본 여성들은 자포자기의 심정이 되었다. 외다리로 돌아다닌다는 것은 그 자체로 죽음을 불러들이는 것과 다를 바 없었기 때문이었다. 다른 여성들은 그녀를 숨겨주는 데 힘을 보탰다.

주렌이 청소년수용소로 이송된 여성들의 사망률이 여전히 만족할 만큼 높지 않다고 불평하자, 여성들은 따뜻한 옷뿐 아니라 신발마저 빼앗긴 뒤 면 원피스만 입은 채 눈 속에서 맨발로 서 있게 되었다. 어느 날 그 부근을 지나가던 마리클로드는 엄청난 크기로 쌓여 있는 무언가를 보았다. 그것은 김이 피어오르는 비료더미 같았다. 몇 분도 채 지나지 않아 그녀는 그것이 진흙을 헤치며 변소까지 걸어가는 50미터가 너무나 힘겨웠던 수용소 여자들의 배설물 더미라는 것을 깨달았다. 매일 아침, 화물차가 밤사이 죽은 50여 구의 벌거벗은 시신을 실어다 날랐다. 더 많은 수가 죽지 않았다는 것이 오히려 이상해 보일 지경이었다.

사망률을 높이려는 노력이 계속되면서 라벤스브뤼크에도 작은 가스실이 화장터 근처 비밀창고 안에 생겨났다. 체계적인 절멸 프로그램이 시작된 것이었다. 갑작스럽고 잔인한 공격으로 두려움을 샀던 여간수 거트루드 뵈젤의 보조를 받으며 의사 빙켈만은 매일 여러 진료소를 회진했고, 환자들에게 옷을 들어 올려 발과 발목을 보이라고 명령하거나 체온을 적은 차트와 의료기록을 면밀히 살펴본 뒤 몇몇 이름에 표시했다. 그러면 화물차가 도착해 지목된 여성들을, 즉 옷도 제대로 걸칠 새도 없이 끌려나온 결핵을 앓거나 곪은 상처가 있거나 또는 제정신이 아닌 것처럼 보이는 여성들을 거칠게 뒤 칸에 실었다.

화물차가 떠난 뒤 남겨진 여성들은 침묵 속에서 주시했고 귀 기울여 들었다. 화물차가 달리는 소리는 약 6분 뒤에 멈췄다. 여성들은 가스실 스위치 조작으로 모터가 꺼지는 소리가 들렸다. 그런 뒤 빈 화물차가 돌아왔다. 다음날 아침, 점호 동안 끈적거리고 뻑뻑한 연기를 실은 바람이 불어왔다. 곧 모든 여성들이 이 불길한 왕복 화물차를 두려워하게 되었다. 수용소 사무실에서는 가스실로 보낸 여성들의 파일에 '요양을 위해 이송됨'이라고 표기했다. 목적지는 미트바이다 요양원이었고, 금세 모두가 이 에둘러진 어휘의 뜻을 알아차렸다. 매일같이 가스실에 보내는 명단이 늘어났다. 더 부조리한 것은 마리엘리자가 마치 그들이 치료받을 수 있기라도 한 것처럼 화학자로서 환자들의 오줌을 분석하는 일을 계속해야 했다는 것이었다. 사실상 모든 환자는 죽을 운명이었다.

연합군의 진격은 점점 더 가까이 오고 있었다. 갑작스럽게 이토록 많은 해골과 산송장을 처리해야 함을 깨달은 SS들은 점점 더 불안해했다. 10동에서 슈베스터 마리아라는 한 SS 간호사는 잠을 잘 못 자는 사람들에게 가루약을 먹였고, 약을 먹은 이들은 거의 깨어나지 못했다. SS가 '새로운 세탁소'라고 부른 두 번째 가스실이 완공되었고, 그동안 여성 환자 몇몇은 화장터 뒤편으로 끌려가 총살당했다. 이러한 처형에 주렌도 참석했다고 전해진다. '쥐잡이' 또는 '가축상인'으로 불렸던 플라움은 마치 럭비선수처럼 몸을 던져가며 필사적으로 도망치는 여자들의 다리를 잡아끌며 희생양을 모으는 데 혈안이 되어 있었다. 플라움은 청소년수용소의 '선별' 작업에 참석하기도 했다. 엘리자베스 마샬이라는 한 SS 간호사는 숙소를 비울 때 발 벗고 나서서 감시를 맡기도 했다. 여성들과 아이들은 벨젠 수용소로 이송되었다. 남아 있던 서른두 명의 아기들은 라벤스브뤼크의 가스실로 보내졌다.

1945년 1월이 지나갈 무렵, 소련의 붉은 군대가 도착하기 바로 직전 아우슈비츠에 수용된 7000명 가운데 일부가 '죽음의 행군'을 시작해 라벤스브뤼크로 왔다. 눈과 얼음으로 뒤덮인 길을 뚫고 걸어야 했던 수많은 여성들은 정말로 죽기 직전의 상태였다. 좀 더 건강한 여성들은 그들 사이에 약한 여성들을 껴안고 옮겼지만, 그런 행동은 끊임없이 발각되어 SS에게 얻어맞거나 개에게 물어뜯겼다. 그렇게 산송장 수백 명이 길에서 죽었고 그들의 시체는 도로에 버려졌다. 3000명의 여성을 태운 마지막 수송열차는 수용소에 입소하기 전까지 문을 열고 주차된 상태로 24시간 동안 방치되었다.

건강상의 이유로 다른 수용소로 간 친구들과 합류하지 못해 비르케나우에서 외로운 가을을 견디며 동료들을 그리워하던 마리잔 바우어가 가장 먼저 해방군을 맞았다. 소비에트 의사와 간호사들이 그녀를 돌봐주었다. 그러나 아직도 공포는 끝나지 않았다. 어느 날 그녀가 일하고 있던 부엌에 군인 한 명이 들어왔다. 자신의 가족이 독일군에 의해 모두 사망했다는 소식을 방금 들었다고 말하는 그는 취해 있었다. 그러고 나서 그는 마리잔을 독일군으로 착각한 나머지 권총을 꺼내 그녀를 쏴버렸다. 총알은 그녀의 대동맥 부근을 관통해 어깨뼈 바로 아래에서 빠져나왔다. 다행히 그녀는 살았고, 이후 그 군인이 사형당하는 것을 막았다. 비록 그녀가 프랑스로 떠날 수 있기까지는 그로부터 여러 달이 걸렸지만, 적어도 프랑스 친구들 가운데 한 명은 살아남아 그들의 이야기를 전할 수 있게 되었다.

라벤스브뤼크에 남아 있는 샤를로트, 마리클로드, 아델라이드와 다른 여성들에게 이제 '경주'가 시작되었다는 것은 분명해 보였다. 독일군이 그동안 자신들이 저지른 모든 악행의 증거들을 파괴하는 데 착수함에 따라 수감자들은 자신들조차 느낄 수 있는, 머지않아 도래할 해방이 올 때까지 살아남아야겠다고 결심했다. 생존을 위한 최후의 전투에서 서로를 보호하고 구하려는 노력이 계속되었다. 프랑스 여성들은 죽지 않을 만큼만 간수들에게 복종해야겠다고 단호하게 결심했다. 이것은 그들에게 마지막까지 힘을 짜낼 수 있도록 해주었고, 목적의식을 공유할 수 있게 해주었다. 민족지학자인 제르멘 티용은 청소년수용소로 끌려간 뒤로 다시는 볼 수 없었던 어머니 에밀리를 위해 아무것도 하지 못했지만, 스무 살의 엘렌 볼로가 수프 통의 무게를 이기지 못해 부엌의 얼음바닥에 미끄러져 다리가 부러졌을 때 여성들은 그녀를 돕기 위해 뭉쳤다.

아델라이드와 다른 수감자 의사들은 나무 조각으로 부목을 만들어 댔고, 종이 붕대로 다리를 고정시켰다. 친구들은 엘렌을 숙소 뒤로 옮겨 서까래 밑에 생긴 틈 사이에 숨겨주었다. 엘렌은 언제나 투사였다. 아버지가 체포된 뒤, 레지스탕스에서 아버지가 하던 역할을 물려받아 일을 도운 이래로 그녀는 무엇에도 지지 않았다. 이제 그녀는 하루하루를 살아내고 살아남는 일에 집중했다.

연대와 상호 도움은 이제 더 많은 이들 사이로 확장되었다. 프랑스 여성들이 단체로 3주 연속 음식 없이 일요일을 보내는 처벌을 받았을 때 수용소에 있는 다른 이들로부터 어찌나 빵을 많이 받았던지 다 먹지도 못할 정도였다. 배가 불러 더 이상 못 먹겠다는 포만감은 그들 모두가 완전히 잊고 있었던 감각이었다. 여성들은 '선별'될 위험에 처할 것 같은 친구들을 석탄 상자와 부엌 밑 저장실에 숨겨주었다. SS는 티푸스 환자들 곁에 절대 오지 않기 때문에 몇몇은 환자들 사이에 숨겼다. 오스트리아인 세 명이 곧 처형될 예정임을 알게 되었을 때, 마리클로드는 일하던 사무실에서 친구들의 번호를 이미 죽은 여성들의 것으로 바꿔치기하는 데 간신히 성공했다. 아우슈비츠에서 라벤스브뤼크로 이송된 여성들의 팔에는 문신이 남아 있었기 때문에 수감자 의사들은 그 문신들을 긁어내 마치 감염으로 생긴 종양처럼 보이게끔 만들었다. 마리클로드는 나중에 이 모든 일이 환자들을 구분해 생존할 가능성이 높은 이들부터 구하려고 노력하는 가슴 찢어지는 문제였다고 말했다. 그러나 마리클로드가 할 수 있는 일은 없었다. 연합군의 비밀요원이었던 두 소녀가 낙하산을 이용해 라디오 송수신 기사와 접선책이 기다리고 있던 프랑스로 잠입했다가 붙잡혔다. 모두 어린 소녀였던 이들 네 명은 어느 날 오후 숲으로 끌려가 총살되었다.

살아남은 '토끼들', 모두 살해될 예정이었던 폴란드 불구 소녀들의 구조는 32동 프랑스 여성들의 도움뿐 아니라 수용소에 있는 많은 다른 여성들의 도움 덕에 가능했다. 그들의 차례가 다가왔다는 것을 알았을 때, 행정 사무실에서 일하던 여성들은 몇 시간 동안 수용소의 전기가 나가도록 손을 썼고, 그 때문에 점호가 늦춰졌다. 그 시간을 이용해 다른 여성들은 소녀들이 수용소 곳곳에 숨을 수 있도록 그들을 격려했다. '토끼들'은 아무도 발견되지 않았고 폴란드 소녀들은 모두 살아남았다.

　연합군이 접근함에 따라, 후에 '나치 강제수용소'로 불리게 될 이곳에 대해 기록해두려는 강렬한 욕망들이 생겨났다. 몇 가지 정보는 이미 비교적 자원이 풍부했던 폴란드 여성들이 기록해 밀반출하고 있었다. 여성들은 오줌을 이용해 편지의 행간에 비밀문서를 적었는데, 따뜻한 다리미로 편지를 다리면 숨겨진 글자가 보였다. 제르멘 티용과 마리클로드는 둘 다 정확한 사실, 날짜, 이름, 사망자, 질병 그리고 간수들이 보인 잔인성과 SS가 약탈해간 금액을 기록하려 했다. 그들은 일기와 노트를 적기 시작했다. 둘 모두 자신이 목격한 모든 것을 세상에 알리겠다는 단호한 결심과 분노로 무장하고 있었다. 제르멘은 수용소에서 희생된 어머니만 생각하면 살고자 하는 본능적인 욕망이 사라졌지만, 그럼에도 자신이 느끼는 분노와 독일군이 처벌받는 것을 봐야겠다는 욕망이 계속해서 그녀를 살아가게 했다.

　방직공장에서 일했던 아네트 포스텔비네는 종이를 훔칠 수 있었고, 건물 사무실에서 일하던 체코인 친구는 잉크를 몰래 가지고 나왔다. 이것으로 그들은 얇은 노트를 만들어 기록했다. 글씨는 너무 작아 맨눈으로는 거의 읽을 수 없을 정도였다. 노트는 그들의 침상 위의 헐거워진 판자 뒤에 숨겨두었다. 시간이 지나면서 수용소는 점점 더 혼란스러워지고 견디기 어려울 정도로 잔인하게 변해갔다. 두 여성은 자료를 모으기 위해 필사적으로 수용소를 돌아다니며 플라움과 그의 부하들을 피하려고 노력했다. 미처 적어두지 못한 것들은 그들의 기억에 새겨졌다.

✝

이제 프랑스 여성들의 기나긴 여정 가운데 여러 면에서 가장 위험한 시기가 시작되었다. 팔방에서 전진해 들어오는 연합군과 수용소장에게 전달되는 베를린의 혼란스러운 명령들 때문에 불확실한 분위기가 수용소 곳곳으로 번지고 있었다. 이 수백, 수천 명의 수감자들, 모두가 영양결핍과 질병에 걸린 이 사람들을 전부 어떻게 처리할 것인가? 아우슈비츠 수용소를 떠나기 직전 SS는 가스실을 폭파시키고 대량학살을 자행하던 5년간을 연대순으로 기록한 산더미 같은 서류들을 모두 소각했다. SS는 수용소의 모든 세부사항과 입소자들의 신변 정보를 상세하고 꼼꼼하게 적어두었기 때문에, 이제 문제는 임박한 패전 앞에서 이 많은 증거를 어떻게 없애버리느냐였다.

3월 초, 프랑스 여성들은 남아 있는 다른 '밤과 안개' 수감자 프랑스 여성들과 함께 마우트하우젠 수용소로 이송될 예정이었다. 3월 2일, 마리엘리자, 제르멘 피캉, 엘렌 솔로몽과 마들렌 디수브레를 포함한 서른세 명의 여성이 라벤스브뤼크를 떠나는 가축 트럭에 올랐다. 몇몇 친구들은 뒤에 남겨져야 했다. 시몬 로셰는 심하게 앓고 있어 아무도 그녀가 해방 전까지 살아남으리라고 생각하지 않았다. 마도 두아레는 지멘스 공장에 남아서 일해야 했고 다리가 부러진 엘렌 볼로는 이송 자체가 너무나도 위험했다. 베티, 쥘리아 슬루사르크직, 시몬 상페는 모두 진료소에 있었다. 다리를 절단한 에메 도리데는 하루하루가 극도로 위험했기 때문에 계속 숨어 지내고 있었다. 그리고 이들을 돌보기 위해서 아델라이드, 샤를로트, 마리클로드가 뒤에 남아 있기로 했다. 친구들과의 이별은 크나큰 아픔이었다.

오스트리아의 린츠 근처에 흐르는 도나우 강가 절벽 위에 자리한 마우트하우젠 수용소는 안슐루스, 즉 독일과 오스트리아의 합병 이후 1938년 여름에 세워졌다. 멀리서 보면 이곳은 마치 요새화된 중세의 성처럼 보였다. 화강암 벽돌로 만들어진 성채와 탑은 빽빽한 숲으로 둘러싸여 있었다. 강제수용소 중 최악의 조건을 갖춘 마우트하우젠 수용소에서는 절멸의 수용소와는 반대로 수천 명의 소비에트 전쟁 포로들과 연합군 포로, 정치범으로 억류된 사람들, 유대인, 집시들과 성직자들이 근처에 있는 채석장에서 죽을 때까지 노동해야 하는 곳이었다. 이곳에서 수감자들은 히틀러가 뉘렘베르크와 베를린에 계획한 공공건물을 짓기 위해 나무를 베고 운반하면서 광막한 지역을 걷고 '죽음의 계단'을 올랐다. 나치의 기준으로 보아도, 그곳의 상황은 너무 가혹했다. 1941년 히틀러와 하이드리히는 수감자의 처우와 수감자들이 처한 위험의 정도에 따라 각 수용소에 순위를 매겼는데, 마우트하우젠은 세 번째로 최악인 수용소에 꼽혔다. 사람들은 마우트하우젠에 보내지면 누구도 살아나올 수 없다고들 말했다. 절멸 수용소로 지명되지 않았으나, 라벤스브뤼크와 마찬가지로 너무 약하거나 심하게 불복종하는 이들을 처리하기 위해 작은 가스실이 그곳에도 지어졌다.

3월 7일, 프랑스 여성 서른다섯 명이 마침내 마우트하우젠에 도착했을 때 그들은 인간으로서 참을 수 있는 한계에 임박해 있었다. 이송은 혹독했고, 폭격이 계속되는 동안 기차는 끊임없이 멈춰 섰다. 기차에서 내린 뒤에는 도보 행군이 이어졌다. 여성들은 밤새 달빛에 의지해 침묵만이 감도는 버려진 마을을 가로질러 걸어야 했다. 걷기에 너무 약한 이들은 끌려 나가 총살당했다. 그들의 시체는 길가에 아무렇게나 버려졌다. 선발된 585명의 여성 가운데 열여덟 명이 행군 도중 사망했다. 한 팔로 아이 하나를 끌어안고 다른 팔로 또 다른 아이를 잡아끌면서 한 걸음 한 걸음 휘청거리며 걷는 한 젊은 여성을 본 SS는 그녀를 줄에서 홱 잡아채 총을 쏴버렸다. 비통한 순간이었다. 다른 여성들은 아무 말 없이 남은 두 아이를 잡아끈 뒤 걸음을 계속했다.

마우트하우젠에 도착한 마리엘리자와 여자들은 숙소를 배정받았다. 그곳에서 그들은 레지스탕스에서 활동하던 시절에 프랑스에서 알고 지냈던 남자들을 여럿 만날 수 있었다. 여자들은 닷새 동안 음식을 거의 먹지 못해 너무 배가 고프다고 호소했지만 누구도 그들에게 먹을 것을 내주지 않는 데 깜짝 놀랐다. 그런 뒤 그들은 샤워실로 끌려갔고, 솔로 생식기를 소독받은 뒤, 걸칠 것으로 남자 옷을 받았다. 마르고 야윈 몸에 걸쳐놓은 바지와 재킷이 자꾸만 흘러내렸다. 그런데 희한하게도 다시 돌아온 여성들을 보자마자 남성 동지들은 서둘러 빵 조각과 옷을 붙들어 맬 끈을 가져다주었다. "왜 처음부터 우리에게 빵을 주지 않았죠?" 마도가 묻자 남성들이 대답했다. "당신들이 곧장 가스실로 끌려갈 줄 알았거든요."

여성들이 머물 숙소의 상황은 라벤스브뤼크의 텐트보다는 약간 더 나았다. 더 낫다고는 해도 그곳에는 깔거나 덮을 담요도 없이 오로지 누울 수 있는 바닥만이 있었을 뿐이다. 마리엘리자는 진료소에서 간호사로 일하게 되었다. 그곳에서 수많은 이들이 결핵을 앓고 있었지만, 약은 소수에게만 돌아갔다.

3월 21일, 끔찍한 일이 일어났다. 프랑스 여성들의 대부분은 암슈테텐 역에서 미군의 폭격으로 파괴된 잔해들을 치우는 작업에 끌려 나와 있었다. 그들이 비틀린 철도와 시멘트를 헤치고 땅을 파는 동안, 폭격기가 되돌아와 폭탄을 퍼부었다. 이 일로 여성 100명이 사망했다. 사망자에는 프랑스 친구들도 세 명 포함되어 있었다. 요리를 사랑했고 친구들을 위해 SS의 부엌에서 음식을 훔쳐오곤 했던 라이코 출신의 샤를로트 데콕, 집으로 돌아가 남편과 아들과 다시 새로운 삶을 시작하려 했던 올가 멜랭, 어린 두 자녀에 관해 자주 이야기하던 젊은 엄마 이본 누타리. 이본은 즉사하지 않았고, 엄청난 고통에 휩싸인 채 그날 밤을 꼬박 새웠다. 그녀는 아이들과 다시 만날 순간이 머지않았다고 되뇌며 이를 악물고 살아남으려 했다. 그러나 다음날 아침이 되었을 때 그녀에겐 더 이상 죽음과 맞서 싸울 여력이 남아 있지 않았다.

다른 여성들에게 이들의 죽음은 가슴 찢어지는 아픔이었다. 세실이 말했던 것처럼 이들은 서로 아주 가깝게 지내고 있었기에 친구의 죽음을 지켜보는 일과 자신이 죽는 일이 별반 다르지 않다고 느낄 정도였다. 이제 생존자들은 매일 누가 다음 차례일지 모른다는 불안에 떨었다. 끊임없이 엄습해오는 두려움을 지우기란 불가능했다. 특히 '밤과 안개' 수감자들은 더욱더 그랬다. 독일의 계획이 자신들을 모두 절멸시키는 것이라는 점을 너무나도 잘 알고 있었기 때문이다.

그러나 마우트하우젠에 있는 이들에게 전쟁은 거의 끝에 와 있었다. 4월 22일, 남은 여성 서른두 명이 사무실로 호출되었다. 명령에 따라 5열로 정렬해 선 여자들은 샤워를 하게 될 것이라는 이야기를 들었다. 아우슈비츠의 생존자들에게 샤워란 단 한 가지를 뜻했다. 그러나 이들 곁에는 그동안 알고 지냈던 남자들도 몇몇 함께 서 있었고, 적십자 화물차 여러 대가 그들을 대피시키기 위해 와 있다는 소식이 전해졌다. 상상조차 하지 못했던 일이었다. 더 이상한 것은 가는 길에 먹을 수 있도록 여성들에게 곰팡내 나는 빵을 나눠주던 SS에게 적십자 대원들이 독일군에게 지급되는 것과 같은, 더 나은 빵으로 바꿔주도록 명령하자 SS가 복종했다는 점이다. 불확실성과 불안감을 느끼며 여성들은 천천히 화물차에 올라탔다. 이들은 전화선이 끊어져 있던 탓에 여자들을 살려두지 말라는 히틀러의 메시지가 전달되지 못해 자신들이 목숨을 구할 수 있었다는 것을 나중에서야 알게 되었다. 그들은 살아남았다. 마리엘리자, 마도, 시몬, 그리고 두 제르멘과 다른 여성들이 살아남았다. 그들은 폭격으로 황폐해진 나라를 가로질러 각자의 집으로 돌아가고 있었다. 그러나 그들이 집에 도착했을 때 무엇을 발견할지 그리고 자신들이 발견한 것에 대해 어떻게 느끼게 될지 그 누구도 알지 못했다.

✝

마우트하우젠 그룹은 운이 좋았다. 그들에게 전쟁의 끝은 빨리 다가왔다. 그러나 다른 여성들에게 해방은 그리 쉽사리 오지 않았다.

오라니엔부르크에 폭탄이 터졌을 때, 엘렌 솔로몽은 보쉬 공장에서 일하던 중이었다. 숙소에 불이 붙었다. 잘 곳을 잃은 입소자들은 출신 국가별로 서서 대형을 유지한 뒤 행군하라는 명령을 받았다. 남자들이 앞에 서고 여자들은 뒤에 섰다. SS는 방향을 지시했다. 러시아인들은 동쪽에 미국인들은 서쪽에 섰다. 행군을 따라잡을 수 없을 만큼

약한 이들은 역시 총살당했다. 눈이 내리기 시작했다. 담요를 가져온 엘렌은 그것으로 어깨를 감쌌다. 열이틀간 그들은 계속해서 걸었다. 행군은 주로 밤에 이루어졌다. 중간 중간 휴식을 취하기 위해 헛간에 멈추기도 했으나, 그곳에는 먹을 만한 것이 전혀 없었다. 하루 또 하루, 시간이 지남에 따라 많은 여성들이 죽어갔다.

행군을 하던 사람들은 어느 날 아침 SS가 사라졌다는 사실을 깨달았다. 이상하게 여긴 엘렌과 몇몇이 대열의 앞쪽으로 가보았고 그곳에서 한 무리의 프랑스 군인들을 발견했다. 그들은 여성들에게 약간의 음식을 주고 전에 히틀러 청소년단을 위한 휴가지로 쓰였으나 이제는 미국인들의 야영지가 된 곳으로 가는 마차를 제공해주었다. 엘렌은 슈납스 한 잔을 받았다. 그것은 그녀가 3년 만에 처음으로 맛보는 술이었다. 그 뒤 프랑스 여성들은 숲에서 기다리고 있는 다른 여성들에게로 돌아갔다. 걸으며 그들은 라마르세예즈를 불렀다. 해방군이 안전하다고 판단한 뒤에는 트럭을 타고 적십자와 프랑스 군인들이 그들을 맞이하기 위해 기다리고 있는 리유로 향했다. 엘렌은 살아서 해방을 볼 수 있었다. 당시 그녀의 몸무게는 35킬로그램에 불과했지만.

벤도르프에 수감되어 있던 세실, 푸페트, 룰루, 카르멘과 질베르트는 연합군의 도착이 얼마 남지 않았다는 소식이 들리면 소금광산으로 내려가기를 거부해야겠다고 결심했다. 그들은 광산에 갇혀 죽음을 기다리는 신세가 될까 봐 두려웠다. 4월 10일, 이들에게 갑작스럽게 이곳에서 180킬로미터 떨어진 노이엔감메 수용소로 향하는 기차에 올라타라는 명령이 떨어졌다. 수감자 5000명이 탄 기차 칸은 어찌나 빽빽했는지 움직일 수가 없었다. 카포들도 여럿 함께 기차에 올라탔다.

몇 안 되는 프랑스 친구들은 꼭 끌어안은 채 서로에게 매달려 있었다. 이송되는 동안 그들은 거의 아무것도 먹지 못했고, 기차 안 여기저기에서는 싸움이 벌어졌다. 다른 수감자들보다 더 잘 먹은 탓에 힘이 셌던 카포들은 가장 약한 여성들과 아픈 여성들을 골라 담요로 감싼 뒤깔고 앉았다. 깔린 여성들이 질식하면 그들은 시체를 트럭 밖으로 내던졌다. 기차는 자주 멈춰섰고, 여성들은 그사이 죽은 수많은 시신을 파묻어야 했다.

어느 날 밤, 기차가 멈춘 틈을 타 한 차량에 탑승해 있던 러시아 전쟁포로들이 모두 도주했다. SS들은 기관총을 들고 기차에 올라타 300명의 남성을 골라 총살시켜버렸다. 닷새 뒤, 기차에 남아 있던 남성들에게 내리라는 명령이 떨어졌다. 마치 발작이라도 하듯 간헐적으로 멈춰 서는 기차는 운행을 계속했다. 여성들은 폭격 소리가 점점 더 가까워지는 것을 들을 수 있었다. 이따금씩 독일군이 탄 기차를 먼저 보내기 위해 그들이 탄 기차가 샛길에 비껴서기도 했다. 푸페트는 자는 동안 샌들을 도둑맞아 맨발이었다.

12일 후 기차가 노이엔감메 수용소에 도착했을 때, 그들은 바로 그날 아침에 수용소에서 대피가 시작되었으며 뤼베크 항구에서 마지막수감자 무리가 캡 아르코나 호에 탑승할 예정이라는 것을 알게 되었다. 그 배에는 강제수용소에서 살아남은 생존자들이 타고 있었다. 그러나 이 사실을 알지 못한 영국 공군은 선박에 달아나는 SS 장교들이 탑승했다고 믿고 폭탄을 투하했다. 승선해 있던 SS들은 대부분 탈출할 수 있었으나, 배의 아래 칸에 감금되어 있던 수감자들에게는 탈출의 기회가 없었다. 승선한 4500명 가운데 오로지 350명만이 생존했

다. 노이엔감메에 도착한 여자들은 적십자가 공장을 해방시킨 이후에
도 여전히 지멘스 공장에서 일하고 있던 마도 두아레를 만날 수 있었
다. 그러나 반가움도 잠시, 그들은 비극적인 소식으로 슬픔에 젖었다.
캡 아르코나 호에 탑승해 있다가 익사한 사람 중 마키에서 활동하다
체포된 후 강제수용소로 끌려간 마도의 남동생 로저가 포함되어 있
었고, 남동생과 함께 노이엔감메에 수감되어 있었던 사촌 세르주 또한
그녀가 도착하기 불과 며칠 전에 사망했다.

　프랑스 여성 다섯 명을 포함한 이 여성 국외추방자들은 기듯이 느
릿느릿 움직이는 기차에 도로 태워졌다. 12일 동안 여성들은 약간의
설탕과 날국수 조금, 풀잎 약간 외에는 거의 아무것도 먹지 못했고, 그
래서 많은 수가 사망했다. 그러나 마들렌을 비롯해 여섯 명의 프랑스
친구들은 여전히 살아 있었다. 이틀 뒤 그들은 함부르크 근처의 자젤
수용소에 도착했다. 경비를 서고 있던 수용소 헌병은 심지어 여자들
에게 "이건 우리 잘못이 아니야. 우리를 탓하지 마"라고 말하기까지 했
다. 폭격 소리가 아주 가까이에서 들려왔다. 여전히 맨발이었던 푸페
트는 무덤을 파라는 명령을 받았고, 시체들을 날라야 했다. 다섯 명의
여성들은 굶주리고, 갈증에 허덕이며, 더러움에 찌들어 있었고, 상처
들로 뒤덮인 다리에 걸레 같은 옷을 걸치고 있었다. 그러다 갑작스럽게
수용소가 적십자에 넘어갈 것이라는 소식이 들려왔다. 처음에는 어리
둥절했지만 이내 폭발적인 기쁨을 느꼈다. "노래가 흘러나왔다. 우리
는 반밖에 기억나지 않는 노래에 나오는 단어들을 외쳤다." 다시 기차
를 타고, 그들은 다음날 오후 4시까지 이동했다. 기차는 어느 시골 마
을 한가운데에서 멈췄다. 적십자 앰뷸런스가 그들을 기다리고 있는 것

이 보였다. 조용히 그리고 경계하며 여성들은 한 명씩 기차에서 내려 그들에게 다가갔다. 한 적십자 단원이 그들에게 담배를 권했다.

그 후, 또 다른 기차가 코펜하겐 역에 도착했다. 각각의 여성들은 흰 빵, 버터, 치즈, 잼, 그리고 초콜릿 조각이 든 작은 상자를 하나씩 받았다. 역사 안은 그들을 빤히 쳐다보며 친근하게 음식을 권하는 군중으로 가득 차 있었다. 그들이 입고 있던 옷은 소각되었다. 여성들은 몸을 소독받았고 새로운 옷을 받았다. 그 뒤 말뫼에서 여객선이 한 대, 스톡홀름에서 기차가 한 대 더 도착했다. 기차가 멈춰선 마지막 날 밤, 어둠에 잠긴 채 앉아서 그들이 겪어온 모든 일을 떠올리며, 여자들은 자신들이 정말로 자유의 몸이 되었음을 깨달았다.

그동안 겪은 기나긴 시련의 대미를 장식하듯, 그들은 늘 그랬던 것처럼 라마르세예즈를 불렀다. 지금 이 순간 그 노래는 무엇보다 적절했다. 그들은 모두 살아남아 집으로 돌아가고 있었다. 비록 쇠약했고, 잊을 수 없는 기억과 죽은 동료들을 떠올리며 슬퍼하고 있기는 했지만, 어쨌든 그들은 생존해냈다. 푸페트는 이렇게 말했다. "믿을 수 없었다. 우리는 조용히 무언가를 기다리며 앉아 있었다. 그것은 마치 전투가 시작되기 전의 고요함 같았다."

☦

라벤스브뤼크에 남아 있던 샤를로트, 마리클로드, 아델라이드, 엘렌, 베티, 줄리아와 시몬에게 해방은 갑작스럽게 찾아왔다.

이제 스웨덴 적십자의 베르나도트 백작과 세계유대인의회의 노르

라벤스브뤼크 수용소에서 한 수감자가 그린 그림.

베르트 마수르, 그리고 히믈러 사이에 협상이 진행되었다. 히믈러는 히틀러의 바람과 달리 분리협정을 원했다. 그러나 테레지엔슈타트 수용소에 억류된 많은 유대인을 석방시키겠다는 내용으로 스위스연방의 전 의장 무쉬와 했던 초기 거래는 히틀러의 분노를 샀고, 협상은 까다로워졌다. 하지만 베르나도트는 입장을 굽히지 않았다. 결국 4월 초, 환자로 이루어진 여성 수감자 무리도 라벤스브뤼크를 떠나기 시작했다. 일곱 번째 석방에는 노르웨이 여성 다수와 덴마크 여성들이 합류했다.

이제 수용소는 혼돈 그 자체였다. 이런저런 명령이 내려졌다가도 곧 취소되었다. 다른 수용소로의 이송을 대기하며 줄을 서 있던 수감자들도 갑자기 출발하지 않는다는 이야기를 들었다. 공장은 더 이상 가동되지 않았다. 수용소에는 물이 거의 없었고 사실상 음식이라곤 전혀 없었다. 수용소 여기저기에는 여전히 죽은 자들의 살을 파먹는 쥐가 있었다. SS들은 혼란에 빠졌다. 어떤 때는 거칠게 행동하다가도 다른 때에는 마치 수감자들의 비위를 맞추는 듯했으며, 전쟁이 끝나가는 데 불안해했다. 어느 날, 국제적십자위원회가 수용소를 방문했다. 주렌은 인간이라기보다는 산송장처럼 보이는 여성들을 모두 화장실에 가둬두고 눈에 띄지 못하게 했다. 그날 진료소에 있던 엘렌 볼로는 간호사가 해골처럼 보이는 여자들을 모두 끌어다 막사 맨 끝에 쳐진 커튼 뒤에 숨기는 것을 보았다. 적십자 위원이 그녀에게 말을 걸었을 때, 엘렌은 그들에게 그곳 전체를 좀 더 꼼꼼하게 살펴보라고 말했다. 그를 안내하던 SS 의사는 서둘러 그를 다른 쪽으로 데려갔다. "안 돼요. 안 돼. 그쪽으로 가지 마세요. 거기에는 전염성이 강한 티푸스 환자들이 있어요." 적십자 위원은 의사의 말을 따랐다.

캐나다 적십자에서 보낸 소포꾸러미가 수용소에 도착했다. 그날 밤 늦은 시각, 다른 사람들이 모두 잠들자 샤를로트는 자신이 받은 상자를 열어 안에 들어 있던 커피를 꺼내 한 잔을 만들었다. 수용소에는 뜨거운 물이 없었기 때문에 그녀는 찬물에 커피가루를 한 스푼 넣은 뒤 휘휘 저었고, 너무나 오랜만에 처음으로 마시는 그 한 잔의 커피가 정말로 맛있었으면 했다. 드디어 맛을 보았을 때 그녀는 커피의 맛이 너무 써서 실망했다. 그 순간 그녀는 자신이 기억하고 있는 기쁨들을 결코 쉽게 맛보지 못하리라는 점을 깨달았다. "나는 그 기쁨들에 전부 다시 익숙해져야 할 것이다." 그날 밤, 샤를로트는 카페인 때문에 심장이 너무나 뛰어 이러다 자신이 죽는 것은 아닐까 하고 생각했다. 다음 날 아침, 그녀와 다른 여성들은 모여 앉아 버터가 든 깡통에 손가락을 찔러 넣었고 아주 천천히 핥아먹었다. 그런 뒤 이번에는 땅콩버터를 맛보았다. 이것들은 모두 전에는 보지 못했던 귀한 것들이었다.

시몬 로체는 심하게 앓고 있었고, 점점 더 약해지고 있었다. 베티, 줄리아와 시몬은 허약했다. 다른 이들은 SS에게 발각되지 않기 위해 두 배의 노력을 기울였다. 그들은 끝이 나지 않는 기나긴 점호 동안 언제 어디에 숨을지 고르는 데 노련해졌다. 점호는 매일같이 계속되었고, 간수들은 수감자들이 늘어선 줄 앞에서 이리저리 걷다가 가장 병든 것처럼 보이는 여성들을 끌어냈기 때문에 여성들은 강하고 건강하게 보이는 기술에 통달해 있었다. 가스실로 보낼 이들을 선별하는 일은 계속되었고, 하루는 루돌프 회스 — 그는 적십자가 도착하기 전에 아우슈비츠를 무사히 빠져나가는 데 성공했다 — 가 수용소에 세워진 두 번째 가스실을 시찰하러 오기도 했다. 이제 선별은 종종 인간사냥의 형태를 띠고 있었다. 미친 듯이 숨을 곳을 찾으며 여성들은 수용소 주변을 도망 다녔다.

어느 날 일곱 명의 프랑스 여자들이 대열에서 끌려 나왔다. 가스실로 이송되길 기다리며 숙소에 갇혀 있던 그들은 가까스로 도주했다. SS는 만약 그들이 도로 제 발로 걸어 나오지 않으면 남아 있는 프랑스 여자들 모두가 '선별'될 것이라고 알렸다. 얼마 후 일곱 명은 제 발로 돌아왔다. 한 명이 다음과 같이 소리 지를 때 친구들은 공포에 질려 바라볼 뿐 아무 말도 하지 못했다. "난 서른네 살이에요. 아이가 셋이나 있다고요. 난 죽고 싶지 않아." 그날 밤 그들을 가스실로 싣고 가는 화물차의 소리와 함께 자비를 베풀어달라고 애걸하는 그들을 SS가 구타하는 소리와 울부짖는 여성들의 비명 소리가 들려왔다.

얼마 뒤 어느 날 오후, 아델라이드가 진료소에 있는 동안 그녀는 화물차가 다가오는 소리를 들었다. 한 간호사가 나타나 몇몇의 이름을 부르기 시작했다. 더 이상은 참을 수 없다고 느끼며 아델라이드는 도망쳤다. 그러나 텅 비어 있을 침대들을 생각하며 돌아갔을 때, 그녀는 다른 이들이 아직도 그곳에 머물러 있는 것을 발견했다. 그들을 가스실로 보내라는 명령은 취소되었다. 그녀는 이처럼 혼란스러운 상황에서는 무엇이든 가능하다는 것을 깨달았다. 이제 싸울 시간이 다가오고 있었다.

4월 23일, 라벤스브뤼크에 남아 있던 488명의 프랑스 여성, 231명의 벨기에 여성, 서른네 명의 네덜란드 여성 들에게 줄을 서라는 명령이 떨어졌다. 새벽 4시였고, 함께 서 있던 시몬, 베티, 줄리아, 마리클로드, 샤를로트는 SS들이 기관총을 든 채 대문을 지키고 있는 것을 보았다. 여성들은 수색받았다. 제르멘 티용은 빈 가루우유 깡통 안에 다리 불구가 된 어린 '토끼'들을 찍은 사진 필름 한 통을 숨기는 데 성공했다. 그들이 그곳에 서 있는 동안, 누더기를 걸친 채 시들어빠져 비틀거리는 한 무리의 여성들이 어둑어둑한 청소년수용소 쪽에서 걸어 나왔다. 그들은 가스실로 향하고 있었다.

다섯 명의 친구는 서로에게 매달렸다. 마지막 순간이 다가오고 있었고, 그들은 자신들이 곧 죽게 되리라는 것을 알았다. 너무나 오랫동안 죽음을 두려워했기에, 오히려 샤를로트는 차분해졌다. 대문을 향해 걸으라는 명령이 고함이 되어 들려왔다. SS는 여자들을 향해 기관총을 겨누었다. 그러나 발포하지는 않았다. 침묵에 잠긴 여성들의 대열이 천천히 앞으로 걸어 나갔다. 저만치에서 군복에 적십자 완장을 찬 남자 하나가 그들을 기다리고 있었다. "당신들은 프랑스인인가요? 나는 스웨덴어로 말하고 있습니다." 아무도 움직이지 않았다.

그런 뒤 아주 천천히 여전히 침묵에 잠긴 채, 여성들은 도로에 대기하고 있던 흰색 화물차에 올라탔다. 걷기조차 힘든 여성들은 부축을 받았다. 그들은 이 순간을 정말 오랫동안 기다려왔고, 그때가 오면 아마도 압도적인 기쁨을 느끼리라 확신하고 있었다. 그러나 막상 그때가 다가오자 오히려 별다른 감정이 느껴지지 않았다. 화물차가 출발하기 전, 여성 중 한 명이 라벤스브뤼크에서 죽은 모든 친구들을 위해 묵념하는 시간을 갖자고 제안했다. 몇몇은 눈물을 흘렸다. 샤를로트는 수업이 끝난 뒤 남편 뒤다크와 함께 집으로 함께 걸어갔던 첫 번째 날이 바로 4월 23일이었던 것을 기억했다. 그날은 라상테에서 그녀가 그에게 마지막 작별인사를 건넨 날이기도 했다.

그들을 태운 채 화물차가 천천히 움직였다. 이리 뛰고 저리 뛰는 사람들로 가득한 길을 따라 허물어진 집들을 지나쳐 포격으로 지표면이 온통 뒤집힌 킬(Kiel)이라는 도시를 지났다. 어린 독일인 소년들이 화물차를 향해 돌을 던졌다. 화물차에 탄 프랑스 여성 중에는 이제 스무 살 된 마들렌 에일머가 있었다. 그녀는 한 달 전에 아주 작은 아기를 낳았고 용케도 임신한 여자들과 아기와 아기를 돌보는 여성들을 잡으러 다니는 플럼의 손아귀에서 몸을 피할 수 있었다. 혼란의 순간, 그녀는 다른 사람의 도움으로 치맛자락 밑에 아기를 숨겨 나올 수 있었다. 이 작은 소녀는 살아남은 몇 안 되는 유아 중 한 명이었다. 화물차들이 덴마크로 들어가는 국경을 넘을 때, 프랑스 여자들을 노래를 부르기 시작했다. 그곳에는 그들을 환영하는 현수막들이 걸려 있었다. 샤를로트는 보이는 것마다 어찌나 기가 막히게 아름다운지 하는 생각에 잠겼다.

✝

31000번 기차에 탑승했던 최초의 프랑스 친구들 가운데 이제 라벤스브뤼크에 남아 있는 이는 오로지 다리가 부러졌던 엘렌 볼로와 점점 더 몸이 약해진 시몬 로체, 그리고 그들과 함께 뒤에 남아 있겠다고 주장한 아델라이드와 마리클로드뿐이었다. 4월 27일 밤사이에 대부분의 SS들은 종적을 감췄다. 그들은 떠나기 직전 수용소에 관한 기록들을 모아 불태우고는 물과 전기 공급을 끊어버렸다. 연합군이 도착하기에 앞서, 주렌과 그의 아내를 태운 차량과 부사령관이 타고 있는 차량 및 호위대가 수용소를 떠나 행군할 것을 강요받은 여성 수감자 행렬의 끝자락을 스쳐 지나갔다. 여자들은 대부분 너무나도 약해져 있어서 간신히 비틀거리며 걸음을 뗐다. 그러나 그들은 자신들에게 주어진 적십자 소포만은 꼭 움켜쥐고 있었다. 주렌의 마지막 명령은 죽은 자를 파묻되, 무덤이 '깔끔하게 보이도록' 해야 한다는 것이었다.

독일군이 떠나기 전 라벤스브뤼크를 폭파시킬 것이라는 소문이 돌았다. 그러나 아무 일도 일어나지 않았다. 버려진 수용소는 이루 말할 수 없이 불쾌해 보였다. 몇몇 '무슬림'들은 시위를 벌였고 대문간에 앉아 적십자가 보내준 깡통음식을 먹고 있어 마치 피크닉이라도 온 것처럼 보였다. 폭격소리가 점점 더 가까워지고 있었다. 그러나 "이 수용소를 감싸 안은 공포가 워낙 컸던 탓에 끝이 임박했다는 기쁨은 쉽사리 느껴지지 않았다. 적어도 이곳에 도착한 붉은 군대를 보기 전까지 그녀에게 기쁨은 일렀다.

조금씩 아델라이드와 마리클로드 그리고 남아 있는 의사들은 병자들을 돌보기 시작했다. 그들은 죽어가는 여성들을 진료소로 옮겼고, 마리클로드는 그들이 인간이 아니라 마치 폐기물 찌꺼기처럼 보인다고 기록했다. 이들은 다음 번 적십자 석방에 이송될 사람들의 명단을 만들었고, 더 건강한 여성들로 하여금 남아 있는 적은 재료로 먹을 것을 요리하거나 수용소를 청소하게끔 했다. '무슬림'들은 계속해서 목적 없이 주변을 어슬렁거렸고, 그들을 조직하려는 어떤 시도에도 저항했다. 결국 마리클로드는 그들에게 일을 돕지 않는다면 먹을 것을 주지 않겠노라고 을러야 했다. 그곳에는 히틀러가 적그리스도임을 믿는다고 말했다는 이유로 십여 년간 여러 강제수용소를 전전하며 지내온 260명의 나이 든 독일 수녀들이 있었다. 여전히 수용소에 남아 있는 몇 안 되는 SS 대원 중 도로시아 빈츠가 음식을 구하러 모습을 드러냈지만 아무도 청을 들어주지 않았다.

아델라이드와 마리클로드는 근처에 있는 남성 수용소를 방문했다. 그곳에서 그들은 절반쯤은 죽어가고 있는 800명의 남자들을 발견했다. 그 가운데 프랑스인 남자들은 대개 누가 봐도 죽을 날이 머지않아 보였다. 그곳에서 그들은 여드레 동안 음식도 물도 없이 지내고 있었다. "그것은 정말 끔찍함 그 자체였다"고 마리클로드는 적었다. "그들은 더 이상 인간 같지 않았다. 그들은 고통과 허기, 갈증으로 이리저리 움직이는 말라빠진 유령 같았다. 아무도, 누구도 이런 광경을 묘사할 수 없을 것이며 누구도 우리 말을 믿지 못할 것이다." 둘은 건강한 여자들 몇 명을 그곳으로 보내 죽어가는 남자들을 버려진 SS 숙소 가운데 한 곳으로 옮겼다.

4월 30일 아침 11시 30분, 붉은 군대가 다가오는 모습이 나무 사이로 보였다. 해방군은 3킬로미터 밖에서부터 수용소가 풍기는 냄새를 맡을 수 있었다고 말했다. 오물과 인간들의 배설물 더미, 움직이는 해골들의 무리를 본 해방군은 극도의 연민과 동시에 혐오감을 느꼈다. "오토바이를 탄 군인들을 바라보는 내 눈에서 눈물이 흘렀다. 이번엔 기쁨의 눈물이었다. 1940년 6월 오페라하우스에서 오토바이를 탄 독일군을 처음으로 보고 흘렸던 분노의 눈물이 떠올랐다"고 마리클로드는 기록했다. 오토바이 부대 뒤로 보병대가 뒤따랐고 차를 탄 장교들도 도착했다. "수용소는 미쳐 돌아가고 있었다. (…) 모두가 우리를 만나고 싶어 했고, 우리에게 말을 걸고 싶어 했다." 이 흥분에 도취되어 사람들은 이곳에 끝마쳐야 할 일이 있다는 것을 잊은 듯했다.

붉은 군대 부대장은 공손했고, 수용소의 상황에 대해 명확한 질문을 던졌다. 그런 뒤 그는 음식과 의약품을 조달해주었고, 병자들을 돌볼 의사들을 여럿 남겨두었다. 한 러시아 의사는 엘렌 볼로의 다리에 부목을 대주었다. 그제서야 비로소 엘렌은 수용소 주위를 절뚝이며 걸어다닐 수 있었다. 떠나기 전, 부대장은 주변 마을에 살고 있던 독일인들로 하여금 수용소에 와서 일을 돕도록 했다. 아델라이드는 간호를 돕기에 적합한 사람들을 찾기 위해 줄을 선 독일인 민간인들의 앞을 걸으며, 마치 독일인 기업가들이 여성 수감자들의 줄을 순회하며 취했던 방식과 똑같이 굴고 있는 자신의 모습을 발견했다. 불과 얼마 전까지만 해도 기업가들은 그들의 공장에서 일할 여성들을 골라냈다. 러시아인들은 환영받았지만 동시에 두려움의 대상이기도 했다. SS에 이끌려 다른 수용소로 가던 여자들이 이송 도중 도망쳤다가 진군해오는 붉은 군대에게 강간당했다는 소문이 들려왔던 것이다.

SS들이 거주하던 빌라는 이제 수용소 대문 밖에 버려져 있었다. 마리클로드는 요로 쓸 만한 것이 있는지 찾으러 빌라에 갔다가 한 남성 수감자가 분홍색 실크로 만들어진 엄청나게 큰 거위깃털 이불을 덮고 잠들어 있는 것을 보았다. 하늘과 호수를 바라보며, 그녀는 "내가 생각해도 자유에 취한 것처럼 느껴졌다"고 적었다. "집에 가게 되면, 가자마자 산에 올라 혼자 고요한 시간을 좀 보내야겠다." 그녀는 버려진 SS 빌라를 뒤지며 즐거움을 조금 맛보았다. 이제 그녀는 집에 가고 싶은 마음을 억누를 수가 없었다.

다른 날, 주렌이 버려두고 떠난 빌라 앞을 친구와 함께 지나던 마리클로드는 건물 안으로 들어가 보았고 그곳에서 피아노를 한 대 발견했다. 친구는 망설임 없이 피아노 앞에 앉아 연주를 시작했다. 마리클로드는 그녀 안에서 오랫동안 억눌려 있던 욕망의 구름이 넘실거리고 그토록 오랫동안 박탈당해온 무언가를 듣는다는 기쁨이 물결치는 것을 느꼈다. 그들은 오래된 프랑스 노래들을 연주했고 늘 그랬듯이 라마르세예즈로 연주를 마무리했다. 그날 밤, 그녀는 벅차오르는 충만하고 강렬한 느낌으로 잠을 이룰 수가 없었다.

3월 3일, 아델라이드와 마리클로드가 어느 의사와 함께 수용소 주변을 걷고 있을 때, 사진사 한 명이 러시아 장교를 동행하고 변한 라벤스브뤼크의 모습을 기록하기 위해 찾아왔다. 이제 이곳은 물과 전기가 다시 공급되고 있었고 러시아인들이 소 30마리와 닭 100마리를 조달해 이곳에 풀어놓았다. 말도 몇 마리 있었다. 이제 이곳에서는 아침이면 우유를 마실 수 있었고, 버터를 바른 빵과 고기와 양파를 점심으로 먹을 수 있었다. 몇몇 프랑스 군인이 수용소를 방문했고, 프랑스의 소식을 전해주었다. 그러나 대부분의 소식은 우울한 것이었다. 어느 날 알라르라는 프랑스 장군이 도착해, 전쟁 초기에 라벤스브뤼크로 추방된 그의 아내에게 무슨 일이 일어났는지 알아내기 위해 돌아다녔다. 마리클로드는 그에게 아내가 가스실에서 처형당했다고 이야기해주어야만 했다. 알라르는 마리클로드에게 파리에 있는 해방위원회가 구설에 휘말려 있으며, 좌파와 우파 사이에 심각한 의견대립이 있다고 말해주었다. 그날 밤, 그녀는 일기에 적었다. 가장 언짢은 것은 수많은 애국자들이 이 나라를 위해 죽어가는 동안, 독일에 부역했던 최악의 무리만이 살아남아 권력의 자리에 올랐다는 사실이었다. 오래된 질서가 사라졌으나 새로운 질서는 아직 오지 않았다. 어떻게 도덕적 위기를 피할 수 있겠는가? 그녀가 두려워하던 정치적 갈등의 날들이 도래하고 있었다.

시몬 로체의 생은 분명 거의 다해가고 있었고, 아델라이드는 그녀를 살리려는 모든 희망을 거의 놓으려 하고 있었다. 그때 한 러시아 의사가 100분의 1의 확률을 가능성으로 삼고 그녀를 수술하겠다고 나섰다. 수용소에는 전신 마취제가 없었기 때문에, 그녀는 국소 마취제를 투여받은 채 수술받아야 했다. 수술이 끝난 뒤 마리클로드가 수혈해 피를 보충해주었다. 시몬은 깨어났지만 아무런 고통도 느껴지지 않자 자신이 죽었다고 생각했다. 잠시 후 자신이 적어도 해방을 볼 만큼은 살아 있을 거란 사실을 깨닫자 기쁨에 겨워 어쩔 줄 몰라 했다. 그러나 수술 후 고열이 쉽사리 떨어지지 않았다. 마리클로드는 비참한 심경이 되었다. 그토록 소중한 누군가를 보살피는 동안 그들이 하루가 다르게 시들어가는 것을 보는 일은 끔찍했다. 그러나 시몬은 죽음에 저항했다. 그리고 이제 적십자에 의해 베를린으로 이송되는 날이 다가왔다. 그곳에서 시몬은 파리로 가 크레테이유 병원에서 여러 달 머물 예정이었다.

마리클로드와 아델라이드는 자신들이 돌보는 환자들이 좀 더 건강해져서 머리카락이 다시 자라고 몸에 살이 조금 붙어 사람답게 보이는 정도가 될 때까지 지켜보며 6월 중순까지 라벤스브뤼크에 머물렀다. 자신과 함께 파리로 비행해 돌아가자는 알라르 장군의 제안을 거절한 마리클로드는 이 모든 것이 끝나길 바라는 열망을 억누를 수 없으면서도, 라벤스브뤼크에서 벌어진 일들을 기록하는 소비에트 위원단을 돕기 위해 가능한 한 오래 머물러 있겠다는 결심을 확고히 한 상태였다. 마리클로드는 거의 3년 만에 처음으로 프랑스어로 격식을 차려 쓰는 편지라며 자신의 부자연스러운 문체에 사과를 구한 뒤, 31000번 기차에 타고 있던 113명의 공산당원 여성들에게 무슨 일이 일어났는지에 관해 공산당 지도자 모리스 토레즈에게 글을 써 보냈다.

아델라이드는 피아노가 놓여 있던 SS의 숙소로 거처를 옮겼고, 5월 17일, 마리클로드는 처음으로 수용소 주변을 벗어나 첫날밤을 보냈다. 그녀가 묵은 곳은 호수가 내려다보이는 진짜 침대와 시트와 베개가 갖춰진 방이었다. 되도록이면 그녀는 고향에서 무엇이 자신을 기다리고 있을지 생각하지 않으려고 했다. 여전히 그녀는 가족이나 동반자 피에르 비용에게서 아무런 소식도 듣지 못하고 있었기 때문이다. 적십자 화물차가 마지막으로 남아 있는 여성 환자들을 태우러 왔을 때, 안타깝게 몇몇이 그사이 사망했고 그녀는 그렇게 오랫동안 생존했다가 집에 돌아가기 직전에 죽다니 얼마나 슬픈 일인지 생각했다.

마침내 환자들은 모두 떠났고 마리클로드와 아델라이드도 고향으로 출발했다. "어둠 속에서 빛으로 향하는 이 여행을 말로는 표현할 수 없다. 삶이 고유한 빛을 낼 때나 가끔씩 너무나 실망스러울 때, 그렇게 기뻤던 순간들을 경험할 수 있었다는, 자신이 얻은 그 무한한 특권을 기억하는 것이 도움이 된다"고 아델라이드는 적었다.

✟

29개월 전, 31000번 수송열차를 타고 파리를 떠났던 230명의 프랑스 여성 가운데 마흔아홉 명만이 생존했고 종전을 목도할 수 있었다. 그들 가운데 서른네 명이 공산당원이었다. 그들의 친구이자 동료였던 181명은 티푸스와 나치의 잔인함, 굶주림으로 또는 가스실에 보내어져 사망했다. 몇몇은 구타로 죽었고, 어떤 이들은 그저 생을 포기했다. 살아남은 이들 중 아무도 마흔네 살을 넘지 않았고, 어린 소녀도 드물었다. 다니엘, 마이, 아맹트와 이베트 기용, 레몽 세르장, 마들렌 자니, 비바 네니는 죽었고, 그들이 남긴 열두 명의 아이들은 이제 나치의 손에 부모를 모두 잃은 고아가 되었다. 살아 돌아온 여성들을 통해 여러 가족이 어머니, 딸, 아내가 집에 돌아오지 못하리라는 사실을 마침내 알게 될 터였다.

31000번 기차의 살아남은 여성들은 수많은 피난민과 귀향하는 전쟁포로들로 카오스 상태에 빠진 여러 나라를 거쳐 방랑한 끝에 그들의 조국 프랑스에 도착했다. 아직 열 명 정도 되는 친구가 스웨덴에 머무르고 있었다. 스웨덴에서 의사로 일하던 마도의 언니는 그들이 천천히 건강을 회복할 수 있도록 돌봐주었고, 시골에서 상원의원과 함께 머물 수 있도록 주선해주었다. 룰루와 카르멘도 그곳에 있었다. 혈육으로는 오로지 이 둘만이 살아남았다. 세실, 베티, 엘렌과 시몬도 이들과 함께였다. 로맹빌에서 찍은 사진 속에선 그토록 따스하게 웃고 있던 포동포동한 어린 소녀 시몬은 이제 몸무게가 23킬로그램밖에 나가지 않았다. 그들은 크림, 생선, 치즈와 신선한 야채를 먹었다. 그들의 입과 치아가 이 낯선 음식을 먹는 데 익숙해지기까지는 어느 정도 시간이 걸렸다. 처음에 그들은 한 번에 오로지 한 티스푼밖에 먹지 못했다. 그러나 하나둘씩 좋은 일들이 생겼다. 시간이 지나면서 점차 그들은 스웨덴 정부 또는 기자들로부터 라벤스브뤼크에 관해 묻는 질문들에 대답해달라는 요구를 받았다. 베티는 부모님께 편지를 썼다. "우리는 작은 천국에 있어요. 그토록 끔찍한 고난 뒤엔 이런 게 필요해요." 그녀는 기억상실과 불안을 호소했지만, 어쩌면 절단해야 할지도 모른다고 의사가 염려했던 팔도 느리지만 점차 나아가고 있었다.

이후 그들은 모두 파리로 향하는 비행기에 올랐다. 샤를로트는 오로지 상실감과 혼란만을 느꼈다. 그녀는 이후로도 남은 삶 내내, 자신이 홀로 남겨졌으며 누구도 자신이 잃어버린 동료들의 자리를 대신할 수 없다는, 억누를 수 없는 강한 감정을 가졌다. "시간은 재빨리 지나갔다. 친구들은 점점 더 희미해져갔다. 그녀들의 색과 형태가 사라져간다. 오로지 목소리만이 남아 있다. 그러나 그조차 파리가 가까워짐에 따라 점점 더 희미해진다. (…) 도착할 즈음, 나는 더 이상 그녀들을 식별조차 하지 못한다. 나는 '그 후'를 보려고 살아남았는데, 그게 무엇을 의미하는 줄이나 알았던 걸까?"

15장

그림자 속으로

샤를로트 델보가 강제수용소에 관해 글을 쓰기 시작한 것은 그녀가 파리의 집으로 돌아오고 난 뒤 얼마 지나지 않았을 때의 일이다. 그녀가 쓴 글은 대체로 시였다.

나는 돌아왔다
다른 세상에서 이 세상으로
나는 떠난 적이 없었고
알지 못했지
어떤 곳이 진짜인지
내 생각에
여전히 나는 그곳에 있고
그곳에서 매일같이 조금씩
죽어가고 있다

떠나간 그들의 죽음을

다시 겪으며……

앎 너머의 세상에서

나는 돌아왔다

그리고 이제는 잊어야지

그러지 않으면 살 수 없음이

너무나 분명하기에

그녀가 쓴 글들은 31000번 기차에서 살아남은 마흔아홉 명의 생존자 중 누가 썼다고 해도 수긍할 만한 것들이었다. 그들은 모두 같은 소외감, 상실감, 외로움을 느꼈기 때문이다. 2년 3개월 동안 나치 강제 수용소에서 그들은 이루 말할 수 없이 춥고 두려웠으며 끔찍하게 아팠고 배가 고팠으며 너무나도 더러웠고 사무치도록 슬펐다. 그들은 삶이 인간에게 줄 수 있는 최악의 것과 최상의 것을 목격했다. 잔인한 학대, 무자비함, 배신, 도둑질과 함께 느낀 관대함과 이타심. 그녀들이 갖춘 강인한 기개는 인간이 참을 수 있는 극한까지 시험당했고, 인간성의 모든 개념이 도전받았다.

양가성의 병존이 그녀들의 삶을 특징지었다. 그녀들은 더 이상 자신이 과거의 자신과 같은 사람이라고 생각하지 않았다. 희망에 가득 차 있었고 자신감으로 충만했으며 하는 일에 열심이었던 그 옛날의 자신과 더 이상 같지 않았다. 자신들이 얼마나 순진했고 얼마나 사람을 잘 믿었는지 생각하니 놀라웠다. 그들은 더 이상 순진하지 않았다. 그들 중 어느 누구도 순진함을 되찾을 수 없을 것이다.

너무나 격렬하게 함께 살았고, 살아남기 위해 서로에게 의존했던 여성들은 이제 가족과 함께, 그리고 그들이 잊고 지낸 세상의 법칙과 방식에 따라 따로 떨어져 살게 되었다. 이제 몸이 쇠약해지고 너무 일찍 나이를 먹어버려 쉽사리 지치는 그녀들은 모든 것을 새로 배워야만 했다. 후일 다시 만난 여성들은 1945년 초여름 프랑스로 돌아온 직후가 그들이 그동안 겪었던 어떤 일보다 더 불행했고 더 어려웠다고, 귀향은 '그림자가 드리운 공간, 침묵, 말해지지 않은 것들'로 채워졌다고 서로 이야기하곤 했다.

✠

나치 독일의 점령기 4년간 아프베어의 자택으로 사용되던, 라스파일 대로에 자리 잡은 파리 최초의 아르데코식 호텔인 뤼테시아 호텔은 이제 귀환하는 억류자들을 맞이하는 곳으로 변모했다. 누구도 몇 명이나 돌아올지 또는 그들의 건강상태가 어떨지 제대로 알지 못했기 때문에 호텔 앞은 혼돈 그 자체였다. 그곳에 의사와 적십자 장교, 정부가 파견한 대표, 저널리스트 들이 뒤섞여 있었으며 홀과 로비에는 실종자들의 이름이 적힌 명단과 사진이 게시되었다. 혼돈의 와중에 비행기와 기차를 통해 프랑스 여성 생존자들이 무리 지어 귀환했다. 그들은 곧 잃어버린 친척들의 사진을 들고 서서 불안해하며 새로운 소식이 있을까 싶어 절박하게 매달리는 가족들에게 둘러싸였다. 그들은 귀환한 이들의 눈앞에 사진을 들이밀며 얼굴을 알아볼 수 있겠냐고 애걸했다. 마들렌 디수브레는 낯선 이들에게 둘러싸여 한 방에 덩그러니 남겨졌고, 문을 두드리는 노크 소리와 잃어버린 아들딸을 찾아 헤매는 부모, 남편을 찾는 아내, 아내를 찾는 남편 들의 소리가 쉴 새 없이 이어졌다.

룰루는 카르멘보다 며칠 앞서 뤼테시아에 도착했다. 그녀는 전쟁포로 수용소에서 탈출을 시도하다 부상을 입고 먼저 본국으로 송환된 남편 조르주와 통화할 수 있었고, 아들 폴의 다섯 번째 생일에 때맞춰 집으로 돌아왔다. 그녀는 아들을 위해 사탕을 조금 가져갔는데, 폴은 그날 처음으로 사탕을 맛보았다. 룰루가 떠날 때 아기였던 아들은 엄마를 알아보지 못하는 작은 소년이 되어 었었다.

질베르트 타미제는 보르도에 있는 아버지에게 비록 자신은 살아 돌아왔지만 여동생 앙드레가 죽었다는 전보를 보내는 일을 계속 미루고 있었다. 그러는 동안 그녀는 뤼테시아 호텔에 혼자 남게 되었다. 그녀의 친구들은 이미 가족과 함께 이곳을 떠났고 다른 이들은 아직 송환되기 전이었다. 그날 밤 그녀는 자유에 관한 꿈을 꾸었지만, 깨어나 보니 텅 빈 방에 홀로 있을 뿐이었다. 거의 3년 만에 처음으로 혼자 있게 된 그녀에게 즉시 든 생각은 '이 참을 수 없는 고독과 이 방, 이 기진맥진함이 정말 자유일까' 하는 것이었다. '그럼 앙드레는? 앙드레에게 무슨 일이 생긴 거니?'라는 질문에 그녀는 어떻게 대답해야 할까. 만약 그녀의 아버지도 앙드레처럼 이미 돌아가셨다면? 게다가 어떻게 라페이라드 가족에게 베르트가 비르케나우의 습지에서 죽었다고, 그래서 그녀와 샤를로트, 비바, 룰루와 카르멘이 저녁 점호를 위해 베르트의 시신을 들어 수용소로 옮겼다고 어떻게 설명해야 할까? 어떻게 샤를로트의 어린 아들에게 그의 어머니가 카포에게 맞아 죽는 것을 자신이 두 눈으로 똑똑히 보았노라고 이야기할 수 있을까? 혼자라는 생각과 당혹감에 압도된 채 룰루와 카르멘과 샤를로트를 생각할 때마다 쑤시는 아픔을 안고 그녀는 도로 침대로 기어들어 잠이 들었다. 이번에는 자신이 친구들 틈으로 돌아가 있는 꿈을 꾸었다. 이번에야말로 그녀는 편안함과 안도감 그리고 따뜻함을 느꼈다.

마침내 배고픔에 못 이겨 방을 나온 질베르트는 어디로 가야 할지 망설였고 무언가를 기다리며 물끄러미 복도에 서 있었다. 그녀는 두려웠고 자신이 아무것도 할 수 없다고 느꼈다. 그녀가 불안해하고 경계하며 서 있는 것을 보고, 한 남자가 다가와 그녀에게 말을 걸며 자신은 지금 막 마우트하우젠 수용소에서 돌아왔다고 설명했다. 그녀가 집으로 돌아간다는 결심을 할 수 있도록 달래면서, 남자는 그녀를 식당으로 조심스럽고 부드럽게 안내했다. 그런 뒤에는 전보기가 놓인 사무실로, 그리고 여행허가서를 내주는 책상 앞으로 그녀를 이끌었다. 무엇보다 질베르트는 울고 싶은 심정이었다. 남자는 그녀에게 음식을 가져다주고, 서류 양식 작성을 도와주었으며 손수건으로 부드럽게 얼굴을 닦아주었다. 그날 저녁, 질베르트는 귀환한 다른 이들과 함께 보르도를 향해 남쪽으로 길을 떠났다. 그녀의 아버지는 기차역에 서서 그녀를 기다리고 있었다. 구부정하게 서 있는 아버지는 피곤해 보였다. 아버지는 그녀에게 동생 앙드레가 어떻게 되었는지 묻지 않았다. 아버지는 이미 알고 있었던 것이다. 집에 돌아온 질베르트는 자신의 방에서 앙드레의 물건들을 발견했다. 방은 그녀가 떠났을 때 그대로였다. 모든 것이 그녀에겐 날카로운 위협처럼 느껴졌다. 그녀는 마치 온몸이 멍으로 뒤덮인 것 같은 아픔을 느꼈다.

제르멘 피캉은 뤼테시아 호텔에 도착하자마자 로비에 서서 가족들이 와 있는지 눈을 크게 뜨고 군중을 살폈지만 찾을 수 없었다. 그러다 그녀는 예전에 알고 지내던 저널리스트 한 명을 알아보았다. 제르멘은 그에게 혹시 그녀의 아버지가 어디에 있는지 아느냐고 물었다. "돌아가셨어요." 남자가 대답했다. 하지만 제르멘의 두 딸은 살아 있었고 집에서 그녀를 기다리고 있었다. 남편 앙드레가 독일군에게 총살당했다는 사실을 그녀는 로맹빌에서부터 알고 있었지만, 남편 없이 두 딸과 함께 새로운 삶을 꾸려나가야 하다 보니 그 사실이 더욱 가슴에 사무쳤다. 하지만 새로운 삶을 시작하기에 앞서 제르멘은 앙드레가 어디에 묻혀 있는지부터 알아야 했기에 프랑스에 도착한 뒤 여러 지방을 돌고 기록을 뒤지며 몇 주를 보냈다. 그러다 마침내 그녀는 발굴된 유해에서 재킷과 머리카락 다발, 그리고 금니를 알아보았다.

제르멘 피캉과 함께 뤼테시아 호텔 로비에 서 있던 제르멘 르노댕은 자신을 향해 걸어오는 키 큰 젊은이를 알아보지 못했다. 3년 전에는 호리호리한 소년이었던 아들은 이제 다 큰 성인이 되어 있었다. 제르멘이 살아 있음을 알리는 전보가 도착했을 때, 농장에서 일하던 토니는 어머니를 만나기 위해 농부에게 기차 삯을 빌려 가장 가까운 역까지 12킬로미터를 걸어서 파리로 왔다. 그는 어머니가 넋을 잃고 혼란스러워하는 것을 보았다. 어머니는 몸이 이상하게 부어 있었고 완치되지 않은 티푸스 때문에 반점이 돋아 있었다.

돌아온 여자들은 생환한 전쟁포로들과 함께 억류자 퍼레이드에 참가했다. 5월 1일, 강제수용소에서 풀려난 이들은 자신들이 입고 돌아온 줄무늬 옷을 입고 행진했다. 그런 뒤 그녀들은 각자 집으로 가는 기차에 올랐다. 마을 전체가 제르멘을 환영했고, 연설을 하는 동안 그녀가 피곤해할까 봐 의자를 준비해두었다. 제르멘은 아주 조금밖에 말하지 않았다. 완전히 하얗게 세어버린 머리카락은 몇 달간 지속되다가 점차 검은 머리칼이 다시 나기 시작했다.

그 뒤로도 계속해서 하나둘, 혹은 그룹을 지어 마흔아홉 명의 여성이 집으로 돌아왔다. 마지막으로 귀환한 사람은 오데사 지역을 거쳐 아우슈비츠에서 살아 돌아온 마리잔 바우어였다. 그러나 그녀를 기다리고 있는 사람은 아무도 없었다. 그녀가 살던 건물은 폭격을 맞았고 아파트는 약탈당했으며 남동생마저 처형되었다. 마리잔은 정신이 멍해졌고 완전히 지쳤으며 오른쪽 눈은 시력을 잃은 상태였다. 그녀는 여전히 티푸스에 양성반응을 보이고 있었다. 마리잔이 느낀 가장 강렬한 감정은 그녀를 비롯한 여성들이 그 모든 희생을 무릅쓰고 헤쳐왔지만 결국 그 모든 것이 헛되다는 것이었다.

살아 돌아온 마흔아홉 명 중 열네 명이 남편을 잃었다. 남편들은 나치에 의해 총살당했거나 강제수용소에서 사망했다. 전쟁이 끝나자마자 여성들에게 또 다시 죽음이 닥친 것이다. 엘렌 솔로몽은 자크가 죽었다는 사실을 알고 있었다. 그가 몽발레리안에 끌려가 총살되기 직전 로맹빌에서 작별인사를 나누었기 때문이다. 그러나 그녀는 그의 죽음이 피부로 와닿을 겨를이 없었던 것이다. 엘렌은 만약 자신이 수용소에서 살아 돌아온다면, 그가 어떻게든 그녀를 기다리며 그곳에 있을 거라는 생각에 사로잡혀 있었다. 집으로 돌아온 지금, 이제야 갑작스럽게 그를 잃었다는 사실이 그녀를 덮쳐왔다. "내가 미쳐가는 것 같았다. 아주 오랫동안 나는 말을 거의 할 수 없었다."

442

돌아온 여자들 중 룰루와 두 명의 제르멘, 마리엘리자, 세실을 포함한 열여섯 명에게는 그들을 기다리는 아이들이 있었다. 이로써 스물두 명의 아이들이 어머니 품으로 돌아갔다. 그러나 53명의 어머니는 총 75명을 고아로 남겼다.

일곱 살 난 미셸 폴리처는 다시는 어머니를 만나지 못하게 되었다. 세 살배기 피에르 자니도, '식민지의 닻'을 운영하던 아네트의 아들 클로드 에포도, 이본 누타리의 어린 두 아이도 마찬가지로 어머니를 만날 수 없었다. 열한 살 지젤 세르장은 희망을 버리지 않고 생마르탱르보에서 기다리고 있었다. 어머니가 그녀에게 집에 돌아오겠다고 약속하지 않았던가? 어느 날 지젤은 마을 상점에서 누군가가 가게 주인에게 세르장 부인의 사망에 관해 이야기하는 것을 들었다. 심지어 그때조차도 그녀는 믿을 수 없다고 생각했다. 어머니는 두 번이나 독일군에게 잡혔다가도 살아 돌아온 사람이었는데, 또 한 번 그러지 말라는 법이 어디 있겠는가? 로자 플로크의 부모도 두 번 다시 딸을 보지 못했다. 1942년 12월의 어느 추운 아침, 학교에 가기 위해 세수를 막 마치고 나온 로자를 본 게 마지막이었다.

어머니를 도와 레지스탕스 전단지를 교열하던 루이스 로케의 열일곱 살 딸은 새로운 기별이 있을까 해서 매일같이 뤼테시아 호텔에 나타났다. 그녀는 모든 생환자에게 어머니의 사진을 내밀었고, 무엇이든 기억해달라고 애원했다. 1946년 12월에서야 겨우 그녀는 우연히 마리 클로드를 만나 자신의 어머니가 죽었다는 사실을 알아냈다. 심지어 그때까지도 그녀가 죽는 것을 본 사람은 아무도 없었다.

애가 닳도록 기다린 것은 자식들만이 아니었다. 이본 누타리의 어머니는 몇 주 동안 매일같이 보르도 역으로 나갔다. 그녀가 마지막으로 들은 소식은 이본이 아우슈비츠 수용소에 살아 있다는 것이었다. 그녀는 딸이 단지 좀 늦는 것뿐이라고 확신하고 있었다. 시간이 많이 흐른 뒤에야 비로소 그녀는 딸이 독일이 패전하기 불과 6주 전에 암슈테텐 폭격으로 사망했다는 것을 알게 되었다.

돌아온 생존자들이 이제 각자 마주해야 했던 문제는 그들이 어떻게 삶을 재건해야 하는가, 그리고 가족들에게 어떻게 자신들이 겪은 일을 말할 수 있을까 하는 것이었다. 아우슈비츠와 라벤스브뤼크는 극단적이고 이해가 불가능하며 너무나도 낯선 경험이었기 때문에 그들은 자신들이 그곳을 묘사할 수 있는 언어를 가지고 있기나 한 건지 의심스러웠다. 심지어 사람들이 듣고 싶어 할 때도 이런 의심은 가라앉지 않았다. 뒤돌아보면 이야기를 듣기를 원했던 사람들은 그리 많지 않았는데 말이다.

✢

전쟁이 끝나기 한참 전, 알제리로 망명했던 프랑스 정부는 독일군에 의해 수감되었거나 추방되었던 이들을 프랑스로 귀환시키겠다고 계획하고 있었다. 주요 레지스탕스 매체 중 하나인 《전투》의 활동가 앙리 프레네는 포로 및 수감자 위원회장으로 추대되었다. 그는 남녀를 통틀어 '실종자'로 지칭했다. 당시에는 그를 비롯해 누구도 무엇을 기대해야 할지 알지 못했다. 그는 전쟁포로의 수를 95만으로, 강제노동국(Service du Travail Obligatoire, STO)에 의해 노역자가 되어 독일로 송출된 이들을 65만으로 추산했다. 그러나 그는 얼마나 많은 레지스탕스와 유대인, 집시, 동성애자 또는 나치 반대자 들이 기차에 태워져 동쪽으로 추방되었는지 전혀 알지 못했다. 수치에 관한 질문을 받자, 그는 아마도 4만 명에서 16만 명 사이일 것이라고 대답했다. 그를 더욱 걱정하게 한 것은 해방된 전쟁포로들이 돌아올 때 스페인 독감 — 이 바이러스는 당시 유럽 전역에 전쟁으로 인해 희생된 사람들의 수보다 더 많은 사람을 죽음으로 몰고 갔다 — 을 달고 와 1차대전의 혼란을 반복하게 되는 것은 아닐까 하는 점이었다.

사실상 프랑스에서 추방된 사람들에 관한 프레네의 수치가 그리 뜬금없는 것은 아니었다. 그보다 앞으로 드러날 정황이 그들을 더욱 아연케 했다. 프랑스에서 추방되어 강제수용소에 수감된 유대인 7만 5721명 가운데 2500명만이 고국으로 돌아왔다. 정치범의 상황은 조금 더 나아서 8만 6827명 가운데 절반에 조금 못 미치는 4만 670명이 돌아올 수 있었다. 그러나 어떻게 봐도 이 모든 수치는 참혹했다. 프랑스 언론이 수용소의 상황에 관해 몇 달간 계속해서 보도했지만, 억류자 가족들의 충격을 막고자 상당히 억압되어 있었다. 4월 5일, 영국군에 의해 해방된 베르겐벨젠 수용소의 사진이 공개되었고, 부르제 공항과 가르드레스트 항구에서 찍힌 사진에 각각 비행기와 배에서 내리는 줄무늬 옷을 입은 남성들과 여성들의 모습이 이미 공개되기는 했다. 그럼에도 실제로 그들이 겪은 일을 조사하기에는 시간이 턱없이 부족했다. '학대'라는 새로운 단어와 함께 비로소 만천하에 드러난 현실은 심히 충격적이었다.

최초로 가르드레스트 항구에서 내린 강제수용소와 절멸 수용소 생존자들을 맞아들인 사람 중에 《뉴요커》지의 특파원 재닛 플래너도 있었다. 그녀는 "그들의 얼굴이 푸른빛이 도는 잿빛이었고 무언가를 보는 듯했지만 정작 아무것도 알아듣거나 받아들이지는 못하는 듯했다"고 보도했다. 다른 이들은 생존자들의 벗겨진 머리, 창백한 안색, 쭈그러든 얼굴이 "원시 시대의 부족을 모델로 하는 난쟁이의 머리를 연상시킨다"고 말했다. 몇몇 생존자는 몸이 너무도 약해진 탓에 제대로 서 있지도 못했다. 이들의 귀국을 환영하는 군중은 봄꽃을 가져와 주위를 경계하는 해골 같은 남녀에게 선물했다. 라일락 다발은 그들의 기력 없는 손을 빠져나와 플랫폼에 깔린 보라색 카페트 위에 떨어졌고 짓밟혀 뭉개진 꽃의 향기가 질병의 악취와 뒤섞였다. 귀국한 억류자들은 낮고 거친 목소리로 꺽꺽거리며 라마르세예즈를 불렀다. 구경하던 몇몇은 눈물을 훔쳤다.

하지만 이 특수한 '실종자'들의 송환을 돕는 일과 그들을 돌보는 일은 생각만큼 단순하지 않았다. 문제는 그동안 그들이 겪었던 일들을 어떻게 받아들일 것인가, 그리고 더 중요하게는 그들에게 그리고 프랑스에 저지른 범죄에 책임을 져야 할 부역자들을 어떻게 처리해야 하는가였다. 실제로 누가 유죄인가? 점령기 4년 동안 얼마나 많은 프랑스인이 프리모 레비가 말하는 '회색지대'의 애매함 속에서 희생자와 가해자 사이에 놓여 있었는가? 누가 처벌받아야 하는가? 독일군의 명령을 수행했던, 반유대인 법령을 실제로 시행하고 용의자들을 체포하고 고문한 뒤 나치에게 넘겼던 프랑스 경찰인가? 법정에서 레지스탕스들에게 사형을 언도했던 프랑스인 판사들인가? 억류자들을 수용소로 이송했던 프랑스 철도청의 프랑스인 운전수들인가? 독일 점령군에게 기차로 실어 나르는 머릿수당 높은 금액을 매겼던 기차 운전수들의 상관들이 처벌을 받아야 하는 건 아닌가? 독일의 법 아래에서 이들 없이는 프랑스가 제 기능을 하지 못했을 터이니 70만 명의 공무원들도 처벌해야 할까? 독일군의 행정 사무실에서 일했던 청소부들도 처벌해야 하지 않나? 종전을 목전에 둔 때에서야 레지스탕스 편으로 건너간 기회주의자들은 또 어떤가? 휴전협정이라는 용어에 굴복해 점령군에 대해 과하게 '올바른 태도'를 취했던 수백만 프랑스 남녀는 또 어떤가? 이들 모두가 처벌받아야 하는가?

1944년 6월, 연합군이 해협을 건너 유럽의 해방 작전에 착수하기도 전에 '적에 협력한 사람들'에 대한 '야만적인 숙청'이 벌어졌다. 따라서 프랑스 파르티잔에 의해 밀리스,* 밀고자들, 부역자들과 나치 독일에 과잉 충성하던 경찰관 5238명이 즉결심판으로 처형되었다. 점령군과 지나치게 가깝게 지냈다고 여겨진 2만여 프랑스 여성들은 강제로 머리를 깎였고 '삭발된 자들'이라 불렸다. 비시정부로부터 정권을 이양받은 프랑스 망명정부는 과실이 있는 자들이 처벌받고 공개적으로 망신을 당하는 등 정의가 실현되는 모습이 공개될 필요성을 극도로 의식하고 있었다. 특히 스스로를 '처형된 사람들'이라고 지칭하며 9만 명(후에 사실상 약 9000명으로 밝혀졌다)의 애국자가 독일군에게 총살되었다고 주장하던 공산당원들은 광범위한 숙청을 요구하고 있었다.

그러나 고국이 강대국으로 재부상하는 모습을 보기 위해 안달이

---

* 프랑스 경찰부대 밀리스(La Milice française)는 1943년 1월 프랑스 비시정권 하에서 우익 조직을 모태로 약 3만 명 규모로 창설된 준 군사경찰조직(친독일 의용대)으로 점령군 독일을 도와 저항조직을 색출, 탄압하고 유대인을 체포하는 등의 임무를 수행했다.

나 있던 데다가 미국의 세력이 과도하게 뻗칠까 두려워한 드골은 프랑스가 통합되어야 한다고 생각하고 있었고, 4년간의 점령에 트라우마를 가지게 된 프랑스인들은 이제 전쟁을 기억의 뒤안길로 보냈으면 하고 있었다. 따라서 드골은 부역자와 희생자 문제에 지나치게 몰두하기를 꺼렸다. 지금은 영웅을 기려야 할 시간이지, 비열한 종자들을 추적하는 데 집중할 시간이 아니었다. 마우트하우젠에서 살아 돌아온 생존자로 비망록을 쓰겠다고 한 모리스 델피외는 한 출판업자로부터 "죽은 자들은 이제 그만! 고통도 이제 그만!"이라는 말을 듣기도 했다. 레지스탕스의 빛나는 위업 덕분에 프랑스인들은 자력으로 회생할 수 있었던 것이다. 수도에 들어서며 드골은 선언했다. "박해받은 파리! 이제 파리는 해방되었습니다! 프랑스 군대의 협조로 프랑스 전체, 투쟁하는 프랑스, 단일한 프랑스, 진정한 프랑스, 영원한 프랑스의 지원과 협조로 파리의 민중에 의해 스스로 해방되었습니다." 눈물의 날들은 끝났고 '기쁨'의 날들이 돌아왔다. 파리를 통솔하는 자리를 맡은 드골과 동료들은 부역자 가운데 가장 죄질이 나쁜 사람들을 재빨리 재판에 회부해야 하며 그에 대한 처벌은 복수심이 아닌 법에 따라 엄중하게 집행되어야 한다고, 그리고 이내 프랑스는 용서하고 앞으로 나아가야 한다고 말했다.

점령기간 동안 흠이 없었다고 평가된 검사들이 산더미처럼 쌓인 서류를 들고 밤낮으로 일하면서 부역의 혐의가 있는 31만 1000명의 용의자에 관한 서류를 모았고, 정의의 심판을 위해 용의자들을 여러 법정으로 보냈다. 그러나 편리하게도 엄청난 양의 서류가 이상하게 사라졌다고 보고되었다. 6만 건이 보류되었다. 기소된 나머지 사건 가운데 4분의 3만이 유죄로 판결되었다. 764명이 처형되었고 4만 6145명이 투표할 수 있는 권리를 박탈당하는 '공민권 박탈'형을 받았다. 이들은 노동조합 가입이 금지되었으며, 여러 직장에서 거부되었고 메달, 훈장, 작위, 연금 등을 몰수당했다.

다른 유럽 국가와 마찬가지로, 프랑스는 전쟁범죄를 다루는 데 적합한 법을 가지고 있지 않았다. 재판에서 많은 사람이 '적과 내통'함으로써 국가의 자유와 평등을 위협했다는 죄목으로, 또는 반역죄와 점령군을 받아들이는 것 사이에 새롭게 생겨난 '부역죄'를 저질렀다고 기소되었다. 여러 갈래로 나뉘어 양면적인 태도를 취하던 프랑스는 1964년까지 인류에 반하는 범죄를 포괄하지 못했다. 1980년대가 되어서야 '리옹의 도살자'로 불리던 SS 대위 클라우스 바르비가 재판에 회부되었다. 비시정부의 경찰국장으로 자유지역에 살고 있던 수천 명의 유대인들을 추방시킨 책임이 있는 모리스 파퐁과 르네 부스케는 1990년대까지 자유인으로 살았다.

✝

31000번 기차의 살아남은 마흔아홉 명의 생존자들은 알맞은 때에 고국에 도착해, 수많은 여성을 아우슈비츠로 보내고 그들의 남편들을 죽음으로 몰고 간 특수수사대의 파리 지부장이자 '붉은 손'이라 불리던 페르낭 다비드의 재판에서 증언대에 선 베티 랑글루아에게 힘을 실어주었다. 샤를로트, 세실, 마도, 마이와 다니엘은 모두 그의 희생자였다. 다비드와 그의 수하들 때문에 샤를로트는 남편을 잃었고 베티는 연인을 잃었다. 법정 한켠에서 다비드를 바라보던 베티는 자신의 마음속에는 저 모습이 지워지지 않은 각인처럼 남아 있는데, 왜 저 사람은 자신을 알아보지 못하는 건지 납득이 되지 않았다. 다비드는 감옥에서 고문받는 이를 전혀 보지 못했다고 주장했다. 그리고 자신은 오로지 명령에 복종했을 뿐이며 자신의 부하들 가운데 몇몇이 약간 거칠게 굴었을 수는 있지만, 어쨌든 그것은 실제적인 폭력은 결코 아니었다고 주장했다. 판사는 그를 '파리의 히믈러'라고 지칭했다.

배심원들은 17분간 고민했다. 그들이 유죄 판결을 가지고 돌아왔을 때 법정 전체는 기립했고 박수를 쳤다. 5월 5일, 다비드는 총살되었다. 처형장에 선 다비드는 항상 말쑥한 모습으로 나타났던 그의 상사이자 레지스탕스에게 치명적인 타격을 입혔던 공안경찰청장이었던 뤼시앵 로테 그리고 파리 특수수사대 열 명과 함께였다. 그러나 프랑스는 치안판사들과 경찰들을 필요로 했고 다른 많은 이들은 처벌을 면했다. 로테의 조카이자 파리 제2특수수사대의 수장인 르네 에노크는 처형된 216명의 레지스탕스들의 죽음에 대한 책임을 묻는 재판에 출석하지 않았다. 그는 도주했고 한참 뒤 브뤼셀에서 노환으로 죽었다. 파리의 11구로 돌아온 세실은 자신을 체포했던 경찰의 얼굴을 알아보았다. 그 경찰은 그녀에게 다가와 손을 내밀었고 심지어 미소를 지어보이기까지 했다. 세실은 그를 두고 뒤돌아섰다.

수송열차에 올랐던 여성 가운데 지롱드나 샤랑트에서 온 이들은 대부분 생존하지 못했고 따라서 책임을 져야 할 특수수사대의 수장이었던 푸앵소에 대한 증언도 하지 못했다. 그래서 그는 추방된 1560명의 유대인과 사망한 900명의 정치범, 그리고 처형된 남성 285명의 죽음과 극한의 고문으로 사람들을 '말 그대로 대량학살'시켰다는 죄복으로 기소되었다. 아맹트 기용과 그녀의 며느리 이베트는 죽었고, 그들의 남편은 수즈에서 총살당했으며, 마들렌 자니도 잔 수크도 마르고 발리나도 살아 돌아오지 못했다.

1944년 8월의 끝자락에 푸앵소는 주변 인물들과 함께 징발한 열두 대의 차량에 나눠 타고 프랑스에서 몰래 빠져나와 독일로 가려 했다. 그러나 그는 스위스에서 적발된 후 체포되어 프랑스 경찰에 인계되었다. 그의 아내는 며칠 뒤 디종 역에서 체포되었다. 그녀의 가방에는 100만 프랑과 외화가 가득했다. 폭도들이 푸앵소가 구금되어 있던 감옥을 덮쳤을 때 그는 간신히 린치당하는 것을 면했다. 1945년 6월 12일, 그는 물랭의 법정에서 모습을 드러냈다. 그의 유죄를 가장 강력하게 입증하는 증거는 그의 손으로, 그것도 붉은색 잉크로 그가 직접 적은 처형 예정자 명단이었다. 푸앵소는 7월 12일 리옹에서 총살되었다. 아네트 에포와 기용의 가족들을 포함해 많은 이를 나치에 밀고했던 페르디낭 뱅상은 1949년에 총살되었다.

점령기 동안 나치의 정책과 미덕을 찬양했던 작가들과 저널리스트들은 가장 혹독하게 비난받았다. 1944년 9월, 샤를로트의 남편 조르주 뒤다크와 조르주 폴리처가 속했던 전국작가위원회가 가장 먼저 열두 명의 부역 작가를 블랙리스트에 올렸다. 후에 이 명단은 158명으로 확대되었다. 이 사건으로 마흔네 명이 기소되었고, 로베르 브라지야크와 장 뤼세르가 처형되었다. 드뤼외 라로셸은 3번의 시도 끝에 자살에 성공했다. 정치 지도자들을 포함해 아무도 심판의 엄중성에 토를 달지 않았다. 대량숙청에 대해 걱정하던 프랑수아 모리아크는 숙청이 새로운 프랑스 정부가 통치를 시작하기도 전에 새 정부를 오염시킬 것이라고 주장하며 화해와 용서의 시도를 자청하고 나섰다. 반면 카뮈는 프랑스가 레지스탕스, 즉 저항에서 '혁명'으로 나아가야 한다고 주장했고, 부역자들을 더욱더 강력하게 처단하라고 촉구했다. 그러나 나중에 카뮈는 자신의 입장을 누그러뜨렸고, 숙청이라는 단어가 혐오스럽게 들린다고 말했다.

그러나 여러 저명한 작가가 점령기에 부끄러운 침묵에 잠겨 있었고 행동하지 않았다는 사실은 전반적으로 동의되었다. 시몬 드 보부아르가 잠시나마 독일군 밑에서 '라디오 내셔널'을 위해 일했고, 사르트르가 반유대인 칙령에 따라 해직된 유대인 철학과 교수의 자리를 기꺼이 대신했다는 사실은 금세 잊혔다. 몽발레리앙에서 총살된 《레트르 프랑세즈》의 편집자들은 찬양되었다.

페탱에 대한 재판은 1945년 7월 23일부터 3주간 열렸다. 이 재판에서는 비시정부가 대변하는 모든 것에 유죄를 선언하는 것 이상의 법적인 청문은 이루어지지 않았다. 피고석에 선 페탱은 침묵으로 일관했다. 여든아홉 살의 늙은이였고 노망이 나 있었던 페탱은 총살형을 선고받았지만 드골이 이를 종신형으로 감형해주었다. 페탱은 대서양 연안의 외딴 섬 릴디외로 보내졌고, 그곳에서 완전히 망령이 들어 7년 후 사망했다. 1946년 10월 16일, 비시 프랑스의 수상이었던 피에르 라발은 청산가리를 먹고 자살을 시도했으나 실패했고, 처형되었다. 그에 대한 재판에서도 유대인 추방에 관한 문제는 거의 거론되지 않았다.

연합군이 점령한 독일의 네 구역과 해방된 유럽 전역에서 수많은 재판이 진행되었다. 연합군은 전쟁이 끝나기 전 전쟁범죄에 참여한 누구든지 재판에 회부될 것이며 처벌될 것이라고 공표했었다. 1945년 6월 26일에 주요 전쟁범죄자들을 두고 어떻게 신중하게 기소를 이뤄낼 것인지 협의하기 위해 런던에서 회의가 소집되었다. 협상은 교섭자 간의 적대심과 법적 절차의 불일치로 쉽사리 이루어지지 않았다. 그러나 8월 8일, 국제군사재판소를 위해 법에 명시된 기준을 세운 런던협정*이 비준되었다. 이 협정이 이뤄낸 중대하고 혁신적인 성과는 '인류에 반하는 범죄'라는 항목이었다. 이 죄목은 살인이나 대량학살뿐 아니라 많은 다른 행동에도 적용될 수 있었다.

가장 중요한 재판이 1945년 11월 21일 뉘렘베르크에서 열렸다. 스물두 명의 나치 고위급 관리가 피고석에 섰다. 그곳에 서 있어야 할 사람은 원래 스물네 명이었으나 기업가였던 구스타프 크룹은 병을 핑계로 출석하지 않았고, 독일 노동자전선의 수장으로 민주노조를 제거하고 히틀러와 군국주의를 지지하며 전쟁노역에 필요한 징집을 관리한 로베르트 라이는 재판 직전 자살했다. 기소를 맡은 미국인 검사 텔포드 테일러의 말처럼 희망은 정의를 퍼뜨리는 것이 아니라 '왜, 어떻게 이런 일이 벌어졌는가'에 관한 진실을 드러내는 데 있었다. 범죄의 중대성과 특수성이 인간의 경험치를 넘어선 극한의 지점에 놓여 있었기

---

* 국제군사재판소는 런던협정에 따라 반평화적 범죄, 전쟁범죄, 반인도적 범죄의 책임을 물어 피고를 기소했다. 런던협정이 취급하는 범죄의 성격을 명시한 6조 중 A항은 반평화적 범죄(침략전쟁을 계획, 준비, 개시, 수행했거나 이에 가담), B항은 전쟁범죄(포로나 민간인 살해, 학대, 약탈 등 전시 국제법 위반 행위), C항이 반인도적 범죄(인종적 이유 등으로 대량학살, 혹사, 노예화하는 등의 반인도적 행위) 등의 내용이다. A·B·C급 전범이라는 개념이 바로 여기서 나왔다. A급 전범이 B·C급 전범보다 더 악랄한 전쟁범죄를 저지른 것처럼 인식되고 있지만, 이는 죄의 경중이 아닌 종류에 따른 분류다.

뉘렘베르크 재판에서 증언하는 마리클로드 밸랑
쿠튀리에.

때문에 재판에 참여하는 이들 모두가 법정에 홀로코스트를 끌어오는 것이 얼마나 어려운 일인지 의식하고 있었으며 이미 벌어진 참사에 애도를 표했다. 테일러 검사는 말했다. "우리가 비난하고 처벌하길 원하는 악행들은 철저히 계산된 것이었고 악질적이었으며 너무나도 충격적인 것이었기 때문에, 이런 범죄가 반복될 경우 인간의 문명이 살아남을 수 없으므로, 문명을 무시하는 이 같은 행위는 용인될 수 없다." 가장 다루기 어려웠던 문제는 전시의 합법적인 폭력과 불법적인 폭력을 가르는 선이 무엇인가 하는 것이었다.

마리클로드는 31000번 기차의 생존자 가운데 뉘른베르크 재판의 증인으로 호출된 유일한 여성이었다. 그녀는 1946년 1월 28일 월요일, 재판이 시작된 지 마흔네 번째 날에 출두했다. 고운 머리카락을 땋아 올린 채, 당당하고 조리에 맞는 어투에 명확하고 분명한 문장으로 그녀는 자신이 비르케나우와 라벤스브뤼크에서 보았고 경험한 것들에 관해 증언했다. 그녀는 파리에서 체포되던 당시에 관한 질문들과 그녀의 친구들과 동료들이 독일군에게 총살당했던 것, 그리고 라상테 감옥에서 보냈던 기간에 관한 질문들에 답했다. 그런 뒤 그녀는 로맹빌에서 아우슈비츠로의 이송과 점호, 간수들의 잔인성과 가스실에 대해 진술했다. 그녀는 일관되게 '우리'라는 단어를 사용해 진술했다. 그녀는 자신뿐 아니라 함께 추방된 229명의 여성을 대변하고 있었기 때문이었다. 그녀는 외다리 가수였던 알리스 비테르보가 '경주'에서 넘어졌고 그 때문에 살해당하기 직전, 다니엘에게 독약을 달라고 애원했던 것에 관해 말했다.

마리클로드는 이따금 말을 멈췄다가 천천히 이어갔다. 통역가가 그녀의 말을 따라잡는 것을 힘겨워했기 때문이었다. 그녀는 증언석에 앉아서 헤르만 괴링, 빌헬름 카이텔, 카를 되니츠*와 요아힘 폰 리벤트로프를 건너다보며 마음속으로 생각했다. "날 봐. 내 눈 속에서 수천수백 명의 눈이 네놈들을 노려보고 있다. 내 목소리에서는 네놈들을 고발하는 수천수백 명이 고함치고 있다." 그녀는 그들이 얼마나 평범한 얼굴과 표정을 하고 있는지 보고는 깜짝 놀랐다. 그녀는 파시즘에 대한 뿌리 깊은 증오심을 품고 프랑스로 돌아왔으며, 프랑스인이든 독일인이든 간에 피고석에 앉아 있는 남자들은 처단해야 마땅한 괴물일 것이라고 생각해왔다. 첫날 아침, 변호인단 가운데 한스 마르크스 박사가 그녀에게 어떻게 그토록 공포에 떨며 고난스러운 생활을 겪고도 겉보기에 그렇게 건강한 상태로 귀국할 수 있었는지 설명해달라고 요구했을 때 그녀는 흥분과 분노를 감출 수 없었다. 그녀의 대답은 간결했다. 자신이 고국에 돌아온 지 벌써 1년이 넘었다고. 피고석에 앉아 있는 스물두 명 중 열 명이 교수형에 처해졌다. 그들을 처단하는 데에 총살형은 너무 점잖다는 게 중론이었다.

런던협정은 뒤이어 열린 연합군과 독일군 전범재판에 근거를 제시했다. 5000명이 넘는 사람들이 서부 연합군 법정에 기소되었고 비슷한 수의 사람들이 독일군 법정에 기소되었다. 앵글로아메리카의 법적 전통에서 보호수단은 변호를 받을 권리, 무죄추정의 원칙과 모든 합리

---

* 히틀러의 후계자로 지명받기도 한 독일 해군 총사령관 카를 되니츠(Karl Dönitz, 1891~1980)는 1946년 뉘렘베르크 국제군사재판에서 10년형을 선고받았다. 1956년 감옥에서 풀려난 뒤 정부 보조금을 받으며 은둔 생활을 했으며, 1958년에 회고록을 출판했다(국역본은 칼 되니츠, 『10년 20일: 제2차 세계대전 잠수함전 회고록』, 삼신각, 1995).

적인 의심을 넘어 증거에 기반해 기소될 권리를 보증하고 있었다. 그러나 '승자의 정의'를 둘러싼 불만이 제기되었다. 게다가 언제나 유죄로 기소할 만한 충분한 증거가 명확했던 것은 아니었다. 유럽 전역의 법정에서 피고석에 앉은 사람들은 자신들이 오로지 명령에 따랐을 뿐이며 자신도 협박을 당했고, 사람을 잘못 알아본 데에 따른 피해자일 뿐이라고 주장했다.

폴란드의 수도 바르샤바에서 열린 재판에서 아우슈비츠의 사령관이었던 루돌프 회스는 차분한 태도로 가스실을 묘사해 법정에 있던 사람들을 충격에 빠뜨렸다. 그는 기술적 정확성으로 질식의 과정을 설명했고, 대략 3분의 1 정도는 한번에 죽는 반면, 남은 사람들은 '비틀거리고 비명을 지르며 신선한 공기를 들이쉬려 애를 쓴다'고 덧붙였다. 약 250만 명이 아우슈비츠에서 사망한 것이 사실이냐는 질문에 그는 150만 명 정도일 것이라고 답했다. 그는 재판을 기다리며 감옥에 수감되어 있는 동안 비망록을 적었다. 대중들은 자신이 '피에 굶주린 짐승, 잔인하고 가학적인 대량학살자'로 간주할 것이며, 아무도 자신 또한 '심장'을 가졌음을, '사악하지 않았음'을 이해해주지 못하리라는 내용이었다. 회스는 1947년 4월 15일, 자신의 아이들이 뛰어놀던 정원이 있는 그의 아우슈비츠 소재 집 앞에서 교수형에 처해졌다.

수송열차에 탔던 여성들의 목숨을 앗아가고 삶을 지배했던 잔인한 사람들이 (비록 전부는 아닐지라도) 대거 정의의 심판대에 불려나왔다. 그러나 아델라이드 오트발이 돕지 않으려 했던 생체실험을 벌였던 의사 멩겔레는 빠져나갔고 결코 붙잡히지 않았다. 어린 남녀에게 엑스레이 시술을 하고 회복이 불가능할 정도로 화상을 입혔던 의사 슈만은 아프리카로 가 자유인으로 살다가 1983년에 사망했다. 군복을 입은 채로 단종수술을 집도했던 의사 클라우베르크는 감옥에 수감되었다가 1957년 8월 감옥에서 의문사했다. 라벤스브뤼크 의료진의 수장이었던 의사 트라이테는 자살했다. 수감자들을 가스실로 보내는 선별을 대단히 즐기던 의사 빙켈만은 그가 선고받은 형이 집행되기도 전에 죽었다. 라스코의 식물학자였던 시저 박사는 감옥행을 면했고, 세탁소를 차렸다. 4년간의 점령기간 동안 수감자들을 잡아들이고 고문과 총질을 하고 셀 수 없이 많은 프랑스인 남녀노소를 추방시킨 SS 친위대 최고 책임자인 카를 오베르크와 헬무트 크노헨은 사형을 선고받았다. 그러나 그들은 감형받았다가 1962년 석방되었다.

럭비선수에게 태클을 걸듯 도망치는 여성들을 코너로 몰곤 했던 라벤스브뤼크의 살인마 한스 플라움과 비르케나우의 황소 같은 고문자 아돌프 타우베는 사형당했다. 특수진료소의 수간호사였던 엘리자베스 마샬과 병들고 약한 여성 수감자들을 죽을 때까지 곤봉으로 때렸던 도로시아 빈츠 또한 사형에 처해졌다. 사형을 언도받은 이들 중 많은 수가 천천히 죽어가도록 목을 졸리는 교수형에 처해졌다. 그러나 마르고트 드레슐러 — 그는 수감자들로부터 '죽음'이라는 별명으로 불렸으며, 비르케나우의 수많은 여성이 그의 손에 반복적으로 고통당해야 했다 — 는 자취를 감추었다.

마지막으로 증언한 31000번의 여성 생존자는 아델라이드였다. 그녀는 아우슈비츠에서 폴란드인 수감자이자 산부인과 의사였던 데링을 고발하는 증언을 했다. 아델라이드는 그가 나치 의사들의 환심을 사려 노력하는 모습을 너무나도 자주 목격했다. 1964년, 런던에서 데

링은 미국인 작가 레온 유리스가 소설 『엑소더스』에서 자신이 마취도 하지 않은 채 수감자들을 대상으로 1만 7000건의 불임수술을 집도했다고 적었다는 이유로 그를 고소했다. 법정에서 배심원들은 데링에게 우호적인 판결을 내렸고, 그는 명예훼손에 대해 반 페니의 보상금을 받았다. 그 대신 법정은 그에게 모든 재판의 비용을 지불해야 한다고 판결함으로써 명확하게 감정을 드러냈다.

재판장에서 사건을 악술하던 로튼 판사는 아델라이드를 '영국 법정에서 증언한 수많은 여성 중에서도 단연 용감하고 뛰어난 여성'이라 칭했다. 다음 해에 이스라엘은 그녀에게 민족을 위해 옳은 일을 한 애국자 메달을 수여하겠다고 제안해왔다. 그러나 그녀는 아우슈비츠와 라벤스브뤼크에서 자신이 했던 모든 일은 오로지 '도덕적 의무'를 갖고 태어난 누구라도 할 수 있었을 자연스럽고 논리적인 일이라고 말하며 메달을 거절했다. 수용소에서 돌아왔을 때 그녀는 나치 친위대원들이 드러나지 않고 처벌받지 않을지 모른다는 두려움에 사로잡혀 있었고, 그래서 초인적인 힘과 이례적인 투지만이 '인간성과 정신적 가치를 부정했던' 나치의 만행을 끝낼 수 있을 것이라고 생각했다. 프랑스는 그녀에게 최고 권위의 훈장인 레지옹 도뇌르 훈장을 수여했다.

✟

전범재판의 증언자로 호출된 31000번 기차의 여성 생존자들이 마리클로드, 아델라이드와 베티였다는 사실은 우연이 아니다. 이 세 명은 모두 나치와 프랑스의 부역자들이 처벌받는 모습을 보고야 말겠다는 단호한 욕망을 생존의 이유로 삼았던, 강하고 전투적이며 결단력 있는 여성들이었다. 그러나 프랑스는 전반적으로 그들의 목소리를 들을 분위기가 전혀 아니었다. 그리고 그들의 목소리가 들리게끔 하기에는 수용소에서 돌아온 남성 또는 여성 생존자 대부분이 신체적으로 또는 정신적으로 온전하지 못했다. 드골은 그가 가진 신화, 즉 소수의 반역자에 의해 배신당하긴 했지만 프랑스는 연합된 레지스탕스들의 나라라는 인식을 밀어붙이려 했고, 이에 따라 집단적인 기억상실을 필요로 했다. 여위고 병든 송환자들은 세계에서 가장 강력한 군대라고 여겨졌던 자국군을 독일이 5주 만에 무너뜨렸다는 것, 그리고 4년의 점령기 동안 유대인과 레지스탕스를 체포하고 구금했으며 이들은 폴란드에서 죽어가도록 추방한 것이 바로 프랑스인들 자신이라는 것을 상기시키는 환영받지 못하는 존재가 되어갔다.

하지만 생존자들이 인정받아야 하고 보상받아야 한다는 사실을 피할 수는 없었다. 고국에 도착한 뒤 자신이 프랑스인이라는 것을 증명할 수 있었던 사람들은 5000프랑과 추가적인 식량 배급, 긴 유급휴가를 받았다. 이는 프랑스인이 아닌 유대인이거나 폴란드 국적의 레지스탕스들, 스페인 난민들과 프랑스를 그들의 고국이라 여기고 레지스탕스에 들어가 함께 싸웠지만 결코 프랑스 국적을 얻지는 못했던 수천 명은 보상에서 제외되었다는 것을 의미했다. 누가 진정한 레지스탕스인가를 두고 험악한 논쟁이 오갔고, 인종과 관련이 없는 '정치범'과 '인종법의 희생자'라는 공식적인 자격을 두고 논란이 일었다. 각자의 자격에 따라, 질병의 정도와 거동이 가능한 수준에 따라 서로 다른 정도의 인정과 연금을 지급할 것을 명시한 두 개의 법규가 통과된 것은

1948년의 일이었다. '정치범'들은 희생자가 아니라 투사로 간주되어 더 나은 대우를 받았다.

고국으로 돌아온 4만 760명의 '레지스탕스 정치범' 가운데 8872명이 여성이었다. 과연 프랑스는 레지스탕스에서 여성들이 했던 역할과 기여한 바를 어떻게 인식하고 있었을까. 이를 확인하기 위해서는 해방 훈장을 받은 레지스탕스 1053명 중 여성은 오로지 여섯 명뿐이었다는 사실을 말하는 것으로 충분할 것이다. 드골이 말하는 투사 영웅의 이미지와 함께 대중의 눈에 비친 진정한 레지스탕스의 모습은 적과의 전투에 참여하거나 사보타주 행동을 수행한 무장한 남성들이었다. 여성들이 담당했던 접선책, 안내원, 인쇄기술자, 금지된 서적과 신문을 유포하는 배포책, 은신처를 제공하는 역할은 그다지 영웅적으로 여겨지지 않았던 것이다. 여성들 또한 자신이 한 일은 그저 여성으로서 평소에 하던 것들에 불과하다고 말하며 스스로의 역할을 과소평가하는 경향이 있었다. 프랑스로 돌아온 후, 이 여성들의 대부분은 다시 그림자 속으로 미끄러져 들어갔다.

그러나 어둠 속으로 들어가거나 잊지 않은 소수의 여성들도 있었다. 다니엘 카사노바가 그런 여성 중 한 명이었고 그녀는 새로운 잔다르크로서, 순교한 공산당원 여성영웅이자 최고의 애국자이며 레지스탕스의 상징으로 기려졌다. 새로 태어난 아이들과 새로 생긴 거리는 그녀의 이름을 따 명명되었고 메달과 벽보에는 그녀의 사진이 실렸다. 다니엘의 남편 로랑의 경우 한동안 재혼한 사실을 숨긴 채 죽은 아내를 예찬하는 데 생애를 바치는 것처럼 보일 필요가 있을 정도였다.

수용소를 떠나기 전 몇몇 프랑스 생존자들은 송환자 단체를 세우는 문제에 관해 논의했다. 그들이 고국으로 돌아갔을 때 생존자들을 규합하고 그들의 권리를 보장하도록 압력을 행사하기 위해서였다. 마리클로드와 마들렌 드샤바신이 '아우슈비츠, 비르케나우, 오트-실레지아의 포로 송환자 모임'의 설립에 중추적인 역할을 맡았다. 1945년 10월, '레지스탕스 애국송환자 및 수형자 전국연합회'가 한때 게슈타포의 사무실이 있었던 파리의 르루 가에서 결성되었다. 그들이 염려한 것은 생존자들의 건강이었다. 송환된 이들은 대부분 만성 피로, 소화장애, 우울증을 동반한 '송환자 증후군'으로 고통받고 있었다.*

그러나 극소수만이 살아 돌아올 수 있었던 유대인들은 이런 활동에서 제대로 고려되지 못했다. 워낙 돌아온 인원이 적었던 탓도 있지만, 독일군이 떠나면서 폴란드에 세웠던 절멸 수용소를 크게 파괴했고 그곳은 이제 소비에트의 점령지역에 속했기 때문이었다. 초기에 수용소에 관한 이야기는 유대인이 아니라 공산당원들에 의해 쓰였던 것이다. 그러나 실상은 훨씬 더 복잡했다. 가족들과 함께 추방되었던 시몬 베이유라는 한 유대인 여성은 살아남은 레지스탕스들이 재빨리 유대인 생존자들을 경멸하고 배제했다고 말했다. "그들은 나치에 대항해 싸웠고, 우리는 아무것도 아닌 셈이었다." 드골을 포함해 어느 누구도 대부분의 프랑스인들이 사실상 반유대인주의와 집단학살을 용인했을 뿐 아니라 유대인들을 식별하고 추방하는 독일군의 행동을 알고 있었다는 사실을 인정하고 싶어 하지 않았다.

암흑의 시대라고 불리던 때에 관한 진지한 재평가가 이루어진 것은

---

* 10년 안에, 생존자의 3분의 1이 사망했다. (원주)

1970년대 초반의 일이었다. 마르셀 오퓔스는 1960년대 말, TV 방영을 목표로 비시정부 통치 아래에서의 삶을 그린 네 시간짜리 영화 〈슬픔과 연민〉(Le Chagrin et la Pitié)을 제작했다. 소수의 레지스탕스와 다수의 부역자가 있었다는 이 영화의 메시지는 분명했다. 그러나 1981년이 될 때까지 영화는 공개되지 못했다. 그즈음 프랑스에서의 유대인 추방에 관한 기념비적인 저서가 출간되었다. 베아트와 제르주 클라르스펠트 부부의 연구는 추방된 모든 이의 이름과 기차의 목록을 포함했다. 클로드 란츠만은 독일과 유대인에 관한 아홉 시간짜리 장편영화 〈쇼아〉를 제작하고 있었다. 외국인 역사가인 마커스 팩스턴은 비시정부가 인류에 반하는 범죄를 저질렀다는 판결을 받기 훨씬 전에, 비시정부와 유대인에 관한 권위 있는 연구서를 출간했다.*

1944년 내핍의 겨울이 지나갈 때까지 당분간 프랑스인들은 음식, 정치, 날씨에 더 많은 관심을 보였다. 1차대전 이후 여성들은 투표권을 얻는 데 실패했으나, 2차대전이 종식된 1945년은 참정권과 경제권 및 사회 권리의 측면에서 여성들에게 자그마한 진보를 가져왔다. 물론 대부분의 경우에 여성들은 어린이를 비롯한 취약한 노약계층과 함께 도로 프랑스 가족의 품으로 들어오긴 했다. 낙태와 피임에 관한 법은 사실상 강화되었다. 여성들은 11월에 드골을 대통령으로 선출하는 데에 힘을 보태라는 의미로 선거권을 부여받았다. 마리클로드는 정당들 사이에 골이 깊어지는 사태를 걱정하고 있었다. 공산당은 159석을 얻어 이제 프랑스에서 가장 큰 정당이 되었다. 그러나 드골은 공산당에 의

* 1980년의 투표 결과에 따르면, 18세에서 44세 사이의 프랑스인 중 34퍼센트가 가스실의 존재가 완전히 증명되지 않았다고 여겼다. (원주)

장석을 내주는 것을 극도로 꺼리고 있었다. 최종적인 타협까지는 불과 몇 달 남지 않은 상황이었다. 드골은 1946년 1월, 국가의 수장으로 임명되었다. 바라는 대로 국가를 통합시킬 수 없었던 그는 번져가는 정치적 환멸에 대한 책임을 공산당원들에게 전가하며 국가적 화해를 역설했다.

1945년의 겨울은 다시금 혹독하게 추웠다. 프랑 화는 곤두박질쳤고 1945년의 프랑스는 1914년보다 84배나 더 가난해졌다는 말이 돌았다. 경제는 파산했고, 국가는 미국의 원조에 기대 간신히 유지되고 있었다. 먹을 것이 거의 없었고 배급 물품의 가격은 천정부지로 치솟았다. 파리 사람들은 점령기보다 더 춥다고 불평을 터뜨렸다. 병원에서는 깁스에 쓸 회반죽이 부족해 몇 년간의 영양결핍으로 약해진 데다 빙판길에 넘어져 부러진 사람들의 뼈를 고정시킬 수단이 없었다.

장비와 기계가 점령군에 의해 파괴되었거나 독일로 반출되었기 때문에 공장들은 가동을 멈춘 상태였다. 남아 있는 비료나 목재 또는 석탄도 거의 없었다. 7500개의 교각이 끊어졌고, 소금이 부족해 푸줏간은 돼지들을 도살하지 못했다. 1944년과 1945년 사이에 프랑스에 상륙한 연합군은 안 그래도 부족한 음식들을 먹어치웠고 공공기물을 파손했으며 물자를 약탈하고 여성들을 강간했다. 그들의 파괴성과 탐욕은 독일군과 비교되었다. 캉, 르아브르와 생로는 황폐한 돌무더기로 변했고, 500만 명이 집을 잃었다. 그것은 1차대전 이후의 피난민보다 더 많은 수였다. 재닛 플래너는《뉴요커》에 자갈을 깐 파리의 보도가 나무 굽을 댄 구두와 부딪혀 내는 달가닥 소리와 두꺼운 스키복을 입은 채 수업을 들으러 가는 소르본 학생들의 모습을 묘사했다. 조르제트 로스탱이 너무나 사랑했던 가수 에디트 피아프는 클럽에서 공연을 하고 있었다. 새로이 밝은 분위기가 맴돌았다. 그것은 즐거움과 쾌락에 대한 욕망이었다. 사람들은 이때를 1789년 혁명의 공포와 황량함이 지나간 뒤 총재정부가 득의양양하게 굴던 날들에 비겼다. "파리는 유쾌하지 않다. 파리는 거칠고 불안하며 성미가 고약하다"고 재닛 플래너는 적었다. 그러나 파리는 분명 '회복 중'이었다.

✝

마흔아홉 명의 여성 생존자는 고국에 돌아온 뒤 여러 가지 난관에 부딪혔다. 무엇보다 그렇게나 많은 친구가 죽어갔는데 자신만 살아 돌아왔다는 죄책감이 그들을 엄습했다. 특히 펠리시엔 비에르주는 이런 죄책감을 유독 심하게 느꼈다. 지롱드와 샤랑트 출신의 여성 중 몇 안 되는 생존자였던 그녀는 사망한 여성의 가족들에게 그들의 어머니나 자매 또는 딸들이 어떻게 사망했는지 이야기해주는 것이 자신의 의무라고 여겼다. 그녀는 열여덟 군데에 전화 또는 방문을 해야 했다. 소심하고 내성적이었던 펠리시엔은 이 임무를 수행하기가 거의 불가능하다고 느낄 정도로 고통스러워했다.

가족들은 생존자에게 낯선 사람이 되어 있었다. 아이들은 엄마를 알아보지 못할 정도로 자랐고, 자신이 엄마라고 주장하는 낯모르는 여성들을 경계했다. 엘렌 솔로몽은 어린 아들 프란시스가 잘 지내고 있다는 소식을 들었다. 그러나 남동생이 베르겐벨젠에서 사망했다는 소식도 함께 도착했다. 또한 그녀와 함께 파리에서 폭발물을 만들던 친구인 프랑스 블로크가 함부르크에서 처형되었으며, 그것도 도끼로 참수되었다는 사실을 알게 되었다. 엎친 데 덮친 격으로 엘렌이 그토록 두려워하던 일을 확인시켜주는 통지서마저 날아왔다. 그것은 자신이 유대인임을 인정한 그녀의 어머니가 결국 아우슈비츠에서 가스실로 보내졌다는 소식이었다. 여전히 부러진 다리를 치료 중인 엘렌 볼로는 로얀으로 돌아와 폐허로 변한 도시를 보았다. 그녀의 고향집은 폭격으로 무너졌고, 할아버지가 사망했으며, 할머니는 부상당한 상태였다. 비르케나우에서 그녀는 탈수에 시달리던 어머니가 절박하게 물을 찾으며 수레가 지나간 자리에 남은 바퀴자국에 고인 물을 마시려들다 죽어간 것을 지켜보았었다.

수용소 생존자였던 다비드 루세는 '생존자들을 끊임없이 괴롭히는 끔찍하고 충격적인 경험 전체'를 지칭하기 위해 '괴저'라는 단어를 사용했다. 집으로 돌아온 많은 여성 생존자들은 이 '괴저'를 짐처럼 이고 살아야 한다고 느끼고 있었다. 한 여성 생존자는 이렇게 적었다. "내겐 더 이상 불행해질 권리가 없다. 그러나 내가 겪은 고통을 보상해줄 즐거움이나 쾌락은 이 세상에 존재하지 않는다. 내 곁엔 항상 수용소가 떠돌고 있고, 그럼에도 나는 완전히 혼자라고 느낀다." 그저 돌아오겠다는 일념 하나로 살아 돌아올 수 없는 곳에서 살아남은 뒤에 그들이 발견한 것은 마음속에 담아오고 키워왔던 세상이, 친절하고 안락하며 평화로운 세상이 환상에 지나지 않았다는 것이었다. 삶은 밋밋했고 텅 비어 있었다. 여성 생존자들은 스스로 자신이 낯선 세상에서 온 여행자처럼 다른 사람들과 다르다고 생각했다. 그들은 정말로 더는 다른 사람들과 같지 않았다. 분명 살기를 간절히 원했는데, 이제 그들은 자신들이 정말 그랬었는지조차 의심스러워졌다. 그들은 자신이 수용소에서 이미 겪어야 할 모든 불운한 일들을 다 견뎌냈다고, 그러니 이제 행복해질 자격이 충분하다고 스스로에게 되뇌었다. 그러나 행복은 그들의 손을 피해 교묘히 달아났다.

대부분의 여성들은 혼자서 잠드는 것을 견디지 못했고, 그래서 요를 끌고 가족의 방으로 향했다. 그들은 담백한 음식 외에는 아무것도 소화시킬 수 없었고 빠져버린 이와 아픈 잇몸 때문에 찻숟가락으로 아주 조금씩밖에 먹지 못했다. 그들은 누군가 갑작스럽게 움직이기라도 하면 마치 주먹이라도 날아올까 봐 경계하듯 움찔했고, 줄무늬 옷은 피했다. 그녀들은 자신들이 기괴하게 보일까 봐 그리고 기이하게 행동할까 봐 걱정했고, 빠진 치아를 부끄러워했다. 여성들은 2년 넘게 짐승 취급을 당했고, 굶주림에 시달렸다. 그런데 이제는 힘이 지배하지 않고 교활한 술수가 판을 치지 않는 세상에서 살아가는 법을 또 다시 배워야 했다. 이들은 그것이 거의 불가능할 정도로 힘들다는 것을 깨달았다. 그녀들은 과민해지거나 정신착란을 보이곤 했다. 몇몇은 그들을 배신했던 남자들을 향한 복수에 집착하기도 했다. 제르멘 르노댕과 그녀의 남편은 포르두아에서 그녀를 고문했던 경찰관 두 명을 찾으러 보르도에 왔지만, 그들은 전쟁으로 사망한 뒤였다. 샤를로트는 그녀와 뒤다크를 체포했던 특수수사대 대원들을 추적했으나 그들이 해방기 동안 독일군에 저항했으며, 그 덕에 기소를 면했다는 사실만을 알게 되었다.

생존자 여성들 모두에게 가장 힘에 부쳤던 일은 그들이 겪은 일들을 묘사할 언어를 찾아내는 것이었다. 그들은 자신이 겪었던 일들이 정확히 어땠는지 가족들에게 말하는 장면을 상상하고 또 상상했었지만, 이제는 그저 침묵에 잠겨 있었다. 결과적으로 그녀들이 알게 된 것은 이따금 가족들은 정말로 듣기를 원하지 않는다는 것이었다. 생존자들의 이야기는 들을 수 없을 정도로 참혹했다. "우리가 원했던 것은 음식이 아니었다"고 세실은 말했다. "우리는 이야기를 하고 싶었다. 그러나 아무도 듣고 싶어 하지 않았다." 그녀가 전에 일했던 모피가게로 돌아가 다시 일하려 했을 때, 파리에서 용케 체포를 피해 살아남았던 유대인 고용주는 자신은 수용소에 관해서라면 어떤 것도 듣고 싶지 않다고 재빨리 못을 박았다. 낯선 사람들은 질문을 던져 놓고는 재빨리 주제를 바꿔 전쟁 동안 자신들이 얼마나 힘들었는지 늘어놓기 시작했다. 엘렌 볼로는 고향에 돌아오고 얼마 후에 열린 마을 환영파티에 참석했고 그곳에서 수용소에 관해 아주 조금 말했다. 그때 한 농부가 그녀의 말을 가로막고는 이렇게 말했다. "그게 사실일 리 없어. 만약 정말이라면 너는 살아 돌아올 수 없었을 거야." 그 말에 엘렌은 사흘 내내 울었다. 그러고는 입을 다물었고 말하기를 멈췄다. 후에 엘렌은 자신의 팔에 새겨진 번호를 본 어떤 여자가 "오, 그게 당신의 전화번호인가요? 새로운 유행인가 보죠?"라고 말했다는 이야기를 다른 생존자 여성들에게 들려주었다.

샤를로트는 자신이 살아남기는 했지만 그녀 자신으로 살아남았다기보다는 비존재로서 세계 속을 떠다니는 유령이 되어버렸다는 느낌을 가지고 파리로 돌아왔다. 책을 읽으려고 할 때마다 그녀는 글자들 너머로 공허함과 시시함이 떠오르는 느낌을 받았다. 그것은 마치 모든 미묘함이 사라지고, 서서히 변화하는 명암이 지워지며, 세계가 모든 신비스러움을 벗어버린 것 같은 느낌이었다. 그것은 맛, 색, 냄새, 소리가 결핍된 '지속된 부재'의 시간이었다. 그런 뒤 아주 천천히, 사물들은 의미를 얻었다. 어느 날 그녀는 책을 집어 들었고 다시 읽어나가기 시작했다.

푸페트는 언니 마리가 죽고 자신만 살아 돌아왔다는 사실을 날카롭게 인식한 채 렌으로 돌아왔고, 아버지가 막 재혼하려 한다는 것을 알게 되었다. 그녀는 고작 스무 살이었지만 자신이 이루 말할 수 없을 정도로 늙어버렸다고 느끼고 있었다. 새엄마는 푸페트보다 별로 나이가 많지 않았고, 새로 결혼할 남자의 두 딸이 전쟁으로 죽었을 것이라 예상해 그들의 침실을 손님맞이용 방으로 바꾸려고 마음먹고 있던 터였다. "그날 아침에서야 비로소 나는 정말로 더 이상 내 곁에 언니가 없다는 사실을 뼈저리게 느꼈다. 귀향은 비참하고 수치스러우며 비루한 일투성이였다." 다른 여성들처럼 그녀 또한 친구들과 자신을 묶어 주던 강렬한 우정과 친밀감을 상실했다는 데에서 참기 힘든 고통을 느꼈다.

새어머니가 자신을 원치 않는다고 느낀 푸페트는 이내 조니 네트워크*에 가담했던 생존자 남성과 결혼했다. 그리고 딸을 둘 낳았지만 그녀의 삶은 어떤 것도 제대로 풀리지 않았다. 아버지가 죽은 뒤 ─ 그즈음 새어머니는 집을 나간 지 이미 오래였다 ─ 그녀는 호텔을 팔고 작은 사업체를 꾸리기 위해 부에노스아이레스로 이주했다. "몇 년간 나는 마치 모든 것이 아무래도 좋다는 듯 행동했다. 그러나 내면의 나는 불행

─────────────

* 조니 네트워크에 가담했던 120명의 남성과 여성 가운데 스물여덟 명이 독일군에 의해 사망했다. (원주)

의 안개 속에 살고 있었다"고 푸페트는 말했다. 그러나 그녀는 만약 살아남는다면 샤를로트, 마이, 다니엘 그리고 마리클로드가 이야기해준 모든 것을 내 스스로 발견하겠다는 자신과의 약속에 충실했고, 읽는 것과 배우는 것을 멈추지 않았다. 이후 푸페트는 회고록을 썼다. 그러나 그 회고록은 다른 생존자 여성들의 분노를 샀다. 푸페트가 벤도르프의 소금광산에서 함께 일했던 여성들에게 일곱 난쟁이들의 이름을 붙였기 때문이었다. 예컨대 그녀가 그다지 좋아하지 않았던 세실은 회고록에서 '불평꾼 그럼피'로 적혔던 것이다.

집으로 돌아왔을 때 채 스물한 살도 되지 않았던 시몬은 불로뉴 숲에서 함께 투쟁하고 훈련받고 소풍을 다녔던 청년전투부대원 중에서 소년 한 명을 제외하고 전원 사망했다는 것을 알게 되었다. 시몬의 어린 남동생 피에르는 이상하게 시몬이 하나도 변하지 않았다고 생각했다. 그러나 그는 곧 옆방에서 잠든 누나가 밤마다 비명을 지르는 소리를 들었다. 시몬 역시 수용소 생존자였던 남성과의 결혼했으나 결국 실패로 끝났다. 다행히 두 번째 결혼은 그녀에게 아들 하나와 행복을 동시에 가져다주었다. 그러나 로맹빌에서 찍힌 사진 속에서 웃고 있던 예쁘고 통통한 소녀 시몬은 신체적으로 완전히 망가진 채 집으로 돌아왔다. 집으로 돌아온 다음 해에 그녀는 열일곱 번에 걸친 수술을 받아야 했다. 그녀가 아우슈비츠에서 꾸었던 꿈, 즉 배고픔을 견디다 못해 살아 있는 말의 살점을 잘라내다가 울음을 터뜨리는 꿈은 계속해서 그녀를 괴롭혔다.

많은 여성 생존자가 서둘러 결혼했다. 종종 그들은 레지스탕스에서 활동했던 남자들을 상대로 선택했다. 베티는 마우트하우젠에 수감되어 있던 전 스페인여단의 단원을 만나 결혼해 아들을 한 명 두었고 모로코로 이주해 살았다. 엘렌 볼로는 결혼 후 '독일군이 나를 망가뜨리지 않았다'는 것을 증명하기 위해 아이를 갖기로 결심했다. 그러나 우울해하는 시간이 많았던 그녀는 아이들을 제대로 돌볼 수 없어 결국 시부모에게 아이들을 맡겨야 했다. 제르멘 르노댕은 집으로 돌아온 뒤 곧장 전쟁포로 수용소에서 살아 돌아온 남편과 함께 지내면서 자신이 임신을 했다는 사실을 알게 되었다. 그러나 그녀는 아이를 원하지 않았다. 종종 며칠 동안 넋이 나간 듯 보내는 자신이 더 이상 누구도 돌보지 못할까 봐 두려워했다. 남자아이가 태어났고, 그녀는 아들에게 다니엘 카사노바의 이름을 따서 다니엘이라는 이름을 붙여주었다. 제르멘도 악몽에 시달리며 밤마다 비명을 질렀다. 매번 비명은 "저 개들! 개들!"이었다.

1945년의 삶이 힘겨웠던 것은 여성 생존자들만이 아니었다. 어머니가 돌아왔거나 돌아오지 못한 아이들, 어머니의 마지막 편지 또는 작별만을 기억한 채 남겨진 아이들도 혼란스러워했고 괴로워했다. 아이들은 어머니가 해주는 이야기에 압도되지 않으려 노력하는 동시에, 자신들의 정체성에서 너무나도 중요한 그 기억들을 잊지 말아야 할 필요를 절감하며 천 갈래 만 갈래로 마음이 갈라지는 것을 느꼈다. 펠리시엔 비에르주의 삼촌과 할아버지는 그녀가 어떤 기차를 타고 보르도에 도착할지 몰라 매일같이 기차역에 나와 역으로 들어오는 모든 기차를 열심히 쳐다보았다. 그녀의 아들이 마지막으로 어머니를 본 것은 네 살이었다. 그는 할아버지와 삼촌과 함께 매일같이 역에 나왔다. 그러다 마침내 펠리시엔이 도착했을 때, 아들은 어머니를 알아보지 못했다. 어쩔 줄 몰라 하며 아들은 어머니에게 손을 내밀고는 말했다. "안녕하세요, 아주머니." 나중에 남편이 수즈에서 총살되었다는 소식을 알게 된 펠리시엔은 만약 자신이 그 사실을 진작에 알았더라면 그토록 살기 위해 애쓰지 않았을 것이라고 말했고, 아들은 그 말을 결코 잊지 못했다.

몇몇 조부모와 살아남은 남편들은 자녀들에게 어머니가 어디에 다녀왔는지 아이에게 말하지 않는 편이 낫겠다고 생각했다. 제르멘의 아이들은 매일같이 어머니의 소식을 기다렸다. 제르멘은 앙부아즈 부근에서 활동했던 국경안내인 네트워크에 가담했었다. 네트워크 사람들은 1942년 여름에 모두 체포되었고 그 가운데 누구도 되돌아오지 못했다. 아이들의 아버지는 아무 말이 없었다. 집에서는 제르멘의 이름이 언급조차 되지 않았다. 몇 주가 지나고 몇 달이 지났다. 마침내 딸 조네가 친구로부터 진실을 알아 왔지만 그의 아버지는 어머니에 관해 말하려 하지 않았고, 제르멘의 이름을 두 번 다시 언급하지 않았다. 평생 조네는 자신을 사랑해주던 어머니에 관한 희미한 기억만을 안고 살았다. 팔순이 다 되어가도록 여전히 그는 울지 않고서는 어머니에 관해 말하지 못했다.

어머니가 체포되었을 때 겨우 18개월의 아기였던 피에르 자니는 어머니가 체포된 것을 두고 아버지를 나무라는 할머니와 할아버지 그리고 숙모들의 손에서 자랐다. 소년이 되었을 때, 그는 죽은 레지스탕스 부모를 둔 아이들을 따돌리는 학교에 증오심을 느꼈다. 어머니에 대한 기억이 전혀 없는데도 그에게 어머니의 빈자리는 마치 그의 삶에 크게 뚫린 구멍과도 같아서 그 무엇으로도 채울 수 없었다.

클로드 에포는 열다섯 살에 어머니인 아네트가 돌아오지 못한다는 말을 전해 들었다. 그는 자신을 마치 친형제처럼 대해주는 가까운 사촌형제들과 함께 숙모 집에서 살고 있었다. 몇 년이 지나고 마리클로드와 이야기 나눈 뒤에야 그는 자신의 어머니가 비르케나우의 25동에서 죽어가는 여성에게 물을 한 잔 건넨 대가로 가스실로 끌려갔다는 사실을, 그리고 어머니가 화물차에 떼밀려 실린 후 아들을 돌봐달라고 다른 여성들에게 부탁했다는 사실을 알게 되었다. 클로드는 아버지의 사후에 아버지가 보관하고 있던 편지들 사이에서 소년 시절의 자신이 그려져 있는 자그마한 그림을 발견했다. 어머니가 가지고 있던 그 그림은 펠리시엔 비에르주를 통해 전해졌다. 그는 어머니가 비르케나우에서 지내던 몇 달간 자신의 얼굴이 그려진 그림을 내내 지니고 있었음을 깨달았다. 펠리시엔은 그 그림을 잘 보관했고, 전쟁이 끝난 뒤 그의 아버지에게 건네주었다. 클로드는 책상 위에 그 그림을 올려두고는 매일같이 바라보았다. 아네트 에포는 '의로운 시민 상'을 수여받았다.

잘 웃고 애정이 넘치며 언제나 노래를 불렀던 어머니, 하이힐을 신고 옷을 차려입은 채 에디트 피아프의 노래를 들으러 갈 때마다 자신을 데려갔던 어머니 조르제트 로스탱에 관한 기억을 언제나 간직하고 있는 딸 피에레트는 어머니에게 무슨 일이 있었는지 알아내고 싶다는 열망에 사로잡힌 채 자랐다. 그녀와 함께 살았던 할머니와 할아버지는 거의 말이 없었고, 항상 슬픔에 빠져 지냈다. 그들은 딸 조르제트뿐 아니라 아들 피에르도 잃었던 것이다. 몇몇 사람들은 피에르가 노르트하우젠의 도라 수용소 수감자들이 행군할 때 SS에게 맞아 죽었

질베르트, 마도, 베티, 세실, 룰루, 카르멘을 비롯한 1945년에 살아 돌아온 생환자 모임.

다고 했고, 다른 이들은 그가 다른 사람들과 함께 헛간에 갇혀서 불타 죽은 것을 보았다고도 했다. 피에르테는 전쟁이 끝난 후 할머니와 할아버지가 웃는 모습을 한 번도 보지 못했다.

세실이 돌아왔다는 것이 알려지자, 피에레트는 세실에게 연락해 보러 가도 괜찮을지 물었다. 그러나 세실은 방문을 거절했다. 오랜 시간이 지난 후, 세실은 그 당시엔 자신이 그런 일들을 견딜 수가 없었다고 말했다. 세실 자신도 귀향이 쉽지가 않았다. 그녀의 딸은 자신이 떠날당시 고작 여덟 살에 불과했다. 세실이 집으로 돌아왔을 때, 열한 살이 된 딸은 전쟁 동안 그녀를 맡아준 집에서 매우 비참하게 지내고 있었다. 그 탓에 딸은 키는 컸지만 매우 마르고 불행한 아이가 되어 있었다. 그녀는 세실에게 집착했고 세실이 마우트하우젠에서 돌아온 생존자와 만나 결혼했을 때 질투로 매우 힘들어했으며, 결국 다시는 어머니와 함께 살지 않겠다고 결심했다. 후에 세실은 다음과 같이 적었다. "솔직하게 말하자면, 나는 결코 내 딸을 되찾지 못했다고 말해야 할 것이다." 20년 동안 세실은 항상 같은 악몽에 시달렸다. 권총을 든 SS가 그녀를 죽이기 위해 계단을 걸어 올라오는 꿈이었다. 그 꿈은 그녀가 꿈에 나타난 SS에게 '쏠 테면 쏴봐'라고 말했을 때 비로소 멈췄다.

상실감, 아직도 끝나지 않았다는 느낌, 혼란스러운 감정은 세대를 넘어서 전달되었다. 레지스탕스에서 인쇄공으로 일하던 남편을 도왔다가 비르케나우에서 죽은 아드리엔 하르덴베르그는 욜랑드라는 딸을 하나 남겼다. 그녀는 공산당에서 알고 지낸 친구에게 딸을 맡겼다. 전쟁이 끝날 무렵, 이제 10대가 된 이 소녀는 자신의 부모가 모두 사망했다는 소식을 접했다. 이 집에서 저 집으로 전전하며 지내던 욜랑드는 학교생활에 잘 적응하지 못했고, 비밀스럽고 불안정한 소녀가 되었고, 집에서 행한 서툰 낙태 수술로 사망했다. 욜랑드가 죽은 뒤에야 비로소 그녀의 가족들은 그녀가 캐서린이라는 이름의 여자아이와 유모를 남겼다는 것을 알게 되었다. 캐서린은 또 다른 공산당원 가족의 손에서 자랐고, 많은 시간이 흘러 자신을 입양하고 키워준 어머니가 사망한 뒤에야 비로소 자신의 할머니의 삶에 관한 이야기를 짜 맞추기 시작했다.

비록 손자 손녀들에게는 좀 더 이야기하는 경향이 있기는 했지만 자녀들에게는 말하기를 꺼려했던 마흔아홉 명의 생존자 여성들은 계속해서 서로 연락을 취하며 지냈고, 점차 나이가 들어가면서 기념일들을 기리기 위해 한두 명씩 혹은 다 같이 더 자주 만났다. 샤를로트, 세실, 카르멘과 룰루는 비록 제네바, 파리, 브르타뉴와 보르도에 흩어져 살고 있었지만 여전히 가까운 친구 사이로 남아 있었다. 종종 그들의 대화는 자신들을 웃게 만들거나 좋은 결말을 맺었던 수용소에서의 사건이나 기억에 관한 이야기로 시작하곤 했다. 행운이 약간이나마 그들을 찾아왔던 날의 이야기, 혹은 자신이 체포되었을 때와 같은 이야기들. 특히 그런 이야기를 할 때마다 샤를로트는 항상 그때 자신이 입었던 치마 색깔을 바꿔 말하곤 해 친구들을 웃게 했다. 그러나 그러고 나면 수용소에서 죽어간 여성들에 관한 이야기가 시작되었고 분위기는 어두워지곤 했다.

때때로 그녀들은 왜 자신들이 살아남았을까, 그리고 자신들의 이야기 속에 무엇이 있길래 아니면 성격에 무언가 다른 점이 있기 때문에 자신이 생존한 걸까 궁금해했다. 그녀들은 생존의 이유를 자신들이 원래 가지고 있던 낙천적인 기질 덕분이거나 아니면 단순히 여성으로서 가지고 있던 다른 사람들을 돌보는 기술 덕분이라고 생각했다. 끝에 가면 그 이유는 항상 두 가지로 귀착되곤 했다. 각자가 믿을 수 없을 만큼 행운이였기 때문이라는 것, 그리고 그들 사이의 우애가 자신들을 보호해주었고 그토록 극심했던 야만성을 견딜 수 있게 해주었다는 것이다. 그녀들은 항상 자신들이 우정의 참된 의미에 대해서 알게 되었다고 말했다. 그것은 개개인을 좋아하고 싫어하는 것을 떠나 서로에게 깊이 헌신하는 것이다. 그녀들은 스스로가 말로 표현할 수 없는 방식으로 더욱더 현명해졌다고 느끼고 있었다. 왜냐하면 그들은 인간이라는 존재가 얼마나 바닥까지 내려갈 수 있는지뿐 아니라 인간이 얼마만큼 고상해질 수 있는지도 함께 이해했기 때문이다.

그녀들은 서로에게 말하곤 했다. 극도로 공포스러웠던 모든 것과 경험들이 자신을 좀 더 포용력 있는 사람으로 만들어주었다고. 그때의 경험을 통해 그녀들은 자신을 둘러싼 세상에 좀 더 관심을 갖게 되었으며, 다른 이들이 겪는 고통에 관해 의식하게 되었다. 어쩌면 그녀들은 프리모 레비의 말처럼 진정한 목격자는 아니었을 수도 있다. 오직 그녀들이 사랑했으나 죽어간 친구들, 즉 '가라앉은 자'*만이 그 극한의 공포를 목격한 진정한 목격자들일 것이기 때문이다. 여성 생존자들은 과거에 있었던 수용소에서의 기억이 지금 그녀들을 둘러싸고 있는 세상보다 더 현실처럼 느껴진다고 말하곤 했다. 많은 생존자들은 악화된 건강과 체력 고갈, 저하된 시력과 끔찍한 악몽들로 고통받았

---

* 이 단어는 프리모 레비가 사망하기 전 마지막으로 출간한 아우슈비츠에 관한 사유와 성찰에 관한 책 『가라앉은 자와 구조된 자』에서 따왔다.

다. 그들은 나이보다 훨씬 더 늙어 보였고 스스로도 그렇게 느꼈다. 룰루는 친구들에게 자신이 계속해서 뼈와 살이 타는 냄새를 맡는 꿈을 꾼다고 털어놓았고, 다시 커피의 맛을 참아낼 수 있기까지 몇 달이 걸렸다고도 말했다. 샤를로트는 고국으로 돌아온 후 처음으로 맞는 1년이 재빨리 지나가길 바랐다. 더 이상 '작년 이맘때에는⋯⋯'이라고 혼잣말을 하지 않도록 말이다.

심지어 서로 만날 수 없는 동안에도 생존자들은 계속해서 서로를 묶어주는 연대감을 느꼈고 이런 감정은 시간이 지나도 무뎌지지 않았다. 그들 사이에는 여전히 친밀함이 남아 있었다. 그것은 다른 사람들과는 나눌 수 없었던 개방성과 편안함이었다. 제르멘 르노댕이 죽었을 때, 장례식에 가던 카르멘과 룰루, 샤를로트는 기차에서 서로 만났다. 몇 년간 만나지 못했던 31000번 기차의 생존자들과 만나자 그녀들은 지금 자신의 눈앞에 보이는 얼굴과 모습이 아니라 예전에 수용소에서 알고 지냈던 모습으로 서로를 바라본다는 사실을 깨달았다. 샤를로트의 말처럼, 그들은 서로 "노력할 필요도 없고, 억제할 필요도 없으며, 심지어 서로 예의를 차릴 필요도 없었다. 우리 사이에서, 우리는 우리였다." 그녀들은 곧 대화 속으로 빠져들었다. 이것은 더 이상 키워나가려 노력하지 않아도 되는 종류의 친밀함이었다.

그리고 몇 년이 지나갔다. 많은 여성 생존자들이 자신은 살아남았으므로 먼저 죽어간 친구들이 할 수 없었던 모든 것을 해야만 한다고 느끼며 새로운 삶을 꾸려나갔다. 비르케나우와 라벤스브뤼크에서 강한 정치적 신념과 대의를 믿고 행동하던 이들은 비교적 손쉽게 새 삶으로 뛰어들었다. 마리클로드와 엘렌 솔로몽은 둘 다 정치가가 되었다. 마리엘리자 노르드만은 다시 연구실험실로 돌아갔다. 아델라이드 오트발은 심리학자라는 예전의 직업으로 되돌아가지는 않았지만, 파리 시외에서 학교 소속 의사가 되었고, 마을 아이들에게 케이크를 구워주곤 했다. 수용소에서 벌어졌던 여러 의료실험에 대해 기록해야 한다는 사명감에 쫓겼던 아델라이드는 자신이 목격한 일에 대한 자세한 기록을 남겨두었다. 그것들은 그녀의 생전에는 출판되지 않았다. 그녀는 한 집에서 살던 연상의 친구가 죽은 뒤 자살로 생을 마감했다. 프리모 레비와 브루노 베텔하임이 그랬던 것처럼, 공포 속에서 끝까지 살아낸다는 것은 너무 힘든 일이었던 것이다.

♰

1940년대 후반, 샤를로트 델보는 자리를 잡고 앉아 아우슈비츠에 관한 책을 쓰기 시작했다. 그녀는 심한 두통과 고열, 치통을 앓으며 죽음이 자신을 덮치는 악몽에 시달리며 파리로 돌아왔다. 그녀는 아테네 극장에서 루이 주베와 재회하기 전까지 스위스의 요양원에서 몇 달을 보냈다. 파리에 돌아오고 나서야 그녀는 자신의 어린 남동생이 강제수용소에서 죽었다는 소식을 듣게 되었다. 하지만 머물 만한 아파트나 돈이 없었기 때문에 그녀는 제네바로 이사했고, UN에서 일했다. 그녀가 가진 언어 능력은 좋은 수입원이 되었다. 불평하지는 않았지만 그녀는 때로 자신이 그토록 서둘러 전후의 프랑스를 떠나지 않았더라면 어떻게 되었을지 궁금하게 여기곤 했다. "이건 홀로 망명한 여성의 삶이 아니에요." 그녀는 주베에게 보내는 편지에 슬프게 적었다. 그녀는 천천히 회복되고 있었지만 수용소에 관해 이야기하는 것은 앞으로 20년간 한켠에 치워두겠다고 결심했다. 이 이야기가 시간의 시험을 견딜 수 있는지, 그리고 그때의 일이 어땠는지를 자신이 정말로 전달할 수 있을지 보기 위해서였다. 그녀는 자신의 문체가 아주 평범하게 보이길 바랐다. 그리고 아주 투명해서 어떤 것도 그녀와 독자 사이를, 독자들의 이해를 가로막지 않기를 바랐다.

하나의 형식에서 또 다른 형식으로, 시에서 산문으로 그리고 대화로, 샤를로트는 그녀에게 남은 삶을 모두 수용소에 관한 글을 쓰는 데 바쳤다. 마치 에우리디케가 자신의 여행에 관해 이야기하듯 그녀는 주베에게 쓰는 편지의 형태로 길디긴 이야기를 써내려갔다. 그러나 그녀는 결코 이 편지들을 보내지 않았고 주베는 죽었다. 그녀의 책 『아우슈비츠와 그 후』는 얇은 세 권의 책으로 이루어져 있으며, 1970년대 초반이 되어서야 따로따로 출간되었다. 책에서 그녀는 두 개의 자아가 되어 말한다. 아우슈비츠에서의 자아와 그 이후의 자아. 마치 새로운 피부를 얻기 위해 껍질을 벗는 뱀처럼 그녀는 언제나 자신의 피부가 얇아지고 부서지지 않을까, 그래서 수용소가 다시금 그녀를 손아귀에 넣지는 않을까 두려워했다. 아우슈비츠에서의 기억이 뱀의 피부와 다른 점은 오직 그 기억이 그녀에게 너무나도 깊이 박혀 있어서, 아무리 애를 써도 그 기억을 잊어버릴 수도 지워버릴 수도 없다는 점이었다. "나는 그 곁에 산다. 아우슈비츠는 거기에 있다. 변하지 않은 채로, 정확하게, 기억의 피부 속에 봉인되어."

그러므로 그곳에는 두 개의 기억이 공존했다. 그녀가 '평범한' 기억이라고 말하는 지금과 '깊은' 기억 또는 감각들의 기억이라고 말하는 그 당시. 첫 번째 기억은 그녀에게 아우슈비츠를 그저 일어났고 끝이 난 내러티브의 일부로서의 어떤 일, 그리고 어쩌면 계속해서 일어나고 있는 일로 볼 수 있게 해주었고, 두 번째 기억은 그녀로 하여금 아우슈비츠는 결코 끝나지 않는 일이라고 느끼게 만들었다. 생각하는 기억, 평범한 기억은 그녀에게 사실을 전달할 수 있도록 해주었다. 반면에 그녀의 감각하는 기억은 그 사실과 결부된 상상조차 할 수 없는 고통을 힐끗 엿볼 수 있도록 해주었다. 마치 파울 첼란과 프리모 레비처럼, 그녀는 신중하고 간결한 단어들을 사용했고 아름답게 균형이 잡힌 꾸밈없는 문장들을 썼다. 그녀는 독자의 감각에 호소함으로써 그들에게 닿기를 원했다. 샤를로트는 독자들을 자신과 함께 아우슈비츠로 데려가길 원했다. 실제로 그런 일이 벌어졌고 언제나 계속되고 있다는 점을 사람들이 믿을 수 있도록.

샤를로트는 31000번 기차를 탔던 다른 많은 여성들과 가까이 지냈다. 어느 순간, 그녀는 230명의 여성 모두의 이야기를 담은 짧은 전기적 기록을 남겨야겠다고 마음먹었다. 마들렌 두아레, 즉 마도와 이야기를 나누면서 그녀는 바르케나우와 라벤스브뤼크가 그녀들에게 무엇을 의미하는지를 몇 개의 단어로 집약할 수 있었다. 비르케나우에 끌려갔을 때 고작 스무 살이었던 마도는 샤를로트에게 전쟁이 끝나고 자신의 첫 아이가 태어났을 때, 넘치는 행복으로 기뻐서 어쩔 줄 몰랐다고 말했다. 그러나 바로 다음 순간 그녀는 이런 특별한 기쁨을 알지 못한 채 죽어버린 다른 여성들의 유령이 침투하는 듯한 느낌을 받았다. "비단결같이 반짝이는 물과 같았던 나의 기쁨은 순식간에 끈적이는 진흙, 검은 눈, 지저분한 늪지로 바뀌었다."

그 뒤에도 샤를로트는 계속해서 작업을 해나갔다. "'만약 내가 돌아간다면'이라고 말할 때 우리가 다시 찾길 원했던 삶은 커다랗고 당당하며 생동감이 넘치는 것이었다. 그러나 우리가 되찾은 삶이 이토록 무미건조하고 보잘것없으며 시시하고 도둑맞은 느낌이라는 것이, 우리의 희망과 소망이 훼손되고 파괴되었다는 것이 우리의 잘못은 아니지 않은가?" 민감하고 사려 깊은 샤를로트의 남편은 그녀가 그 모든 것을 이제 그만 잊었으면 하고 바랐다. 샤를로트는 그의 뜻을 존중했지만, 잊는다는 것은 배신 행위일 뿐이라는 생각은 변함없었다. 그녀는 언제나 함께했던 여성들을 생각했다. 비바, 다니엘, 레몽과 아네트를. 이미 떠나버린 친구들을 가까이 느끼는 매 순간, 그녀는 그들이야말로 '진정한 동지들'이라고 생각했다. 그래서 그녀는 더 이상 아우슈비츠에 대해 말하지 않기로 작정했다. "나를 바라보는 사람은 내가 살아 있다고 생각할 것이다. (…) 나는 살아 있지 않다. 나는 아우슈비츠에서 죽었다. 그러나 아무도 그것을 알지 못한다."

부록

여성들에 관한 짧은 기록

이 책을 준비하기 시작한 2008년, 31000번 기차의 생존자 가운데 다음 일곱 명의 여성이 살아 있었다.

시몬 알리종(Simone Alizon): 일명 푸페트. 1925년 2월 24일 출생. 생존자 중 가장 나이가 적다. 결혼해 딸 둘을 두었고, 레지옹 도뇌르 훈장을 받았다. 고향인 렌에 돌아와 살고 있다.

세실 차루아(Cécile Charua): '앙기앵의 백조'. 1915년 7월 18일 출생. 송환 후 세실은 재혼해 아들 둘을 얻었다. 현재 브르타뉴에서 두 아들 곁에서 살고 있다.

마들렌 디수브레(Madeleine Dissoubray): 1917년 11월 25일 출생. 라벤스브뤼크에서 돌아온 뒤 결혼해 두 자녀를 낳았으며 교육 분야에서 일했다. 계속해서 레지스탕스 조직과 가까운 관계를 유지했다.

마들렌 랑글루아(Madeleine Langlois): 일명 베티, '빨간 손톱'. 1914년 5월 23일 출생. 송환 후 결혼해 아들을 하나 두었고, 모로코로 이주했다가 돌아와 파리에서 노년을 보냈고 2009년 사망했다.

주느비에브 파쿨라(Geneviève Pakula): 1922년 12월 22일 출생. 폴란드인인 주느비에브는 수용소에서 프랑스로 송환되었고 재봉사로 일했으며, 딸을 하나 두었다. 레지옹 도뇌르 훈장을 수여받았다.

질베르트 타미제(Ginbert Tamisé): 1912년 2월 3일 출생. 여동생 앙드레는 아우슈비츠에서 사망했다. 보르도로 돌아온 뒤 아버지를 돌보았고, 2009년에 사망했다.

룰루 테브냉(Lulu Thévenin): 1917년 7월 16일 마르세유 출생. 여동생 카르멘과 함께 집으로 돌아왔다. 자매가 함께 생존한 경우는 이들이 유일하다. 룰루는 남편과 아들 폴을 만났고 다시 공산당에서 활동을 재개했다. 2009년에 사망했다.

전쟁에서 살아 돌아왔으나 그 이후 사망한 다른 마흔두 명의 여성 생존자들에 대해서는 많은 것을 알아낼 수 없었다. 그녀들은 뿔뿔이 흩어진 가족의 품으로, 폭격 맞고 약탈당한 집으로, 자신을 어머니로 알아보지 못하는 자녀들 곁으로 돌아왔다. 그들의 남편이나 연인 중 많은 수가 독일군에게 총살당했음을 알게 되었다. 결혼과 출산을 경험하기도 했고, 재혼한 이들도 있었다. 거의 모두가 관절염, 심장병, 피부질환, 티푸스 후유증으로 여전히 힘들어했고 쉽게 피로를 느꼈으며 우울증으로 고생했다. 그들이 꿈꾸던 행복한 삶을 다시 찾은 이들은 극소수에 불과했다.

마리잔 바우어(Marie-Jeanne Bauer): 1913년 7월 14일 생아프리크 출생. 아우슈비츠에서 생존해 해방을 맞았지만, 송환된 후 집이 폭격당하고 남편과 남동생이 처형되었음을 알게 되었다. 그녀는 수용소에서 한쪽 시력을 잃었다.

앙투아네트 베세이르(Antoniette Besseyre): 1919년 7월 7일 브르타뉴 출생. 공산당원이었던 남편이 독일군에게 총살당했다. 송환 후 재혼했으나 티푸스의 재발로 아이를 가질 수 없었다.

펠리시엔 비에르주(Félicienne Bierge): 1914년 6월 9일 스페인에서 출생했으나 보르도에서 자랐다. 남편은 독일군에게 총살되었지만 그녀는 아들 곁으로 돌아올 수 있었다. 재혼해 딸을 하나 두었다.

클로딘 블라토(Claudine Blateau): 1911년 3월 23일 니오르 출생. 남편은 독일군에게 총살되었으나 그녀는 두 자녀의 곁으로 돌아왔고, 이후 재혼했다.

엘렌 볼로(Hélène Bolleau): 1924년 4월 6일 로얀 출생. 어머니 에마는 아우슈비츠에서 사망했고 아버지는 독일군에게 총살되었다. 송환 당시 스물한 살로, 이후 결혼해 자녀들을 두었다. 항상 건강이 좋지 않았고 우울증으로 고생했다.

마리루이스 콜롱뱅(Marie-Louise Colombain): 1920년 4월 12일 파리 출생. 송환 후 남편이 마우트하우젠 수용소에서 사망했음을 알게 되었다. 재혼해 자녀를 셋 두었다.

마게리트 코랭제(Marguerite Corringer): 1902년 6월 15일 파리 출생. 전쟁 전 가정부로 일했다. 공산당원이었던 남편은 독일군에 총살되었다. 송환 후 관절염과 골다공증으로 고생했다.

마들렌 드샤바신(Madeleine Dechavassine): 1900년 아르덴 출생. 송환 후 이전처럼 화학기술자로 일했으나 결혼은 하지 않았다. 1969년 퇴직한 후 홀로 살았다.

알리다 델라살(Alida Delasalle): 1907년 7월 23일 페캉 출생. 수용소에서 몸이 망가져 송환 후 심막염, 신장염, 경화증과 류머티즘 관절염으로 고생했다. 치아와 청력도 일부 잃은 상태였고, 다시 직업을 가질 만큼 몸을 회복하지 못했다. 남편은 독일군에게 총살당했다.

샤를로트 델보(Charlotte Delbo): 1913년 8월 10일 센에우아즈 출생. 송환 후 UN 제네바 본부에서 일했고 수용소에 관한 시와 희곡, 회상록을 썼다. 남편은 독일군에게 총살되었으며, 이후 재혼하지 않았다.

마들렌 두아레(Madeleine Doiret): 일명 마도. 1920년 11월 2일 이브리 출생. 송환 당시 24세였고, 이후 결혼해 아들을 하나 두었으며, 비서 일을 다시 시작했으나 척추 문제로 일찍 퇴직했다. 계속해서 살아 돌아오지 못한 여성들에 대한 생각을 지우지 못했다.

에메 도리다(Aimée Doridat): 1905년 3월 14일 낭시 출생. 올케인 올가 고드프루아와 함께 수용소로 향했으나 홀로 생존했다. 그녀는 비르케나우에서 다리 절단 수술을 받았다. 송환 후 남편 및 자녀들과 재회했다. 레지옹 도뇌르 훈장을 받았다.

제르멘 드라퐁(Germaine Drapon): 1903년 1월 1일 샤랑트 출생. 수배중인 공산당원에게 숙식을 제공했다. 송환 후 딸과 오라니엔부르크 수용소에서 살아 돌아온 남편과 재회했다. 그들의 집은 폭격을 받았지만 가족들은 모두 무사했다.

마리잔 뒤퐁(Marie-Jeanne Dupont): 1921년 3월 11일 두에 출생. 송환 당시 스물넷이었으며, 이후 결혼해 두 자녀를 두었다. 그러나 끊임없이 건강이 나빠 고생했다.

미치 페리(Mitzy Ferry): 1918년 3월 6일 보주 출생. 송환 후 미치는 아들과 함께 미디에 정착했다. 그러나 언제나 건강이 좋지 않았으며 개복수술을 여러 번 받아야 했다.

엘렌 푸르니에(Hélène Fournier): 1904년 12월 23일 앵드르에루아르 출생. 투르 지역의 유일한 생존자로 송환 후, 엘렌은 남편 및 딸과 재회했다. 레지옹 도뇌르 훈장을 받았다.

욜랑드 질리(Yolande Gili): 1922년 3월 7일 모젤 출생. 부모는 이탈리아 이민자 출신이다. 그녀의 아버지와 남편은 모두 독일군에게 총살당했으며, 자매인 오로르 피카는 수용소에서 살아 돌아오지 못했다. 그러나 욜랑드는 송환되어 아들과 재회했고, 이후 재혼했다. 건강은 극도로 나빴다.

아델라이드 오트발(Adelaïde Hautval): 1906년 1월 1일 라인 강 유역 출생. 가장 마지막으로 프랑스로 송환된 여성 생존자 중 한 명이었으며, 이후 학교 소속 의사로 일했다. 수용소에서 보여준 동료애로 레지옹 도뇌르 훈장을 받았다.

테레즈 랑부아(Thérèse Lamboy): 1918년 7월 25일 출생. 수용소 생존자이며, 한 명의 자녀를 두었다는 점을 제외하고는 그녀의 생애에 대한 자세한 사항은 알려지지 않았다.

페르낭드 로랑(Fernande Laurent): 1918년 7월 25일 낭트 출생. 그녀는 송환 후 자신을 밀고한 어느 가족에 대해 소송을 제기했다. 남편과 자녀들은 살아 있었으나 그녀의 건강은 극도로 나빴고, 심장병과 기관지염, 정맥염으로 고생했다.

마르셀 르마송(Marcelle Lemasson): 1909년 11월 28일 생트 출생. 송환 후 마우트하우젠 수용소에서 살아 돌아온 남편과 재결합했고 아들을 하나 두었다. 등과 심장이 좋지 않아 고생했다.

시몬 로슈(Simone Loche): 1913년 10월 27일 루아르앵페리외르 출생. 송환 후 남편 및 어린 아들과 재회했으며, 천천히 건강을 회복했다.

루이스 로스랑(Louise Losserand): 1904년 2월 23일 파리 출생. 남편은 독일군에게 총살되었다. 송환 후 재혼했으나 모피가공 일은 다시 하지 못했다.

루이스 마가두르(Louise Magadur): 1899년 4월 21일 피니스테르 출생. 여성 생존자 가운데 가장 나이가 많은 루이스는 송환 후 다시 미용실을 열었다. 그러나 개에게 물어뜯긴 다리는 결코 낫지 않았고 계속해서 끔찍한 악몽에 시달렸다.

뤼시 망쉬(Lucie Mansuy): 1915년 6월 3일 보주 출생. 남편은 스페인 내전에서 사망했고, 연인은 독일군에 의해 사망했다. 송환 후 자신의 집이 약탈당했음을 확인한다. 기계공으로 일했고, 밤마다 끔찍한 악몽에 시달렸다.

앙리에트 모베(Henriette Mauvais): 1906년 10월 22일 비트리쉬르센 출생. 송환 후 남편과 두 딸과 재회했으며 이후 쌍둥이를 낳았다. 속기사로 일했다.

마르트 메이나르(Marthe Meynard): 1912년 3월 29일 앙굴렘 출생. 남편은 마우트하우젠 수용소에서 사망했다. 부모가 끌려갈 때 세 살이었던 그들의 아들은 1973년 자식 넷을 두고 자살했다.

뤼시엔 미쇼(Lucienne Michaud): 1923년 4월 4일 크뢰조 출생. 송환 후 약혼자였던 이와 결혼해 두 자녀를 두었고, 여행사에서 일했다.

마르셀 무로(Marcelle Mourot): 1918년 7월 31일 두(Doubs) 출생. 종전 후 레지스탕스 남성과 결혼해 두 자녀를 두었다. 거듭 귀 수술을 받아야 했다.

마리엘리자 노르드만(Marie-Elisa Nordmann): 1910년 11월 4일 파리 출생. 어머니가 비르케나우에서 사망했다. 송환 후 아들과 함께 살았고 과학자로 일을 계속했다. 재혼해 세 자녀를 더 얻었다. 레지옹 도뇌르 훈장을 받았다.

마리잔 페넥(Marie-Jeanne Pennec): 1909년 7월 9일 렌 출생. 송환 후 아들과 재회했으나 항상 아들과 사이가 좋지 않았다. 아들이 인도네시아로 떠난 후 마리잔은 신경쇠약을 앓았고 전두엽 제거술을 받았다.

제르멘 피캉(Germaine Pican): 1901년 10월 10일 로앙 출생. 제르멘의 남편 앙드레는 독일군에게 총살되었으나 그녀는 살아 돌아와 두 딸과 재회했다. 계속해서 공산당원으로 활동했으며, 맏딸은 전쟁과 아버지의 죽음에 영향 받아 2년 후 사망했다.

제르멘 피루(Germaine Pirou): 1918년 3월 9일 피니스테르 출생. 1956년에 제르멘은 외인부대 소속인 오스트리아 남자와 결혼해 아들을 하나 두었고 부동산업에 종사했다. 행복한 삶을 보낸 몇 안 되는 여성 생존자 중 하나다.

르네 피티오(Renée Pitiot): 1921년 11월 17일 파리 출생. 남편은 스물둘에 독일군에게 총살당했다. 재혼해 딸 셋을 두었고 신부전증으로 젊은 나이에 사망했다.

폴레트 프루니에르(Paulette Prunières): 1918년 11월 13일 파리 출생. 송환 후 결혼해 두 자녀를 두었으나 자주 병상에 누웠다.

제르멘 르노댕(Germaine Renaudin): 1906년 3월 22일 뫼르트에모젤 출생. 가톨릭 신자이자 공산당원인 그녀는 송환 후 남편과 아들, 두 딸과 재회했으며 자녀를 둘 더 낳았다. 1968년 암으로 사망했다.

시몬 상페(Simone Sampaix): 1924년 6월 24일 세단 출생. 송환 당시 스무 살에 불과했다. 이후 두 번의 결혼으로 아들을 하나 얻었으나, 건강을 회복하지 못했다.

잔 세르(Jeanne Serre): 일명 카르멘. 1919년 7월 알제리 출생. 송환 후 결혼해 세 자녀를 얻었다. 그녀는 건강이 나빠 고생했으나 전투적인 공산당원의 자세를 유지했다.

쥘리아 슬루사르크직(Julia Slusarczyk): 1902년 4월 26일 출생. 애초에 자신이 왜 체포되었는지 알아내지 못했다. 파리로 돌아온 뒤 전에 하던 정육사업이 완전히 무너졌으며 동반자가 매우 병약해졌고, 그녀 또한 결코 건강을 회복하지 못했다.

엘렌 솔로몽(Hélèn Solomon): 1909년 5월 25일 파리 출생. 남편 자크는 독일군에게 총살당했다. 송환 후 프랑스의 국회의원이 되었으며 과학 분야에 종사했고 재혼했으나 자녀는 없었다. 건강은 언제나 좋지 못했다.

마리클로드 밸랑쿠튀리에(Marie-Claude Vaillant-Couturier): 1912년 11월 3일 파리 출생. 전쟁 전부터 미망인이었던 그녀는 송환 후, 동료 피에르 비용과 재혼했다. 공산당 국회의원이 되었으며 뛰어난 업적을 남겼다. 레지옹 도뇌르 훈장을 받았다.

롤랑드 방뎉(Rolande Vandaële): 1918년 4월 18일 파리 출생. 어머니 샤를로트 두일로와 이모인 헨리에트 윌리에와 함께 추방되었으나 롤랑드만 살아 돌아왔다. 송환 후 우체부였던 남편과 재결합해 아들을 하나 두었다. 그러나 그녀는 항상 두려움에 질려 있었고 수용소의 환영에 시달렸다.

다음은 끝내 살아 돌아오지 못한 여성들이다.

잔 알렉상드르(Jeanne Alexandre): 캉탈 출생. 레지스탕스를 위해 무기를 날랐다. 1943년 2월 티푸스로 사망했다. 당시 31세로, 아들 하나를 남겼다.

마리 알리종(Marie Alizon): 렌 출생. 레지스탕스들에게 숙식을 제공했다. 1943년 6월 22세에 귀에 생긴 급성감염과 이질로 사망했다. 자매인 푸페트는 생존했다.

조제 알론소(Josée Alonso): 스페인인으로 네 살에 프랑스에 건너왔다. 부상당한 레지스탕스를 간호하고 돌봤다. 이혼 후 아들 둘과 함께 지냈으며, 31세이던 1943년 2월 폐렴에 걸리고 SS에게 구타당해 사망했다.

엘렌 앙투안(Hélèn Antoine): 보주 출생. 직물 노동자. 아들 하나를 두었으며, 레지스탕스를 위해 무기를 숨겼다. 남편은 총살당했으며, 1943년 봄 44세의 나이로 사망했다. 사인은 알려지지 않았다.

이본 B(Yvonne B): 앙드르에루아르 출생. 농부의 아내. 무기를 숨겼다는 사실무근의 이유로 밀고 당했다. 당시 임신 중이었으므로 추방을 피할 수 있었으나, 전쟁포로였던 남편의 아이가 아니라는 이유로 말하지 못해 수용소로 보내졌다. 그녀는 1943년 2월 10일 26세로 '경주'에서 희생되었다.

가브리엘 베르쟁(Gabrielle Bergin): 보주 출생. 세르 부근에서 카페를 운영했으며 탈옥자와 유대인들이 국경분계선을 넘는 일을 돕다가 남편의 정부에 의해 밀고당했다. 1943년 3월 50세의 나이에 사망했다. 사인불명.

유제니아 베스킨(Eugenia Beskine): 러시아인. 54세에 1943년 2월 10일 '경주'에서 희생되었다.

앙투아네트 비보(Antoinette Bibault): 사르트 출생. 레지스탕스 멤버 30명을 밀고했다는 혐의를 받았다. 비르케나우에 도착한 지 열흘 후 침상에서 죽은 채 발견되었다. 사망 당시 39세로, 남편은 마우트하우젠 수용소에서, 남동생은 부헨발트 수용소에서 사망했다.

로제트 블랑(Rosett Blanc): 피레네오리앙탈 출생. 공산당원이자 파리의 레지스탕스 지식인 그룹의 접선책이었다. 1943년 4월 23세의 나이에 티푸스로 사망했다.

이본 블레크(Yvonne Blech): 브레스트 출생. 잡지 편집자. 작가인 르네 블레크와 결혼했고, 둘 다 공산당원이자 레지스탕스 지식인 그룹의 일원이었다. 1943년 3월 11일 이질로 사망했다. 당시 나이 36세.

에마 볼로(Emma Bolleau): 로얀 출생. 남편 로저와 딸 엘렌이 샤랑트마리팀 지역에서 최초로 의용유격대(FTP)를 세웠다. 에마는 감옥에 수감된 딸 엘렌에게 음식을 가져다주다가 체포되었고 52일간 구금당했다. 1943년 3월 20일 42세로 이질과 탈수로 사망했다. 남편 로저는 처형되었고 딸 엘렌은 송환되었다.

조제 보낭팡(Josée Bonenfant): 파리 출생. 재봉사. 1943년 2월 원인불명으로 사망했다. 당시 10살이던 딸을 하나 남겼다.

이본 보나르(Yvonne Bonnard): 그녀에 관해 알려진 바는 거의 없다. 당시 45세로, 어느 날 저녁 점호에서 진흙탕에 넘어진 뒤 사망했다.

레오나 부이아르(Léona Bouillard): 아르덴 출생. 배포책인 남편과 함께 반독선전물을 돌리다가 밀고당했다. 비르케나우에 도착한 지 사흘 후 점호에서 사망했다. 당시 나이 57세였다. 남편은 오라니엔부르크 수용소에서 사망했다.

알리스 불레(Alice Boulet): 손에루아르 출생. 공산당원이자 파리의 민족전선 접선책. 1943년 3월 이질로 28세의 나이에 사망했다. 남편은 독일 빌헬름스하펜에서 사망했다.

소피 브라밴더(Sophie Brabander)와 딸 **엘렌**(Hélèn): 파리에 거주했던 폴란드 출생 이민자. 남편과 함께 모니카 네트워크에서 일했다. 아들 로무알드와 함께 가족 모두 콩피에뉴로 향하는 수송열차에 태워졌다. 소피는 55세의 나이에 1943년 2월 10일 '경주'에서 사망했고 딸 엘렌은 20세에 1943년 5월 12일 티푸스로 사망했다.

조르제트 브레(Georgette Bret): 지롱드 출생. 남편과 함께 비밀리에 물자를 숨기고 배포하던 전투적인 공산당원이자 무장 레지스탕스였다. 남편이 독일군에 의해 처형된 후에도 일을 계속했으며 1943년 3월 20일 티푸스로 사망했다. 당시 27세였으며 열 살 된 딸을 하나 남겼다.

시몬 브뤼갈(Simone Brugal): 생되니즈 출생. 대서양을 오가는 정기선의 미용사로 일했다. 유대인 기갑부대원과 아들 넷을 낳은 후, 생선 판매상과 결혼했다. 눈에 띄는 레지스탕스 활동은 없었다. 1943년 2월 초 45세로 사망했다. 사인은 불명. 남편은 아우슈비츠에서 가스실로 끌려갔다.

마르셀 뷔로(Marcelle Bureau): 샤랑트마리팀 출생. 볼로(Bolleau) 가족 네트워크에 가담했다. 1943년 4월 16일 티푸스로 사망했다. 당시 나이 20세.

알리스 캘보(Alice Cailbault): 파리 출생. 남편과 함께 샤랑트에서 농장을 운영했으며 기용/발리나 네트워크에 속했다. 뱅상의 밀고로 체포되었으며, 딸 앙드레가 뒤이어 농장을 맡고 레지스탕스 일을 계속했다. 1943년 3월 8일 걸을 수 없을 정도로 다리가 부어 사망했다. 당시 36세.

제르멘 캉틀로브(Germaine Cantelaube): 파리 출생. 보르도에서 반독 선전물을 모았으며 레지스탕스 활동에 참여했다. 남편이 총살된 후에도 레지스탕스에게 은신처를 제공하는 일을 계속했다. 푸앵소의 심문을 받을 때 그의 얼굴에 침을 뱉었다. 1943년 3월 31일 35세에 이질로 사망했다.

이본 카레(Yvonne Carré): 몽소레민 출생. 로스랑(Losserand) 네트워크의 의용·유격대원이었던 남편과 함께 적극적으로 레지스탕스 활동에 임했다. 남편은 처형되었으며, 그녀는 1943년 3월 SS의 개에게 물린 뒤 생긴 괴저로 사망했다. 당시 나이 35세.

다니엘 카사노바(Danielle Casanova): 코르시카 아작시오 출생. 치과의사. 프랑스 여성청년단(JFdeF)의 창설자이며 민족전선과 청년공산당, 레지스탕스 지식인 그룹에서 활발히 활동했다. 34세이던 1943년 3월 9일 티푸스로 사망했고, 사후 레지옹 도뇌르 훈장을 수여받았다.

엘렌 카스테라(Hélèn Castera): 지롱드 출생. 남편과 세 아들과 함께 베글 지역에서 적극적으로 레지스탕스 활동을 펼쳤다. 1943년 3월 초 이질로 사망했다. 당시 45세로, 두 아들이 게슈타포에 의해 처형되었다는 소식을 알지 못한 채 사망했다. 남편은 마우트하우젠 수용소에서 사망했다.

이본 카베(Yvonne Cavé): 몽트루즈 출생. 판지를 제작하던 남편과 그녀 모두 독일군에 대한 반감을 숨기지 않았으며, 금지된 라디오 런던(Radio London)을 들었다. 1943년 2월말에 급성 신장염으로 사망했다. 누군가 신발을 훔쳐간 탓에 눈이 내리던 날 네 시간가량 점호가 지속되는 동안 맨발로 버텨야 했다. 사망 당시 46세였으며, 남편은 오라니엔부르크 수용소에서 사망했다.

카멜리아 샹피옹(Camille Champion): 피니스테르 출생. 하숙집을 운영했으며 그녀가 레지스탕스 활동을 했는지 여부는 알려지지 않았다. 피캉/폴리처 그룹이 검거될 당시 남편과 함께 체포되었다. 44세이던 1943년 4월 티푸스로 사망했다. 남편은 독일군에게 처형되었다. 아들을 하나 남겼다.

마리 쇼(Marie Chaux): 탱레르미타주 출생. 미망인으로 하숙집을 운영했다. 참전군인인 남편의 권총을 보관했다는 이유로 체포되었으나, 레지스탕스들에게 숙식을 제공했다는 의심을 받았다. 1943년 2월 3일 점호를 견딜 수 없다고 말한 뒤 25동으로 이감되었다. 이후 가스실로 보내어졌을 것으로 추정된다. 당시 나이 67세.

마게리트 샤바록(Marguerite Chavaroc): 캥페르 출생. 남편과 함께 조니 네트워크에 가담했다(알리종 참조). 1943년 3월 중순 48세의 나이로 이질로 사망. 남편은 오라니엔부르크 수용소에서 송환되었다.

르네 코생(Renée Cossin): 아미앵 출생. 두 지역을 오가는 공산당 지하조직의 접선책이었으며, 이후 피카르디에서 여성 활동가들과 함께 적극적으로 레지스탕스 활동을 펼쳤다. 1943년 4월 부종과 이질로 수용소 진료소에서 사망했다. 당시 나이 29세로, 열한 살과 여섯 살인 두 자녀를 남겼다.

수잔 코스탕탱(Suzanne Costentin): 되세브르 출생. 학교선생이자 숙련된 가죽공예가. 샤토브리앙에서 총살된 프랑스인들에 관한 선전물을 돌리다가 체포되었다. 움직일 수 없을 정도로 심하게 구타당한 뒤 생겨난 괴저로 사망했다. 1943년 3월 사망 당시 49세.

이본 쿠르틸라트(Yvonne Courtillat): 모르비앙 출생. 점령지역에서 자유지역으로 이동하려 한 유대인과 레지스탕스들을 위해 셰르 강 부근에서 간호보조로 일했다. 밀고로 체포되었으며, 가장 먼저 사망한 무리에 속해 있으나 아무도 그녀의 죽음을 목격하지 못했다. 사망 당시 32세로, 열두 살 아들과 열 살 딸을 남겼다.

잔 쿠토(Jeanne Couteau): 파리 출생. 투르에서 요리사로 일했으며, 반독 선전물을 배포했다는 혐의로 체포되었다. 1943년 4월 초 42세에 티푸스로 사망했다.

마들렌 다무(Madeleine Damous): 앵드르 출생. 남편과 함께 의용유격대원이자 공산당원이었다. 1943년 3월 카포에게 심하게 구타당해 실명한 후 사망했다. 당시 나이 30세. 남편은 독일군에게 총살되었다. 둘 사이에 자녀는 없었다.

비바 도뵈프(Viva Daubeuf): 앙코나 출생. 이탈리아 사회주의 당수인 피에트로 네니(Pietro Nenni)의 딸. 인쇄공인 남편과 함께 비밀리에 반독 선전물을 인쇄했다. 남편이 체포되었을 때 도주할 수 있었지만 남편에게 음식과 담배를 가져다주기 위해 머무르다 붙잡혔다. 1943년 4월 26일 29세의 나이에 티푸스로 사망했다. 남편은 독일군에 의해 처형되었다.

시몬 다비드(Simone David): 에브뢰 출생. 이민을 준비하면서 민족전선을 위해 선전물품을 배분하고 자금을 모았으며, 아버지가 인질로 끌려가는 것을 막기 위해 스스로 자수했다. 5월말 티푸스로 사망했다. 당시 나이 21세. 남편과 시동생은 총살되었으며, 동서는 자살했다. 다른 시동생은 여덟 명의 자녀를 둔 아버지였기 때문에 석방되었지만 얼마 후 사고로 사망했다.

샤를로트 데콕(Charlotte Decock): 오트비엔 출생. 레지스탕스였던 남편을 대신해 인질로 체포되었다. 1945년 3월 암슈테텐 역 폭격으로 사망했다. 당시 나이 44세.

라셸 드니오(Rachel Deniau): 앙드르에루아르 출생. 우체국에서 근무하면서 국경분계선을 넘는 사람들을 도왔다. 수용소 진료소에서 사망할 당시 53세로, 두 자녀를 남겼다.

샤를로트 두일로(Charlotte Douillot)와 여동생 **앙리에트 륄리에**(Henriette L'Huillier): 파리 출생. 두 여성은 샤를로트의 남편이었던 레지스탕스 공산당원을 추적하던 경찰에 체포되었다. 샤를로트는 1943년 3월 11일 이질로 사망했다. 당시 나이 43세. 앙리에트는 1943년 3월 23일 아들 하나를 남긴 채 티푸스로 사망했다. 당시 나이 39세. 남편들도 모두 총살당했다.

마리 뒤부아(Marie Dubois): 본(Beaune) 출생. 운영하던 카페를 레지스탕스를 위한 만남과 서신 교환의 장소로 제공했다. 1943년 2월 10일, 손을 들고 더 이상 점호를 견딜 수 없다고 말한 뒤 25동으로 이감되었다. 당시 나이

52세.

마리루이스 뒤크로(Marie-Louise Ducros): 지롱드 출생. 남편과 함께 탄약과 수류탄을 모았으며 레지스탕스에게 은신처를 제공했다. 1943년 2월 28일 40세의 나이로 사망했다. 4명의 자녀를 남겼다.

엘리자베스 뒤페롱(Elisabeth Dupeyron): 보르도 출생. 기용/발리나 네트워크에서 적극적으로 활동했다. 1943년 11월 15일 가스실에서 사망했다. 당시 나이 29세. 10살과 5세의 자녀를 남겼다. 남편은 독일군에 의해 총살되었다.

샤를로트 뒤퓌(Charlotte Dupuis): 욘 출생. 남동생과 함께 농장을 운영하면서 무장단원들에게 은신처를 제공하고 레지스탕스 활동에 쓰일 무기를 숨겨두었다. 1943년 3월 8일 이질로 사망했다. 당시 나이 49세. 남동생은 마우트하우젠에서 송환되었다.

노에미 뒤랑(Noémie Durand)과 여동생 **라셸 페르난데스**(Rachel Fernanadez): 오트비엔 출생. 노동조합원 남편이 독일군에 의해 총살된 후, 노에미는 샤랑트 지역의 민족전선의 대표가 되어 의용유격대와 선전물 배포책의 접선을 담당했다. 미망인이었던 레이첼은 노에미와 함께 체포되었다. 노에미는 1943년 2월 10일 '경주'에서 붙잡혀 가스실로 보내졌다. 당시 나이 53세. 레이첼은 1943년 3월 1일 48세로 이질에 의해 사망했다. 자매의 어머니는 자매와 함께 체포되었으나 석방되었고 1943년 정신이상을 보이다 사망했다.

시몬 에프(Simone Eiffes): 파리 출생. 파리에서 재봉사 보조로 일했으며, 그의 아기를 낳았다. 레지스탕스 활동을 하지는 않았지만 '청년전투부대'의 일원을 방문했다는 이유로 체포되었다. 1943년 5월 티푸스로 사망했다. 당시 나이 22세였으며, 딸은 할머니 손에서 자랐다.

이본 에모린(Yvonne Emorine): 몽소레민 출생. 재봉사. 남편과 함께 샤랑트와 지롱드에서 조직을 규합했으며, 피캉 무리가 일제 검거될 때 체포되었다. 1942년 2월 26일 30세에 원인불명으로 사망했다. 남편에 관해 독일군은 그가 자살했다고 주장했으나, 실상은 고문으로 사망했다. 부부는 6살인 딸을 남겼다.

아네트 에포(Annette Epaud): 라로셸 출생. 카페를 운영했으며, 그곳을 레지스탕스의 숙소와 비밀리에 반독 선전물을 배포하는 장소로 삼았다. 뱅상의 밀고로 체포되었으며, 1943년 2월 22일 마실 것을 애원하는 여성에게 물을 한 잔 건넨 후 가스실로 끌려갔다. 사망 당시 42세로, 열세 살인 아들을 남겼다.

가브리엘 에티(Gabrielle Ethis)와 조카 **앙리에트 피졸리**(Henriette Pizzoli): 로맹빌 출생. 가브리엘과 남편은 히틀러가 집권한 후 망명한 독일인 공산당원들에게 은신처를 제공했으며, 판지 제작자였던 헨리에트는 그들에게 암시장 물품을 제공했다는 혐의를 받았다. 가브리엘은 비르케나우에 도착한 직후 사망했다. 당시 47세였으며, 23살이었던 헨리에트는 1943년 6월 티푸스로 사망했다. 그녀는 딸을 하나 남겼다.

뤼시엔 페르(Luccienne Ferre): 센에우아즈 출생. 미용사. 프랑스 여성청년단원. 어리고 불안정했던 그녀는 동지들을 여럿 밀고했다는 혐의를 받았다. 1943년 5월 5일 20세에 동상으로 사망했다.

이베트 쀨레(Yvette Fuillet): 파리 출생. 유리를 부는 직공이자 프랑스 여성청년단원이었던 그녀는 레지스탕스 지식인 그룹의 접선책으로 활동했다. 1943년 7월 8일 23세의 나이에 티푸스로 사망했다.

마리테레즈 플뢰리(Marie-Thérèse Fleury): 파리 출생. 그녀가 연방 회계 부담당자로서 일하던 우편국 내에서 레지스탕스 조직인 PTT 창립을 도왔다. 1943년 4월 16일, 그녀가 심근경색으로 사망했음을 알리는 통지서가 프랑스에 도착했을 때, 추방된 230명의 여성들의 운명이 세상에 알려졌다. 사망 당시 35세로, 여덟 살짜리 딸을 남겼다.

로자 플로크(Rosa Floch): 외르 출생. 기차에 오른 여성들 가운데 가장 어렸던 여학생으로 학교 벽에 V를 그렸다는 이유로 체포되었다. 1943년 3월 초 원인불명으로 사망했다. 당시 나이 17세.

마르셀 퓌글상(Marcelle Fuglesang): 노르웨이 태생. 파리에서 간호학을 공부했으며 가톨릭으로 개종했다. 샤를빌에서 전쟁포로의 가족들과 함께 사회복지 사업에 전념했으며, 탈옥자들이 국경을 넘어 스위스로 향하는 것을 도왔다. 1943년 3월 이질로 사망했다. 당시 40세. 레지스탕스 훈장인 로렌의 십자가 상과 레지옹 도뇌르 훈장을 받았다.

마리 갑(Marie Gabb): 앙부아즈 출생. 비점령지역으로 편지들을 운송하는 네트워크에 속해 있었다. 1943년 2월 27일, 비르케나우에 도착한 첫날 사망했다. 당시 나이 51세.

마들렌 갈레슬루트(Madeleine Galesloot): 벨기에 태생. 네덜란드인이었던 남편과 함께 파리 지하조직에서 인쇄 업무를 맡았다. 1943년 3월 34세에 이질로 사망했다. 남편은 독일군에 의해 처형되었다.

이본 갈루아(Yvonne Gallois): 외르에루아르 출생. 파리에서 요리사로 일했으며, 독일군을 향한 무장공격에 참여했던 젊은 남성과 친분이 있었다. 아무도 그녀의 죽음을 목격하지 못했다. 당시 나이 21세였다.

수잔 가스카르(Suzanne Gascard): 뤼에유말메종 출생. 결혼이 일렀던 그녀는 딸을 하나 두었으며, 실종된 아기의 어머니 대신 아기를 입양해 돌봤다. 반독 선전물을 숨기고 나눠주다가 이웃에 의해 밀고당했다. 1943년 2월말 이질로 사망했다. 당시 41세. 사망 후 종려나무 잎과 함께 로렌의 십자가 상을 받았다.

로르 가테(Laure Gatet): 도르도뉴 출생. 약사로, 레지스탕스를 위해 정보를 수집했다. 1943년 2월 15일 29세에 이질로 사망했다.

레몽드 조르주(Raymonde Georges): 무장 레지스탕스를 위해 접선책으로 일했으며, 파르티잔 그룹에 물자를 공급하고 무기를 운반했다. 기차 안에서 배낭이 쓰러지며 권총이 발각되어 체포되었다. 1943년 3월 26세에 이질로 사망했다.

소피 기강(Sophie Gigand)과 딸 **앙드레**(Andrée): 엔(Aisne) 출생. 소피는 남편과 자녀와 함께 반독 선전물을 나눠주고 무기를 숨겼다. 그녀는 1943년 2월 10일 '경주'로 사망했다. 당시 나이 45세. 스물한 살이었던 딸 앙드레의 죽음은 아무도 목격하지 못했다. 남편과 아들은 송환되었다.

제르멘 지라르(Germaine Girard): 파리 출생. 그녀가 1943년 3월 39세로 수용소 진료소에서 사망했다는 사실을 제외하고는 생애 전반에 관해 알려져 있지 않다.

르네 지라르(Renée Girard): 파리 출생. 회계사이자 국회의원 비서, 저널리스트. 열성적인 공산당원이자 민족전선의 일원이었다. 원인불명으로 1943년 4월말 사망했다. 당시 58세였으며, 고아로 자라 가족이 없었으므로 사망을 통지받은 이도 없었다.

올가 고드프루아(Olga Godefroy): 낭시 출생. 레지스탕스 공산당원으로 이루어진 대가족의 일원이었다. 1943년 2월 26일 카포가 휘두른 곤봉에 척추가 부러져 사망했다. 당시 37세.

마르셀 구르멜롱(Marcelle Gourmelon): 파리 출생. 무장 레지스탕스의 일원으로 독일공군 부대의 식당 노동자라는 신분을 이용해 무기와 폭발물을 숨겼다. 1943년 7월 티푸스에 걸려 19세의 나이로 사망했다. 함께 체포되어 로맹빌에 함께 수감되었던 어머니는 석방되었다.

시카 구타예(Cica Goutayer): 알리에 출생. 투르 부근에서 군사분계선을 넘으려는 레지스탕스들을 도왔다. 앙투아네트 비보의 밀고로 체포되었다. 1943년 4월 초 수용소 진료소에서 사망했다. 당시 나이 42세. 남편 또한 추방되어 사망했다. 사망 당시 부부는 열여섯 살인 아들을 남겼다.

잔 그랑페레(Jeanne Grandperret): 쥐라 출생. 에나멜 도장공. 파리에서 남편과 함께 레지스탕스 조직이 보내오는 도주자들에게 숙식을 제공했다. 1943년 3월 1일 수용소 진료소에서 사망했다. 당시 나이 46세.

클로딘 게랭(Cladine Guérin): 센앵페리외르 출신 여학생. 지역 레지스탕스를 위한 접선책으로 일했다. 1943년 3월 1일, 18살 생일을 얼마 남기지 않고 티푸스로 사망했다.

아맹트 기용(Aminthe Guillon)과 며느리 **이베트**(Yvette): 샤랑트 출생. 농부이자 공산당원이며 FTP 멤버의 가족. 무기를 숨겼으며, 뱅상의 밀고로 체포되었다. 아맹트는 1943년 2월 10일 '경주'로 사망했다. 사망 당시 58세. 31세였던 이베트는 1943년 3월 16일 괴저로 사망했다. 아맹트의 남편 프로스페르와 아들 장은 독일군에게 처형당했다.

잔 기요(Jeanne Guyot): 아르장퇴유 출생. 인쇄공이던 남편과 함께 반독일 선전물을 발행했다. 정치에 적극적이지는 않았지만 남편과 함께 체포되었고 아무도 그녀의 죽음을 목격하지 못했다. 당시 나이 32세. 남편은 독일군에게 처형되었다. 부부는 열세 살인 딸을 남겼다.

엘렌 아스쾨(Hélène Hascoët): 피니스테르 출생. 파리에서 재봉사로 일했다. 유대인 친구에게 숙소를 제공했다는 이유로 체포되었다. 감염성 피부질환과 탈수 및 이질로 사망했다. 1943년 3월 9일 사망 당시 32세.

비올레트 에브라르(Violette Hebrard): 파리 출생. 보험사에서 근무했고 열성적인 공산당원 남편과 함께 지하판 《뤼마니테》를 인쇄했다. 그녀의 죽음은 목격되지 못했다. 1943년 4월 사망 당시 33세로, 남편 또한 추방된 후 사망했다.

뤼세트 에르바시에(Lucette Herbassier): 투르 출생. 운영하던 술집에 비밀 출판물을 숨겼다. 열 살짜리 아들을 남기고 28세에 과다출혈로 사망했다.

야니 헤르셸(Jannie Herschel): 스위스, 영국, 미국에서 성장했다. 그녀가 레지스탕스 활동을 했는지 여부는 알려지지 않았으나 그녀가 유대인이라는 사실은 숨겨졌다. 죽음은 목격되지 못했다. 1943년 2월 중순 사망 당시 31세였다.

잔 에르베(Jeanne Hervé): 코트다르모르 출생. 가정부이자 웨이트리스. 유대인과 암시장 밀수꾼들을 고발하다가 경찰에 체포되었다. 수용소 내에서는 무리에서 배제되었다. 42세이던 1943년 2월 중순 급성 신장염으로 사망했다.

마게리트 우다르트(Marguerite Houdart): 베르됭 출생. 파리에서 인쇄공인 남편과 함께 레지스탕스에 종이를 공급했으나, 크게 정치에 적극적이지는 않았다. 지하 선전물 조직에 대한 일제검거가 시행되었을 때 남편과 함께 체포되었다. 1943년 5월 10일 사망했다. 사인은 티푸스로 추정되나 그녀의 시신은 쥐에게 훼손되었다. 열네 살인 딸을 남겼다.

잔 움베르트(Jeanne Humbert): 블레노드레툴 출생. 남편은 철로에 대한 사보타주 공격에 참여했으며, 그녀는 무기를 수송했다. 1943년 3월 말, SS에 의해 심하게 구타당한 뒤 가스실로 보내졌다. 사망 당시 28세로, 각각 세 살, 다섯 살인 두 자녀를 남겼다.

안나 자카트(Anna Jacquat): 룩셈부르크 출생. 프랑스인 남편과 함께 샤를빌 역 부근에서 카페를 운영했다. 도주 중인 수감자에게 식량을 공급하는 마르셀 퓌글상과 함께 일했다. 그녀의 죽음은 목격되지 못했다. 사망 당시 41세로, 열여섯 살인 아들과 열네 살인 딸을 남겼다.

제르멘 조네(Germaine Jaunay): 앵드르에루아르 출생. 분계선 부근에 거주하면서 군사분계선을 넘으려는 레지스탕스를 돕다가 조카와 함께 밀고당했다. 제르멘은 언제나 평정을 유지해서 다른 여성들로부터 '철학자'라고 불렸다. 1943년 4월 5일 44세의 나이에 수용소 진료소에서 사망했다. 그녀는 열다섯 살 미만의 자녀 넷을 남겼다.

마리루이스 주르당(Marie-Louise Jourdan): 파리 출생. 세탁소를 운영했고 그곳을 레지스탕스를 위한 만남의 장소로 제공했다. 피캉 무리를 일제 검거할 때 체포되었다. 1943년 4월 44세에 티푸스로 사망했다.

수잔 쥐엠(Suzanne Juhem): 제네바 출생. 파리에서 자랐으며 재봉사가 되었다. 공산당 열성당원과 친분이 있었으나 정작 그녀 자신은 그다지 정치적이지 않았다. 1943년 3월 32세에 이질로 사망했다.

이리나 카르체프스카(Irina Karchewska): 폴란드 출생. 남편과 함께 1920년대에 프랑스로 이주했고 파리에서 식당 겸 식료품점을 운영했다. 런던으로 향하는 폴란드인들을 숨겨주었다. 이질로 1943년 4월 30일 사망했다. 당시 나이 43세.

레아 케리시(Léa Kerisit): 비엔나 출생. 간호사로 자유지역으로 넘어가려는 전쟁포로들을 돕는 무리에 속해 있었다. 1943년 4월 구타로 사망했다. 당시 나이 47세. 그녀는 장성한 아들 셋을 남겼다.

카롤리나 코네팔(Karonlina Konefal)과 **안나 니진스카**(Anna Nizinska): 소농의 딸처럼 보이던 두 폴란드 소녀는 체포되기 직전 파리에 도착했다. 모니카 네트워크에 연루되어 있다는 혐의를 받았다. 1943년 3월 SS가 카롤리나를 구타하고 시냇가에 처박아 물에 빠뜨렸다. 사망 당시 22세였다. 당시 25세였던 안나의 죽음은 아무도 목격하지 못했다.

유제니 코르제니오프스카(Eugénie Korzeniowska): 루블린 출생. 1931년 프랑스에 건너와 폴란드 광부들의 자녀들을 가르쳤다. 모니카 네트워크와 접촉했던 것으로 추정된다. 1943년 2월 10일 '경주'에서 사망했다. 둔부에 문제가 있었고 다리를 절었다. 당시 나이 41세.

마게리트 코틀러레프스키(Marguerite Kotlerewsky): 러시아 태생 유대인 망명자 남편과 결혼했으며 오베르뉴 지역에서 신문《프랑스의 밤》(France-Soir)의 사무직으로 일했다. 밀고로 체포되었으며, 1943년 2월 26일, 40세의 나이로 사망했다. 함께 추방되었던 딸 지젤은 카포 타우베에게 채찍질을 당한 뒤 사망했고, 딸이 죽자 모든 삶의 의욕을 상실한 마게리트도 곧 사망했다. 한 명의 딸을 더 남겼다. 그러나 아들 레옹(Léon)은 추방된 후 살아 돌아오지 못했다.

리나 쿤(Lina Kuhn): 파리 출생. 조니 네트워크의 일원이었다. 1943년 3월 초 사망했다. 사망 당시 35세로 추정되며, 사인은 티푸스로 짐작된다.

조르제트 라카반(Georgette Lacabanne): 맨에루아르 출생. 방적공장 노동자로, 민족전선의 접선책으로 일하다가 카드라스(Cadras) 무리가 검거될 때 체포되었다. 이질로 1943년 11월 말 사망했다. 당시 나이 29세.

지젤 라게스(Gisele Laguesse): 푸아티에 출생. 교사였던 남편과 함께 민족전선 지도자와 지역의 지부들 사이의 접선책으로 활동했으며, 반독 선전물을 인쇄하고 런던에서 오는 방송을 받아 적는 일을 맡았다. 1943년 3월 11일, 28세의 나이에 이질과 구타로 사망했다. 남편과 함께 로맹빌에 수감되어 있었고 그가 총살당하기 전 작별인사를 나눌 수 있었다.

레아 랑베르(Léa Lambert): 아르덴 출생. 샤랑트에서 요리사이자 가정부로 일했으며, 마르셀 퓌글상과 함께 탈옥수들을 스위스로 밀입국할 수 있도록 도왔다. 비르케나우에 도착한 지 얼마 되지 않아 사망했다. 1943년 3월 중순 사망 당시 50세였다. 남편은 뉴스를 듣던 중 독일군을 저주했고, 이를 엿들은 경찰이 그를 체포하고 추방시켰다. 그는 다하우 수용소에서 사망했다.

파비엔 랑디(Fabienne Landy): 루아르에셰르 출생. 속기사이자 공산당원으로써 그녀는 민족전선을 위해 일했으며, 선전물을 타이핑했다. 그녀는 1943년 2월 25일 물집이 온몸에 번지고 감염된 후, 치명적인 독극물인 포르말린이 든 주사를 강제로 주입받고 사망했다. 당시 나이 21세.

베르트 라페이라드(Berthe Lapeyrade)와 올케 **샤를로트 라스퀴르**(Charlotte

Lascure): 로에가론 출생. 두 여성 모두 남편과 함께 프로파간다 선전물을 숨겨두고 레지스탕스들에게 은신처를 제공했다. 베르트는 1943년 3월 초, 당시 40세로 늦지 작업 중 사망했다. 샤를로트는 1943년 2월 10일 '경주'에서 붙잡혔지만 친구의 도움으로 간신히 살아남았다가 몇 주 후, 구타로 사망했다. 당시 40세. 남편들 또한 독일군에 의해 사망했다.

수잔 라슨(Suzzane Lasne): 파리 출생. 루이 마가뒤르(Louis Magadur)와 함께 레지스탕스에 입단했으며, FTP에서 일했다. 수잔은 체포된 후, 조직원 잔 알렉상드르, 마리루이스 콜롱뱅, 앙젤 메르시에의 이름을 자백했고, 이들도 곧 체포되었다. 죄책감에 시달리던 수잔은 1943년 3월 14일, 수용소 진료소에서 사망했다. 당시 19세.

마르셀 로릴루(Marcelle Laurillou): 앵드르에루아르 출생. 앙부아즈의 국경 안내인 네트워크 소속의 레지스탕스였다. 1943년 4월 20일 28세의 나이에 이질로 사망했다. 어린 자녀 둘을 남겼다.

루이스 라비뉴(Louise Lavigne): 비엔나 출생. 나막신을 만드는 공장의 노동자였다. 남동생이 체포되자 푸아티에 지역의 민족전선 지부에서 동생이 하던 일을 대신했다. 1943년 3월 25일 SS에 의해 죽을 때까지 구타당했다. 당시 39세로, 딸 둘을 남겼다. 남동생은 아우슈비츠에서 사망했다.

뤼시엔 르브레통(Lucienne Lebreton): 파리 출생. 건물 관리인이었으며, 공산당원이라는 이유로 밀고당했다. 1943년 3월 말 38세의 나이로 진료소에서 사망했다.

앙젤 레뒤크(Angèle Leduc): 루베 출생. 파리에서 남편이 운영하는 정육점의 계산원으로 일했다. 라디오 런던을 들었다는 이유로 밀고당했다. 1943년 3월, 부종으로 다리가 심하게 부어 걸을 수 없게 되어 사망했다. 사망 당시 51세였다.

엘리자베스 르포르(Elisabeth Le Port): 로리앙 출생. 교사이자 민족전선의 지도자. 교탁에 있던 반독 선전물과 스텐실을 본 학생의 밀고로 체포되었다. 1943년 3월 14일 이질로 사망했다. 당시 나이 23세.

마게리트 레르미트(Marguerite Lermite): 낭트 출생. 교사. 남편과 함께 지하 조직의 선전물을 배포했다. 1943년 2월 말 사망했으나 목격자는 없었다. 남편 또한 아우슈비츠의 가스실에서 사망한 것으로 추정된다. 부부는 네 살 난 아들을 남겼다.

마리 르사주(Marie Lesage): 도빌 출생. 셰르부르의 교외에서 카페를 운영하면서 레지스탕스들을 숨겨주었다. 사망 당시 42세로, 1943년 2월 초 사망했으나 아무도 그녀의 죽음을 목격하지 못했다.

소피 리히트(Sophie Licht): 모젤 출생. 유대인 남성과 결혼했으며, BBC 라디오를 들었다는 이유로 고발당한 것으로 추정된다. 37세의 나이에 티푸스로 사망했다. 남편은 부헨발트 수용소가 대피하는 동안 SS에 의해 총살당했다. 자녀들인 열 살 데니스와 네 살의 장폴은 드랑시에서 추방되어 아우슈비츠로 보내졌고 도착 즉시 가스실로 끌려갔다.

이본 뤼시아(Yvonne Llucia): 오랑 출생. 1943년 3월 32세의 나이로 사망했다는 사실 외에 그녀에 관해 알려진 것은 거의 없다. 그녀의 어머니는 그녀의 사망 소식을 받아들이기를 거부했다.

알리스 로엡(Alice Loeb): 파리 출생. 화학자이자 열성적인 공산당원이었다. 1943년 2월 20일 '선별'에서 가까스로 도망쳤으나, 다음날 점호에서 사망했다. 당시 나이 52세.

루이스 로케(Louise Loquet): 모르비앙 출생. 여덟 살에 부모를 모두 여의고 열세 명의 형제자매 가운데 유일하게 살아남은 세 명의 오빠 손에서 컸다. 인쇄기를 다루는 노동자였으며, 남편과 함께 반독 선전물을 작성하고 타이핑했다. 비르케나우에 도착한 즉시 사망했으나 목격되지 못했다. 당시 나이 42세였고, 열일곱 살 딸을 하나 남겼다.

이본 로리우(Yvonne Loriou): 샤랑트마리팀 출생. 비서. 독일의 포로수용소에서 수감 중이던 남동생에게 비밀리에 편지를 보낸 것이 발각되어 체포되었다. 1943년 3월 8일 세균감염으로 인한 피부질환으로 사망했다. 당시 41세.

수잔 멜라르(Suzanne Maillard): 솜 출생. 남편과 함께 레지스탕스들과 라디오 수신기를 숨겨주었다. 1943년 4월 중순 티푸스로 사망했다. 사망 당시 49세로 열세 살인 아들을 남겼다.

이베트 마리발(Yvette Marival): 앵드르에루아르 출생. 남편과 함께 공산당원이자 민족전선의 일원이었다. 속했던 조직의 일원이 모진 고문 끝에 이름을 대 체포당했다. 그녀의 죽음은 목격되지 못했다.

루즈 마르토스(Luz Martos): 스페인 난민 출신. 프랑스인이었던 남편과 함께 파리의 레지스탕스 조직에서 활동했다. 1943년 2월 초 진흙탕에서 넘어진 뒤 삶을 포기했고 곧 사망했다. 당시 37세.

제르멘 모리스(Germaine Maurice): 앵드르에루아르 출생. 분계선 부근의 국경안내인이었던 아버지를 도왔다. 1943년 2월 23일, 폐렴으로 사망했다. 당시 나이 24세였다. 그녀의 아버지는 추방 중에 사망했다.

올가 멜렝(Olga Melin): 퐁생트막상스 출생. 수공예 노동자. 남자 형제와 함께 국경분계선을 넘어가려는 유대인들을 도왔다. 1945년 3월 21일 마우트하우젠 부근에서 벌어진 폭격으로 사망했다. 당시 29세로, 소아마비를 앓고 있는 아들을 하나 남겼다.

앙젤 메르시에(Angèle Mercier): 센에마른 출생. 파리에서 호텔을 운영하면서 접선책으로 활동했다. 1943년 3월 초 사인불명으로 33세에 사망했다.

조르제트 메스머(Georgette Mesmer): 브장송 출생. 전쟁포로들이 스위스로 갈 수 있도록 도운 조직에서 활동했다. 29세의 나이로 아들 한 명을 남긴 채 이질로 사망했다.

수잔 메그노(Suzanne Meugnot): 1896년 4월에 태어났으며, 1943년 2월 초에 사망했다는 사실을 제외하고 알려진 바가 없다.

르네 미쇼(Renée Michaux): 라로셸 출생. 프랑스 여성청년단원이었으며, '마르셸'이라는 가명으로 지롱드에서 민족전선 지부를 세웠다. 1943년 4월 중순 23세에 이질로 사망했다. 그녀의 동반자였던 앙드레 소텔(André Sautel)은 고문당한 뒤 스스로 목을 매 자살했다.

시몬 미테르니크(Simone Miternique): 외르에루아르 출생. 파리의 유대인과 레지스탕스를 위한 국경안내인 네트워크에서 활동했다. 1943년 2월 10일 '경주'에서 사망했다. 당시 36세였으며 아들을 하나 남겼다.

지젤 몰레(Gisèle Mollet): 파리 출생. 호텔에서 메이드로 일했다. 공산당원인 남자친구를 도와 반독 선전물을 배포하다가 체포되었다. SS에 의해 심하게 구타당해 1943년 8월 초순 23세의 나이로 사망했다.

수잔 모몽(Suzanne Momon): 파리 출생. 페인트 공장의 노동자로, 청년전투부대의 질베르 브뤼슬랭(Gilbert Brustlein)의 어머니였다. 1943년 2월에 사망했으나 그녀의 죽음을 목격한 이는 없었다. 당시 46세였으며 두 자녀를 남겼다.

드니스 모레(Denise Moret): 오트비엔 출생. 애초에 그녀가 왜 체포되었는지 전혀 알려진 바가 없다. 비르케나우에 도착한 즉시 사망했으며 목격자는 없다. 당시 25세였으며 네 살 된 딸을 하나 남겼다.

마들렌 모랭(Madeleine Morin)과 어머니 **마리루이스 모랭**(Marie-Louise Morin): 두 여성은 운영하던 미용실에서 유대인을 위한 위조 신분증을 모으고 배부했다. 마들렌은 1943년 4월말 21세에 티푸스로 사망했다. 1943년 2월말에 사망한 마리루이스의 죽음은 목격되지 않았다.

마리루이스 모뤼(Marie-Louise Moru): 모르비앙 출생. 통조림공장 포장 부서에서 일했으며 프랑스 해군에 입대하기 위해 자유지역으로 도주하는 젊은 이들을 도왔다. 1943년 3월 수용소 진료소에서 열일곱의 나이로 사망했다.

마들렌 노르망(Madeleine Normand): 샤랑트 출생. 남편과 함께 작은 농장을 운영했으며, 레지스탕스들을 숨겨주고 그들이 군사분계선을 넘을 수 있도록 도왔다. 1943년 2월 23일 구타로 사망했다. 당시 45세였으며, 남편은 독일에서 처형되었다. 어머니는 딸을 태운 수송기차가 아우슈비츠로 떠나던 날 걱정과 비탄에 잠겨 사망했다.

이본 누타리(Yvonne Noutari): 지롱드 출생. 민족전선의 일원이었던 남편과 함께 레지스탕스에게 은신처를 마련해주었다. 1944년 8월 2일 마우트하우젠 수용소 부근에서 일어난 폭격으로 사망했다. 당시 나이 28세. 남편은 독일에서 처형되었고, 두 자녀를 남겼다.

투생트 오피시(Toussainte Oppici): 마르세유 출생. 식당을 운영했으며, 1943년 4월 말 사춘기에 접어든 아들을 남긴 채 37세의 나이에 티푸스로 사망했다.

안마리 오스트로프스카(Anne-Marie Ostrowska): 독일 라인란트 출생. 유대계 폴란드인 남성과 결혼했으며, 불법으로 군사분계선을 넘었다는 죄목으로 체포되었다. 1943년 4월 초 늪지에서 사망했다. 당시 나이 42세. 남편은 수용소에서 사망했으며, 딸과 아우슈비츠로 보내진 아들은 살아남았다.

뤼시엔 팔뤼(Lucienne Palluy): 파리 출생. 속기사. FTP를 위한 접선책으로 탄약과 폭발물을 수송했다. 1943년 2월말 33세의 나이에 이질로 사망했다.

이본 파토(Yvonne Pateau): 방데 출생. 사촌이었던 남편과 함께 작은 농장을 꾸렸으며 종자크의 독일군 무기고에서 빼내온 무기들을 농장에 숨겼다. 1943년 2월 초 급성 신장염으로 사망했다. 당시 나이 42세. 남편은 독일군에 의해 처형당했다. 다섯 살 난 아들을 남겼다.

뤼시 페셰(Lucie Pecheux): 니에브르 출생. 파리에서 의복 제조공으로 일하면서 레지스탕스를 위한 자금을 모았다. 1943년 2월 중순 수용소 진료소에서 사망했다. 당시 나이 37세로, 열여덟 살 딸을 남겼다.

오로르 피카(Aurore Pica): 모젤 출생. 가족과 함께 지롱드로 피난 왔다. 레지스탕스 단원으로써 정보를 수집하고 통행권을 조달했으며 독일군의 무기를 빼돌리는 것을 도왔다. 1943년 4월 28일 갈증으로 사망했다. 당시 나이 19세. 그녀의 자매인 욜랑드 질리(Yolande Gili)는 살아남아 송환되었다.

이본 피카르(Yvonne Picard): 그리스 아테네 출생. 소르본에서 철학을 가르치기 위해 파리로 왔으며 그곳에서 레지스탕스 활동을 벌였다. 1943년 3월 9일 22세에 이질로 사망했다.

수잔 피에르(Suzanne Pierre): 뫼르트에모젤 출생. 공식적으로 레지스탕스 조직에 가담하지는 않았지만 친구들과 함께 운하 자물쇠를 폭파하는 작업을 도왔다. 누구도 1943년 8월에 있었던 그녀의 사망을 목격하지 못했다. 당시 31세였다.

쥘리에트 푸아리에(Juliette Poirier): 멘에루아르 출생. 아무도 그녀가 체포된 이유를 알지 못했으며, 죽음 또한 목격하지 못했다. 당시 24세로, 여덟 살 아들을 남겼다.

마이 폴리처(Maï Politzer): 비아리츠 출생. 조산원. 파리의 레지스탕스 지식인 그룹과 함께 활동했다. 1943년 3월 6일 티푸스로 사망했다. 남편 조르주는 독일군에게 총살당했다. 부부는 여덟 살 아들을 남겼다.

폴린 포미스(Pauline Pomies): 툴루즈 출생. 세탁부. 남편과 함께 레지스탕스에게 은신처를 제공했다. 1943년 2월 10일 '경주'로 사망했다. 당시 62세였으며 딸을 하나 남겼다.

린 포르셰(Line Porcher): 외르에루아르 출생. 미망인이자 공산당원으로 반독 선전물에 쓰일 타자기를 숨겼다. 1943년 2월 가스실로 끌려간 것으로 추정된다. 당시 나이 63세.

델핀 프레세(Delphine Presset): 님 출생. 레지스탕스와 교류가 없었으나 보르도 일제검거에서 체포되었다. 1943년 2월에 사망했으나 목격되지 못했다. 당시 42세.

마리테레즈 퓌유(Marie-Thérèse Puyoou): 바스피레네 출생. 협동조합을 운영하면서 레지스탕스 단원들에게 은신처를 내주었다. 1943년 3월 31일 46세로 수용소 진료소에서 사망했다. 열일곱 살과 열 살짜리 딸 둘을 남겼다.

자클린 카트르메르(Jacqueline Quatremaire): 오른 출생. 비서. 파리에서 민족전선에 가담했다. 1943년 2월 24일 티푸스로 사망했다. 당시 나이 24세.

폴라 라보(Paula Rabeaux): 소뮈르 출생. 장례식에 사용되는 장식을 만드는 노동자였다. 남편과 함께 보르도 지역의 레지스탕스로 활동했다. 1943년 3월, 혀가 지독히도 부어올라 먹거나 숨 쉴 수 없게 되어 사망했다. 당시 31세. 그녀의 남편은 독일군에게 총살당했다.

콩스탕스 라프노(Constance Rappenau): 욘 출생. 레지스탕스들이 이용하는 식당을 운영했다. 1943년 2월 10일 '경주'로 사망. 당시 나이 63세로, 아들을 하나 남겼다.

제르멘 르노(Germaine Renaud): 센에우아즈 출생. 비밀리에 반독 선전물 인쇄소를 운영했다. 카포의 구타로 사망했다. 당시 나이 24세.

마게리트 리시에(Maguerite Richier)와 두 딸 **오데트**(Odette), **아르망드**(Armande): 파리 출생. 민족전선의 일원. 마게리트는 1943년 2월 10일 '경주'에서 사망했다. 당시 62세. 31세였던 오데트와 26세였던 아르망드의 사망은 아무도 목격하지 못했다.

안 리숑(Anne Richon): 로트에가론 출생. 스웨터 직조공. 남편, 아들과 함께 FTP에서 활동했다. 1943년 3월 부종으로 사망했다. 당시 44세. 그녀의 남편은 총살되었으나 아들은 살아남았다.

프랑스 롱도(France Rondeaux): 노르망디 출생. 조종사들과 유대인 도망자들을 도왔다. 1943년 5월 41세에 티푸스로 사망했다.

조르제트 로스탱(Georgette Rostaing): 이브리쉬르센 출생. 열렬한 공산당원으로 레지스탕스들과 무기를 숨겨주었다. 1943년 3월 사망했으나 죽음은 목격되지 못했다. 사망 당시 31세. 딸을 하나 남겼다.

펠리시아 로트코프스카(Félicia Rostkowska): 폴란드 출생. 폴란드 광부의 자녀들을 가르치기 위해 프랑스로 왔으며, 모니카 네트워크에서 활동했다. 아무도 그녀의 죽음을 목격하지 못했다. 당시 34세.

드니스 루캐롤(Denise Roucayrol): 트랑 출생. 간호사로, FTP에서 활동했다. 1943년 4월 33세에 티푸스로 사망했다.

수잔 로즈(Suzanne Rose): 센앤페리외르 출생. 공산당원이자 노조 대표였으며 레지스탕스의 접선책으로 활동했다. 1943년 2월 SS에 의해 여러 번 구타당한 뒤 사망했다. 당시 38세.

에스테리나 뤼쥐(Esterina Ruju): 1948년 3월 말, 58세의 나이로 사망했다는 사실 외에 알려진 바가 없다.

레오니 사바유(Léonie Sabail): 샤텔로 출생. 사무장. 남편과 함께 레지스탕스에 은신처를 제공했다. 1943년 3월 수용소 진료소에서 사망했다. 당시 53세. 남편은 총살되었다. 부부는 딸과 아들을 남겼다.

아나 사보(Anna Sabot): 알자스 출생. 그녀의 죽음은 목격되지 못했으며 생애 전반에 관해서도 알려진 바가 없다. 당시 나이 44세.

베르트 사부로(Berthe Sabourault): 샤랑트 출생. 미용실을 운영했으며 남편과 함께 FTP에서 활동했다. 1943년 4월 38세에 티푸스로 사망했다. 남편은 마우트하우젠 수용소에서 사망했다. 아들이 하나 있다.

레몽드 살레즈(Raymonde Salez): 릴라 출생. 청년공산당원이었으며 무장 공격에 가담했다. 아무도 그녀의 죽음을 목격하지 못했다. 당시 나이 23세.

앙리에트 슈미트(Henriette Schmidt): 에세르 출생. 달리데 네트워크와 프랑스 여성청년단에 가담하여 다니엘 카사노바와 함께 일했다. 1943년 3월

14일 수용소 진료소에서 사망했다. 당시 나이 30세.

앙투안 세베르(Antoine Seibert): 파리 출생. 간호보조. FTP에서 활동했다. 사망 경위는 알려진 바 없다. 당시 나이 43세.

레오니 세이뇰(Léonie Seignolle): 파리 출생. 생애도 사인도 알려진 바 없다.

레몽드 세르장(Raymonde Sergent): 외르에루아르 출생. 카페를 운영하면서 군사분계선을 넘으려는 사람들을 도왔다. 1943년 3월 말 부종으로 사망했다. 당시 39세로 열두 살 딸을 남겼다.

이본 수쇼(Yvonne Souchaud): 투르 출생. 민족전선에서 활동했다. 1943년 3월 45세의 나이에 이질로 사망했다.

잔 수크(Jeanne Souques): 지롱드 출생. 남편을 도와 세탁소를 운영했다. 반독 선전물을 배달했으며 타자기를 숨겼다. 1943년 4월 1일 티푸스로 사망했다. 당시 48세. 남편은 마우트하우젠 수용소에서 송환되었다.

마게리트 스토라(Marguerite Stora)와 조카 **실비안 쿠페**(Sylviane Coupet): 라망쉬 출생. 마게리트는 레지스탕스 활동을 하지는 않았지만 유대인과 결혼했고, 남편을 체포하러 온 독일군에게 욕을 퍼부었다. 마게리트는 1943년 3월 진료소에서 47세의 나이로 사망했다. 딸처럼 돌보던 조카 실비안은 1943년 8월 진료소에서 사망했다. 그녀는 당시 열여덟이 채 되지 않았다.

앙드레 타미제(Andrée Tamisé): 보르도 출생. 자매인 질베르트(생환했다)와 함께 학생 그룹을 조직하고 반독 선전물을 타이핑하고 인쇄했다. 1943년 3월 8일 폐울혈로 사망했다. 당시 나이 21세.

잔 티보(Jeanne Thiebault): 뫼르트에모젤 출생. 프랑스 자동차 회사인 시트로앵의 기능공. 레지스탕스 활동을 했는지 여부는 알려지지 않았으며, 사망 또한 목격되지 못했다. 당시 33세.

마게리트 발리나(Marguerite Valina): 샤랑트마리팀 출생. 레지스탕스들에게 은신처를 마련해주고 무기를 숨겼다. 푸앵소가 벌인 일제 검거에서 체포되었다. 1943년 2월 말 진료소에서 사망했다. 남편은 독일군에게 처형되었다. 열일곱 살인 아들, 열네 살의 딸과 여덟 살 아들을 남겼다.

테오도라 반 담(Théodora van Dam)**과 딸 레이나**(Reyna): 네덜란드 출생. 남편과 함께 네덜란드 출신 레지스탕스들이 영국으로 도피하는 것을 돕는 조직에서 활동했다. 그녀는 1943년 2월 10일 '경주'에서 붙잡혔고, 레이나는 어머니 곁을 떠나려 하지 않았다. 결국 둘 모두 가스실로 끌려갔다. 당시 레이나는 19세였다. 테오도라의 또 다른 딸은 살아남았다.

야코바 반 데르 리(Jakoba van der Lee): 네덜란드 출생. 학교에서 동양학을 가르쳤다. 편지에 히틀러의 패배를 바란다는 내용을 적었다는 이유로 체포되었다. 1943년 2월 10일 '경주'로 사망했다. 당시 나이 54세.

알리스 베렐롱(Alice Verailhon): 샤랑트마리팀 출생. 레지스탕스들에게 숙식을 제공했으며 접선책으로 활동했다. 1943년 3월 11일 아이들을 살해하는 SS에 항의하다가 총살당했다. 당시 45세.

알리스 비테르보(Alice Viterbo): 이집트 출생. 파리 오페라에서 활동하던 가수. 1943년 2월 10일 '경주'로 사망했다. 당시 나이 45세.

마들렌 자니(Madeleine Zani): 뫼르트에모젤 출생. 보르도에서 수배 중인 레지스탕스들에게 은신처를 마련해주었다. 죽음은 목격되지 못했다. 사망 당시 27세였으며, 세 살배기 아들을 남겼다.

참고 문헌 및 도판 목록

1차 자료

이 책을 집필하면서 가장 많이 참고한 자료들은 생존자 여성들과 그 가족들의 인터뷰, 샤를로트 델보(Charlotte Delbo)의 작품들, 그리고 출판되지 않은 회상록과 편지들이었다.

나는 2009년 베티 랑글루아(Betty Langlois)가 사망하기 전, 그녀가 살고 있었던 파리의 아파트를 여러 번 찾아갔다. 또한 세실 차루아(Cecile Charua), 마들렌 디수브레(Madeleine Dissoubray), 푸페트 알리종(Poupette Alizon)과도 오랫동안 이야기를 나누었다. 내가 작업을 시작할 당시에 생존해 있던 다른 네 명의 여성들은 방문객을 맞이할 만큼 건강이 좋지 못했다. 하지만 31000번 기차에 탑승했던 많은 여성들의 가족들이 그들을 대신해 나와 이야기해주었고, 내게 편지들과 기록들, 발간되지 않은 회상록들을 보여주었다.

1945년 샤를로트 델보가 프랑스로 돌아왔을 때, 그녀는 비르케나우와 라벤스브뤼크에서 보냈던 날들에 관한 3권의 회상록에 실릴 첫 번째 글을 썼다. 그러나 그녀는 이 글을 20년간 한켠에 치워두었다. 1970년대가 되어서야 한 권의 책으로 출판된 『아우슈비츠와 그 후』(Auschwitz et ápres)는 지금까지도 쇄를 거듭해 출간되고 있다. 그 후로 1985년에 사망하기 전까지 델보는 계속해서 수용소에 관한 시와 희곡, 에세이를 썼다. 작업을 하면서 가장 중요하게 참고한 델보의 작품은 그녀의 친구들에 대한 전기적 일화가 함께 적혀 있는 『1월 24일의 기차』(Le Convoi du 24 Janvier)이다. 이 책은 여성들과 그들의 가족들에 관한 나의 연구에 매우 귀중한 역할을 해주었다.

다음은 수송기차에 탑승했던 여성들이 적은 회상록의 목록이다.

Alizon, Simone, *L'Exercise de Vivre*, Paris, 1996.

Borras, Christiane, *Cécile, une 31000, communiste, déportée à Auschwitz-Birkenau*, Domont, 2006.

Delbo, Charlotte, *Auschwitz et Après*. 3 vols., Paris, 1970-1971.

Delbo, Charlotte, *Le Convoi du 24 Janvier*, Paris, 1965.

Delbo, Charlotte, *Spèctres, mes Compagnons*, Lausanne, 1977.

Delbo, Charlotte, *Une Scène jouée dans la mémoire, and Qui rapportera les paroles*, Paris, 2001.

Hautval, Adelaïde, *Médecine et Crimes Contre l'Humanité*, Paris, 1991.

Sampaix, Simone, 미간행 회고록, 1941-1945.

Vaillant-Couturier, Marie-Claude, *Mes 27 Mois entre Auschwitz et Ravensbrück*, Paris, 1946.

Vaillant-Couturier, Marie-Claude, 미간행 일기.

다음 두 항목은 중요한 자료를 제공해주었다.

Lazaroo, Gilbert and Peyrotte, Claude-Alice, 엘렌 볼로, 룰루 테브냉, 제르
멘 피캉과의 녹음 인터뷰.

Queny, Marion. "Un cas d'exception: 230 Femmes Françaises déportées à
Auschwitz-Birkenau en Janvier 1943 par mesure de repression: le Convoi
du 24 Janvier." Thesis for the Universite Charles De Gaulle, 2004.

또한 레지스탕스 운동, 레지스탕스 활동가들, 특수여단, 점령 당시
의 프랑스, 추방, 독일 점령군 등에 관한 귀중한 자료들을 얻은 곳은
다음과 같다. 파리에 위치한 국립기록보관소(CARAN, 일련번호 72AJ45,
72AJ69, 72AJ78), 지롱드 지방공문서보관소, 알리에 지방공문서보관소,
앵드르에루아르 지방공문서보관소, 발드마른 지방공문서보관소, 파
리 경찰청 공문서보관소, 특수여단의 지도, 31000번 기차를 탄 이들
의 배우자들, 캉의 퇴역군인회, 추방자 개인에 관한 서류들, 파리의 쇼
아 기념관, 브장송에 위치한 강제추방자와 레지스탕스 박물관, 런던의
시코르스키(Sikorski) 기록보관소 등. 모든 자료는 인용자가 번역했다.

2차 자료

2차대전 당시 나치독일 점령기의 프랑스, 동쪽에 있는 절멸수용소
와 강제수용소로 추방되는 유대인과 레지스탕스들, 비르케나우, 아우
슈비츠, 라벤스브뤼크에서의 삶에 관한 이야기는 회상록, 역사서, 학
술논문 등에 기록되어 있다. 다음은 이 책을 집필하면서 가장 도움을
얻은 책들에 관한 간략한 목록이다.

Added, Serge, *Le Théatre dans les années de Vichy*, Paris 1992.

Alany, Eric, *La Ligne de Démarcation*, Paris, 2003.

———, *Un Procès sous l'Occupation au Palais Bourbon, Mars 1942*, Paris. n.d.

———, *Les Français au Quotidien*, Paris, 2006.

Alcan, Louise, *Le Temps Ercartelé*, St-Jean-de-Maurienne, 1980.

Amicale de Ravensbruck et Association des Déportées et Internées de la Resistance, *Les Françaises à Ravensbruck*, Paris, 1965.

Amouroux, Henri, *La Vie des Français sous l'occupation*, Paris, 1990.

Avon, Robert, *Histoire de l'Epuration*, Paris, 1967.

Aziz, Philippe, *Le Livre Noir de la Trahison. Histoire de la Gestapo en France*, Paris, 1984.

Bartosek, Karel, Gallissot, René, Peschanski, Denis, *De l'Exil à la Resistance. Réfugiés et immigrés de l'Europe Centrale en France 1933-1945*, Paris, 1989.

Beevor, Antony & Cooper, Artemis, P*aris after the Liberation 1944-1949*, London, 1994.

Bellanger, Claude, *La Presse Clandestine 1940-1944*, Paris, 1961.

Berlière, Jean-Marie avec Laurent Chabrun, *Les Policiers Français sous l'occupation*, Paris, 2001.

Berlière, Jean-Marie & Liaigre, Franck, Liquider les Traîtres. *La Face cachée du PCF 1941-1943*, Paris, 2007.

Berlière, Jean-Marie & Liaigre, Franck, *Le Sang des Communistes: Les Bataillons de la Jeunesse dans la lutte armée*, Paris, 2004.

Bernadotte, Comte, *La Fin, Lausanne*, 1945.

Besser, Jean-Pierre & Ponty, Thomas, *Les Fusillés: Repression et execution pendant l'Occupation 1940-1944*, Paris, 2006.

Bettelheim, Bruno, *The Informed Heart*.

———, *Surviving the Holocaust*.

Betz, Albrecht & Martens, Stefan, *Les Intellectuels et l'Occupation*, Paris, 2004.

Blumenson, Martin, *Le Réseau du Musée de l'Homme*, Paris, 1977.

Bourdel, Philippe, *La Grande Débacle de la Collaboration 1944-1948*, Paris, 2007.

Bourderon, Roger & Avakoumovitch, Ivan, *Détruire le PCF - Archives de l'EtatFrançais et l'Occupant Hitlérien 1940-1944*, Paris, 1988.

Bourget, Pierre, *Histoire Secrète de l'Occupation de Paris*, Paris, 1970.

Breton, Catherine, *Mémoires d'Avenir*, Doctoral thesis, Nanterre-Paris X, 1994.

Cardon-Hamet, Claudine, *Mille Otages pour Auschwitz: Le Convoi du 6 Juillet 1942*, Paris, 1997.

Chombart de Lauwe, Marie-Jo, *Toute une Vie de Resistance*, Paris, 1998.

Closset, R, *L'Aumonier de l'Enfer: Franz Stock*, Paris, 1965.

Cobb, Richard, *French and Germans, Germans and French*, London, 1983.

Cohen, Elie A., *Human Behaviour in the concentration camp*, London, 1954.

Collins-Weitz, Margaret, *Sisters in the Resistance: How women fought to free France 1940-1945*, New York, 1995.

Couderc, Frédéric, *Les Renseignements Generales sous L'Occupation*, Paris, 1992.

Courtois, Stephane & Lazar, Marc, *Histoire du Parti Communiste Français*, Paris, 1995.

Courtois, Stéphane, Peschanski, Denis & Rayski, Adam, *Le Sang de l' Etrangers: les Immigrés de la MOI dans la resistance*, Paris, 1989.

Dabitch, Christophe, *24 Octobre 1941. Bordeaux. Les 50 Otages - un Assassinat politique*, Montreuil-Bellay, 1999.

Debû-Bridel, Jacques(ed), *La Resistance Intellectuelle*, Paris, 1970.

Delarue, Jacques, *Histoire de la Gestapo*, Paris, 1962.

Delpart, Raphaël, *Les Convois de la Honte*, Paris, 2005.

Dixon, Jeremy, *Commanders of Auschwitz*, Atglen PA, 2005.

Durand, Pierre, *Danielle Casanova, L'Indomptable*, Paris, 1990.

Fabre, Marc-André, *Dans les Prisons de Vichy*, Paris, 1944. Flanner, Janet, *Paris Journal 1944-1965*, London, 1966.

Fontaine, Thomas, *Les Oubliés de Romainville*, Paris, 2005.

La France de 1945: Resistances, retours, renaissances. Actes de Colloque de

Caen 17-19 Mai 1995, Caen, 1996.

Furet, François, *The Passing of an Illusion,* Chicago, 1999.

Gaillard-Menant, Sundy, *Resister à L'Occupation, Resister à Auschwitz, Resister à l'oubli: la mémoire des femmes. De Charlotte Delbo, du Convoi du 24 Janvier 1943.* These, Université-Sorbonne Panthéon, 1999.

Gilzmer, Mechtild, Levisse-Touzé, Christine et Martens, Stefan, *Les Femmes dans la Resistance en France,* Paris, 2003.

Gottlieb, Roger S.(ed), *Thinking the unthinkable: Meanings of the Holocaust,* New Jersey 1970.

Granet, Marie, *Les Jeunes dans la Resistance: 20 ans en 1940,* Paris, 1985.

Grenier, Fernand, *C'était ainsi...,* Paris, 1959.

Gresh, Sylviane, *Les Veilleuses,* Paris, 1996.

Guéhénno, Jean, *Journal des Années Noires 1940-1944,* Paris, 1947.

Guérin, Alain, *Chronique de la Resistance,* Paris, 2000.

Gutman, Yisrael & Berenbaum, Michael, *Anatomy of the Auschwitz Death Camp,* Indiana, 1998.

Guyon-Belot, Raymonde, *Le Sel de la Mine,* Paris, 1990.

Halimi, André, *La Délation sous L'Occupation,* Paris, 1983.

Hamelin, France, *Femmes dans la Nuit 1939-1944,* Paris, 1988.

Hardman, Anna, *Women and the Holocaust: Holocaust Educational Trust Research Papers.* Vol 1. No 3, 1999/2000.

Heberer, Patricia & Matthaus, Jürgen, *Atrocities on Trial. Historical Perspectives and the Politics of Prosecuting War Crimes,* London, 2008.

Heller, Gerhard, *Un Allemand à Paris 1940-1944,* Paris, 1981.

Helm, Sara, *A Life in Secrets,* London, 2005.

Higonnet, Margaret Randolph et al(ed), *Behind the Lines: Gender and the Two World Wars,* New Haven, 1987.

Hill, Mavis M. & Lewis, L. Norman, *Auschwitz in England,* London, 1965.

Hitchcock, William, *Liberation: Europe 1945,* London, 2008.

Hoess, Rudolf, *Commandant of Auschwitz*, London, 1959.

Horne, Alistair, *To Lose a Battle: France 1940*, London, 1969.

Hughes, H. Stuart, *The Obstructed Path. French Social Thought in the Years of Desperation 1930-1960*, London, 2002.

Jeffreys, Diarmuid, Hell's Cartel. *IG Farben and the making of Hitler's War Machine*, London, 2008.

Jérôme, Jean, *Les Clandestins 1940-1944*, Paris, 1986.

Josse, Raymond, *La Naissance de la Resistance Etudiante à Paris: Revue d'Histoire de la Deuxième Guerre Mondiale*, Paris, July 1962. No.47.

Judt, Tony, *Past Imperfect: French Intellectuals 1944-1956*, Oxford, 1992.

————, *Marxism and the French Left*, Oxford, 1986.

————, *The Burden of Responsibility*, Chicago, 1998.

Junger, Ernst, *Journal de Guerre et d'Occupation 1939-1948*, Paris, 1965.

Kaufmann, Dorothy, *Edith Thomas: A Passion for Resistance*, London, 2004.

Kedward, H.R., *Occupied France: Collaboration and Resistance 1940-1944*, Oxford, 1985.

Kenward, Rod, *France and the French since 1900*, London, 2005.

Klarsfeld, Serge, *Memorial to the Jews deported from France 1942-1944*, New York, 1983.

Klarsfeld, Serge, *Le Livre des Otages*, Paris, 1979.

Kogon, Eugen, *The Theory and Practice of Hell: The German Concentration Camps and the System behind them*, New York, 1979.

Kriegel, Annie, *The French Communists: Profile of a People*, Chicago, 1972.

Kunz, Nina, *Les Françaises dans la Resistance. Diplomarbeit über das Thema, Johannes Gutenberg-Universität*, Mainz, 2003.

Lallam, Sandra, *Maitrise d'Histoire Contemporaine, Paris*, IV Sorbonne, 1999-2000.

Langbein, Hermann, *People in Auschwitz*, South Carolina, 2004.

Langeron, Roger, *Paris Juin 1940*, Paris, 1946.

Laroche, Gaston & Matline, Boris, *On les nommait les Etrangers: Les Immigrés dans la Resistance*, Paris, 1965.

Levi, Primo, *The Drowned and the Saved*, London, 1988.

Lifton, Robert Jay, *The Nazi Doctors: Medical Killing and the Pscyhology of Genocide*, London, 1986.

Livre-Mémorial des Deportés de France par mesure de repression 1940-1941, La Fondation pour la Mémoire de la Déportation, 4 Vols, Paris, 2004.

Lottman, Herbert R., *The Left Bank: Writers, Artists and Politics from the Popular Front to the Cold War*, Boston, 1982.

Marius, Michael & Paxton, Robert, *Vichy France and the Jews*, 1981.

Marius, Michaelm, *The Nuremberg War Crimes Trial*, 1997.

Marnham, Patrick, *The Death of Jean Moulin*, London, 2001.

Michel, Henri, *Paris Allemand*, Paris, 1981.

——, *Paris Résistant*, Paris, 1982.

Milhaud, G., *Raymond Losserand 1903-1942*, Paris, 1949.

Morris, Alan, *Collaboration and Resistance Reviewed: Writers in the Mode Rétro in Post-Gaullist France*, New York, 1992.

Naitchenko, Maroussia, *Une Fille en Guerre*, Paris, 2003.

Noguères, Henri, *Histoire de la Resistance en France de 1940 à 1945. 5 Vols.*, Paris, 1967.

Novick, Peter, *The Resistance versus Vichy: The Purge of Collaborators in Liberated France*, London, 1958.

Ouzoulias, Albert, *Les fils de la nuit*, Paris, 1975.

——, *Les Bataillons de la Jeunesse: Les Jeunes dans las Resistance*, Paris, 1972.

Pendas, Devin O., *The Frankfurt Auschwitz Trial 1963-1965: Genocide, History and the Limits of the Law*, Cambridge, 2006.

Pollak, Michael, *L'Experience Concentrationnaire*, Paris, 1990.

Ponty, Jamine, *Les Polonais du Nord ou la Mémoire des Corons*, Paris, 1995.

Pozner, Vladimir, *Descente aux Enfers: Récits de Deportés et de SS d'Auschwitz*, Paris, 1980.

Prost, Antoine(ed), *La Resistance: Une Histoire Sociale*, Paris, 1997.

Ragache, Gilles & Ragache, Jean-Robert, *La vie Quotidienne des Ecrivains et des artistes sous l'Occupation 1940-1944*, Paris, 1988.

Rajsfus, Maurice, *La Police de Vichy*, Paris, 1995.

Rémy, *La Ligne de Démarcation*, 6 vols., Paris, 1964.

La Resistance et les Français. *Les Cahiers de l'IHTP*, No 37 Dec 1997, Paris.

Richet, Charles & Mons, Antonin, *Pathologie de la Déportation*, Paris, 1958.

Rayski, Adam, *The Choices of the Jews under Vichy*, Indiana, 2005.

Rioux, Jean-Pierre, Prost, Antoine & Azéma, Jean-Pierre, *Les Communistes Français de Munich à Chateaubriand 1938-1941*, Paris, 1987.

Rossi, A., *La Guerre des Papillons: Quattre ans de Politique Communiste 1940-1944*, Paris, 1954.

Rossiter, Margaret L., *Women in the Resistance*, New York, 1986.

Rousset, David, *L'Univers Concentrationnaire*, Paris, 1946.

Serre, Charlotte, *De Fresnes à Ravensbrück*, Paris, 1982.

Shelley, Lore(ed), *Criminal Experiments on human beings in Auschwitz and War Research Laboratories*, San Francisco, 1991.

――――, *Auschwitz - The Nazi Civilisation, Twenty three Women Prisoners' Accounts*, London, 1992.

Simonin, Anne, *Les Editions de Minuit - Le Devoir et l'Insoumission*, Paris, 1994.

Slitinsky, Michel, *La Resistance en Gironde*, Bordeaux, n.d.

Souleau, Philippe, *La Ligne de démarcation en Gironde 1940-1944*, Perigueux, 1998.

Strebel, Bernhard, *Ravensbruck: Un Complexe concentrationnaire*, Paderborn, 2003.

Szmaglewska, Seweryna, *Smoke over Birkenau*, New York, 1947.

Tchakarian, Arsène, *Les Fusillés de Mont Valérien*, Nanterre, 1995.

Témoignages sur Auschwitz, Edition de l'Amicale de déportées d'Auschwitz, Paris, n.d.

Terrisse, René, *A la Botte de l'Occupant*, Bordeaux, 1988.

――――, *Face aux Peletons Nazis*, Bordeaux, 2000.

Thatcher, Nicole, *A Literary Analysis of Charlotte Delbo's Concentration*

Camp Representation, New York, 2000.

———, *Charlotte Delbo: Une Voix Singulière*, Paris, 2003.

Thibault, Laurence(ed), *Les Femmes et la Resistance: Cahiers de la Resistance*, Paris 2006.

Tillion, Charles, *On Chantait Rouge*, Paris, 1977.

Tillion, Germaine, *Ravensbrück*, Paris, 1973.

Veillon, Dominique, *Fashion under the Occupation*, Oxford, 2002.

———, *Le Temps des Restrictions en France 1939-1949*, Paris, 1996.

Vercors, *Le Silence de la Mer*, Paris, 1945.

———, *La Bataille de Silence*, Paris, 1967.

Vidalenc, Jean, *L'Exode de Mai-Juin 1940*, Paris, 1957.

Villeré, Hervé, *L'Affaire de la Section Spéciale*, Paris, 1973.

Villon, Pierre, *Résistant de la Première Heure*, Paris, 1983.

Vinen, Richard, *The Unfree French: Life under the Occupation*, London, 2006.

Walter, Gerard, *La Vie à Paris sous l'Occupation*, Paris, 1960.

Wieviorka, Annette, *Déportation et Génocide. Entre la Mémoire et l'Oubli*, Paris, 1992.

———, *Ils étaient Juifs, Resistants, Communistes*, Paris, 1986.

도판 목록

7~9쪽: Reginald Piggott 작.

26쪽: David Pryce-Jones, Paris in the Third Reich: A History of the German Occupation, 1940~1944, Hold, Rinehart and Winston, 1981.

51쪽: Yves Jegouzo 제공(베티 랑글루아) / Cécil Charua Archive(세실 차루아).

75쪽: Pierrette Rostaing 제공(프랑스 여성청년단) / La Fondation pour la Mémoire de la Déportation and FNDIRP(마리클로드 밸랑쿠튀리에).

78쪽: Roger-Viollet 제공(학생 시위).

82쪽: Pierrette Rostaing 제공.

91쪽: Frédéric Blanc 제공.

105쪽: Archive Départementales du Val-de-Marne, Pierre Labate, Roger Hommet and L'Association Mémoire-Vivre 제공.

141쪽: Gisèle Sergent Jafredu 제공.

147쪽: Simone Alizon 제공.

217쪽: Hervé Guillon 제공(아맹트와 이베트 기용) / Archive Départementales du Val-de-Marne, Pierre Labate, Roger Hommet and L'Association Mémoire-Vivre 제공(엘렌과 에마 볼로).

218쪽: Tony Renaudin 제공.

219쪽: Pierre Zani 제공.

240쪽: Archive Départementales du Val-de-Marne, Pierre Labate, Roger Hommet and L'Association Mémoire-Vivre 제공.

241쪽: Thomas Fontaine, Ministère de la Défense at Caen 제공.

260쪽: Claude Epaud 제공(클로드의 초상).

281, 287쪽: 폴란드 오시비엥침의 Auschwitz-Birkenau State Museum 제공.

288쪽: Archive Départementales du Val-de-Marne, Pierre Labate, Roger Hommet and L'Association Mémoire-Vivre 제공.

301쪽: United States Holocaust Memorial Museum 제공.

375, 421쪽: 라벤스브뤼크의 수감자 Jeanette L'Herminier의 그림.

454쪽: La Fondation pour la Mémoire de la Déportation and FNDIRP 제공.

474쪽: Archive Départementales du Val-de-Marne, Pierre Labate, Roger Hommet and L'Association Mémoire-Vivre 제공.

감사의 말

무엇보다 가장 먼저 친절히 맞아주고 이야기를 들려준 31000번 기차의 생존자 여성 네 명인 시몬 알리종(푸페트), 세실 보라스(차루아), 마들렌 제구조(베티 랑글루아), 마들렌 오드루 디수브레에게 감사한다. 친절하게도 오랫동안 인터뷰에 응해주고 편지와 기록 들을 인용할 수 있도록 허락해준 덕분에 이 책을 쓸 수 있었다. 같은 이유에서 그들의 어머니에 관해 이야기해주고 출간되지 않은 편지들과 회상록을 공개해준 카트린 브내누(Catherine Benainous), 프레데릭 블랑(Frédéric Blanc), 클로드 에포(Claude Epaud), 조네(Jaunay), 이브 제구조(Yves Jegouzo), 카트린 케스탕베르-하르당베르(Catherine Kestemberg-Hardenberg), 토니 르노댕(Tony Renaudin), 피에레트 로스탱(Pierette Rostaing), 지젤 세르장(Gisèlle Sergent Jaffredu), 폴 테브냉(Paul Thévenin), 크리스틴 우미도(Christine Umido), 미셸 비냑(Michelle Vignac), 피에르 자니에게 감사한다. 크리스틴 필라트르(Christine Fillatre)는 관대하게도 나에게 그녀의 자매와 룰루와 카르멘에 관해 이야기해주었으며, 에르베 기용(Hervé Guillon)은 그의 조부모에 관해 이야기를 들려주었다. 프레데릭 블랑은 친절히도 나에게 그의 어머니 시몬 상페가 적은 미간행 일기를 읽어볼 수 있도록 해주었다.

작업을 계속하는 와중에 내가 도움을 받은 사람들은 다음과 같다. 친절히 시간을 내주고 용기를 불어넣어준 그들에게 감사한다. 미셸 베노(Michel Bainaud), 로진 크레미외(Rosine Crémieux), 페르낭 드보(Fernand Devaux), 카트린 뒤부아(Catherine Dubois), 클로딘 뒤카스텔(Cladine Ducastel), M.R.D, 풋(Foot), 트루디 골드(Trudy Gold), 로저 호머(Roger Hommer), 프레디 크놀러(Fredy Knoller), 피에르 라바트(Pierre Labate), 질베르 라자루(Gilbert Lazaroo), 크리스틴 레비스-투제(Christine Levisse-Touzé), 마슐리동(Marchelodon) 부인, 스테판 마르탱(Stefan Martens), 앙드레 몽테뉴(André Montagne), 클로드-알리스 페로트(Claude-Alice Peyrotte), 마리언 케니(Marion Quény), 클로딘 리에라-콜레(Claudine Riera-Collet), 베르나르 스트레벨(Bernard Strebel), 리타 탈만(Rita Thalmann)과 말라 트리비치(Mala Tribichi)에게 감사한다. 샤를로트 델보의 편집자와 친구들은 내게 조언과 함께 친절히도 델보의 작품을 인용할 수 있도록 도와주었다.

이 책을 위해 수많은 도서관과 단체 등 기관이 보유한 자료들을 참고했다. 특히 감사를 표하고 싶은 도서관과 단체 관계자들은 다음과 같다. 롤랑-부아소(Roland-Boisseau)와 보르도의 AFMD, 파리의 라벤스브뤼크 송환자모임, 지롱드 지방공문서보관소와 로(Laux), 르클레르(LeClerc) 부인과 앵드르에루아르 지방공문서보관소, 로랑스 부르가드(Laurence Bourgade)과 발드마른 지방공문서보관소, 시릴 르켈렉(Cyrille Lequellec)과 송환자기념재단, 송환자연합(L'Association des Deportés), 레지스탕스 수감자들(Internés de la Résistance), 45000번 기차와 31000번 기차의 생존자연합회, 루트코프스키(Rutkowski) 부인과 파리의 폴란드 도서관, 파트리크 르 베프(Patrick Le Boeuf)와 리슐리외 거리의 국립 도서관, 아르노 불리뉘(Arnaud Boulligny)와 캉에 위치한 전쟁피해자 관련문서 보관국, CARAN, 장 물랭(Jean Moulin) 센터, 수즈 지역 총살희생자위원회, 바롱(Baron) 부인과 미슐린(Micheline) 부인과 애국자 레지스탕스 수감자와 강제수용자 전국연합회(FNDIRP), 헨던에 위치한 홀로코스트 생존자 센터, 크리스틴 레비스-투제(Christine Levisse-Touzé)와 파리에 위치한 르크레르 드 오트클로크 기념관(the Mémorial du maréchal leclerc de hautecloque de la liberation de paris), 파리의 쇼아 기념관, 보이치에흐 프로자(Wojciech Plosa)와 오비시엥침(Oswieciem-Brzrzinka) 박물관의 시몬 코왈스키(Symon Kowlaski), 프랑스 국방국(the French Ministère de la Défense), 몽트레유(Montreuil) 역사박물관, 마리-클레르 루에(Marie-Claire Ruet)과 브장송에 위치한 강제추방자와 레지스탕스 박물관, 자비에르 오말(Xavier Aumale)과 샹퍼뉘쉬르마른의 전국 레지스탕스 박물관, 런던의 시코르스키(Sikorski) 박물관, 코르둘라 훈더트마크(Cordula Hundertmark), 라벤스브뤼크 기록보관소의 모니카 헤어조그(Monika Herzog)와 인사 에슈바흐(Insa Eschebach) 박사.

폴란드와 독일 자료 연구를 도와준 크리스티나 미에르(Christina Meier)와 모니카 리로(Monika Liro)에게 특별히 감사한다.

또한 나를 환대로 맞아주고 나와 함께 기꺼이 여행을 떠나준 친구들 모두에게 감사한다. 그들 덕에 이 책이 나올 수 있었다. 캐서린과 올리버 베레시(Beressi)와 앤 치솜(Ann Chisholm), 카린 데모레스트 (Karin Demorest), 버지니아 뒤건(Duigan), 후버트 포르(Hubert Faure), 애 니 나이언(Annie Nairn), 캐시 반 프락(Kathy van Praag), 파트리샤 윌리엄 스(Patricia Williams), 린과 카를로스 윈드만(Lyn and Carlos Windmann), 잉그리드 폰 로젠베르크(Ingrid von Rosenberg), 거드 스트라트만(Gerd Stratman)은 나와 함께 라벤스브뤼크와 아우슈비츠에 동행했을 뿐 아 니라 내가 미처 찾지 못한 자료들도 찾아주었다.

다시 한 번, 나의 편집자들에게 따뜻한 감사의 인사를 전한다. 제 니퍼 바트(Jennifer Barth), 포피 햄프슨(Poppy Hampson), 페넬로페 호 아르(Penelope Hoare), 그리고 나의 에이전트인 클레어 알렉산더(Clare Alexander)와 색인을 맡아준 헬렌 스미스(Helen Smith)에게 감사한다.

125쪽의 폴 엘뤼아르의 시는 1944년 미뉘에서 출판된 『독일과의 만남』(Au Rendez-vous Allemand)에 엘뤼아르 본인의 번역으로 실려 있 는 시 「용기」(Courage)에서 인용했다.

347쪽에 인용된 루이 아라공의 글은 갈리마르에서 출판된 『시선 집』(Collected Poems)에서 가져왔다.

436~437쪽에 인용된 샤를로트 델보의 『아우슈비츠와 그 후』에서 인용한 문장은 로제트 라마르(Rosette Lamar)의 번역본에서 가져왔다. 클로딘 리에라-콜레와 샤를로트 델보 문헌재단에 감사드린다.

옮긴이 후기

지금까지 아우슈비츠, 그리고 나치 강제수용소를 묘사하는 많은 책과 글들이 있었다. 그러나 생존 이후에 관해 이야기하는 글들은 많지 않다. 수용소를 나온 뒤 어떻게 살아왔는지, 가족들과의 재회는 어떠했는지, 무엇보다 살아 돌아와 다시금 현실과 마주한다는 것이 그들에게 어떤 의미였는지 묘사하는 책은 드물다. 그런 면에서 이 책은 매우 의미 있는 기록이다.

프랑스 레지스탕스로서 항독 활동을 벌이다 체포되어 강제수용소로 보내진 230명의 여성들은 그들을 인간 이하로 취급하는 극한의 상황에 굴복하지 않고 생존의 노력을 다한 끝에 적은 수이나마 마흔아홉 명이 살아 돌아올 수 있었다. 그녀들은 끝없는 추위와 공포, 배고픔, 오물 더미와 불결하고 비좁은 공간, 질병, 육체노동, 짐승보다 못한 취급을 받는 치욕 속에 있었으며 매일같이 예측불가능하고 야만적인 폭력과 잔인한 학대를 견뎌야만 했다. 그러나 하루하루 생존한다는 것이 기적이었던 그곳에서 생존은 단순히 견딘다는 수동적인 의미를 갖는 것이 아니다. 그것은 그 자체로 적극적인 저항의 한 형태였다. 모든 반독일 인사들과 인종을 오염시키는 열성인자들을 제거하려는 나치의 광기에 맞서 살아남는다는 것은 그 자체로 의미 있는 저항이었을 뿐 아니라 명령에 불복종하고 주체적으로 행동한다는 것을 뜻했다. 만약 그녀들이 수용소의 SS와 카포들이 내리는 모든 명령과 지시에 복종했다면 아무도 생존할 수 없었을 것이다. 그들은 가능한 한 감시의 눈을 속여 배급품을 훔치고, 작업의 능률을 떨어뜨렸으며, 동료들을 돕고, 작은 기념일들을 축하했다. 이 모든 작은 일들이 그들로 하여금 인간으로서의 마지막 자존심과 존엄성을 지키고 살아남을 수 있게 했다.

이는 그들이 굽힐 줄 모르는 강한 정치적 신념과 대의를 가졌기 때문이기도 했다. 생존한 여성들이 대부분 강한 정신력을 갖추고 규율과 고난에 익숙했던 공산당원이었다는 점은 놀랍지 않다. 살아남았다는 죄의식보다는 이미 죽어버린 동료들과 친구들에 대한 책임감도 그들을 버티게 만들었다. 살아남은 여성들은 이 모든 것이 끝난 뒤 '목격자'로서 증언하고 싶다는 강렬한 소망을 품었다. 매일같이 세수를 하고 벼룩을 잡는 등 자그마한 규칙들도 중요했다.

그런 의미에서 프리모 레비의 다음과 같은 말은 의미심장하다. "모든 증언에는 또 다른 공백이 있다. 증인은 정의상 살아남은 자이며, 그래서 모두가 어느 정도는 특권을 누린 사람들임을 의미한다. (…) 평범한 수인의 운명을 말했던 사람은 없다. 그가 살아남는다는 것은 사실상 불가능했기 때문이다."* 그의 말대로 살아남은 마흔아홉 명의 프랑

---

* Primo Levi, *Conversazioni e interviste*, Turnin: Einaudi, 1997; 조르조 아감벤, 『아우슈비츠의 남은 자들』, 새물결, 2012, 49쪽에서 재인용.

스 여성은 모두 어떤 면에서는 특별한 인물들이었다. 무엇보다 이 책 『아우슈비츠의 여자들』에서 가장 잘 드러나는 것은 이 여성들이 자신의 생존을 다른 이의 안위와 구별하지 않았다는 점이다. 여성들은 언제나 서로를 돌보고 격려했으며, 협동심을 발휘했고, 부족한 배급을 함께 나누어 먹었다. 생존자 여성들은 매일같이 부족한 공간과 물, 식량을 위해 싸웠던 투사이면서 동시에 서로를 보듬고 보살피는 헌신적인 어머니이자 자매였다.

이들과 달리, 아무런 삶의 목표도 생존할 의지도 없는 이들, 인간에 대한 모든 신뢰를 잃어버린 이들은 '무슬림'이 되어 금세 죽음의 나락으로 떨어졌다. 수용소에서 죽는다는 것은 죽음을 두려워하지 않거나 죽기를 무릅쓰는 영웅적인 행위가 아니다. 오히려 지옥과 같은 하루하루를 살아내는 것이야말로 더 큰 용기와 사명감을 필요로 했다. 조르조 아감벤은 그곳에서의 죽음의 의미를 다음과 같이 압축적인 한 문장으로 표현했다. "아우슈비츠에서 사람들은 죽지 않았다. 보다 정확히 말해 시체들이 생산된다."* 인간답고 품위 있게 죽어가는 대신 수감자들을 단순히 시체로 환원시키는 과정, 이 '시체의 제조'야말로 나치 수용소의 핵심이었다. 그 속에서 사람들은 모든 의미와 언어를 박탈당한 채 인간 이하의 무존재로 떨어졌다.

한나 아렌트 또한 강제수용소의 삶과 비교할 만한 것은 아무것도 없다고 보았다. 형벌로 강제노동을 하는 죄인도 자신의 신체에 대한 권리는 그대로 가지고 있었으며, 노예조차도 노동력으로서 가격이 붙

---

* 조르조 아감벤, 앞의 책, 108쪽.

어 적어도 재산으로 보호받았다. 그러나 강제 수용소의 작업은 불필요하고 무익하며 보잘것없는 일들로 채워져 있었고, 이곳에 갇혀 있는 사람들을 값어치가 없는 존재, 신발짝보다 더 대체되기 쉬운 존재가 되었다. 사람을 아무런 의미도 가치도 없는 이미 죽어버린 목숨으로 만들어내는 이 과정을 아렌트는 '총체적 지배'라고 불렀다.* 이는 사람에게서 국적을 박탈하고 정상적인 법적절차 외부에 있도록 하는 법적인격의 살해와 역사상 처음으로 순교를 불가능하게 만드는 것, '얼마나 많은 사람들이 여기에 아직도 저항이 역사적으로 중요하다고 믿을까?' 하는 물음을 하게 하는 인간 내면의 도덕적 인격의 살해를 통해 이루어졌다. 이러한 '총체적 지배'를 통해 강제 수용소는 죽음 자체를 익명으로 만들어 누가 죽었는지 살았는지 결코 알 수 없게 만듦으로써 죽음에게서 완성된 삶의 종말이라는 의미를 빼앗았다. 한 개인의 고유한 죽음조차 앗아가는 곳에서 그 인간은 사실상 실제로 존재한 적이 없게 된다.

이처럼 세상 어느 곳과도 비교할 수 없는 극한의 경험을 하고 돌아온 마흔아홉 명의 생존자 여성에게 남아 있는 문제는 여전히 의미와 언어의 박탈이었다. 아이러니하게도 생존자들은 수용소에서 살아 돌아와 프랑스에 다시 적응해야 했던 기간이 그들에게 가장 힘들고 혼란스러웠던 시기였다고 회고한다. 아우슈비츠에서 돌아온 엘렌은 고향에서 마련해준 환영파티에서 한 농부로부터 수용소에서 일어난 일들이 '사실일 리 없다'는 말을 듣고 사흘 내내 울었다. 그런 뒤 더 이상

* 한나 아렌트, 『전체주의의 기원 2』, 한길사, 2006, 218~253쪽.

수용소에 관해 말하길 거부했다. 그들은 자신들의 경험을 묘사할 수 있는 언어가 있는지 의심했고, 언어의 부재와 자신의 말을 들어주고 믿어주는 이들의 부재로 고통받았다.

프랑스로 돌아온 여성들은 모두 수용소가 자신과 함께 돌아왔다고 느꼈다. 살아가는 동안 그들의 곁에는 항상 수용소의 풍경이 있었고, 그것은 마치 피부처럼 들러붙어 기분 나쁜 악취를 풍겼다. 그들에게 수용소는 결코 끝나지 않고 끝날 수 없는 과거였다. 그녀들이 반짝이는 기쁨을 느낄 때마다 이미 죽어버린 동료들의 유령과 수용소의 끈적이는 진흙이 스멀스멀 다가와 그 기쁨을 꿀꺽 삼키고 더럽혔다. 끊임없이 악몽과 죄책감에 시달리던 여성들은 하나둘씩 세상을 떴다. 남은 생존자들은 먼저 간 동료가 하지 못했던 일들을 하기 위해, 수용소가 여성으로서의 자신을 완전히 망가뜨리지 않았다는 것을 보여주기 위해 서둘러 결혼하거나 출산하며 삶을 꾸려갔다. 이 모든 일들은 쉽지 않았다. 담담히 서술되는 생존 이후, 송환 이후의 삶을 대표하듯 극작가가 된 샤를로트는 그치지 않고 글을 써내려갔다. 그때의 일이 아직도 그녀에게 일어나고 있고 앞으로도 계속해서 끝나지 않을 것이라고 증언하면서. 왜 유령들의 이야기를, 돌아오긴 했지만 어떻게 돌아왔는지는 설명하지 못하는 그들의 이야기를 믿어야 할까. 글을 더듬어 읽어나가는 동안 이야기는 계속된다. 삶도 계속된다.

이 책은 캐롤라인 무어헤드의 *A Train in Winter*(Vintage, 2012)를 우리말로 번역한 것이다. 미흡한 원고가 책이 되어 나오기까지 많은 분들께 빚을 졌다. 애써주신 김수현 편집팀장과 편집부 허원 씨에게 감사드린다. 항상 곁에서 지적 자극과 격려를 아끼지 않는 여성문화이론연

구소의 정신분석 세미나팀원들에게도 고개 숙여 감사드린다. 마지막
으로 나의 동반자 범수 씨에게 무한한 애정과 감사를 드린다.

2015년 2월
한우리

아우슈비츠의 여자들

한국어판 ⓒ 한우리 2015

초판 1쇄   2015년 3월 2일
초판 2쇄   2015년 6월 15일

지은이   캐롤라인 무어헤드
옮긴이   한우리

펴낸이   김수기
편집   허원, 김수현, 문용우, 이용석
디자인   박미정
마케팅   최새롬
제작   이명혜

펴낸곳   현실문화연구
등록번호   제2013-000301호
등록일자   1999년 4월 23일
주소   서울시 마포구 포은로 56, 2층(합정동)
전화   02-393-1125
팩스   02-393-1128
전자우편   hyunsilbook@daum.net

앞표지에 사용된 이미지는 라벤스브뤼크 수용소의 수감자였던 Jeanette L'Herminier의 그림
에 색을 입힌 것입니다.

ISBN 978-89-6564-112-4 03900
가격은 뒤표지에 있습니다.

「이 도서의 국립중앙도서관 출판예정도서목록(CIP)은 서지정보유통지원시스템 홈페이지
(http://seoji.nl.go.kr)와 국가자료공동목록시스템(http://www.nl.go.kr/kolisnet)에서 이용
하실 수 있습니다.(CIP제어번호: CIP2015004017)」